Schriftenreihe zur Praxis
der Leibeserziehung und des Sports
Band 137

Schriftenreihe zur Praxis
der Leibeserziehung und des Sports

Band 137

Horst Rusch / Jürgen Weineck

Sport-
förderunterricht

Lehr- und Übungsbuch
zur Förderung der Gesundheit
durch Bewegung

Verlag Hofmann
Schorndorf

Die Deutsche Bibliothek — CIP-Einheitsaufnahme

Rusch, Horst:
Sportförderunterricht: Lehr- und Übungsbuch zur Förderung der
Gesundheit durch Bewegung / Horst Rusch; Jürgen Weineck,
[Zeichn.: Ursula Düse . . . Fotos: Peter Stückl; Horst Rusch]. —
4., erw. und verb. Aufl. — Schorndorf: Hofmann, 1992
  (Schriftenreihe zur Praxis der Leibeserziehung und des Sports; Bd. 137)
  ISBN 3-7780-9374-6
NE: Weineck, Jürgen:; GT

Bestellnummer 937

4., erweiterte und verbesserte Auflage 1992

Teile dieses Buches sind Inhalt des Konzepts für die Weiterbildung
im Sportförderunterricht, das vom Bayerischen Staatsministerium
für Unterricht und Kultus herausgegeben wurde.

Zeichnungen: Ursula Düse (Hamburg), Hildegard Huber (München),
Klaus Wegner (München), Susi Bauermann (München)
Fotos: Peter Stückl (Tutzing), Horst Rusch (München), AOK

Die Übungen auf den Seiten 181–184 wurden mit freundlicher Genehmigung der AOK dem Aktivposter „Rückentraining" entnommen.

Erschienen als Band 137
der „Schriftenreihe zur Praxis der Leibeserziehung und des Sports"

Gesamtherstellung in der Hausdruckerei des Verlags
Printed in Germany · ISBN 3-7780-9374-6

Inhalt

Vorwort

Die Gesundheit unserer Kinder wird in zunehmendem Maße durch Bewegungsmangel bedroht. Veränderte Umweltbedingungen aber auch Veranlagung und mangelnde motorische Förderung der Kinder im Elternhaus und in der Schule führen zu Einschränkungen der körperlichen Leistungs- und Belastungsfähigkeit. Haltungs-, Organleistungs- und Koordinationsschwächen sind die häufig beschriebenen Folgeerscheinungen, die, in einem wahren Teufelskreis, die psychische Befindlichkeit der Kinder beeinflussen und Bewegungshemmungen, Angst, Minderwertigkeitsgefühle und abweichendes Sozialverhalten auslösen können. Aus diesem Grund muß sich der Sportunterricht besonders um die motorisch Benachteiligten, die sportschwachen Schüler bemühen, weil gerade sie vermehrt Lust und Liebe zum Sport entwickeln müssen, um im weiteren Leben gesund und leistungsfähig zu bleiben. Als Ergänzung des Sportunterrichts wird derzeit in allen Ländern der Bundesrepublik Deutschland der Sportförderunterricht angeboten. Dieses zusätzliche fördernde und ausgleichende Unterrichtsangebot soll beim sportschwachen Schüler durch Vermittlung von Erfolgserlebnissen das Interesse am Sportunterricht wecken, zur Verbesserung seiner motorischen Leistungen beitragen, individuelle Schwächen und Defizite ausgleichen und Möglichkeiten zur Lösung sozial-emotionaler Probleme anbieten.

Das vorliegende Buch informiert mit 107 Abbildungen und 89 gezeichneten Übungen über den Stand des Sportförderunterrichts an der Schule und will dem Lehrer bei der Durchführung des Unterrichts helfen. Speziell die Darstellung von praktikablen Testverfahren zur Feststellung der Sportfähigkeit, die Fülle von Übungsbeispielen zur Beseitigung der verschiedenen Schwächen, die vielfältigen Unterrichtsbeispiele und die sportförderunterrichtsspezifische Aufarbeitung der medizinisch-biologischen Grundlagen und Grundsätze der Bewegungs- und Trainingslehre zeichnen das Buch als für die Schulpraxis besonders geeignet aus.

EWALD WUTZ
Schulsportreferent im
Bayerischen Staatsministerium
für Unterricht und Kultus

Einführung

Die Befunde über den Gesundheitszustand der Kinder in der BRD sind erschreckend. Schon 1980 wurden allein in Bayern 225000 haltungsschwache und bewegungsgehemmte Grundschulkinder registriert (Süddeutsche Zeitung vom 10. 12. 1980).

Bei den Schularztuntersuchungen der Schulanfänger ist 1984 in Bayern festgestellt worden, daß

— 56% der Schüler Schwächen und Schäden am Knochen-, Band- und Muskelapparat aufwiesen
— 40% der Schüler von Organleistungsschwächen, insbesondere des Atmungs- und Herz-Kreislauf-Systems betroffen waren
— 40% der Schüler an Konzentrationsschwächen litten und
— 20% der Schüler überernährt, d. h. fettleibig waren (SZ v. 13. 4. 1987).

Die aufgezeigten Untersuchungsergebnisse sollten in Kenntnis der Durchführung schulärztlicher Untersuchungen ganz besonders alarmieren, denn eine spezifische Feststellung von Haltungs-, Organleistungs- und Koordinationsschwächen erfolgt nur bei der Einschulung und im 5. Schuljahr und kann in der Kürze der Untersuchungszeit, in Anbetracht fehlender spezifischer Untersuchungskriterien sowie aufgrund der Seltenheit der Untersuchungen nur recht oberflächlich sein. Nur die Spitze eines Eisberges wird also sichtbar. Die betroffenen Kinder fallen aufgrund ungenügend ausgebildeter motorischer Fähigkeiten und Fertigkeiten auf und werden schnell als ,,schwache Schüler", als ,,Mehlsäcke", ,,Versager" und ,,Flaschen" etikettiert. Diese Stigmatisierung kann eine Ursache für dauernde psychische Belastung sein. Angst vor Mißerfolg, vor Blamage und Bloßstellung vor den Mitschülern und dem Lehrer, vor Nichtanerkennung und schlechten Zensuren können zu Verunsicherung, zur Hemmung natürlicher Aktivitäten, zu Gleichgültigkeit und Lustlosigkeit, vor allem aber zu verminderter Erfolgserwartung führen. Diese erhöht wiederum die Mißerfolgswahrscheinlichkeit. Andauernde Mißerfolge bewirken verstärkte Ablehnung und zunehmend soziale Isolierung, unter Umständen Ausschluß vom Kommunikationsprozeß im schulischen und außerschulischen Bereich. Die Folgen sind Störungen in der Persönlichkeitsentwicklung der Kinder, die sich durch auffälliges Verhalten, durch Aggressivität, durch Passivität oder durch völlige Unterwerfung bemerkbar machen. ,,So kann die motorische Schwäche zu einem ernsten Problem werden und zu Zweifeln am eigenen Wert — auch auf nichtsportlichen Gebieten — führen" (ZIMMER, R./CICURS, H., 1987).

Dem Problem des körperlich leistungsschwachen, aufgrund verschiedenster Ursachen sensomotorisch rückständigen Schülers wird erst in jüngster Zeit vermehrte Aufmerksamkeit geschenkt. Bei Tagungen, Symposien und Kongressen wird die Förderung des leistungsschwachen Schülers als besonders wichtige Aufgabe des Schulsports herausgestellt (LUTTER/RÖTHIG 1982). So werden u. a. im 2. Aktionsprogramm für den Schulsport (KMK 17. 4. 1985) folgende Forderungen aufgestellt:

— Didaktik des Sportförderunterrichts in die Sportlehrerausbildung einbeziehen;

— Zusammenarbeit zwischen Sportarzt und Sportlehrer verbessern;

— Sportförderunterricht in seiner notwendigen Differenzierung optimal gestalten;

— Problembewußtsein der Eltern durch ausführliche Information über die Bedeutung der Motorik für die Gesamtentwicklung der Kinder schärfen.

Über die Form der Förderung dieser Schüler bestehen jedoch unterschiedliche Auffassungen. Während auf der einen Seite von Ärzten und Pädagogen die Notwendigkeit der Einrichtung des Sportförderunterrichts für leistungsschwache Schüler aufgrund der beunruhigenden Schuluntersuchungsergebnisse gefordert wird, richten sich andererseits Vertreter derselben Berufsstände gegen die Bildung von Sondergruppen mit der Begründung, daß Leistungsschwächen ja schon das Durchschnittskind betreffen und Fördermaßnahmen im normalen Sportunterricht erfolgen sollten.

Die Kritik am Sportförderunterricht erstreckt sich im wesentlichen auch auf organisatorische Unzulänglichkeiten und auf die Wirksamkeit der Fördermaßnahmen, die aufgrund organisatorischer Probleme und der entwicklungsbiologischen Situation der betroffenen Kinder als zu gering eingeschätzt wird (DORDEL 1982; DORDEL 1987, 22).

Für eine Einrichtung des Sportförderunterrichts sprechen nach Meinung der Verfasser jedoch folgende Gründe:

1. Mit Hilfe des Sportförderunterrichts kann die Zielsetzung „Gesundheitserziehung" als ein pädagogischer Auftrag der Schule besonders gut unterstützt werden.

2. Ziel eines Sportunterrichts und eines zeitgemäßen Sportförderunterrichts im besonderen muß die Erhaltung und Verbesserung der Gesundheit aller Schüler sein. Dabei ist nach einer Definition des Gesundheitsbegriffes durch die Weltgesundheitsorganisation (WHO) unter Gesundheit nicht nur das Freisein von Risikofaktoren und Krankheit, sondern körperliches, geistiges, soziales und emotionales Wohlbefinden zu verstehen. Sich bewegen zu können, seinen Körper in der Bewegung und durch die Bewegung erfahren zu können, sich über Bewegung ausdrücken zu können, über Bewegung Signale von anderen aufnehmen zu können und mit anderen über Bewegung in Kontakt kommen zu können, durch Bewegung körperliche Leistung erzielen und erfahren zu können, kann zu diesem Wohlbefinden und damit zur Gesundheit beitragen. *Abb. 1* zeigt schematisch, wie über die Bewegung (Motorik) die motorische, kognitive, soziale und emotionale Entwicklung der Kinder gefördert und damit deren Befindlichkeit verbessert werden kann.

Kinder, die am Sportförderunterricht teilnehmen, unterliegen keinem Leistungsdruck und Erfolgszwang, da keine Noten gemacht werden. So können im Sportförderunterricht motorische Defizite durch ein umfangreiches und motivierendes Spiel- und Sportangebot, das auch die Interessenslage der Kinder im außerschulischen Bereich berücksichtigt, ausgeglichen werden.

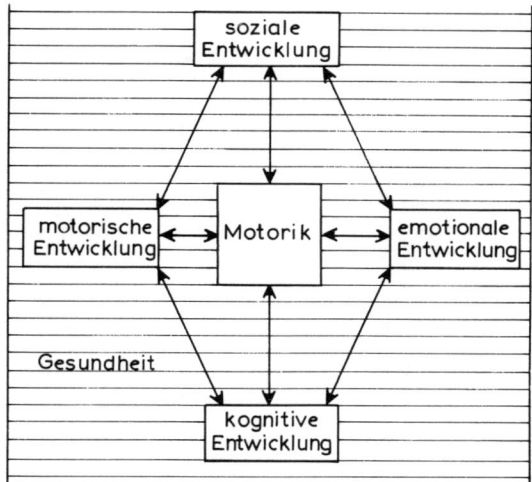

Abb. 1 Einfluß der Bewegung auf das Wohlbefinden (verändert nach Stubing, A. 1981)

3. Aufgabe des Sportunterrichts und besonders des Sportförderunterrichts ist es, den Schüler auf eine lebenslange sportliche Betätigung vorzubereiten. Dies gilt vor allem für den sportschwachen Schüler, der aufgrund seiner erbbiologisch bedingten körperlichen, geistigen und emotionalen Dispositionen und der damit verbundenen motorischen Interaktionsfähigkeit eher dazu geneigt ist, dem Schulsport den Rücken zuzukehren und jede sportliche Tätigkeit abzulehnen.

4. Von den in allen Ländern der Bundesrepublik angeordneten mindestens 3 Stunden (in Bayern vier Stunden) Sport pro Woche, werden selten mehr als 75 % durchgeführt. Durch diesen Mangel an Sportstunden sind besonders die leistungsschwächeren Schüler betroffen.

5. Die tägliche Bewegungszeit — wie sie derzeit in einigen Ländern für die erste und zweite Jahrgangsstufe angeordnet ist — kann für alle Schüler unter den heutigen Voraussetzungen nicht eingeführt werden. Zusätzlicher Sportförderunterricht käme deshalb besonders den leistungsschwachen Schülern zugute.

6. Der sportlich leistungsfähige Schüler wird häufig im Elternhaus, in der Schule und im Verein gefördert. Der leistungsschwache Schüler bleibt dagegen oft sich selbst überlassen. Er könnte im Sportförderunterricht medizinisch, pädagogisch und psychologisch intensiver betreut werden, was

allerdings eine enge Zusammenarbeit zwischen Lehrer, Schulpsychologen und Schularzt voraussetzen würde.

7. Viele Lehrer verlieren den leistungsschwachen Schüler gerne aus den Augen, da sie sich mit Leistungsgruppen (Schulmannschaften) wesentlich stärker im Schulalltag profilieren können. Speziell für den Sportförderunterricht ausgebildete Lehrkräfte, die auch Sinn und Einfühlungsvermögen für den Leistungsschwächeren haben, können den sportschwachen Schüler im Sportförderunterricht motorisch aktivieren und für den Sportunterricht neu motivieren.

8. Durch Förderunterricht und Hausaufgaben werden und können auch in anderen Unterrichtsfächern Defizite ausgeglichen werden. Deshalb muß Sportförderunterricht für den sportschwachen Schüler angeboten werden.

9. Sportförderunterricht wird zusätzlich und nicht als Ersatz für den Basissportunterricht oder den differenzierten Sportunterricht angeboten. Von einer Herauslösung aus dem Interaktionsprozeß mit den Klassenkameraden im Sportunterricht kann also nicht die Rede sein.

10. Inhalte des Sportförderunterrichts können, wenn dieser aus organisatorischen Gründen nicht zustande kommt, im obligatorischen Sportunterricht eingebracht werden.

Da jeder Schüler Anspruch auf die Entwicklung seiner Fähigkeiten hat, gilt es deshalb in der Zukunft auch dem körperlich leistungsschwachen Schüler im allgemeinen Sportunterricht mehr Aufmerksamkeit zu schenken. So muß es „von pädagogisch größtem Interesse für jede Schule sein, die sportmotorisch schwächsten Schüler zu fördern" (RIEDER/ROMPE/KUCHENBECKER 1986). *Abbildung 2* macht (recht ironisch jedoch sehr treffend) auf den im Sportunterricht oft „vergessenen Schüler" aufmerksam.

An dieser Stelle sei vermerkt, daß nicht allein der in bezug auf die Form der Wirbelsäule von Normen abweichende, jedoch sportaktive Schüler, sondern gerade der sportpassive, oft sogar haltungsnormale unauffällige Schüler besonders gefördert werden sollte, da er durch Bewegungsmangel besonders gefährdet ist.

Es ist deshalb notwendig, daß sich Eltern und Pädagogen an Schule und Hochschule mit dem Problem des leistungsschwachen Schülers auseinandersetzen, um frühzeitig gezielte, vorbeugende und ausgleichende Übungen einzusetzen und geeignete methodisch-didaktische Maßnahmen im obligatorischen Sportunterricht oder im Sportförderunterricht ergreifen zu können. Dies erscheint unumgänglich, denn DE MARÉES und WEICKER (1986) prognostizieren folgende Entwicklung der Leistungsfähigkeit der Bevölkerung im Jahre 2000:

— Weitere Abnahme der Leistungsfähigkeit der Skelettmuskulatur und der sie versorgenden Transportsysteme „Lunge" und „Herz-Kreislauf";

— Zunahme der Gefahr von Veränderungen im passiven Teil des Skelettapparates als Folge von Übergewicht und reduzierter Belastbarkeit der statisch tätigen Muskulatur (Stützmotorik);

— Zunahme von Grenzbelastungen durch Alltagssituationen mit ansteigendem, potentiell krankmachendem Resultat;

— Zunehmende psychische Überbelastung im Schul- (Einfügung der Verfasser), Berufs- und Freizeitbereich mit sich anschließenden Konflikten auf psychosozialem Gebiet.

Abb. 2 Der vergessene Schüler (Hickel, J., 1985[4])

Das Buch Sportförderunterricht soll für den Sportunterrichtenden eine Hilfe bei der Auswahl von vorbeugenden, ausgleichenden und haltungsaufbauenden Übungen sein, die auch im regulären Sportunterricht zur Vorbeugung von Leistungsschwächen eingebaut werden müssen. Für Lehrkräfte mit einer Lehrbefähigung für das Fach Sportförderunterricht (Schulsonderturnen) soll das Buch eine Unterstützung bei der Vorbereitung, Durchführung und Auswertung dieses Unterrichts sein.

Für Sportstudierende, die sich im Rahmen des Studiums einer Ausbildung und Prüfung im Fach Sportförderunterricht unterziehen müssen, bzw. für Lehrer, die sich im Rahmen der Lehrerfortbildung für diesen Bereich qualifizieren wollen, soll dieses Buch zur Vorbereitung auf die Prüfung dienen. Dasselbe gilt auch für Übungsleiter, die in Vereinen Sportförderunterricht erteilen bzw. im Rahmen der Übungsleiterausbildung eine entsprechende Qualifikation anstreben.

Auch für Sportlehrer an Sonderschulen für Verhaltensgestörte, Lernbehinderte, Hörgeschädigte, Geistigbehinderte, Körperbehinderte, Sehbehinderte und Blinde sowie für Übungsleiter im Behindertensportverband bietet dieses Buch eine Vielzahl von Übungsbeispielen. Mit Hilfe der in diesem Buch angebotenen Heimtrainingsprogramme, können Schüler ergänzend zum Sportförderunterricht ihrer individuellen Leistungsschwäche entgegenwirken.

München, im Sommer 1992   Dr. HORST RUSCH
                                                    Dr. JÜRGEN WEINECK

1 Zum Problem des leistungsschwachen Schülers

Definitionen — Abgrenzungen

Die Frage, was unter Leistungsschwächen zu verstehen ist, welche Ursachen sie haben und wie man sie diagnostizieren kann, ist schwer zu beantworten, „denn bei dem Begriff Leistungsschwäche handelt es sich um einen schillernden Begriff mit wenig Eindeutigkeit, auch wenn er in der Praxis recht eindeutig verwendet wird" (GRÖSSING 1982, 168). Im Sportunterricht fallen immer wieder Schüler auf, die ängstlich, gehemmt, adipös, hyperaktiv, retardiert, akzeleriert, behindert, langsam und linkisch sind und vielfach als Flaschen, Tolpatsche, Versager und Mehlsäcke etikettiert werden (vgl. RUSCH/WEINECK 1988, 11).

Wird der Begriff Leistungsschwäche auf Merkmale des Körperbaues und die motorische Leistungsfähigkeit bezogen, dann muß die Fragestellung unter medizinisch-physiologisch-anthropologischen Gesichtspunkten diskutiert werden. Pädagogisch-psychologisch-soziale Überlegungen müssen angestellt werden, wenn Auffälligkeiten in bezug auf Motivation, Werthaltung, Interaktionsfähigkeit und Kognition als Leistungsschwäche beurteilt werden sollen.

Ein Sportunterricht, der, wie später noch ausführlich darzustellen ist, nicht nur Haltungs-, Koordinations- und Organleistungsschwächen, sondern auch verhaltensauffällige Schüler betreuen soll, muß somit unter vielfältigen interdisziplinären Forderungen, die an ihn gestellt werden, betrachtet werden.

An dieser Stelle soll eine Abgrenzung des Gesamtbereichs Sportförderunterricht zum Bereich Sport mit behinderten Schülern erfolgen, denn Sportförderunterricht ist nicht zu verwechseln mit dem Sportunterricht an Sonderschulen für Geistigbehinderte, Hörgeschädigte, Erziehungsschwierige, Lern-, Seh- und Körperbehinderte. Auch wenn das Übungsgut des Sportförderunterrichts im Sportunterricht der Behinderten Eingang findet, ist Sportförderunterricht als eine zusätzliche Maßnahme des Sportunterrichts für nichtbehinderte Schüler zu sehen (vgl. RUSCH/WEINECK 1988, 21).

Der Behindertensport ist eine Rehabilitationsmaßnahme nach Kriegs-, Unfall- oder Sportverletzungen und gliedert sich in die Bereiche Breitensport, Leistungssport und therapeutischer Sport (RIEDER/FISCHER 1986, 48).

Der Sportförderunterricht unterscheidet sich auch von der Kranken- und Heilgymnastik. Diese erfolgt auf Anweisung und unter der Aufsicht eines Arztes. Sie ist in der Regel eine Einzelbehandlung, in der ein nach funktionellen Gesichtspunkten ausgewähltes Übungsprogramm zur Durchführung kommt.

Die Mototherapie (früher psychomotorische Übungsbehandlung) findet in der Sonderpädagogik und in der Kinder- und Jugendpsychiatrie Anwendung. Mit Hilfe der Mototherapie (KIPHARD 1983) wird versucht, motorische, psychische und soziale Entwicklungsstörungen durch Bewegungsprogramme auszugleichen.

Unter Motopädagogik versteht man das Konzept einer ganzheitlichen Erziehung durch Bewegung (KIPHARD 1980), mit den Zielsetzungen: Verbesserung des Wahrnehmungsbereiches, des Bewegungsbereiches und des sozial-emotionalen Bereiches.

Motopädagogik (syn. Psychomotorik) und Sportförderunterricht

Motopädagogische (psychomotorische) Fördermaßnahmen bauen auf der Annahme auf, daß durch vielseitige Bewegungs- und Wahrnehmungserfahrungen die Grundlagen für eine harmonische Persönlichkeitsentwicklung geschaffen werden. Um Bewegungsbeeinträchtigungen und bestimmten Schwächen vorzubeugen bzw. diese auszugleichen, bedarf es jedoch neben der Schaffung von erlebnisreichen Spielsituationen auch gezielter Bewegungsaufgaben und Übungsformen. ZIMMER und CICURS (1987) versuchen die Ziele und Inhalte der psychomotorischen Erziehung auf den Sportförderunterricht und andererseits die traditionellen Inhalte des Sportförderunterrichts auf die Psychomotorik zu übertragen.

Beide Bereiche, Motopädagogik (Psychomotorik) und Sportförderunterricht haben sich zum Ziel gesetzt, durch Bewegung, Spiel und Sport präventiv und, wenn notwendig, rehabilitativ die Entwicklung der Kinder zu beeinflussen — eine Zielsetzung, die in den Präambeln aller Lehrpläne für den Sportunterricht unterschiedlich akzentuiert zu finden ist.

Waren im Sportunterricht der 70er Jahre Leistung und Erfolg, Wettkämpfe und Vergleiche überbetont, so wird heute Entdecken, Erfahren, Spielen und Anpassen als Voraussetzung für die Erziehung zur Selbständigkeit und Kreativität, Kooperation und Kommunikation gefordert (HAHMANN 1986).

Die Förderung der Ich-, Sozial- und Sachkompetenz der Heranwachsenden durch Körper-, Material- und Sozialerfahrung, durch geeignetes Übungsgut stehen im Bereich der Motopädagogik im Vordergrund. Der Sportförderunterricht möchte durch ein vielfältiges und motivierendes Übungsangebot Haltungs-, Organleistungs- und Koordinationsschwächen bei Kindern und Jugendlichen vorbeugen bzw. diese ausgleichen.

Für die Ausbildung von Sportlehrern und Übungsleitern erscheint nach Meinung der Verfasser die Vermittlung sportförderunterrichtsspezifischer medizinisch-biologischer Grundlagen sowie die Aufarbeitung der Grundsätze der Bewegungs- und Trainingslehre unerläßlich. Aus diesem Grund nehmen diese auch einen breiten Raum in diesem Buch ein. Nur so können Wirkungszusammenhänge transparent gemacht werden, die nicht nur für den Sportförderunterricht, sondern auch für den obligatorischen Sportunterricht gelten, dessen herausragendes Globalziel, die Erziehung zur Gesundheit mit allen pädagogischen Mitteln verfolgt werden muß.

Einen Grenzfall stellen Kinder mit minimaler cerebraler Dysfunktion (MCD) dar. Dieses Erscheinungsbild rückt in jüngerer Zeit zunehmend in das Interesse von Medizinern, Psychologen und Pädagogen. MCD ist eine häufig vorkommende, geringfügige motorische Behinderung, die im Alltagsverhalten nicht auffällt, die jedoch eine gesunde und lebenswichtige Entwicklung der betroffenen Kinder stark belasten kann (vgl. DORDEL 1981, 18). Koordinationsschulung in einem Sportförderunterricht ist für diese Kinder angezeigt, ganz gleich ob sie in einer Normal- oder Sonderschule eingeschult sind, vorausgesetzt ein Arzt begründet bzw. verordnet die Teilnahme aus pädagogischer und medizinischer Sicht.

Unter welchen Aspekten Leistungsschwächen von verschiedenen Autoren definiert werden, soll anschließend aufgezeigt werden.

GROTEFENT betrachtet Schüler als leistungsschwach, ,,die durch kontinuierliche Schwächen oder entwicklungsbedingte Störungen physischer oder psychischer Art in ihrer körperlichen Leistungsfähigkeit unter dem Durchschnitt ihrer Kameraden liegen" (GROTEFENT 1969, 80).

RIEDER, KUCHENBECKER und ROMPE definieren in ihrer Heidelberger Untersuchung leistungsschwache Schüler als die schwächsten 10% der Rangreihe, die aufgrund der Gesamtergebnisse der motorischen Tests ermittelt wurden. Sie kommen zu dem Ergebnis, daß Haltungsschwächen nach dieser Definition kein Indiz der Leistungsschwäche darstellen. Diese Aussagen müssen jedoch verwundern, denn von den Autoren wird Haltungsschwäche ,,als leichteste Form der allgemeinen muskulären Leistungsschwäche" definiert (RIEDER u. a., 1986, 260), die durch die verwendeten Testverfahren, z. B. den Haro-Fitness-Test (HAAG/DASSEL 1981) hätte festgestellt werden müssen.

GRÖSSING weist darauf hin, daß meßbare sportliche Leistungen in c-g-s-Sportarten nur ein Bestandteil im Schulsport sein können. Die Skala der motorischen Äußerungen reiche weiter und schließt die Bewegung als Ausdrucksverhalten, taktisches Vermögen, Organisationsproblem und Lernphänomen sowie den energetischen Aspekt der Leistungssteigerung ein. Als leistungsschwach ist demgemäß jener Schüler einzustufen, der im motorischen Ausdrucksverhalten gehemmt und einfallslos ist, dem die Spielübersicht fehlt, dessen Lernzuwachs gering ist, der neue Bewegungsansprüche nicht selbständig erfüllen kann und der zuletzt auch in seinen sportlichen Leistungen unter dem Durchschnitt liegt. Leistungsschwäche ist in dieser pädagogisch fundierten Auslegung die Beeinträchtigung des motorischen Lernens und des Bewegungsverhaltens in den vielfältigen Situationen des Schulsports (vgl. GRÖSSING 1982, 168). GRÖSSING verweist auch darauf, daß der Sportunterricht durch seine Bedingungen (Lerninhalte, Unterrichtsverfahren, Lehrerhandlungen) selbst zur Ursache für das Auftreten von Problemschülern werden kann (vgl. GRÖSSING 1988, 62).

RIJSDORP (1983), der Motorik aus anthropologisch-pädagogischer Sicht als Beziehungs-Dynamik charakterisiert, sieht die Störung dieser Beziehungs-

Dynamik durch einfache Defizite oder Versäumnisse in Bewegungserfahrungen und Bewegungsfertigkeiten als Schwäche an, die in das normale Mitfunktionieren in der Klasse eingreifen. Diese Beziehungsschwächen und die von GRÖSSING genannten Beeinträchtigungen des motorischen Lernens führen nicht selten zu den o. g. Stigmatisierungen von Schülern, die so zu Außenseitern im Sportunterricht werden, von den Klassenkameraden abgelehnt bzw. nicht oder weniger beachtet.

Im Gegensatz dazu scheint es in der von RIEDER, KUCHENBECKER und ROMPE untersuchten Schülerpopulation den sogenannten leistungsschwachen Schüler nicht zu geben, denn wenn auch die Aktivitäten von sieben sehr schwachen Probanden unterschiedlich waren, schienen diese gut in die Klasse integriert, von den Mitschülern akzeptiert. Zudem zeigten sie ein hohes Interesse am Sport (vgl. RIEDER u. a., 1986, 262).

Aus medizinischer Sicht definiert HOLLMANN (1980) einen Menschen als leistungsschwach, wenn die funktionelle Aktivität seiner Organe unter ein kritisches Minimum sinkt, wenn z. B. nur 30 % der Maximalkraft oder nur 50 % der maximalen Herz-Kreislauf-Leistung beansprucht werden. Die Fähigkeit zur Leistung ist nach HOLLMANN die Möglichkeit des einzelnen, eine bestimmte Leistung zu erbringen. Die Leistungsfähigkeit läßt sich also nur durch die Leistung selbst bestimmen und messen. Die Leistung und damit die Leistungsfähigkeit richtet sich nach dem Leistungsstand des einzelnen. Hat der Mensch eine reduzierte Leistungsfähigkeit, so liegt das häufig am Bewegungsmangel, den HOLLMANN als eine muskuläre Beanspruchung definiert, die chronisch unterhalb der Reizschwelle liegt, deren Überschreitung zum Erhalt oder zur Vergrößerung der funktionellen Kapazität notwendig ist (WEINECK 1986, 23).

Verschiedentlich wird auch die Sportnote zur Eingrenzung leistungsschwacher Schüler herangezogen. Die Sportnote als Kriterium heranzuziehen erscheint jedoch nicht sinnvoll, da die ,,Berücksichtigung sportlicher Disziplinen, die nur außerhalb der Schule möglich sind . . ., ein ganz anderes Bild ergeben" (LUTTER 1977, 325). HAAS/ALLESCHER/BERNETT 1984, 238; DORDEL, H. J. 1985, 93 sowie FETZ 1988, 130 bestimmen Kinder als leistungsschwach, wenn der bei einem sportmotorischen Test festgestellte Mittelwert vermindert um eine Standardabweichung nicht erreicht wird.

2 Ursachen von körperlichen Leistungsschwächen

Obwohl die Bewegungsentwicklung der Kinder innerhalb der Familie, im Kindergarten, in der Schule, im Freizeitbereich und organisiert im Verein sowie durch die Medien (Rusch, H. 1981) gefördert werden könnte (s. *Abb. 3*), mangelt es allein schon aufgrund der Veränderungen der soziokulturellen Verhältnisse an den notwendigen Entwicklungsreizen für den Stütz- und Bewegungsapparat. Bewegungsbeeinträchtigungen mit Auswirkungen auf das Selbstwertgefühl der Kinder sind vorprogrammiert.

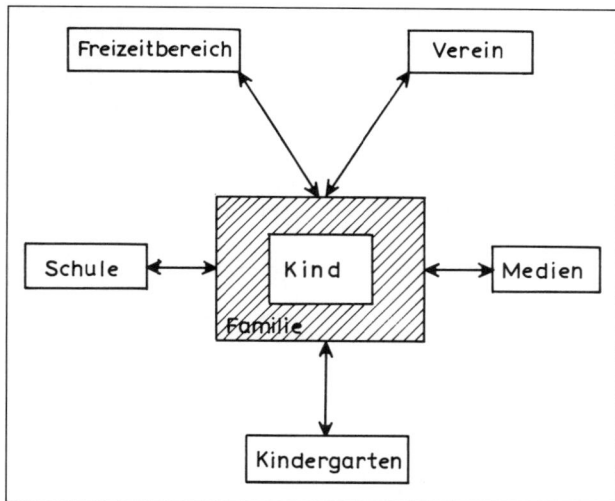

Abb. 3
Einflußbereiche auf die motorische Entwicklung des Kindes (verändert nach STÜBING 1981)

So ergab ein Anfang des Schuljahres 1984/85 an etwa 1000 11/12jährigen Schülern durchgeführter Grobtest der motorischen Hauptbeanspruchungsformen Kraft und Beweglichkeit u. a. folgendes Ergebnis (RÖSSNER 1986).

Klimmziehen am Reck (Armbeugekraft)

☐ 46,6% der Jungen und 62,2% der Mädchen schafften keinen einzigen Klimmzug.

Beine anheben im Hang rücklings an der Sprossenwand (Kraft der Hüftbeuge- und Bauchmuskulatur)

☐ 43,8% der Jungen und 22% der Mädchen schafften es überhaupt nicht, die Beine bis zur Waagrechten zu heben.

Rumpfbeuge vorwärts im Strecksitz

☐ 63,5% der Jungen und 53,4% der Mädchen konnten ihren Rumpf nicht mehr als 45 Grad nach vorne neigen.

Die Ursache für das Auftreten von körperlichen Leistungsschwächen sind vielfältig und oft eng miteinander verbunden. In das Ursachenbündel für Leistungsschwächen im sportlich-motorischen Bereich gehören nach GRÖSSING „elterliches Erziehungsverhalten, die Einstellung zu Sport und Bewegung, Freizeitgewohnheiten der Familie und die Wohngegend ebenso hinein wie ererbte körperliche Konstitution und motorische Koordination, die Krankheitsgeschichte, Einflüsse der peer group und das Lehrerverhalten im Schulsport" (GRÖSSING 1982, 168).

Für das Entstehen von Leistungsschwächen machen ZIMMER und CICURS neben den genannten Bedingungsfaktoren auch psychische Besonderheiten, wie z. B. Angst (vgl. GRÖSSING 1982, 168 f.) verantwortlich, die zur Einschränkung von Bewegungserfahrungen und damit zu Mißerfolgserlebnissen, Motivationsverlust und zur Vermeidung motorischer Anforderungen führen können (vgl. HEMPFER 1973, 1974; ZIMMER/CICURS 1987, 17).

Während WEINECK die Folgen dieser Bedingungsfaktoren im Entstehen einer körperlichen Inaktivität sieht (Abb. 4), die zu einer funktionellen Unterbelastung mit einer weiteren Abnahme der Organleistungsfähigkeit führt (vgl. WEINECK 1986, 306), verweisen ZIMMER und CICURS vor allem auf die Möglichkeit des Entstehens von intra- und interpersonalen Verhaltensauffälligkeiten.

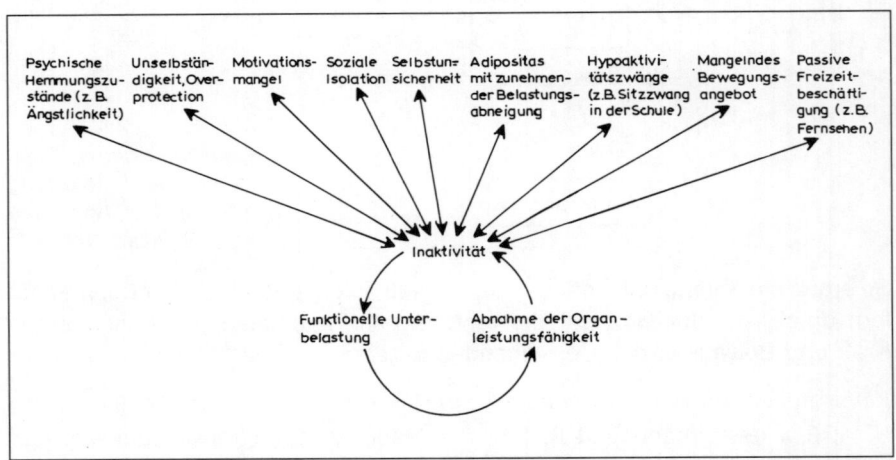

Abb. 4 Ursachen körperlicher Inaktivität und nachfolgende Herausbildung des Circulus vitiosus „Inaktivität — funktionelle Unterbelastung — Abnahme der Organleistungsfähigkeit — vermehrte Inaktivität" (nach WEINECK 1986, 306)

Aus motopädagogisch-psychomotorischer Sicht sind Leistungsschwächen auch begründet in einer Störung der Wahrnehmungs-Handlungseinheit, die anhand des Grundmodells des Gestaltkreises von WEIZSÄCKER dargestellt werden kann (vgl. KIPHARD 1987).

Neben vererbten Dispositionen als Auslöser von Bewegungsbeeinträchtigungen sehen RUSCH und WEINECK besonders die veränderten soziokulturellen Lebensbedingungen als Hauptursache für das Auftreten von Leistungsschwächen an, obwohl die motorische Entwicklung der Kinder in der Familie, im Kindergarten, in der Schule, im Freizeitbereich, im Verein sowie durch die Medien gefördert werden könnte (vgl. DORDEL, S. 1987, 30; RUSCH/WEINECK 1988, 17). LUTTER faßt die Ursachen für die körperlichen Leistungsschwächen in drei Bereiche zusammen (vgl. LUTTER 1983, 21). In den ersten Bereich, den physisch-biologischen, teilt er körperliche Mängel ein, die durch die individuelle Konstitution bedingt sind. Er spricht damit den Körperbautyp, die Größe und das Gewicht und auch die motorische Veranlagung an, die im Laufe der Zeit Auswirkungen auf die Kondition, auf Kraft, Schnelligkeit, Ausdauer, Beweglichkeit und Koordinationsvermögen haben können. Einschränkungen in den oben angeführten Bereichen bedingen ein geringes Bewegungsrepertoire, das den Aufbau neuer Bewegungsformen, besonders bei vorliegenden Lernschwierigkeiten, erschwert.

Als einen zweiten Bereich sieht LUTTER die psychisch-soziologischen Bedingungen, die für das Auftreten von körperlichen Leistungsschwächen verantwortlich gemacht werden können. So ist die Angst der Eltern, daß ihre Kinder im Sportunterricht überfordert werden könnten, meist auch Ursache für die Auslösung von Angstgefühlen bei den Kindern, die nicht selten seelische Konflikte bedingen. Mit der Angst vor Überforderung geht die Angst vor Unfällen einher.

Häufig führen körperliche Leistungsschwächen eines Schülers auch zu Störungen des Schüler-Lehrer- und Schüler-Schüler-Verhältnisses.

HARTMANN und ODEY stellen fest, daß ,,ständige Zurückweisung, Nichtanerkennung und Tadel zur Verunsicherung, zur Hemmung der Aktivität, zur Lustlosigkeit und zur Angst vor Versagen führen. Dieser psychische Druck aber reduziert die Leistungsfähigkeit und erhöht die Mißerfolgswahrscheinlichkeit. Mißerfolge aber induzieren und verstärken wiederum Ablehnung und Zurückweisung, so daß der Prozeß des Versagens aufs neue in Gang kommt. So baut sich langsam ein Teufelskreis auf, dessen Produkt schließlich Kinder und Jugendliche mit auffälligem und abweichendem Sozialverhalten sind, später mit Verhaltensstörungen, Schulversagen bis hin zu deliquenten Verhalten'' (HARTMANN/ODEY 1977, 409).

Im Gegensatz dazu stellen RIEDER/ROMPE/KUCHENBECKER fest, daß ,,die sogenannten leistungsschwachen Schüler aber von den Mitschülern akzeptiert werden und ihr Sportinteresse hoch war . . .'' (RIEDER u. a. 1986, 262).

In einem dritten Bereich macht LUTTER organisatorisch-materielle Bedingungen für das Entstehen von körperlichen Leistungsschwächen verantwortlich. Er führt in diesem Zusammenhang den wenig motivierenden Sportunterricht mit seinen manchmal unattraktiven Sportarten und kaum anregenden Sportgeräten an. Die jetzt wieder ansteigende Klassenschülerzahl und die insgesamt geringen Anregungsbedingungen im Sportunterricht haben Auswirkungen besonders auf den Schüler, der allein auf den Schulsport angewiesen ist, denn der ungenügende Aufforderungscharakter der unmittelbaren Umwelt schränkt zudem den Handlungsdrang dieser Kinder ein (KIPHARD 1987).

3 Die geschichtliche Entwicklung des Sportförderunterrichts

Die Bedeutung von Bewegung zum Ausgleich von Veränderungen des Skeletts wurden schon in der Antike von HIPPOKRATES und PLATO beschrieben. Bewegungstherapeutische Ansätze wurden zu Beginn des 18. Jahrhunderts von TISSOT (1780) gemacht, der Grundlagen für eine medizinische Gymnastik veröffentlichte. In Deutschland setzte SCHREBER (1852) in seiner orthopädischen Anstalt in Leipzig eine vorbeugende und ausgleichende Gymnastik ein, die turnerische Übungen aus der deutschen (JAHN) und schwedischen Gymnastik (LING) beinhaltete. Wenn auch schon in der Reichsschulkonferenz 1890 die Schulkrankheiten auf das Mißverhältnis von körperlicher und geistiger Erziehung zurückgeführt wurden, so wurde der Ruf nach entsprechenden Maßnahmen in dem Maß lauter, in dem aufschreckendes Zahlenmaterial vorgelegt wurde. Dieses führte dann auch zur Gründung des orthopädischen Schulturnens, dem Vorläufer des Schulsonderturnens. ECHTERNACH veranstaltete 1903 in Hagen die ersten Kurse, vornehmlich für Kinder mit Skoliosen und veröffentlichte 1912 das ,,Handbuch des orthopädischen Schulturnens". Diese Pionierarbeit wurde vom Preußischen Ministerium für geistlichen Unterricht und Medizinalangelegenheiten durch Erlasse vom 14. 7. 1908 und 24. 1. 1910 unterstützt. Der Begriff ,,orthopädisches Schulturnen" wurde durch Erlaß des Preußischen Kultusministers vom 6. 3. 1926 in ,,Vorbeugende und ausgleichende Leibeserziehung" geändert. Gleichzeitig trat eine ,,Ordnung der Prüfung für Lehrerinnen und Lehrer der vorbeugenden und ausgleichenden Leibeserziehung" in Kraft (OTTENDORF und BRIESE 1926).

HINNERKS und PUSCHERT geben folgende Zielsetzungen dieser Fördermaßnahmen an:

,,1. Alle Kinder mit schwächlicher Körperbeschaffenheit zu sammeln und durch besondere Turnübungen zu kräftigen;

2. durch die Kräftigung des Körpers Haltungsfehler zu beseitigen und dem Schiefwuchs entgegenzuarbeiten, also vorbeugend zu wirken;

3. die Kinder, welche einer Nachbehandlung bedürfen, aus den orthopädischen Instituten und Krankenhäusern in die Sonderturnkurse aufzunehmen (HINNERKS/PUSCHERT 1925, 4)."

Für die Durchführung der Kurse wird empfohlen, ,,dem Übungsbedürfnis, dem Bewegungs- und Spieltrieb . . ." Rechnung zu tragen (HINNERKS/PUSCHERT 1925, 21). Beide Autoren stellen die Bedeutung der Motivation für die Bewegung heraus und weisen auf mögliche negative psychosoziale Auswirkungen körperlicher Leistungsschwächen hin (vgl. DORDEL 1991). In der Zeit des Nationalismus war wenig Platz für Überlegungen zur Betreuung körperlich Schwächerer. Aus diesem Grund ist es nicht verwunderlich, daß 1934 der preußische

Erlaß von 1926, der die Ausbildung und Prüfung von Lehrern der vorbeugenden und ausgleichenden Leibesübungen regelte, aufgehoben wurde.

Aus ideologischen Gründen werden in der Zeit von 1933 bis 1945 keine Unterrichtsangebote für Leistungsschwächere gemacht.

Carl DIEM nimmt nach dem Krieg den Gedanken einer schulischen Förderung beeinträchtigter Kinder wieder auf. Er wählt für diese Maßnahme den Begriff Schulsonderturnen, um damit die Bindung an die Schule und die primär pädagogische Zielsetzung des Unterrichts deutlich zu machen. Ab 1947 wird Schulsonderturnen als Unterrichtsfach an der neu gegründeten Sporthochschule in Köln angeboten. 1952 erläßt das Kultusministerium von Nordrhein-Westfalen eine Prüfungsordnung für die Ausbildung von Lehrern im Schulsonderturnen. Ab 1952 werden auch an der Bayerischen Sportakademie in München Sportphilologen von KOCHNER im Schulsonderturnen ausgebildet.

Mit der Begriffsänderung verändert sich auch die Zielgruppe des Schulsonderturnens. Gefördert werden jetzt:

— Kinder mit Wachstums- und Entwicklungsstörungen (Muskel-, Fuß- und Rumpfschwächen)
— Kinder mit Koordinationsschwächen (Bewegungsarmut, Steifheit, Impulsschwäche, labile Konstitution)
— Kinder mit Organschwächen (Atmung, Kreislauf) (vgl. SCHOLTZMETHNER, 1976, 33).

Mit dem Lehrsatz ,,Organschule geht vor Muskelschule'' favorisiert Carl DIEM die Ausdauerschulung zum Ausgleich allgemeiner Bewegungsmangelzustände in der Annahme, daß beim Laufen gleichzeitig die Muskelkraft und die Bewegungskoordination gefördert wird. Im methodischen Vorgehen und inhaltlich sollen sich der Sportunterricht und das Schulsonderturnen nicht unterscheiden. Der Unterricht selbst muß jedoch aufgrund der unterschiedlichen Schwächen in einer Übungsgruppe differenziert und individualisiert werden.

Die Entwicklung vom orthopädischen Schulturnen zum Schulsonderturnen war begleitet von heftigen Diskussionen, die hauptsächlich im Verlauf der 70er Jahre geführt wurden (vgl. VOLCK/REIBER 1976; DORDEL 1982; RIEDER/KUCHENBECKER/ROMPE 1986).

Gegen die Einrichtung von Schulsonderkursen richtet sich SCHEDE (1951) mit der Begründung, daß Leistungsschwächen das Durchschnittskind betreffen und Fördermaßnahmen deshalb im normalen Sportunterricht und nicht in Sondergruppen erfolgen sollen.

Reizüberflutung im akustischen und optischen Bereich führen heute, im Gegensatz zur Zeit nach den Weltkriegen, auf der einen Seite zu Störungen des vegetativen Nervensystems. Auf der anderen Seite wirkt sich der Bewegungsmangel, hervorgerufen durch veränderte Bewegungsgewohnheiten und das verminderte Bewegungsangebot negativ auf die motorische Leistungsfähigkeit der Kinder aus.

Nicht unschuldig für diese Entwicklung ist der Sportunterricht der 70er Jahre, der Leistung und Erfolg, Wettkämpfe und Vergleiche überbetont hat und für die Erziehung der Kinder zu Selbständigkeit und Kreativität, Kooperation und Kommunikation wenig Raum bot. Auf die Förderung der Ich-, Sach- und Sozialkompetenz, besonders der schwächeren Kinder wurde wenig Wert gelegt (vgl. HAHMANN 1986; RUSCH/WEINECK 1988, 23).

Die Einseitigkeit des Sportunterrichts anvisierend forderten KIPHARD und HUPPERTZ (1968) eine allgemeine Förderung der psychomotorischen und psychosozialen Entwicklung der Kinder und stellten gegen den Sportunterricht und das Schulsonderturnen die Motopädagogik, die als Prinzip einer ganzheitlichen ,,Erziehung durch Bewegung" auf die genannten Fehlentwicklungen Einfluß nehmen möchte. Auch die Zielsetzungen des Schulsonderturnens haben sich aufgrund der geänderten gesellschaftlichen Bedingungen in den vergangenen zehn Jahren deutlich verlagert. Die Förderung der psychomotorischen und psychosozialen Entwicklung durch eine umfassende Schulung der Bewegungskoordination hat Vorrang vor einer einseitigen Haltungs- und Ausdauerschulung (vgl. KMK 1982).

Die rein medizinisch-orthopädische Zielsetzung des Schulsonderturnens wurde also durch pädagogisch-psychologische Fragestellungen erweitert. Neben der individuellen Verbesserung der motorischen Hauptbeanspruchsformen (Kraft, Schnelligkeit, Ausdauer, Flexibilität und Koordination) steht jetzt das Bewegungserlebnis unter Berücksichtigung sozialintegrativer und freizeitrelevanter Aspekte im Vordergrund (vgl. RUSCH/WEINECK 1988, 25).

Der Sportförderunterricht, dem von den Vertretern der Motopädagogik des öfteren Symptomorientiertheit (vgl. ZIMMER/CICURS 1987, 27) vorgeworfen wird, berücksichtigt wie die Motopädagogik beim Förderangebot die Gesamtpersönlichkeitsentwicklung des Kindes. Über eine pauschale Verbesserung des Wahrnehmungsbereichs, des emotional-sozialen Bereichs und des Bewegungsbereichs (vgl. KIPHARD 1987) hinaus, wird im Sportförderunterricht jedoch ein individuell abgestimmtes und die Eigenaktivität des Kindes berücksichtigendes Trainingsprogramm angeboten.

Sportförderunterricht, als Teil einer umfassenden Gesundheitserziehung, berücksichtigt neben dem Trainingskonzept (vgl. GRÖSSING 1988, 53) auch das Körpererfahrungskonzept (vgl. VOGGENEDER 1987) und kann somit als ein über die Ziele der Motopädagogik hinausreichendes Fachgebiet angesehen werden.

Auf der Suche nach einer eindeutigen Bezeichnung führt 1982 die Kultusministerkonferenz die Bezeichnung ,,Förderunterricht im Schulsport" ein.

In der Zwischenzeit hat sich der in Bayern geprägte Begriff Sportförderunterricht in der Bundesrepublik durchgesetzt (vgl. RUSCH 1983).

Fördermaßnahmen für leistungsschwache Kinder und Jugendliche hängen in einer pluralistischen Gesellschaft von den Wertmaßstäben für Bewegung, Gesundheit und Sport ab. Seit 1950 weisen die Pädagogen Carl und Liselott DIEM sowie die Mediziner BAUERMEISTER (1970), BERQUET (1971) und SPELLERBERG (1965) auf die Problematik einer Haltungsgefährdung durch Bewegungsmangel hin. Um eine Koordinierung personenbezogener Forderungen und institutioneller Vorgaben hat sich seit 1961 in der Bundesrepublik Deutschland die Bundesarbeitsgemeinschaft zur Förderung haltungsgefährdeter Kinder und Jugendlicher e. V. bemüht. Aber schon 1957 wurde eine ,,Arbeitsgemeinschaft der Sonderturnlehrer im Lande Nordrhein-Westfalen" in Köln gegründet, die sich in ihren Zielsetzungen für die gesamte Bundesrepublik verantwortlich fühlte.

Am 14. 12. 1968 etablierte sich die Bundesarbeitsgemeinschaft (BAG) in Weinheim an der Bergstraße. Ab 1964 wurden lt. Satzungsvertrag ,,Landesarbeitsgemeinschaften zur Förderung haltungsgefährdeter Kinder und Jugendlicher e. V." in Baden-Württemberg (1964), in Niedersachsen (1966), in Rheinland-Pfalz (1966), im Saarland (1968) und in Bayern (1969) gegründet.

Mit Rundschreiben RS Nr. Ia-1.087/67 hat die ständige Konferenz der Kultusminister die Kultusminister aller Bundesländer auf die Möglichkeit hingewiesen, daß der vom Bundesminister für Familie und Jugend bei der Bundesarbeitsgemeinschaft eingerichtete Lehrstab für die Aus- und Fortbildung von Lehr- und Erziehungskräften in der Haltungserziehung/Schulsonderturnen innerhalb der jeweiligen Länder kostenlos zur Verfügung steht.

Mit der Herausgabe der Fachzeitschrift ,,Gesundheit-Haltung-Leistung", die ab 1981 in ,,Haltung und Bewegung" umbenannt wurde und dem vom Bundesministerium für Familie, Jugend und Gesundheit geförderten ,,Lehrbuch des Schulsonderturnens (BAUERMEISTER/TEUBER 1970), den Faltblättern ,,Haltungsschwäche" und ,,Bewegungsmangel — ein Gesundheitsrisiko für ihr Kind" sowie der 10teiligen Videoreihe ,,Sportförderunterricht für 6- bis 10jährige" und dem Videoband ,,Sportförderunterricht — Ein Angebot für bewegungsauffällige Kinder", wurde der Gedanke ,,Gesundheitserziehung durch Bewegung" durch diese Bundesarbeitsgemeinschaft an Ministerien, Kommunen, Gesundheitsämter, Sportverbände, Hoch- und Fachschulen, Lehrer, Studenten, Erzieher und Eltern herangetragen und in einer Vielzahl von Kongressen, Symposien, Tagungen und Lehrgängen referiert (vgl. HAHMANN 1986, 8—33).

Von den Aktivitäten der Bundesarbeitsgemeinschaft profitierte auch das Bundesland Bayern. Nach der Gründung der Bayerischen Arbeitsgemeinschaft zur Förderung haltungsgefährdeter Kinder und Jugendlicher 1969 in Nürnberg wurden die ersten Grund- und Aufbaulehrgänge mit Prüfung 1971 und 1972 von Lehrkräften der BAG in Inzell durchgeführt.

Unter dem Namen Landesarbeitsgemeinschaft Haltungs- und Gesundheitserziehung in Bayern e. V. (LAG) hat sich die Arbeitsgemeinschaft am 10. Juni 1972 in Prien neu konstituiert. Die LAG führte 1972—1976 in Zusammenarbeit mit der BAG im Auftrag des Bayerischen Staatsministeriums für Unterricht und Kultus

Aufbau- und Prüfungslehrgänge im Schulsonderturnen für Lehrer aller Schultypen durch.

Ab 1976 übernimmt die Bayerische Landesstelle für den Schulsport die Aus- und Weiterbildung der Lehrkräfte im Schulsonderturnen. Ein eigenes Lehrteam für den Sportförderunterricht wird für diese Fortbildungsmaßnahmen verantwortlich. 1977 wird ein curricularer Lehrplan für das Schulsonderturnen und ein Kommentar zu diesem Lehrplan veröffentlicht (vgl. RUSCH 1977, 1—18). Der Sportförderunterricht wird auf der Grundlage der derzeit gültigen Lehrpläne im Sport a) an Grund-, und b) Haupt-, Realschulen und Gymnasien angeboten:

a) Grundschullehrplan: KMBL I 1981, So.-Nr. 20;

b) Curricularer Lehrplan für die Hauptschule, Realschule und das Gymnasium (5—11) KMBL I 1978, So.-Nr. 7.

Im Bereich der beruflichen Schulen wird Sportförderunterricht unter der Bezeichnung „berufsspezifische Ausgleichsübungen" durchgeführt.

Die Ausbildung im Fach Schulsonderturnen/Sportförderunterricht an den bayerischen Sportzentren wird nach der Gymnasialen Prüfungsordnung (GPO) und Lehramtsprüfungsordnung (LPO I) verpflichtend und von den örtlichen Fachgebieten nach der Bekanntmachung des Bayerischen Staatsministeriums für Unterricht, Kultus, Wissenschaft und Kunst über Vorbereitungs- und Weiterbildungslehrgänge für den Sportförderunterricht durchgeführt (KWMBl. I Nr. 1, 1992).

Auch im Rahmen der Staatlichen Lehrerfortbildung können nach der o. g. Bekanntmachung interessierte Lehrkräfte nach den genannten Bestimmungen eine Qualifikation für den Sportförderunterricht erwerben. So konnten sich 1988 in einem landesweit angelegten Reihenlehrgang etwa 2 900 Grundschullehrerinnen an acht Nachmittagen eine Qualifikation für den Sportförderunterricht aneignen.

Sportförderunterricht wird als Wahlfach in den Volks- und Realschulordnungen ausgewiesen (VS: § 9 VSO, RS: RSO Stundentafel). Die Durchführung des Sportförderunterrichts an Gymnasien wird durch eine eigene kultusministerielle Bekanntmachung ermöglicht (KMS vom 29. 12. 1983 Nr. IV/6-8/154935).

Im Rahmen der J- und A-Übungsleiterausbildung gibt der Bayerische Landessportverband Informationen über den Sportförderunterricht. Der BLSV — Bezirk Oberbayern hat sogar drei Übungsleiterlehrgänge zur Ausbildung im Sportförderunterricht durchgeführt.

Aus- und Weiterbildungslehrgänge werden auch durch die Bundesarbeitsgemeinschaft zur Förderung haltungsgefährdeter Kinder und Jugendlicher e. V. durchgeführt.

Seit 1982 ist Sonderturnen im Strukturplan Breitensport/Kinderturnen des Deutschen Turnerbundes sowie in der Konzeption Kinderturnen der Deutschen Turnerjugend festgeschrieben.

In den Jahren 1985, 1986 und 1987 werden vom Bayerischen Staatsministerium für Unterricht und Kultus in Zusammenarbeit mit dem Lehrteam für Sportförderunterricht lehrgangsbegleitende Handreichungen veröffentlicht:

— Konzept für den Einweisungslehrgang im Sportförderunterricht (Bayerisches Staatsministerium für Unterricht, Kultus, Wissenschaft und Kunst, 1985)
— Informationsbroschüre über den Sportförderunterricht für Lehrer an Hauptschulen (Bayerisches Staatsministerium für Unterricht, Kultus, Wissenschaft und Kunst, 1986)
— Konzept für die Weiterbildung im Sportförderunterricht (Bayerisches Staatsministerium für Unterricht Kultus, Wissenschaft und Kunst, 1987).

Aufgrund einer Landtagsanfrage wird 1989 durch eine bayernweite Lehrgangsreihe abgesichert, daß an jeder Grundschule eine qualifizierte Fachkraft für Sportförderunterricht eingesetzt werden kann.

1990 wird die Bedeutung des Sportförderunterrichts in Bayern durch ein Symposium mit dem Titel ,,Sportförderunterricht in Schule und Sportverein'' unterstrichen. Es wird von der Landesarbeitsgemeinschaft Haltungs- und Gesundheitserziehung in Bayern e. V. in Zusammenarbeit mit dem Bayerischen Staatsministerium für Unterricht, Kultus, Wissenschaft und Kunst und dem Sportzentrum der Technischen Universität München durchgeführt.

Diese Veranstaltung bildete bisher den Höhepunkt der Entwicklung des Sportförderunterrichts in Bayern (JESCHKE/RUSCH 1992).

4 Biologisch-medizinische Grundlagen

Bevor im Detail auf die vor allem im Schulbereich feststellbaren und beeinfluß-
baren Bewegungsmangelfolgen eingegangen wird, sollen vorweg noch kurz
die *Ursachen* des für die Industrienationen typischen Bewegungsmangels dargestellt werden. Als Hauptfaktoren gelten einschneidende Veränderungen

— in der *Arbeitswelt* durch zunehmende Mechanisierung und Motorisierung,
   so daß für den Arbeitsprozeß kaum noch Muskelarbeit notwendig ist. Vor 100
   Jahren wurde die für die Arbeit benötigte Energie von den Menschen noch
   zu 90% durch Muskelkraft erstellt, heutzutage nur noch zu 1% (MELLERO-
   WICZ/FRANZ 1981, 21; AHLHEIM 1980, 252 f.);

— im *häuslichen Bereich,* wo durch zunehmende Verstädterung (kleine Hoch-
   hauswohnungen, kaum Spielplätze — nur 1 m² pro Einwohner in der BRD)
   der Lebensraum eingeengt ist (DE MARÉES 1979, 378; LÜBS 1979, 21);

— im *Verkehr,* wo dem Auto als bequemem Transportmittel die absoluten Priori-
   täten eingeräumt werden;

— im *Freizeitbereich,* wo sich allein durch das Fernsehen große Veränderungen hin zu körperlicher Inaktivität ergeben. 11- bis 12jährige Schulkinder
   verbringen täglich im Durchschnitt 3 Stunden vor dem Fernseher (PETERS/
   PAHLKE/WURSTER 1981, 685).

Zunehmende Bewegungspassivität läßt sich jedoch nicht allein auf die heutigen Lebensbedingungen zurückführen. Auch andere Faktoren beeinflussen
entscheidend das Bewegungsverhalten. Der *Faktor Schule* spielt dabei eine
ganz besonders wichtige Rolle:

> Durch den Sitzzwang in der Schule müssen die Kinder ihren natürlichen Be-
> wegungsdrang unterdrücken. Eine Folge davon ist, daß nach zwei Jahren
> Schule etwa 22% der Kinder adipös sind, während es bei der Einschulung
> nur 3% waren (mit zunehmender Schulzeit steigt dann der Prozentsatz auf
> etwa 30%!). Ein ähnliches Bild zeigt sich im Haltungsbereich: Zu Beginn
> der Schule wurden 52% der Schüler als ,,haltungsschwach", jedoch noch
> keiner als ,,haltungsverfallen" eingestuft; nach 2 Jahren waren nur noch
> 16% ,,haltungsschwach", aber 49% ,,haltungsverfallen" (WASMUND-
> BODENSTEDT/BRAUN 1983, 17/18).

Nach dem Schuleintritt kommt es wegen der anfallenden Hausaufgaben auch
noch zusätzlich zu einer drastischen Reduzierung der nicht organisierten körperlichen (Freizeit-) Aktivität: sie verringert sich bei Jungen und Mädchen fast
auf die Hälfte, was bei den eh schon geringen täglichen Bewegungszeiten von
besonderer Bedeutung ist (VERSCHUUR/KEMPER 1985, 183).

Es zeigt sich demnach, daß vor allem im Grundschulbereich eine dramatische Wende im Bewegungsverhalten der Kinder stattfindet, was sich in der Folge in vielfältigen Bewegungsmangelkrankheiten niederschlägt. Es muß deshalb vor allem zu den Aufgabenbereichen der Grundschulen gehören, dieser Fehlentwicklung durch entsprechende Information und durch ein verändertes Lehrverhalten (z. B. durch die aktive Bewegungspause, s. S. 236) entgegenzuwirken.

Wie *Abbildung 5* erkennen läßt, stellt die Funktionsbeanspruchung von Organen, Organsystemen oder des Gesamtorganismus die wesentliche Voraussetzung für den Erhalt ihrer organischen Form bzw. ihrer Funktionstüchtigkeit dar.

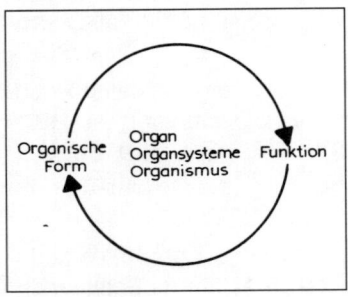

Abb. 5   Die Wechselbeziehungen von organischer Form und Funktion (nach ROUX, in WEINECK 1986, 23)

Unterschreitet die funktionelle Aktivität der einzelnen Organe, Organsysteme oder des Gesamtorganismus (z. B. durch Bewegungsmangel) ein kritisches Minimum, dann kommt es zu Inaktivitätsatrophien und Funktionseinbußen, oft verbunden mit Regulationsstörungen; im Alter schließlich treten dann klinisch manifeste Krankheitssymptome auf (MELLEROWICZ/FRANZ 1979, 21).

4.1 Begriffsbestimmungen

Die *Haltung* des Menschen ist aufgrund ihrer Komplexität einer Vielfalt von Betrachtungsweisen zugänglich.

Mit der Minimaldefinition der *aufrechten Haltung* wird nur die Fähigkeit beschrieben, den Körper in der Vertikalen im Gleichgewichtszustand zwischen der Schwerkraft und den einzelnen Haltekräften halten zu können.

Für die *Haltung* sind eine hohe interindividuelle Schwankungsbreite und ein bestimmter *Haltungsstereotyp* charakteristisch. Diese für das Individuum immer wieder in typischer Weise eingenommene Haltung wird als gesunde aktive *Neutralhaltung* bezeichnet, unter der Vorstellung, daß bei gesunder Neutralhaltung die Haltemuskeln nur so wenig beansprucht werden, wie einer Dauerbeanspruchung zuträglich ist (RIEDER/KUCHENBECKER/ROMPE 1986, 205/206).

Die *Neutralhaltung* bzw. *Normalhaltung* wird auch als zweckmäßige, richtige, korrekte oder gesunde Haltung bezeichnet, die *Haltungsschwäche* im Gegensatz dazu als Fehlhaltung, fehlerhafte, unzweckmäßige oder auch labile Haltung (DORDEL 1987, 180).

Haltungsschwächen können sich aus einem Mißbrauch der Ruhehaltung (bei ihr sichern vor allem die passiven Anteile des Haltungs- und Bewegungsapparates die aufrechte Haltung) entwickeln: Wenn die Aufrichtung zur aktiven Haltung nur selten und kurzfristig erfolgt, fehlen die notwendigen Reize zur Entwicklung bzw. Erhaltung der Kraft der gegen die Schwerkraft wirkenden Körpermuskulatur (DORDEL 1987, 181).

Im einzelnen ergeben sich folgende definitorischen Abgrenzungen im Haltungsbereich:

Haltungsschwächen stellen funktionelle Beeinträchtigungen dar, die durch gezielte körperliche Übungen gemildert bzw. ausgeglichen werden können. Haltungsschwäche ist keine Krankheit, sondern als Variante der Durchschnittsleistungsfähigkeit und als Ausdruck eines Trainingsmangels anzusprechen.
Haltungsverfall gilt als Maximum einer Haltungsschwäche.
Haltungsschäden stellen irreversible strukturelle Veränderungen dar, die durch körperliche Übung nicht mehr ausgeglichen werden.
Haltungsfehler werden als Durchgangsstadium von der Haltungsschwäche zum Haltungsschaden definiert: Während die Rückenform der Haltungsschwäche noch aktiv korrigierbar ist und die Rückenform des Haltungsschadens auch passiv nicht korrigiert werden kann, läßt sich die Rückenform beim Haltungsfehler zunächst noch zumindest passiv korrigieren (RIEDER/KUCHENBECKER/ROMPE 1986, 207).

4.2 Biologische Grundlagen zu den Haltungsschwächen

Haltungsschwächen im Rumpf- und Fußbereich sind vor allem auf eine zu schwach entwickelte Muskulatur zurückzuführen. Bei ausgeprägter Muskelschwäche ist die Rumpf- bzw. Fußmuskulatur nicht in der Lage, das Skelett ihren Funktionsnotwendigkeiten entsprechend zu stabilisieren. Es kommt zur Ausbildung von Haltungsschwächen bzw. Haltungsschäden.

4.2.1 Haltungsschwächen des Rumpfes

Haltungsschwächen entwickeln sich häufig in der Zeit des ersten Gestaltwandels (etwa 5. bis 7. Lebensjahr = etwa der Zeitpunkt der Einschulung). In diesem Zeitraum erfolgt die für die spätere Haltung entscheidende Aufrichtung des Beckens mit Ausbildung der natürlichen Wirbelsäulenschwingungen.

Paßt sich während dieser Phase des raschen Skelettwachstums die Rumpfmuskulatur nicht schnell genug den veränderten Proportionen an, dann kann es zu Fehlstellungen der Wirbelsäule und damit zur Ausbildung von Haltungsschwächen bzw. Haltungsschäden kommen. Der schulische Sitzzwang kann eine derartige Fehlentwicklung im negativen Sinne begünstigen: Durch stundenlanges gebeugtes Sitzen werden die Rückenmuskulatur überdehnt, die Bauchmuskeln schlaff, die Schultern sinken nach vorne, die Brustmuskeln und die Hüftbeuger verkürzen sich (AHLHEIM 1980, 334).

Zusätzlich kann es durch Fehlstellungen der Wirbelsäule zu Fehlentwicklungen des Brustkorbes, der Lungen, der Kreislauforgane und des Beckens kommen (STRAUZENBERG 1982, 86).

Da die Wirbelsäule im Zentrum der Betrachtung von Haltungsschwächen bzw. -schäden steht, sollen nachfolgend zum besseren Verständnis der Zusammenhänge der Bau und die Funktion der Wirbelsäule und die Besonderheiten im Kindes- und Jugendalter ausführlich dargestellt werden.

4.2.1.1 Anatomisch-biomechanische Grundlagen zu Bau und Funktion der Wirbelsäule

Die Wirbelsäule besteht aus 33—34 knöchernen Segmenten, den Wirbeln. Man unterscheidet sieben Halswirbel, zwölf Brustwirbel, fünf Lendenwirbel,

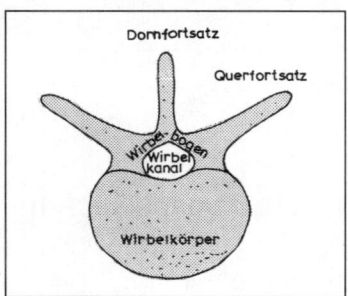

Abb. 6 Schematische Darstellung von Bau und Form eines Wirbels in der Aufsicht (nach WEINECK 1986, 58)

fünf Kreuzwirbel (zum Kreuzbein verschmolzen) und vier bis fünf Steißwirbel (zum Steißbein verschmolzen). Wie *Abbildung 6* zeigt, sind alle Wirbel nach einem einheitlichen Bauplan aufgebaut.

Abbildung 7 verdeutlicht, daß Wirbelkörper, Wirbelbogen, Dorn- und Querfortsätze sowie Form und Stellung der kleinen Wirbelgelenke in typischer Form in Abhängigkeit von ihrer von oben nach unten zunehmenden Druckbelastung differieren.

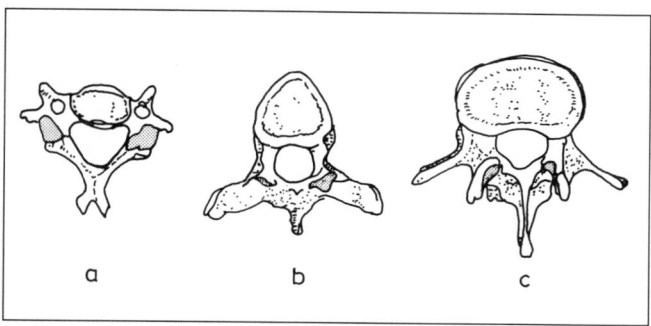

Abb. 7 Die Form der Wirbelkörpergrundfläche in den verschiedenen Wirbelsäulenabschnitten. a) Hals-, b) Brust- und c) Lendenwirbelsäulenbereich (nach WEINECK 1986, 59)

Nur die zwei ersten Halswirbel (Atlas und Axis) fallen aus diesem Allgemeinschema heraus.

Das tragende Element ist der Wirbelkörper. Zwischen den 24 freien Wirbelkörpern der Hals-, Brust- und Lendenwirbelsäule befindet sich jeweils eine Zwischenwirbelscheibe (sogenannte Bandscheibe), die die Funktion eines Wasserkissens hat. Sie besteht aus einem Gallertkern und dem Faserring. Der Faserring bildet den größten Teil der Zwischenwirbelscheibe und besteht aus ringförmig und spiralig verlaufenden Lamellen von Faserknorpel und Bindegewebe, die sich nach oben und unten in die Knorpelplatten der Nachbarwirbel hineinsenken. Hierdurch erhalten die Wirbelkörper eine besonders feste Verbindung untereinander. Der Gallertkern dient bei der Streckung und Beugung der Wirbelsäule als Druckverteiler. Bei der Vorwärtsbeugung wandert der Gallertkern nach hinten, bei der Überstreckung nach vorne, bei der Seitwärtsbewegung zur Gegenseite.

> Die *Zwischenwirbelscheibe* stellt das faserknorpelige Verbindungsstück zwischen zwei Wirbelkörpern dar, fängt die Belastung des Achsenorgans Wirbelsäule federnd ab und vermittelt dessen Beweglichkeit.

Vorne und hinten werden die Wirbelkörper durch längsverlaufende straffe Bandzüge verspannt, die zur Aufrechterhaltung der s-förmigen Krümmungen der Wirbelsäule beitragen.

4.2.1.2 Die „Gelenke" der Wirbelsäule

Die Wirbelsäule als gelenkbildendes Element besteht einerseits aus unechten Gelenken, gebildet von Wirbelkörpern, und den soeben beschriebenen Bandscheiben und andererseits aus echten Gelenken, den kleinen Wirbelgelenken (vgl. *Abb. 8*).

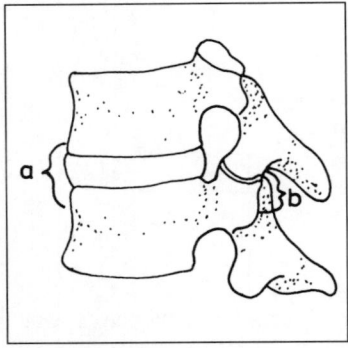

Abb. 8   Die „Gelenke" der Wirbelsäule.
a)   Wirbelkörper-Zwischenwirbelscheiben-Gelenk,
b)   Kleines Wirbelgelenk (nach WEINECK)

Die kleinen Wirbelgelenke (Wirbelbogengelenke) sind echte Gelenke. Ihre Funktion besteht in einer festen Verzahnung der Wirbelkörper — es handelt sich um sogenannte „verzapfte Scharniergelenke" — und in der knöchernen Führung der Wirbelkörperreihe. Die *statische Bedeutung* der kleinen Wirbelgelenke für die Wirbelsäule besteht in der Druckaufnahme bzw. Druckübertragung. Dadurch wird zusammen mit den Bandscheiben eine dreiseitige Unterstützungsfläche ermöglicht.

> Die Beweglichkeit der einzelnen Wirbelgelenke ist nicht groß, aber die Summation der Einzelbewegungen ergibt doch eine beträchtliche Gesamtbeweglichkeit der Wirbelsäule.

Für die Bewegungsmöglichkeiten der Wirbelsäule spielt die Stellung der Wirbelbogengelenke eine maßgebliche Rolle.

Aufgrund der fast ebenen Stellung der Gelenkflächen im Bereich der *Halswirbelsäule* und die schlaffe Gelenkkapsel in diesem Bereich sind Bewegungen in allen Richtungen gut möglich. Die Halswirbelsäule stellt dadurch den beweglichsten Wirbelsäulenabschnitt dar. In der Brust-Wirbelsäule sind die Gelenkflächen steiler gestellt: sie ermöglichen vor allem Torsionsbewegungen, die aber durch den strafferen Kapselapparat und die Rippen etwas eingeschränkt sind. Die Überstreckbarkeit der Brustwirbelsäule ist wegen der dachziegelartigen Übereinanderlagerung der Dornfortsätze mit ihren starken Neigungswinkeln stark reduziert. In der Lendenwirbelsäule stehen die Gelenkflächen fast senkrecht und zeigen zueinander: infolge der hierdurch vorgegebenen festen „Verzapfung" sind Rotationsbewegungen in diesem Wirbelsäulenabschnitt unmöglich, Seit-

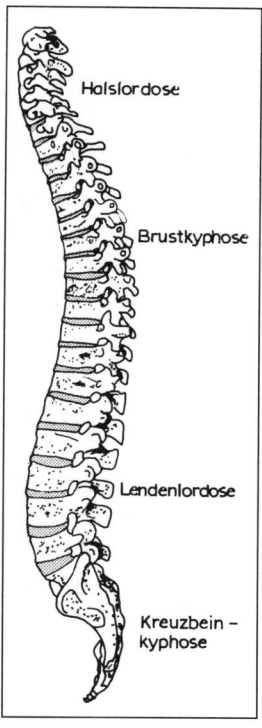

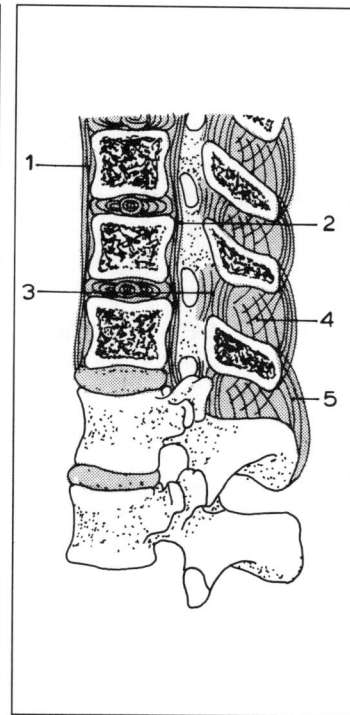

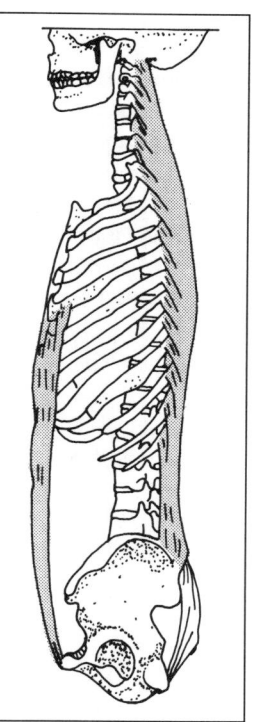

Abb. 9 Bau und Form der Wirbelsäule (nach WEINECK 1986, 61)

Abb. 10 Der Bandapparat der Wirbelsäule.
1 = Vorderes Längsband
2 = Hinteres Längsband
3 = Gelbe Bänder
4 = Zwischendornfortsatz-
bänder
5 = Dornfortsatzspitzen-
bänder (nach WEINECK
1986, 63)

Abb. 11 Die Rumpfmus-kulatur als Verspan-nungssystem für die Erhaltung der aufrechten Körperhaltung (nach WEINECK 1986, 57)

wärtsneigungen sind nur in geringem Umfang durchführbar. Ausgezeichnet ist hingegen die Beugungsfähigkeit und Überstreckbarkeit der Lendenwirbelsäule durch die horizon-tale Ausrichtung der Dornfortsätze, die umfangreiche Bewegungsausschläge in der Sa-gittalebene ermöglicht und darüber hinaus gute Hebelansätze für die kräftige Lendenwirbelsäulenmuskulatur bietet.

Der Bewegungsumfang der Wirbelsäule nimmt aufgrund der zunehmenden statischen Belastung und der sich daraus ergebenden Stabilitätsnotwendig-keiten von oben nach unten ab: Die vermehrte Bewegungseinschränkung gilt der Sicherung der Körperhaltung und des aufrechten Ganges.

4.2.1.3 Form der Wirbelsäule

Die menschliche Wirbelsäule ist nicht gerade, sondern zeigt in den einzelnen Wirbelsäulenabschnitten charakteristische Krümmungen in der Sagittalebene: Die Halslordose (nach vorne durchgebogen), die Brustkyphose (nach hinten durchgebogen), die Lendenlordose und die Kreuzbeinkyphose. Diese Krümmungen hängen mit dem aufrechten Gang des Menschen zusammen. Dabei dient die Halslordose zur Federung des Kopfes, die Lendenlordose zur Federung des Rumpfes (vgl. *Abb. 9*). Die Krümmungen der Wirbelsäule werden mit straffen Bändern (s. *Abb. 10*) und vor allem mittels einer kräftigen Bauch- und Rückenmuskulatur (s. *Abb. 11*) gesichert.

Stärkere Biegungen in der Frontalebene (seitliche Krümmungen) heißen *Skoliosen* und sind pathologisch.

Beachte: Alle Veränderungen im knöchernen Aufbau bzw. in der Form der Wirbelsäule können je nach Ursache (knöcherne Entwicklungsstörungen, degenerative Bandscheibenveränderungen, Insuffizienz des Band- oder Muskelapparates etc.) und Ausprägungsgrad zu Veränderungen der Wirbelsäulenstatik und damit zu einer geringeren Belastbarkeit des Gesamtsystems Wirbelsäule führen. Mannigfaltige Schmerzzustände vorübergehender oder chronischer Natur können sich in der Folge daraus entwickeln.

Die Funktionstüchtigkeit aller einzelnen Bau- und Stabilisationselemente der Wirbelsäule ist somit Grundvoraussetzung für ihre Leistungsfähigkeit.

4.2.1.4 Besonderheiten der kindlichen bzw. jugendlichen Wirbelsäule

Entscheidender Faktor bei der Beschreibung der Besonderheiten der Wirbelsäule bei Kindern und Jugendlichen im Vergleich zum Erwachsenen ist der Wachstumsprozeß. Seinetwegen kommt es zu einem charakteristischen, sich allmählich vollziehenden Übergang kindlicher Strukturen in Jugend- und schließlich Erwachsenenstrukturen.

Die unterschiedliche Leistungsfähigkeit und Belastbarkeit der kindlichen bzw. jugendlichen Wirbelsäule ist nicht losgelöst zu sehen von körperlicher Aktivität und Übung einerseits und schulisch bedingter Inaktivität — z. T. in ungünstigen Körperpositionen (s. *Abb. 15* und *16*) — und verändertem Freizeitverhalten andererseits.

Um die Bedeutung einer ausreichenden körperlichen Ertüchtigung insbesondere im Haltungsbereich zu verdeutlichen, sollen nicht nur die Besonderheiten der kindlichen bzw. jugendlichen Wirbelsäule dargestellt werden, sondern auch die möglichen Schädigungsmöglichkeiten, die sich langfristig aufgrund von chronischen Übungsdefiziten in diesem Bereich ergeben können.

4.2.1.5 Wachstum und Wirbelsäule

Die Belastbarkeit der Wirbelsäule des Kindes bzw. Jugendlichen ist im Vergleich zum Erwachsenen herabgesetzt. Dies hängt zum einen mit der unterschiedlichen Knochen- und Bandstruktur zusammen: Die Knochen von Kindern haben einen geringeren Anteil an anorganischen Kalkverbindungen, hingegen einen erhöhten Anteil an organischen Verbindungen; der Knorpelanteil am Skelett ist im Vergleich zum Erwachsenen erhöht (s. *Abb. 12*). Des weiteren besitzen die Sehnen und Bänder noch nicht den Querschnitt bzw. die Binnenstruktur und damit die Festigkeit des Erwachsenen. Zum anderen ist die Belastbarkeit der Wirbelsäule aufgrund der wachstumsbedingten Instabilität (knorpelige Wachstumsfugen!) im Vergleich zum Erwachsenen verringert.

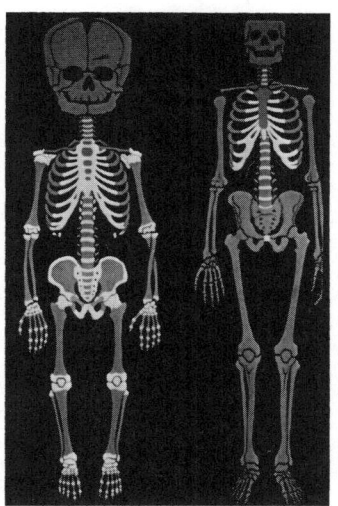

Abb. 12 Knochen- und Knorpelstrukturen beim Erwachsenen und beim Kleinkind

Das Wachstum der Wirbelsäule geht von den Wirbelkörpern aus. Es vollzieht sich in den Grund- und Deckplatten (knochenwärts gelegene Knorpelschicht) der Wirbelkörper (vgl. *Abb. 14*).

Eine besondere Bedeutung für die Belastungsfähigkeit der Wirbelsäule hat dabei die Entwicklung der sogenannten Randleiste des Wirbelkörpers. Sie beginnt sich zuerst als knorpelige Aussparung im ersten Gestaltwandel (etwa 5.—7. Lebensjahr) zu entwickeln. In der vorpuberalen Phase setzt die Verknöcherung der knorpeligen Randleiste enchondral (im Knorpel beginnend) ein. Die Verschmelzung der einzelnen Knochenherde zur geschlossenen Randleiste ist zu Beginn der Pubertät (s. *Abb. 13*) abgeschlossen.

Entwicklungsstufe		Kalendarisches Alter (Jahre)
Säuglingsalter		0—1
Kleinkindalter		1—3
Vorschulalter		3—6/7
Frühes Schulkindalter		6/7—10
Spätes Schulkindalter		10—Eintritt der Pubertät
		(Mädchen 11/12; Jungen 12/13)
Erste puberale Phase		Mädchen 11/12—13/14
(Pubeszenz)	Pubertät	Jungen 12/13—14/15
Zweite puberale Phase		Mädchen 13/14—17/18
(Adoleszenz)		Jungen 14/15—18/19
Erwachsenenalter		Jenseits 17/18 bzw. 18/19

Abb. 13 Einteilung der Entwicklungsstufen nach dem kalendarischen Alter (nach WEINECK *1986, 267)*

Die Verschmelzung mit dem Wirbelkörper beginnt in der 2. puberalen Phase, wo das Längenwachstum durch das Breitenwachstum abgelöst wird. Die Verschmelzung verläuft in den verschiedenen Wirbelsäulenbereichen heterochron (zeitlich unterschiedlich) und findet an der Lendenwirbelsäule am spätesten statt. Sie ist erst jenseits des 21.—25. Lebensjahres abgeschlossen (JUNG-HANS/SCHMORL 1968, 8).

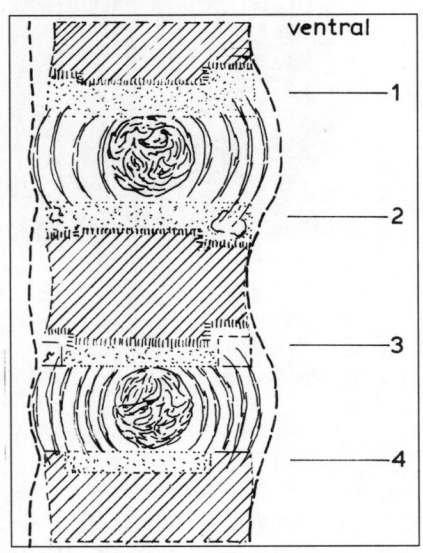

Abb. 14: Schema der Entwicklung der Wirbelkörper-Bandscheibenreihe. 1. Im 1. Gestaltwandel liegt eine breite Knorpelplatte (punktiert) der Wachstumsschicht (gestrichelt) des Wirbelkörpers auf. Der Randleistenfaserring ist tief in der knorpeligen Randleiste verankert. 2. Verknöcherung in der knorpeligen Randleiste in der vorpuberalen Phase zur geschlossenen knöchernen Randleiste in der Pubertät. 3. Verschmelzung der Randleiste mit dem Wirbelkörper bei Wachstumsabschluß. 4. Beachte: Anheftungsstelle des vorderen und hinteren Längsbandes (nach JUNG-HANS/SCHMORL 1968, 9)

Während des Wachstums weist die Wirbelsäule wegen des bereits erwähnten höheren Anteils an organischen Verbindungen eine erhöhte Verformbarkeit und Beweglichkeit auf; andererseits besteht eine geringere mechanische Belastbarkeit.

Überhöhte Belastungen — die exogene Belastung entspricht nicht der endogenen Belastbarkeit — können zu Aufbaustörungen der knöchernen Randleiste sowie der Längenwachstumszonen führen.

Vor allem zu Zeiten erhöhter Wachstumsgeschwindigkeit (insbesondere während der Längenwachstumsperiode der ersten puberalen Phase) ist die jugendliche Wirbelsäule in besonderem Maße gefährdet.

Für extreme Belastungen ist die Wirbelsäule eigentlich erst jenseits des 25. Lebensjahres geeignet. Auf keinen Fall sollten sie vor dem 21. Lebensjahr liegen.

Eine weitere Besonderheit der kindlichen bzw. jugendlichen Wirbelsäule stellt die Struktur und Form der Zwischenwirbelscheiben dar. Während die kindliche Zwischenwirbelscheibe im 10. Lebensjahr aufgrund ihres erhöhten Wassergehaltes noch eine bikonvexe Form zeigt, ist sie im 50. Lebensjahr bikonkav (TITTEL 1981, 6). Auch die Verschieblichkeit des Gallertkernes — und damit die Beweglichkeit der Wirbelsäule — ist im Kindes- bzw. Jugendalter im Vergleich zum Erwachsenenalter erhöht.

Die Druckaufnahme erfolgt in den ersten drei Lebensjahrzehnten vor allem durch den Gallertkern (nucleus pulposus), später übernimmt der kollagenknorpelige Faserring (anulus fibrosus) diese Aufgabe, was degenerativen Bandscheibenveränderungen (s. *Abb. 19*, S. 44) mit zunehmendem Alter Vorschub leistet.

Durch den erhöhten Quelldruck des Gallertkernes (er ist auf die beim Kind bzw. Jugendlichen vermehrte Synthese von Hyaluronsäure zurückzuführen, die die Fähigkeit zur Wasserbindung besitzt und damit für den Quellungsdruck der Bandscheibe verantwortlich ist) kann es insbesondere beim Jugendlichen mit Wirbelkörperwachstumsstörungen (s. *Abb. 31*, S. 51) bei inadäquater Belastung (z. B. fehlerhafte Ausführung von Übungen mit Zusatzgewichten bzw. technisch unsauberes Heben von Hanteln, druck- und zugbedingte Überlastung durch Partnerübungen, Niedersprungübungen bzw. ausgedehnte Sprungfolgen auf hartem Boden etc.) zum Eindringen von Bandscheibenmaterial in den minderbelastbaren bzw. vorgeschädigten Wirbelkörper und damit zu einer weiteren Schädigung des Achsenskeletts Wirbelsäule kommen.

Da die Zwischenwirbelscheiben durch Diffusion ernährt werden, ist eine axiale Dauerbelastung — wie sie z. B. durch längeres, insbesondere fehlerhaftes Sitzen in der Schule gegeben ist — für sie besonders ungünstig (s. *Abb. 15* und *Abb. 16*).

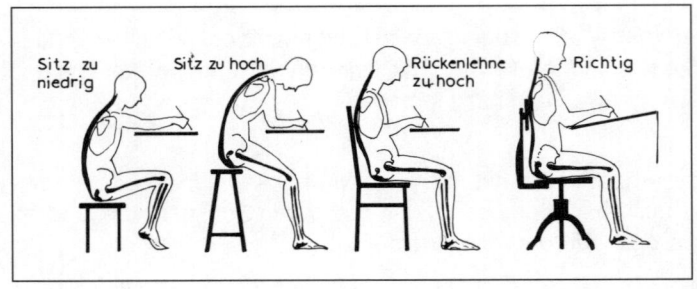

Abb. 15
Richtiges und
falsches Sitzen

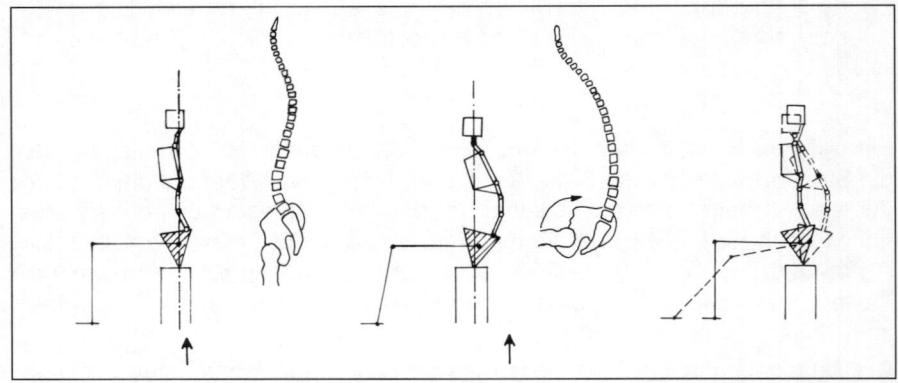

*Abb. 16   Die Auswirkungen einer falschen Sitzhaltung auf die Gesamtstatik der Wirbel-
säule. Die Wirkung der Ober- und Unterschenkelknochen als Kupplungsstangen des
Beckens (nach REINHARDT, mod. nach BRÜGGER 1983, 33)*

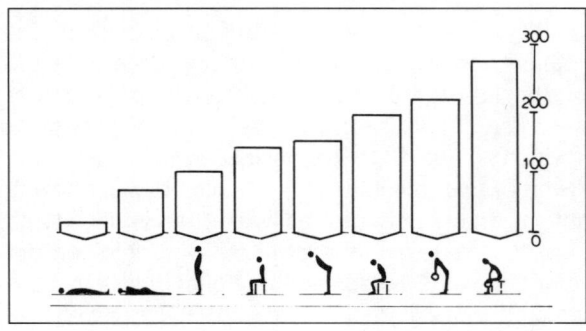

*Abb. 17 Anstieg der
Drucke in einer Lenden-
bandscheibe in Abhängig-
keit von verschiedenen
Körperpositionen (nach
NACHEMSON, in COTTA
1979, 57)*

Abbildung 16 zeigt die Auswirkungen einer falschen Sitzhaltung auf die Gesamtstatik der Wirbelsäule.

Bedenkt man den muskulären Abbau des Schülerrückens im Verlauf des
Schultages (s. *Abb. 18*), dann wird es verständlich, daß im Unterricht nicht nur
auf ein korrektes, sondern auch auf ein dynamisches Sitzen (häufiger Wechsel
der Sitzhaltung) der Schüler zu achten ist.

Axiale Dauerbelastungen in sitzender Haltung — vor allem bei schlechter Sitzhaltung — sind von besonderer Schädlichkeit für die jugendliche Bandscheibe: Beim stehenden Menschen wird die Wirbelsäule aufgrund ihrer sagittalen Krümmungen gleichmäßig belastet, beim sitzenden Menschen hingegen kommt es zu punktuellen Überlastungen einzelner Bandscheiben, insbesondere im Lendenwirbelsäulenbereich und zu Druckerhöhungen innerhalb der Bandscheiben im ventralen (vorderen) Bereich. Mit zunehmender Kyphosierung (Rundrückenbildung) nimmt der intradiskale Druck zu.

Abbildung 17 zeigt die intradiskale (innerhalb der Bandscheibe vorliegende) Druckbelastung bei unterschiedlichen Körperpositionen.

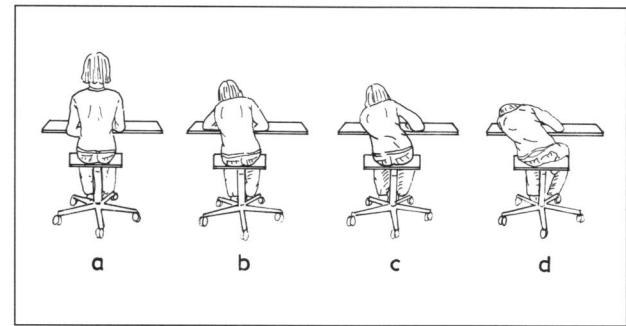

Abb. 18a—d Der muskuläre „Abbau" des Schülerrückens im Verlauf des Schultages. Damit parallel der „Abbau" der geistigen „Frische" (nach REINHARDT 1983, 84)

a   b   c   d

Durch die axiale Dauerbelastung und die damit fehlende Wechseldruckbelastung — wie sie z. B. innerhalb körperlicher bzw. sportlicher Aktivitäten gegeben ist — kommt es einerseits zu Ernährungsstörungen, andererseits zu Höhenveränderungen der Bandscheiben, was sich negativ auf die Stabilität bzw. die mechanische Belastung der Wirbelsäule im Sinne einer Gefügelockerung und statischen Mehrbelastung auswirkt.

Die dauerdruckbedingte Höhenabnahme der Bandscheibe führt zu einer erhöhten Stoßbelastung der Wirbelkörperabschlußplatten und des Randleistenringes des Wirbelkörpers. Des weiteren kommt es zu einer verstärkten Sklerosierung der Abschlußplatten sowie zu Rißbildungen im Faserring der Bandscheibe und der Wirbelkörperrandleiste, Veränderungen, die nicht ohne Bedeutung bei einem u. U. vorliegenden Morbus Scheuermann (s. Abb. 31, S. 51) sind. Werden den Bandscheiben unzureichende Erholungsmöglichkeiten bzw. -zeiten geboten, dann kann es langfristig zu irreversiblen Schädigungen in diesem Strukturbereich kommen (KÖLLER/MÜHLHAUS/HARTMANN in HACKENBROCH et al. 1983, 16).

Den Schülern sollte demnach — gegen das bisherige Erziehungsdogma des absolut ruhig sitzenden Schülers — die Empfehlung gegeben werden:

> Be- und entlastet eure Bandscheiben durch dynamisches Sitzen! Sitzt unruhig! (REINHARDT 1983, 40).

In diesem Zusammenhang ist vor allem im Grundschulbereich auf die Bedeutung der innerhalb des Unterrichts geforderten regelmäßigen (stündlichen) Bewegungsübungen zu verweisen.*

Als *aktive* „Bandscheibenübungen" eignen sich alle Hänge-, Hangel- und Stützübungen, bei denen es zu einer Streckung bzw. Dehnung der Wirbelsäule kommt, wie z. B. bei Schwungübungen am Reck, an den Ringen oder am Barrenholm; sehr gut geeignet sind auch Hangelübungen an Kletterstangen (quer durch den Stangenparcours), Leitern (abwärts, parallel zum Boden, aufwärts), Reck und Barren sowie Stützübungen (Durchstützeln durch die Holmengasse am Parallelbarren o. ä.).

Abbildung 19 läßt erkennen, daß eine chronische Fehlbelastung der Bandscheiben langfristig zu einer Bandscheibendegeneration führt.

Bei der Bandscheibendegeneration durch Haltungsschwäche bzw. chronische Fehlhaltung einerseits und übermäßige sportliche oder sonstige Druck- oder Scherbelastung andererseits kommt es durch Verschleißerscheinungen zu einer Höhenabnahme der Zwischenwirbelscheiben. Dies führt zu einem Nachlassen der Spannung des Längsbänderapparates und somit zur Lockerung des Bewegungssegmentes. Mit der damit verbundenen Stellungsänderung der Wirbelkörper läuft meist eine Einengung der Zwischenwirbellöcher parallel,

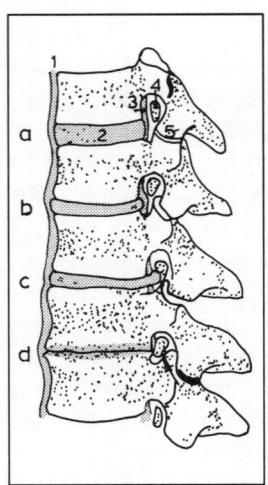

Abb. 19 Schematische Darstellung der Vorgänge bei der Bandscheibendegeneration. (1 = vorderes Längsband, 2 = Bandscheibe, 3 = hinteres Längsband, 4 = Nervenwurzel im Zwischenwirbelloch, 5 = Zwischenwirbelgelenk). a) Normale Verhältnisse im Zwischenwirbelbereich; b) Veränderung der Zwischenwirbelverbindung mit Höhenverlust, Lockerung des Bandapparates, Veränderung des Zwischenwirbelloches (Nervenaustrittsstelle!). Fehlbelastung der Zwischenwirbelgelenkflächen und Vortreibung der Bandscheibe in Richtung Nervenwurzel; c) Vorfall des gallertigen Bandscheibenkernes (nucleus pulposus) nach hinten mit Druck auf den Nerv; d) Degeneration der Zwischenwirbelscheibe unter Annäherung der benachbarten Deckplatten, Ausbildung von Randzacken und -wülsten an den Wirbelkörpern und den deformierten Zwischenwirbelgelenken (nach PITZEN und RÖSSLER in WEINECK 1988, 69)

und es kommt zu einer Bedrängung bzw. Reizung der hier austretenden Nerven, was zu mannigfaltigen Schmerzzuständen führen kann.

---

* Nr. 2 der Bestimmungen zur Stundentafel der Grundschule

Wie bereits in *Abbildung 16* zum Ausdruck gebracht wurde, führt eine dauerhafte Sitztätigkeit nicht nur zu einer Beeinträchtigung „passiver" Strukturen wie z. B. der Bandscheiben, sondern auch zu Ungleichgewichten in der aktiven Muskulatur des Rumpfes.

> Wird die Muskulatur chronisch durch Bewegungsmangel unterfordert, dann kommt es zu einer muskulären Inaktivitätsatrophie.

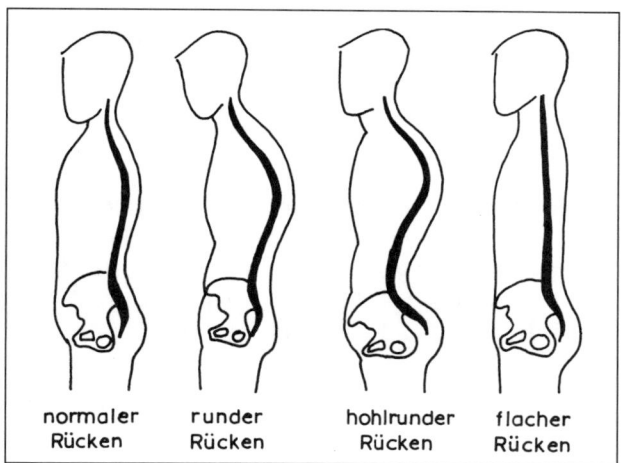

normaler Rücken   runder Rücken   hohlrunder Rücken   flacher Rücken

Abb. 20

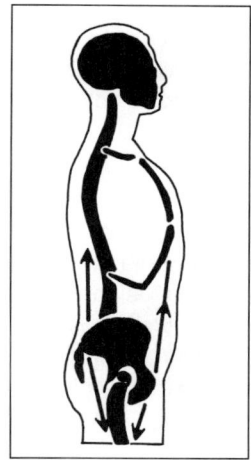

Abb. 21

Abb. 20   Die Staffelschen Rückenformen (nach HEIPERTZ 1972)

Abb. 21   Die Form der Wirbelsäule bzw. die Stellung des Beckens in Abhängigkeit verschiedener Muskelgruppen

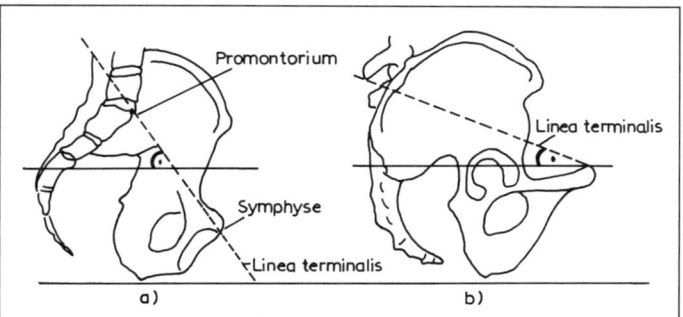

Abb. 22   Die Beckenneigung im Stand (a) und im Sitzen (b) (verändert nach BENNING-HOFF/GOERTTLER 1968). Der Beckenneigungswinkel ergibt sich durch den Winkel zwischen Linea terminalis und der Horizontalen; die Linea terminalis verläuft zwischen Promontorium (= Übergang vom Kreuzbein zur Lendenwirbelsäule, der als scharfer Knick imponiert) und Oberrand der Symphyse (Schambeinfuge)

4.2.1.6 Verformungen der Wirbelsäule als Bewegungsmangelfolge

Die normale Form der Wirbelsäule mit ihren charakteristischen Krümmungen kann aufgrund verschiedener Ursachen (angeboren, verletzungs- bzw. bewegungsmangelbedingt etc.) typische Verformungen aufweisen *(Abb. 20)*.

Aufgrund der sich in den modernen Industriestaaten rapide entwickelnden Haltungsschwächen und -schäden mit Beginn der Schule stehen die bewegungsmangelbedingten Wirbelsäulenverformungen an dieser Stelle im Vordergrund.

> Nach den Befunden von STAFFEL 1884 unterscheidet man grobschematisch die Normvarianten Rundrücken (häufigste Form), Flachrücken (häufig) und Hohlrundrücken (seltener).

> Beachte: Wenn vom Arzt eine der Staffelschen Rückenformen diagnostiziert wird, kann damit noch keine Aussage über das Vorliegen eines Haltungsfehlers gemacht werden. Erst mit Hilfe des Matthias-Haltetests (s. Testverfahren) läßt sich etwas über die Leistungsfähigkeit der Muskulatur sagen. Unter Berücksichtigung dieses Tatbestandes führt die Diagnose unter diesen Bedingungen nicht zu denselben therapeutischen Maßnahmen (RIEDER/KUCHENBECKER/ROMPE 1986, 24).

Bevor auf die einzelnen Haltungsschwächen im einzelnen näher eingegangen wird, soll noch kurz die Bedeutung der Muskulatur für die menschliche Haltung und ihr anatomisches Substrat dargestellt werden. Auf eine allzu detaillierte Darstellung der beteiligten Muskeln wird dabei bewußt verzichtet.

Wie *Abbildung 21* verdeutlicht, hat die Kraft der Rumpf- und Hüftmuskeln entscheidenden Einfluß auf die Stellung von Wirbelsäule und Becken und damit auf die Haltung schlechthin:

> Die *Beckenaufrichtung* (nach hinten) erfolgt zum einen durch die Bauchmuskulatur, zum anderen durch die Gesäß- und hintere Oberschenkelmuskulatur; für die *Beckenkippung* (nach vorne) sorgen insbesondere die Rückenmuskeln im Lendenwirbelsäulenbereich und die Hüftbeuger.

Muskuläre Schwächen bzw. Ungleichgewichte wirken sich demnach unmittelbar auf die Beckenstellung und damit auf die Form der Wirbelsäule aus!

Das Becken hat im Stehen normalerweise einen Neigungswinkel von 60 bis 70 Grad, im Sitzen wird eine Beckenneigung von 13 bis 20 Grad erreicht (s. *Abb. 22*).

4.2.1.7 Anatomische Grundlagen zu den Haltungsschwächen

Die für die Aufrechterhaltung der Wirbelsäule wichtigsten Muskeln sind im vorderen und seitlichen Rumpfbereich die geraden, schrägen und querverlaufenden Bauchmuskeln; im Rückenbereich der Rückenstrecker (s. *Abb. 23* und *Abb. 26*).

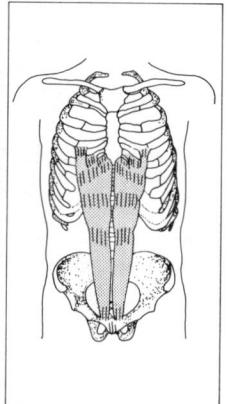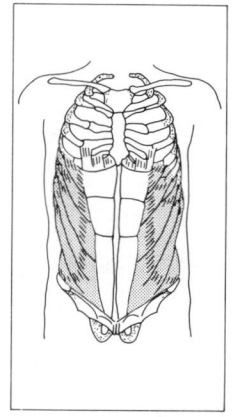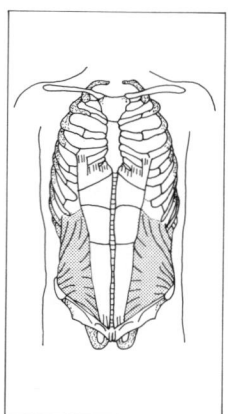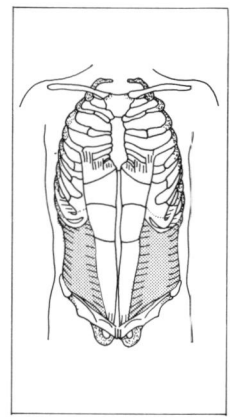

Abb. 23 a) gerader Bauchmuskel, b) schräger Bauchmuskel, c) schräger innerer Bauchmuskel, d) querverlaufender Bauchmuskel (nach WEINECK 1986, 71)

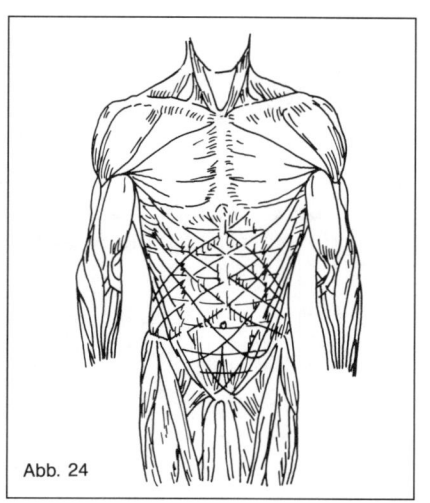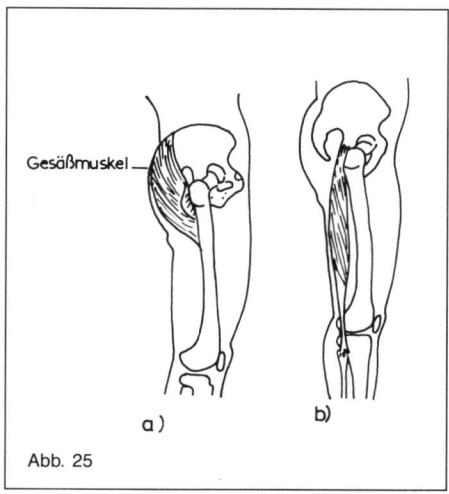

Abb. 24 Schematische Darstellung der Quer- und Schräggurtung der Bauchwandung (nach TITTEL 1970, 383, in WEINECK 1988)

Abb. 25 a) Der große Gesäßmuskel und b) die Gruppe der Sitzbeinunterschenkelmuskeln als ,,Beckenaufrichter'' bzw. Hüftstrecker (RUSCH 1983, 31 u. 32)

Für die *Beckenaufrichtung* ist von der Bauchmuskulatur vor allem der gerade Bauchmuskel (m. rectus abdominis) durch seinen Ansatz am Schambein verantwortlich; durch ihre Beteiligung am Aufbau der bindegewebigen Scheide des geraden Bauchmuskels unterstützen jedoch auch die anderen Bauchmuskeln diese Funktion.

Eine zusammenfassende Übersicht über die funktionelle Einheit aller Bauchmuskeln gibt *Abbildung 24.*

Wie bereits erwähnt, wird die *Beckenaufrichtung* von der Gesäßmuskulatur — vor allem vom großen Gesäßmuskel (m. glutaeus maximus) — und von der hinteren Gruppe der Oberschenkelmuskeln — die sogenannten Sitzbein-Unterschenkelmuskeln (Mm. ischiocrurales) — unterstützt *(Abb. 25).*

Im Sinne einer *Beckenkippung* wirken der Rückenstrecker (Lendenwirbelsäulenanteil) und die Hüftbeuger (vgl. *Abb. 21, 26* und *27*).

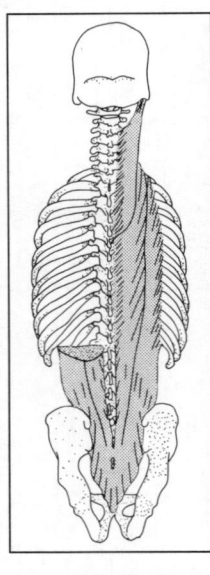

Bei der Beckenkippung durch den Rückenstrecker kommt es zu einer Verstärkung der Lendenlordose.

Haupthüftbeuger sind der Hüftlendenmuskel (m. iliopsoas), der gerade Schenkelmuskel (m. rectus femoris), der Oberschenkelbindenspanner (m. tensor fasciae latae) und der Schneidermuskel (m. sartorius).

Auf die Funktion der Abduktoren (mittlerer und kleiner Gesäßmuskel), Adduktoren (langer, kurzer und großer Schenkelanzieher u. a.) und Rotatoren im Hüftgelenksbereich wird hier nicht näher eingegangen, da sie für die Beckenbewegungen in der Sagittalebene keine Rolle spielen.

Eine zusammenfassende Übersicht über die an der Beckenaufrichtung bzw. -kippung beteiligten Muskeln gibt *Tab. 1.*

Abb. 26   Der Rückenstrecker (m. erector spinae) mit seinen verschiedenen Anteilen (WEINECK 1986, 76)

Tab. 1   Hauptmuskeln für die Bewegung des Beckens in der Sagittalebene

Beckenaufrichtung	Beckenkippung
Gerader Bauchmuskel (m. rectus abdominis)	Rückenstrecker (LWS-Bereich) (m. erector spinae)
Hüftstrecker:	*Hüftbeuger:*
Großer Gesäßmuskel (m. glutaeus maximus)	Hüftlendenmuskel (m. iliopsoas)

Beckenaufrichtung	Beckenkippung
Sitzbeinunterschenkelmuskeln (mm. ischiocrurales) — zweiköpfiger Schenkelmuskel (m. biceps femoris) — halbsehniger Muskel (m. semitendinosus) — Plattensehnenmuskel (m. semimembranosus)	Oberschenkelbindenspanner (m. tensor fasciae latae) Gerader Schenkelmuskel (m. rectus femoris) Schneidermuskel (m. sartorius)

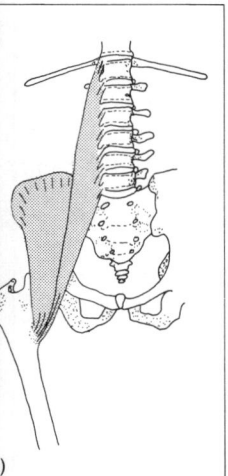
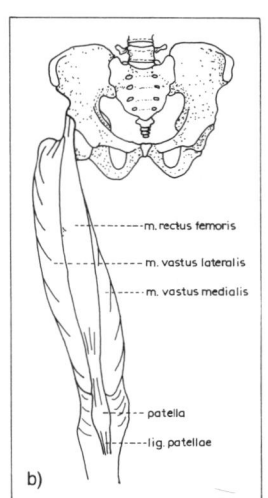
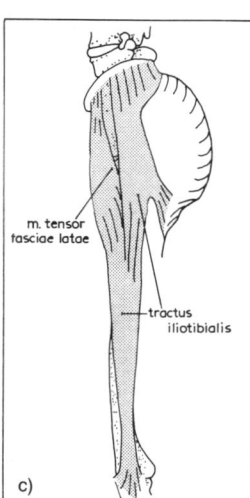
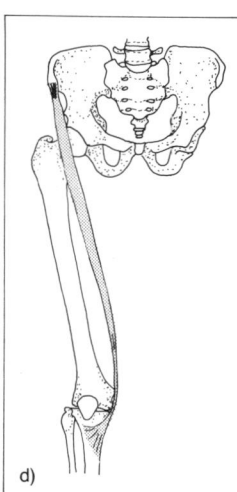

Abb. 27   Die wichtigsten Hüftbeuger (a = Hüftlendenmuskel, b = Gerader Schenkelmuskel, c = Oberschenkelbindenspanner, d = Schneidermuskel) (nach WEINECK 1986, 109 f.)

4.2.1.8 Einzeldarstellung der verschiedenen Haltungsschwächen

HALTUNGSSCHWÄCHE RUNDRÜCKEN — TOTALRUNDRÜCKEN

Beim *Rundrücken* liegt eine Vermehrung der Brustkyphose vor. Der Brustkorb ist eingesunken, die Schultern ragen über die Brustkorbvorderseite vor (vorverlagerter Schultergürtel). Die Schulterblätter treten am Rücken als sogenannte Flügelschultern hervor.

Anatomisch imponiert die Verkürzung des großen Brustmuskels (s. *Abb. 28c*), die überdehnte Rückenstreckmuskulatur (s. *Abb. 26*) und die leistungsschwache oberflächliche Schultergürtelmuskulatur (s. *Abb. 28a* und *b*), die u. a. die Schulterblätter zur Wirbelsäule zieht.

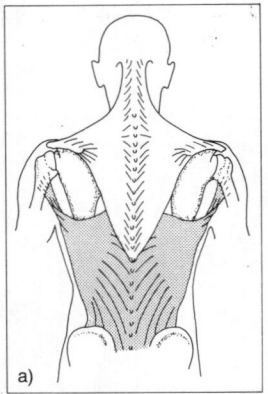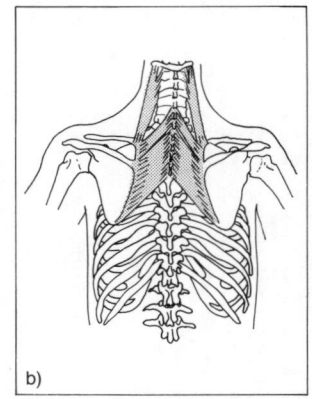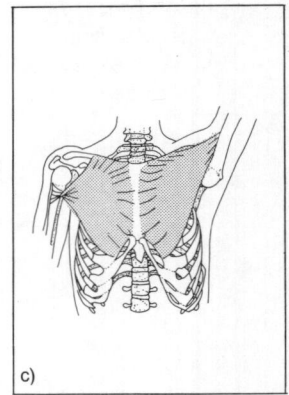

Abb. 28   Die oberflächliche (a) bzw. tiefe Schultergürtelmuskulatur (b) und der große Brustmuskel (m. pectoralis major) (c). (nach WEINECK 1986, 83 und 88) (a) = Kapuzenmuskel (m. trapezius); (b) = kleiner und großer Rautenmuskel (mm. rhomboideus minor et major)

Für das Auftreten von „Flügelschultern" ist ein schwacher vorderer Sägemuskel (m. serratus anterior) *(Abb. 29)* verantwortlich zu machen: Bei muskulärer Insuffizienz zieht er das Schulterblatt unzureichend nach vorne und bewirkt dadurch ein flügelartiges Abstehen des Schulterblattes.

Beim *Totalrundrücken* — der Extremvariante des Rundrückens — kommt es zusätzlich noch zu einer Beckendrehung nach hinten (s. *Abb. 30*).

Als Ursachen der Haltungsschwäche Rundrücken/Totalrundrücken werden neben der konstitutionellen Veranlagung chronisch schlechte Haltung im Stehen und Sitzen (Sitzzwang in der Schule) genannt. Es kann sich jedoch auch um eine Wachstumsverzögerung bzw. -störung der Wirbelkörper handeln, dem sogenannten Morbus Scheuermann (s. *Abb. 31,* S. 51).

Wie die zusammenfassende und stark schematisierte Darstellung des Totalrundrückens *(Abb. 30)* zeigt, kommt es bei dieser Haltungsschwäche aufgrund der veränderten Gesamtstatik zu ausgeprägten muskulären Ungleichgewichten.

Bei etwa 30 % der Jugendlichen kommt es während der Wachstumsphase zu

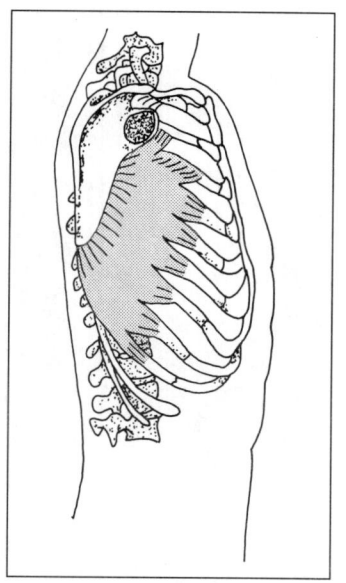

Brustmuskulatur
(verkürzt)

Bauchmuskulatur
(schwach)

Hüftlendenmuskel
(überdehnt)
Vordere Ober-
schenkelmuskulatur
(überdehnt)

Rückenmuskeln
(überdehnt)

Gesäßmuskeln
(verkürzt)
Hintere
Oberschenkelmuskel
(verkürzt)

*Abb. 29   Der vordere Sägemus-
kel (nach WEINECK 1986, 84)*

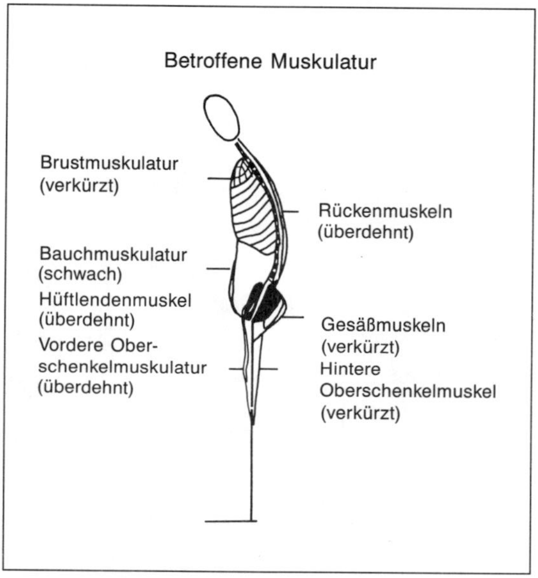

*Abb. 30   Der Einfluß der Haltungsschwäche Total-
rundrücken auf die Rumpf- und untere Extremitätenmuskulatur (nach RUSCH 1983, 27)*

Entwicklungsstörungen der Wirbelsäule mit mehr oder weniger ausgeprägten
Verknöcherungen im Bereich der Wirbelgrund- und -deckplatten (s. Abb. 31).
Man spricht von der sogenannten Scheuermannschen Erkrankung.

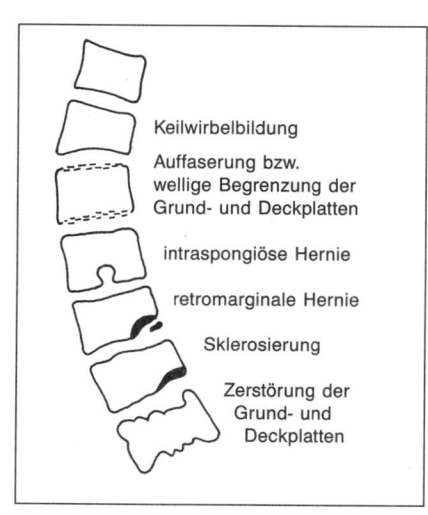

Keilwirbelbildung

Auffaserung bzw.
wellige Begrenzung der
Grund- und Deckplatten

intraspongiöse Hernie

retromarginale Hernie

Sklerosierung

Zerstörung der
Grund- und
Deckplatten

*Abb. 31   Wirbelveränderungen beim Mor-
bus Scheuermann. Durch Bandscheibe-
neinbrüche kommt es zur intraspongiösen
Hernie (Schmorlsches Knötchen) bzw. bei
kantennahen Bandscheibeneinbrüchen (retromarginale Hernie) zu Randleistenab-
sprengungen, zunehmender Keilwirbelbildung und Zerstörung der Grund- und Deckplatten (nach SCHMIDT 1972)*

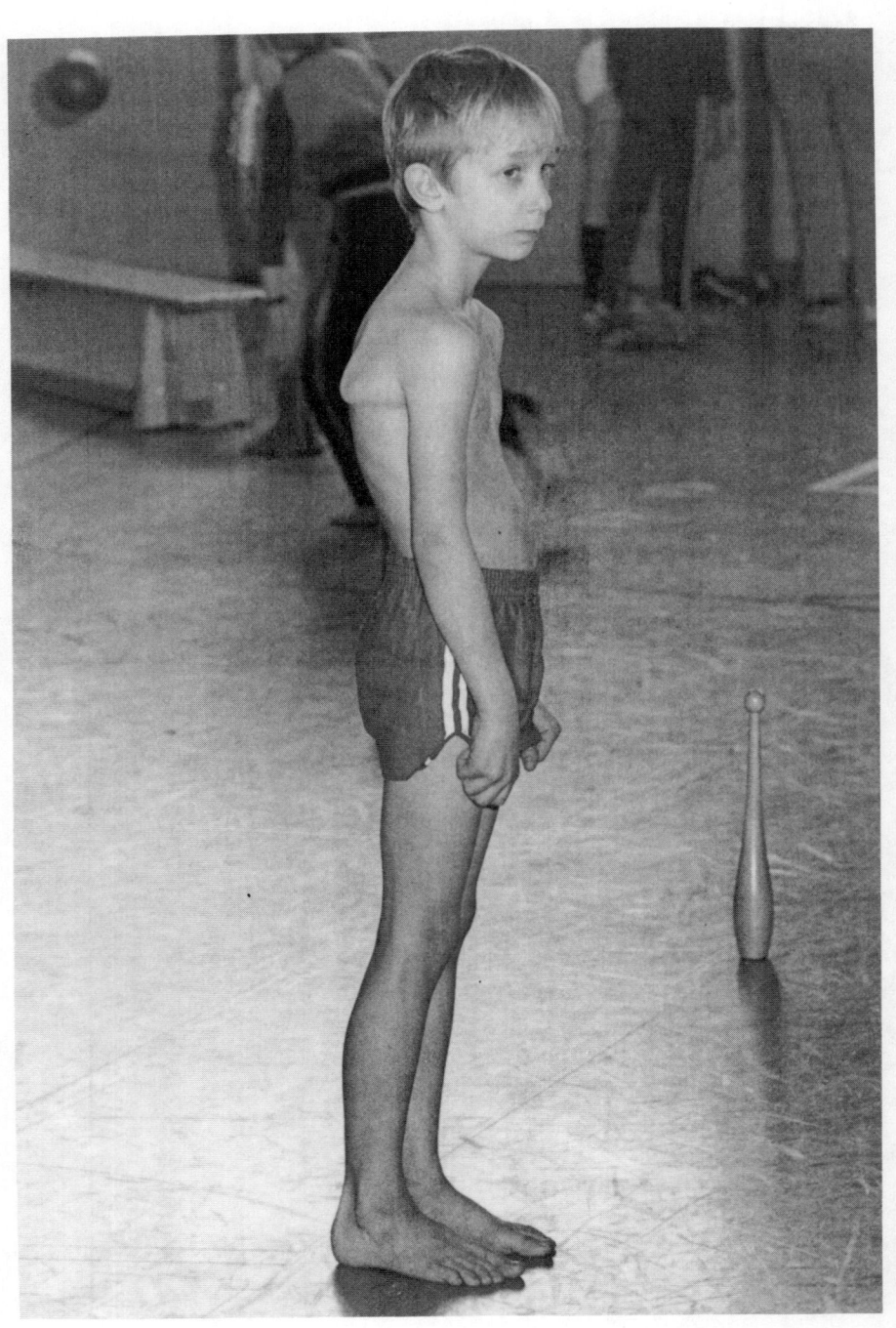

Haltungsschwäche (Total-)Rundrücken

Diese Wachstumsstörungen führen zur Ausbildung eines fixierten jugendlichen Rundrückens (man spricht deshalb auch von der sogenannten Adoleszentenkyphose). Ursächlich liegt zumeist eine Keilwirbelbildung zugrunde (bei über 80 % der betroffenen Jugendlichen), insbesondere im Bereich der Brustkyphose (der 8. Brustwirbel ist daran am häufigsten und stärksten beteiligt).

Beachte: Bei röntgenologisch nachgewiesenen Formvarianten der Wirbelkörper ist wegen der damit verbundenen Reifungsverzögerung und verminderten Belastbarkeit eine übermäßige Beanspruchung der Wirbelsäule bis zu ihrer Ausreifung zu vermeiden. Vor allem sollte eine *leistungs*sportliche Betätigung in Sportarten mit *hohen* Axialbelastungen (wie z. B. beim Gewichtheben, Trampolin- und Wasserspringen oder Gerätturnen) oder *starken* Beuge- und Streckbewegungen der Wirbelsäule (wie z. B. beim Rudern oder Delphinschwimmen) unterlassen werden. Gegen eine Kräftigung der Rücken- und Bauchmuskulatur unter Entlastung der Wirbelsäule (z. B. durch Kurzhanteltraining auf der Bank) ist hingegen nichts einzuwenden: Eine gekräftigte Rumpfmuskulatur trägt in nicht unwesentlichem Maße zur Stabilisierung der Wirbelsäule bei.*

Wie neuere Untersuchungen erkennen lassen, wächst der Keilwirbel im postfloriden Stadium im Sinne eines Kompensationsmechanismus (die Vorderkante wächst mehr als die Hinterkante) weiter, eine Tendenz, die auch im 30. bis 40. Lebensjahr noch anhält. Allerdings kommt es zwischen dem 50. und 60. Lebensjahr zu einer Verschlechterung bzw. zu einer völligen Dekompensation.

Hohlrücken — Hohlrundrücken

Bewegungsmangel bzw. mangelnder Trainiertheitsgrad der Muskulatur sowie chronisch schlechte Haltung können zum Hohl- bzw. Hohlrundrücken führen.

Die *Abbildung 32* gibt einen Einblick in den sich allmählich verschlechternden Haltungsbefund im Laufe der Schulzeit.

Wie neuere Längsschnittuntersuchungen zeigen (RIEDER/KUCHENBECKER/ ROMPE 1986, 215/216), kann sich eine vorübergehende Haltungsschwäche (z. B. zum Zeitpunkt des puberalen Wachstumsschubes) jedoch auch spontan wieder bessern.

---

* HEIMKES/RICHTER/STOTZ 1983, 119

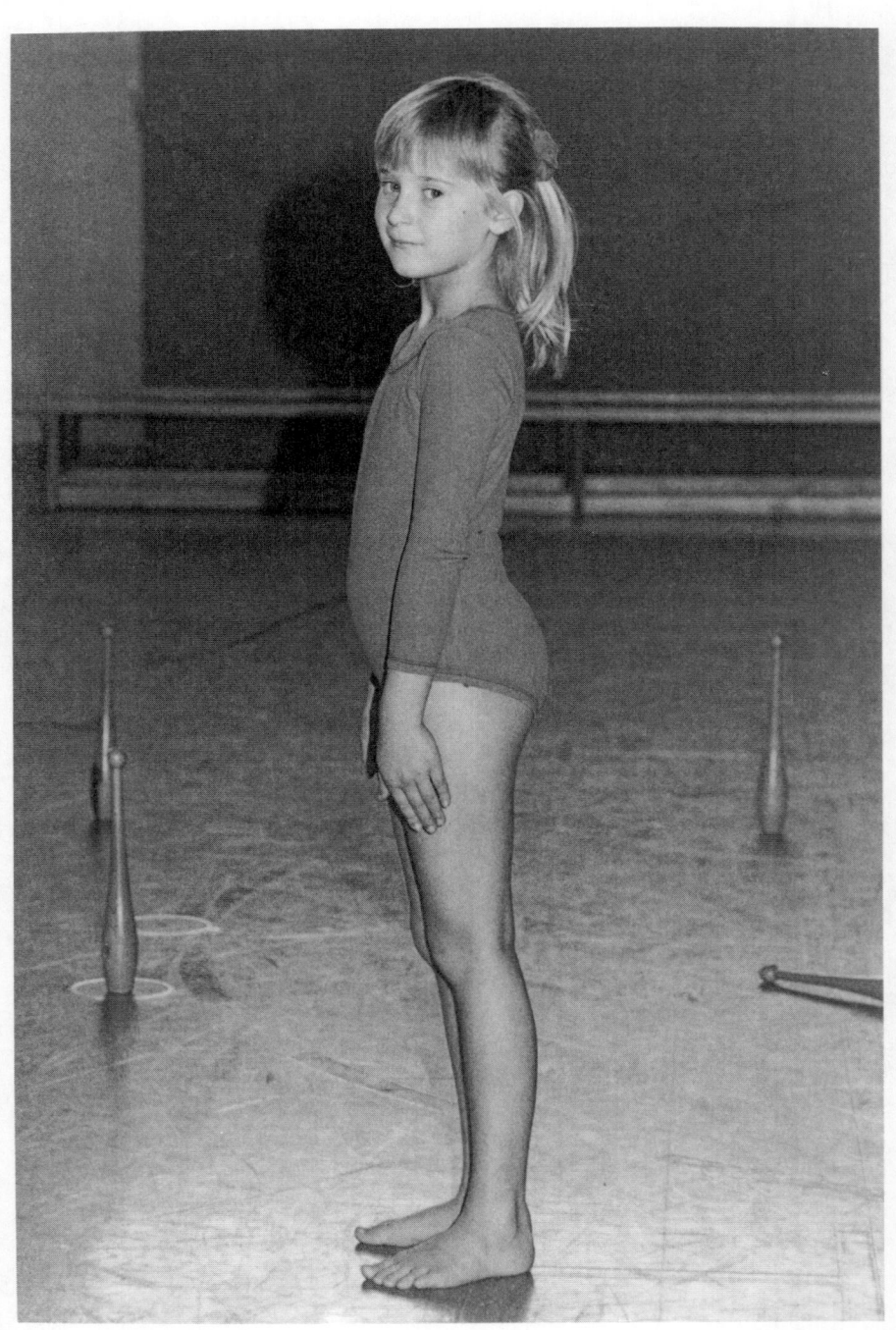

Haltungsschwäche Hohlrücken

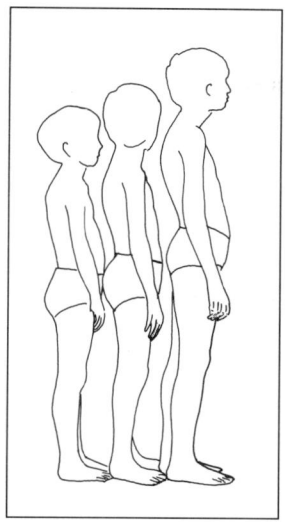

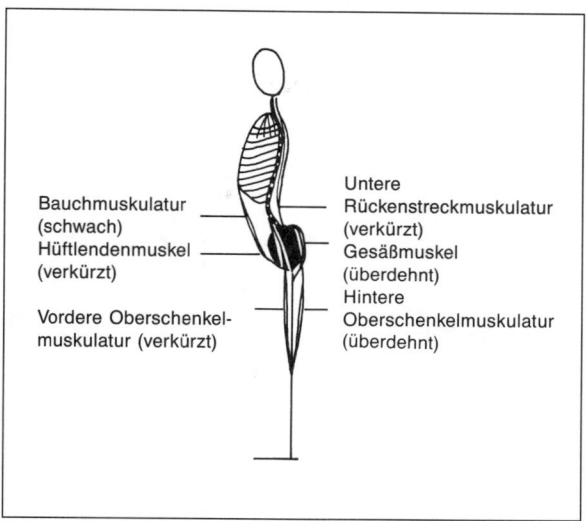

Bauchmuskulatur (schwach)
Hüftlendenmuskel (verkürzt)
Vordere Oberschenkel- muskulatur (verkürzt)

Untere Rückenstreckmuskulatur (verkürzt)
Gesäßmuskel (überdehnt)
Hintere Oberschenkelmuskulatur (überdehnt)

Abb. 32 Zunehmender Haltungsverfall im Laufe der Schulzeit (nach WEI-NECK 1986, 300)

Abb. 33 Schematische Darstellung der Haltungsschwä-che Hohlrücken (nach RUSCH 1983, 57)

HALTUNGSSCHWÄCHE HOHLRÜCKEN

Beim Hohlrücken liegt eine verstärkte Hohlkreuzbildung (Lordose) im Bereich der Lendenwirbelsäule vor. Das Becken ist nach vorne gedreht, der Rumpf nach hinten geneigt. Der Brustkorb ist meist abgeflacht.

Die *Abbildung 33* gibt einen Überblick über die Veränderungen der Wirbelsäulen- und Beckenstatik sowie der Muskulatur beim Hohlrücken.

HALTUNGSSCHWÄCHE HOHLRUNDRÜCKEN

Beim Hohlrundrücken liegt ein Rundrücken mit verstärkter Lendenlordose bei Ventralkippung des Beckens vor. Der Kopf ist nach vorne geneigt und der Bauch steht hervor. Der Rumpf zeigt eine Rückneigung mit flügelartig abstehenden Schulterblättern (sogenannte Flügelschultern).

Meist ist die Beckenkippung nach vorne auf eine schwache Bauchmuskulatur zurückzuführen. Die *Abbildung 34* macht deutlich, daß eine ausreichend trainierte Bauchmuskulatur „anti-lordotisch" wirksam ist.

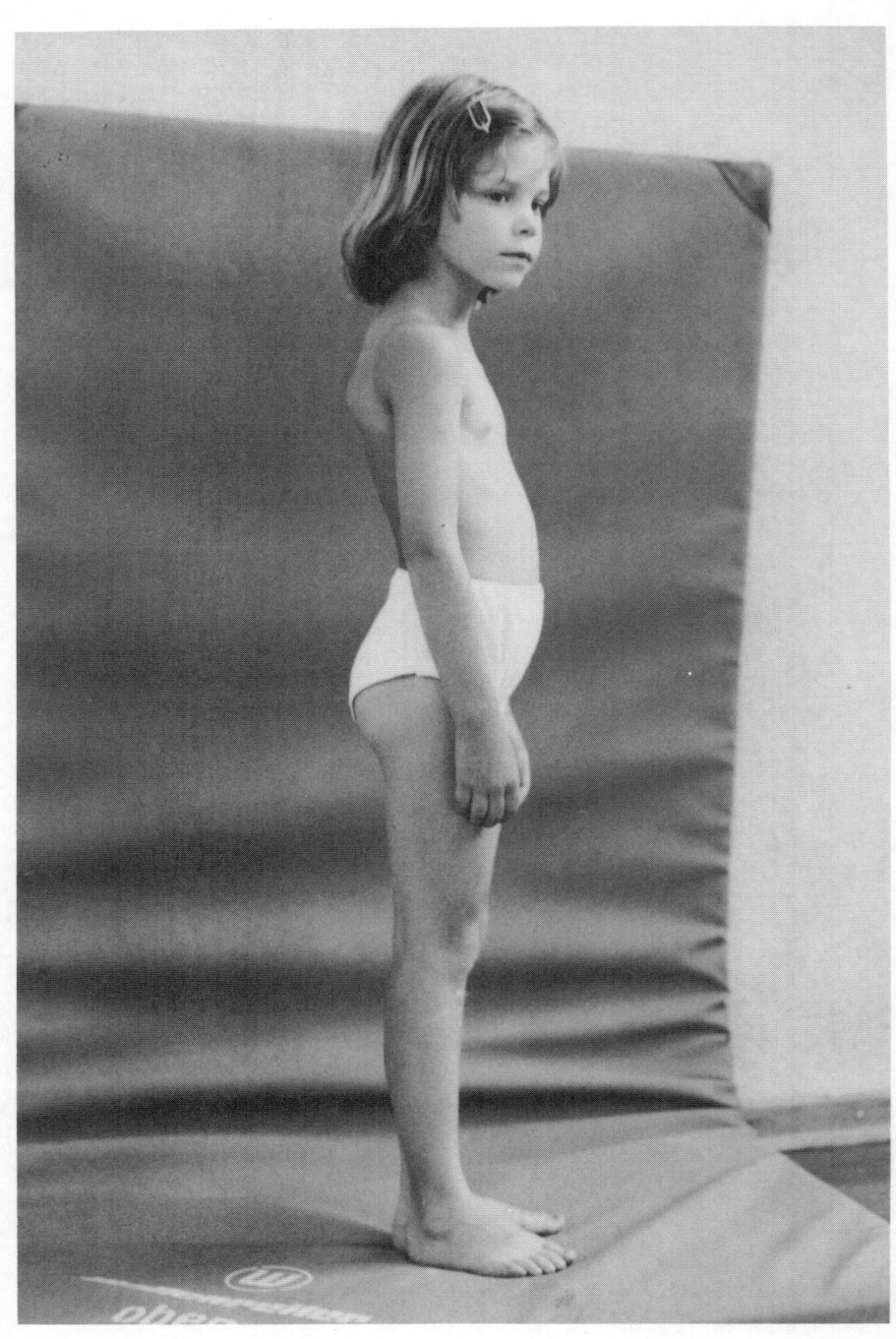

Haltungsschwäche Hohlrundrücken

Aber auch muskuläre Dysbalancen anderer am Becken ansetzender Muskeln (s. Abb. 21, S. 45) sowie eine Reihe biomechanischer Faktoren (Rückwärtsverlagerung der Hüftpfannen, Kontraktur der Hüftbeugemuskeln, Wirbelgleiten u. ä.) können dazu führen.*

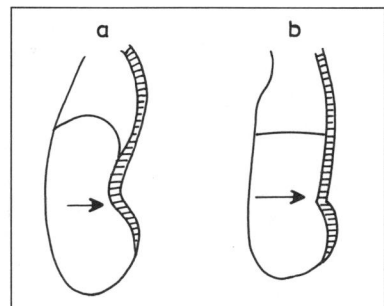

Abb. 34   Die Bedeutung einer gut entwickelten Bauchmuskulatur bezüglich der Verhinderung einer Hohlkreuzausbildung (nach WEINECK 1986)

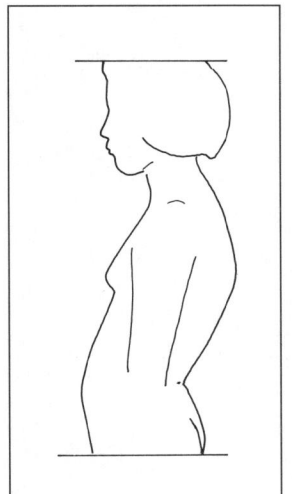
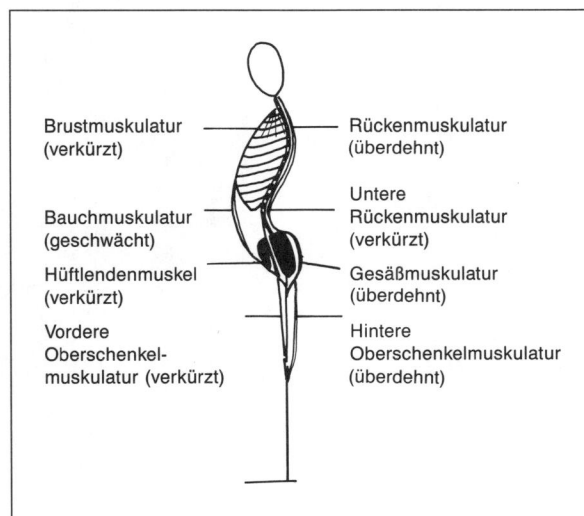

Brustmuskulatur (verkürzt)	Rückenmuskulatur (überdehnt)
Bauchmuskulatur (geschwächt)	Untere Rückenmuskulatur (verkürzt)
Hüftlendenmuskel (verkürzt)	Gesäßmuskulatur (überdehnt)
Vordere Oberschenkel-muskulatur (verkürzt)	Hintere Oberschenkelmuskulatur (überdehnt)

Abb. 35   Schematische Darstellung der Haltungsschwäche Hohlrundrücken (RUSCH 1983, 69)

Die *Abbildung 35* faßt die Charakteristika der Haltungsschwäche Hohlrundrücken zusammen.

Haltungsschwäche Flachrücken

58

Sowohl beim Hohl- als auch beim Hohlrundrücken kann es aufgrund einer veränderten Statik im Bereich der Lendenwirbelsäule frühzeitig zu lumbalen Beschwerdebildern kommen, dies um so mehr, wenn falsche Sitzgewohnheiten oder körperliche bzw. sportliche Aktivitäten mit zusätzlicher Hohlkreuzbildung (z. B. ,,Brücke'' beim Bodenturnen oder ,,Kobra'' = Aufbiegen rückwärts aus dem Liegestütz vorlings) die Lordosierung der Wirbelsäule forcieren.

FLACHRÜCKEN

> Beim *Flachrücken* liegt eine Abflachung der sagittalen Wirbelsäulenschwingungen und eine gleichzeitige Beckenaufrichtung (durch Kontraktur der hüftstreckenden Sitzbeinunterschenkelmuskeln) vor. Der Rücken ist flach wie ein Brett, die Schulterblätter stehen als Flügelschultern ab.

Wegen der Krümmungsabflachung kommt es zu einer Abnahme des Federungsweges und damit zu einer geringeren dynamischen Beanspruchbarkeit der Wirbelsäule: Bandscheiben und Wirbelkörper, vor allem im Lendenwirbelsäulenbereich, werden besonders hoch belastet und unterliegen daher frühzeitigen degenerativen Veränderungen. Aufgrund der ungünstigeren Statik der Wirbelsäule und der Verkürzung des Muskelhebelarmes werden muskuläre Insuffizienzerscheinungen begünstigt. Außerdem führt die mangelnde Beweglichkeit der Wirbelsäule zu einer steifen und verspannten Haltung. Der Flachrücken ist häufig familiär bedingt und wird überwiegend durch Aktivitätsmangel in seinem Vollbild unterhalten.

Die *Abbildung 36* faßt die charakteristischen Merkmale zusammen.

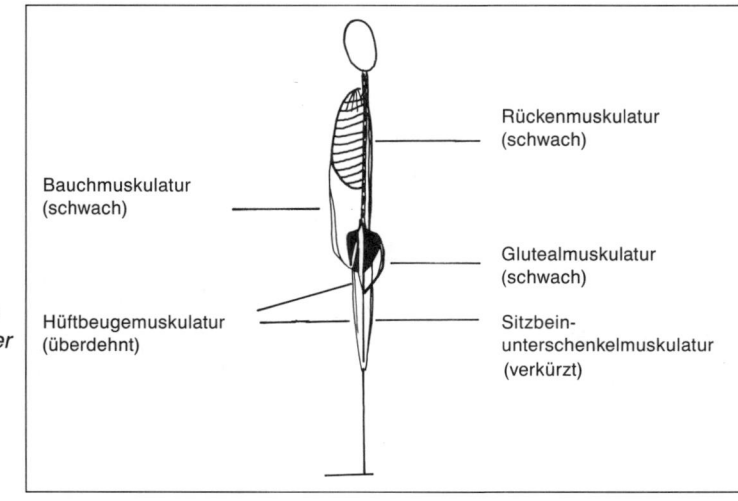

Abb. 36 Schematische Darstellung der Haltungsschwäche Flachrücken (nach RUSCH 1983, 75)

Bauchmuskulatur (schwach)

Hüftbeugemuskulatur (überdehnt)

Rückenmuskulatur (schwach)

Glutealmuskulatur (schwach)

Sitzbein- unterschenkelmuskulatur (verkürzt)

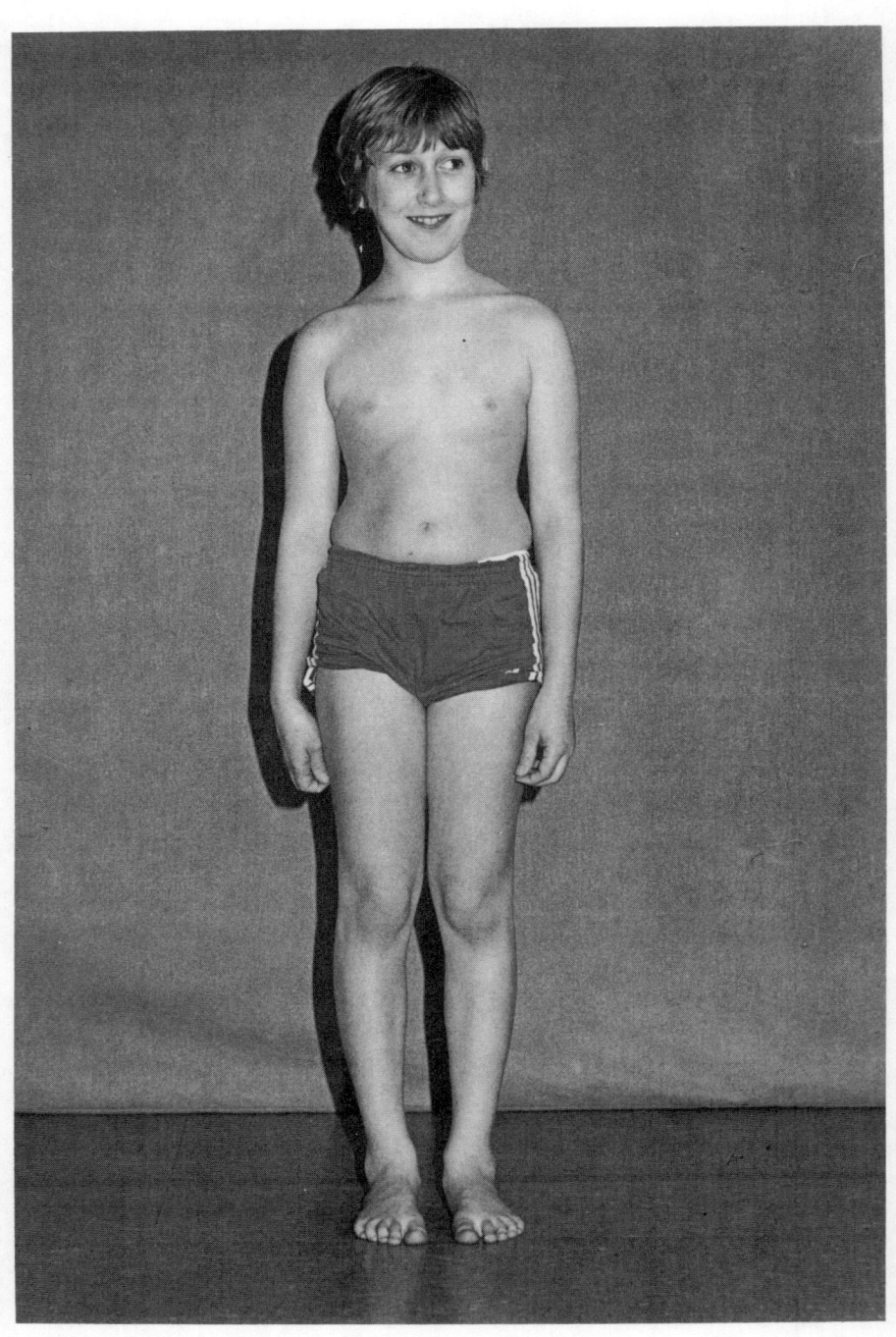

Haltungsschwäche seitliche Haltungsabweichung

SEITLICHE HALTUNGSABWEICHUNG

Eine Verformung der Wirbelsäule in der Frontalebene wird als Seitliche Haltungsabweichung bezeichnet. Sie ist charakterisiert durch asymmetrischen Verlauf der Rumpfkonturen (durch Störung des Kräftegleichgewichts der Rückenmuskulatur), ungleich hohe Schultern und Beckenkämme, ungleich hohes Taillendreieck (gebildet von den herabhängenden Armen und der Taille) und schiefe Körperhaltung. Die echte strukturelle Skoliose stellt eine fixierte seitliche Verbiegung mit Verdrehung und Verwringung innerhalb der Wirbelsäule dar, die auf strukturelle Veränderungen der Wirbelkörper zurückzuführen sind.

Geringfügige seitliche Abweichungen treten vorübergehend oder auf Dauer bei jedem Menschen auf. Nur bei 10% der Menschen steht das Kreuzbein als Wirbelsäulenbasis im Stand auf Röntgenaufnahmen gerade, ist die Beinlänge gleich. Nur bei 10% ist die Wirbelsäule „kerzengerade".

Als krankhafte Skoliose kann nur eine dauerhafte seitliche Verbiegung der Wirbelsäule mit gleichzeitiger Torsion von Wirbeln bezeichnet werden. Eine Korrektur durch aktive Aufrichtung der Wirbelsäule ist nicht möglich.

Ursachen der Seitlichen Haltungsabweichung können angeborene oder erworbene Haltungsfehler sein. Vor allem chronische einseitige Belastungen (z. B.

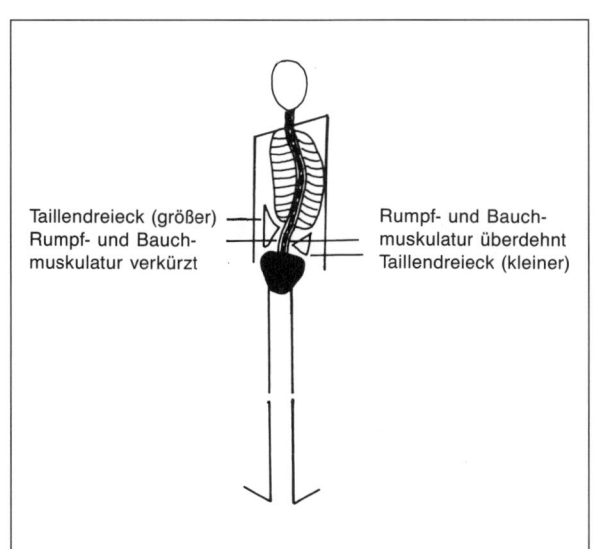

Taillendreieck (größer)
Rumpf- und Bauch-
muskulatur verkürzt

Rumpf- und Bauch-
muskulatur überdehnt
Taillendreieck (kleiner)

Abb. 37 Schematische Darstellung der Haltungsschwäche Seitliche Haltungsabweichung (nach RUSCH *1983, 84)*

durch das Tragen von Schultaschen) können insbesondere bei bewegungs-
mangelbedingter, schwacher Haltemuskulatur die Ausbildung einer Skoliose
begünstigen.

Die Abbildung 37 faßt die typischen Merkmale der Seitlichen Haltungsabweichung zusammen.

Je nach Ausprägungsgrad führt die Seitliche Haltungsabweichung zu mehr
oder weniger ausgeprägten Strukturüberlastungen im Bereich der passiven
druckaufnehmenden Wirbelsäulenelemente (Bandscheiben, Wirbelkörper,
kleine Wirbelgelenke) und der Haltemuskulatur (Verkürzung der Muskeln
zur Konkavseite, Überdehnung zur Konvexseite). Es sollte deshalb frühzeitig
versucht werden, der Weiterentwicklung durch entsprechende Ausgleichsübungen Vorschub zu leisten.

Alle hier nur kurz dargestellten Haltungsabweichungen der Wirbelsäule stören
das hochdifferenzierte Gesamtgefüge des Achsenskeletts Wirbelsäule und führen langfristig zu Störungen im Bereich der passiven und aktiven
Stabilisierungs- und Haltestrukturen. Eine verformte Wirbelsäule führt nicht nur
zu völlig veränderten Muskel-Spannungsverhältnissen im gesamten Rumpfbereich, sondern kann auch das kardiopulmonale System in seiner Leistungsfähigkeit negativ beeinflussen.

Methoden und Maßnahmen zum Ausgleich von Haltungsschwächen des
Rumpfes und der Füße siehe S. 137.

4.2.2 Fußschwächen

Statikveränderungen können nicht nur die Wirbelsäule, sondern auch die
untere Extremität betreffen. Achsenfehler der Extremitäten — führen unabhängig von ihrer Ursache — zu veränderten Belastungsverhältnissen.

Drei Hauptgründe für das stetige Anwachsen der Zahl fußgeschwächter Kinder,
Jugendlicher und Erwachsener seien angeführt.[*]

— *Bewegungsmangel:* Ebenso wie bei den Haltungsschwächen des Rumpfes
   ist Bewegungsmangel eine Hauptursache für das Auftreten von Fußschwächen. Durch zu langes Sitzen in der Schule und vor dem Fernsehapparat
   wird der Fuß nicht belastet, die notwendigen Bewegungsreize für die Entwicklung eines gesunden Fußes unterbleiben. Zudem steckt der Fuß den
   ganzen Tag in beengenden Schuhen. Die natürlichste Art der Fortbewegung, das Barfußlaufen, wird selten gepflegt. Die Gelegenheit, in der Schule
   den Straßenschuh durch leichte Sandalen zu ersetzen, wird kaum geboten.

---

[*] RUSCH 1983, 94

— *Unzulängliches Schuhwerk:* Obwohl wiederholt von Fachleuten auf die Bedeutung richtig gefertigter und fußgerecht angepaßter Schuhe hingewiesen wurde (Arbeitskreis Kinderschuh 1964, Abk. AKA 64) wird auf das Schuhwerk aus Oberflächlichkeit und Unkenntnis, aber auch aus Geldmangel zu wenig geachtet. Zu kurze, zu enge oder zu weite und zu spitze Schuhe, Schuhe mit zu hohen Absätzen, zu dünnen oder zu dicken Sohlen können schuhbedingte Fußschwächen hervorrufen. Der gesunde Fuß braucht Freiheit und Belastung und keine Entlastung und Abstützung.

Tab. 2

Das Ergebnis der Kinder-Fußmeßtage 1987 im einzelnen:
— 86036 (42,71 %) Schuhpaare paßten
— 16159 (8,03 %) Schuhpaare waren zu groß
— 75483 (37,47 %) Schuhpaare waren eine Nummer zu klein
— 23752 (11,79 %) Schulen waren zwei bis vier Nummern zu klein
Die Ergebnisse der bisherigen sechs Kinder-Fußmeßaktionen, an denen 1003782 Kinder teilnahmen:
— 404857 (40,33 %) Schuhpaare paßten
— 77615 (7,74 %) Schuhpaare waren zu groß
— 372426 (37,10 %) Schuhpaare waren eine Nummer zu klein
— 148884 (14,83 %) Schuhpaare waren zwei bis vier Nummern zu klein.

— *Überbelastung:* Ebenso wie Übungsmangel zu Fußschwächen führen kann, so ist auch die einseitige Überbelastung durch zu langes Stehen oder Übergewicht, aber auch durch zu häufiges „Pflastertreten" eine mögliche Ursache. Während unzulängliches Schuhwerk zu sogenannten schuhbedingten Fußschwächen und -schäden führen kann, verursachen Übungsmangel, Übungsbelastung und z. T. auch schlechte Schuhe Störungen des Halte- und Bewegungsapparates und rufen sogenannte „muskuläre Fußschwächen" wie Knickfuß, Senkfuß, Spreizfuß und Großzehenschiefstand hervor, die sich durch Fußschmerzen und andere Begleitsymptome bemerkbar machen.

> Beachte: Die Beinachsen des Erwachsenen entwickeln sich erst im Laufe der frühen Kindheit zu ihrer endgültigen Stellung. Fast jedes Kind wird mit mehr oder weniger starken O-Beinen geboren, die bis etwa zum 2. Lebensjahr verschwunden sein sollten. In der Folge kommt es zu einer vorübergehenden X-Beinstellung und erst im 4. Lebensjahr bildet sich die gerade Beinachse heraus (JENTSCHURA, in RIEDER/KUCHENBECKER/ROMPE 1986, 210).

Was für das Kniegelenk gilt, hat auch Gültigkeit für den Bereich der Fußgelen-

ke: Fehlstellungen übergeordneter Gelenksysteme führen ebenso wie im Fußbereich selbst gelegene Statikveränderungen zu unphysiologischen Belastungen des Gesamtsystems „Fuß".

> Fußdeformitäten bzw. Fußschwächen können angeboren oder erworben
> sein. Das Verhältnis von angeborenen zu erworbenen Fußschwächen be-
> trägt etwa 1 : 10.

Schuluntersuchungen weisen aus, daß Schüler — je nach Untersuchung — in
60—80% der Fälle von Fußschwächen betroffen sind (vgl. auch RUSCH 1983,
91).
Auch bei den Haltungsschwächen bzw. -schäden der Füße steht am Anfang die
— im Kindesalter aktiv ausgleichbare — Fehlhaltung. Über das Stadium der
passiv (durch Einlagen) noch korrigierbaren Fußschwächen entwickelt sich der
auch passiv nicht mehr voll korrigierbare Fußschaden (Fußdeformität).

> Den Haltungsschäden der Füße kommt nicht die große Bedeutung wie den
> Haltungsschäden des Rumpfes zu. Meist wird eine Belastungsdeformität
> des Fußes schadlos ertragen und bedeutet selbst für den Leistungssport
> vielmals keine nennenswerte Behinderung (RIEDER/KUCHENBECKER/ROMPE
> 1986, 209).

4.2.2.1 Anatomisch-biomechanische Grundlagen

Im Gegensatz zur oberen Extremität stehen bei den unteren Gliedmaßen vor
allem statische Funktionen im Vordergrund. Die Bewegungsfreiheit der einzelnen Gelenke der unteren Extremität nimmt aus diesem Grunde von oben nach
unten ab. Das *obere Sprunggelenk* ist ein reines Scharniergelenk mit einem
Freiheitsgrad, der nur Beuge- und Streckbewegungen zuläßt. Drehmöglichkei-
ten eröffnen sich dem Fuß in begrenztem Umfang nur im *unteren Sprunggelenk:* Pronation (Heben des äußeren Fußrandes) und Supination (Heben des
inneren Fußrandes).
Einen Überblick über den Aufbau des Fußskeletts gibt *Abbildung 38.*

> Die Körperlast wirkt hauptsächlich auf drei Stützpunkte des Fußes. Auf das
> Fersenbein sowie auf den 1. und 5. Mittelfußknochen (s. *Abb. 38c*).

Der Fuß bildet — ebenso wie z. B. der Beckengürtel — eine Gewölbekonstruktion, die die Körperlast elastisch abfangen kann. Man unterscheidet ein
Fußlängs- und ein Fußquergewölbe (s. *Abb. 38* und *39*).

Die *Abbildung 39* verdeutlicht, daß das Fußlängs- und Fußquergewölbe knöchern vorgegeben ist und ligamentär (durch Bänder) bzw. muskulär stabilisiert wird.

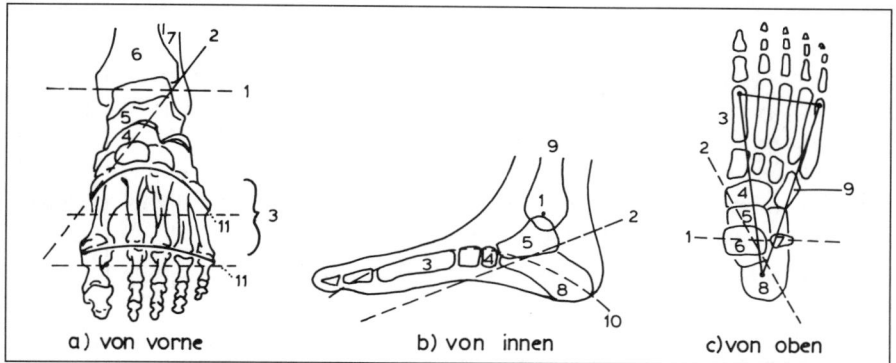

a) von vorne   b) von innen   c) von oben

Abb. 38 Das Fußskelett aus verschiedenen Ansichten (a—c) 1 = Quere Achse des oberen Sprunggelenks, 2 = Schräge Achse des unteren Sprunggelenks, 3 = Mittelfußknochen (sie werden bei der Großzehe beginnend von I—V durchnumeriert), 4 = Kahnbein, 5 = Sprungbein, 6 = Schienbein, 7 = Wadenbein, 8 = Fersenbein, 9 = Wirkungslinien der Körperlast auf den Fuß, 10 = Längsgewölbe des Fußes, 11 = Quergewölbe des Fußes (nach RUSCH 1983, 91)

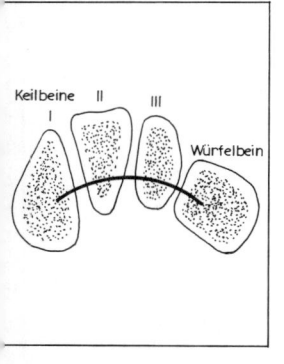 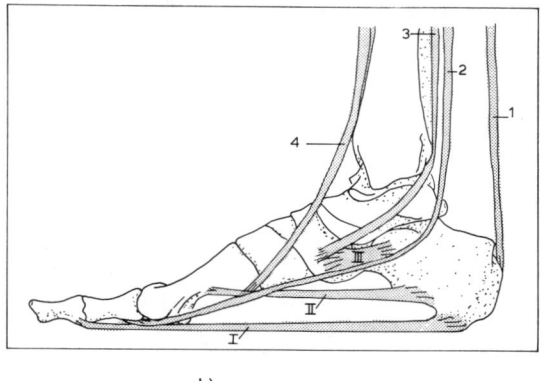 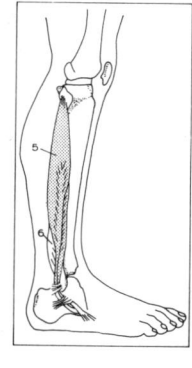

a)   b)   c)

Abb. 39 Der knöcherne Aufbau des Fußlängs- und -quergewölbes und seine Stabilisierung durch Bänder und Muskeln. a = Gewölbekonstruktion der Fußknochen, b = Medialansicht; c = Lateralansicht. Die kurzen Fußsohlenmuskeln sind nicht dargestellt. I = Plantaraponeurose, II = Langes Plantarband, III = Kahnbein-Fersenbein-Band; 1 = Achillessehne, 2 = Langer Zehenbeuger (m. flexor digitorum longus), 3 = Hinterer Schienbeinmuskel (m. tibialis posterior), 4 = vorderer Schienbeinmuskel (m. tibialis anterior), 5 = langer Wadenbeinmuskel (m. peronaeus longus) (er unterfängt und spannt damit das Fußquergewölbe), 6 = kurzer Wadenbeinmuskel (m. peronaeus brevis) (nach WEINECK 1986, 125, 126, 134)

Für die muskuläre Stabilisierung des Fußquergewölbes ist vor allem der lange und kurze Wadenbeinmuskel verantwortlich (s. *Abb. 39*), für die des Fußlängsgewölbes insbesondere die Gruppe der kurzen Fußsohlenmuskeln.

Sowohl bei Bindegewebsschwächen — hier ist vor allem der Bandapparat betroffen — als auch bei muskulärer Insuffizienz (unzureichender Trainingszustand aufgrund von Bewegungsmangel) kann es zu Veränderungen in der Fußstatik kommen, die sich als Fußschwächen bzw. Fußschäden manifestieren und zu mannigfaltigen Schmerzzuständen und degenerativen Gelenksveränderungen führen können.

Die Normalstellung des Fußes kann mit Hilfe eines Fußabdruckes überprüft werden.

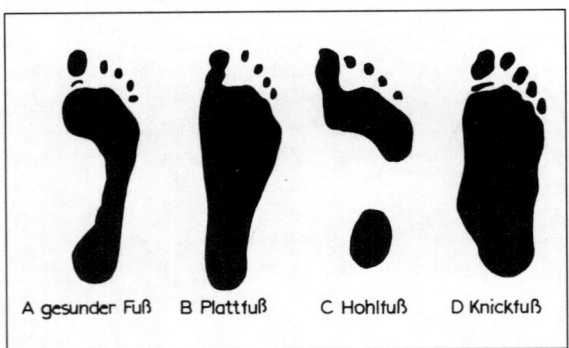

A gesunder Fuß   B Plattfuß   C Hohlfuß   D Knickfuß

Abb. 40 Der Fußabdruck bei verschiedenen Fußformen (aus Kalk) (nach LEONHARDT/PLATZER 1975, 219)

4.2.2.2 Spreizfuß

Beim Spreizfuß kommt es zur Senkung des Quergewölbes und damit zur Vorfußverbreiterung. Verantwortlich ist vor allem ein insgesamt schwacher Bandapparat und ein das Quergewölbe unzureichend stabilisierender Muskelapparat (insbesondere ein insuffizienter langer und kurzer Wadenbeinmuskel).

Durch die Senkung des queren Fußgewölbes drücken die Köpfchen der mittleren Mittelfußknochen durch das Muskelpolster der Fußsohle. Es kommt zu Schmerzen im Köpfchenbereich (2. und 3. Mittelfußköpfchen) und zu einer schmerzhaften Schwielenbildung.

Neben den Übungen zum Ausgleich dieser Fußschwäche kommen als stützende Begleitmaßnahmen noch Einlagen mit Korrektur des Quergewölbes und den Vorfuß verschmälernde Bandagen in Betracht.

4.2.2.3 Knickfuß

Beim Knickfuß ist die vertikale Längsachse durch Sprungbein und Fersenbein gegenüber der Längsachse des Unterschenkels stark abgeknickt, so daß ein nach außen offener Winkel entsteht. Beim Knickfuß wird der innere Fußrand belastet und der Fuß steht in Pronationsstellung.

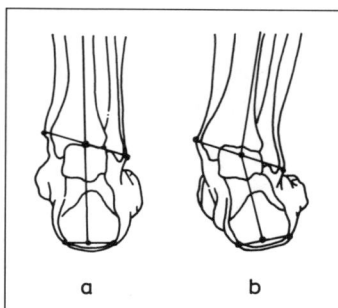

Abb. 41 Die Traglinien des rechten Beines beim gesunden Fuß (a) und beim Knickfuß (b) (nach KAHLE/LEONHARDT/PLATZER 1975, 219)

Für das Entstehen eines Knickfußes ist meist die Schwächung der supinatorisch wirkenden Muskeln (dreiköpfiger Wadenmuskel, hinterer Schienbeinmuskel) zuständig: sie schaffen es nicht, den Fuß aus der Pronationsstellung wieder aufzurichten.

Auf die Darstellung weiterer Fehlstellungen des Fußes (z. B. Spitzfuß, Hackenfuß, Klumpfuß etc.) sei im Zusammenhang mit dem Thema Fußschwächen verzichtet.

Übungen zum Ausgleich von Fußschwächen siehe S. 146.

4.3 Organleistungsschwächen

Unter Organleistungsschwächen versteht man Schwächen des Herz-Kreislauf-Systems und der Atemorgane sowie der Muskulatur.

Eine verminderte Leistungsfähigkeit des Herz-Kreislauf-Atmungs-Systems kann sich durch eine eingeschränkte Ausdauerleistungsfähigkeit und/oder durch eine regulative Schwäche bemerkbar machen.

Als Synonyma der *Ausdauerschwäche* gelten Begriffe wie Organschwäche, Herz-Kreislauf-Schwäche o. ä.

Bei der *regulativen Schwäche* verträgt der Schüler langes Stehen oder plötzliche Veränderungen der Körperlage (vor allem rasches Aufrichten aus der Rückenlage in den Sitz oder Stand) schlecht.

Der Ausdauerschwäche und der regulativen Schwäche gemeinsam ist die geringe Ermüdungs-Widerstandsfähigkeit gegenüber Belastungsreizen.

Ebenso schwach wie das Zubringer-System „Herz-Kreislauf-Atmungs-System" ist der Effektor körperlicher bzw. sportlicher Leistungen, nämlich die Muskulatur.

Die Leistungsfähigkeit beider Systeme ist eng gekoppelt und verbessert sich bei entsprechender Schulung — diese Feststellung hat nur für den Ausdauer-, nicht aber für den Kraftbereich Gültigkeit — in etwa parallel.

Schließlich kann sich eine geringe Ausdauerleistungsfähigkeit sowie eine verminderte muskuläre Stoffwechselkapazität in Verbindung mit falscher Ernährung oder Übergewicht auch noch in veränderten Blutparametern niederschlagen (erhöhte Blutfettwerte, u. a. erhöhte Cholesterinwerte), was für die Entwicklung degenerativer Herz-Kreislauf-Erkrankungen von nicht zu unterschätzender Bedeutung ist.

Die Bedeutung der Organleistungsschwäche — leistungsbegrenzend ist vor allem das Herz-Kreislauf-System, weniger das Atmungssystem — geht demnach weit über die unmittelbar faßbare mangelnde körperliche Belastbarkeit bei intensiven bzw. länger dauernden Körperübungen hinaus. Die Tatsache, daß von den jährlich etwa 700 000 Todesfällen in der Bundesrepublik ursächlich mehr als die Hälfte auf degenerative Herz-Kreislauf-Erkrankungen — sie werden auch als Zivilisationskrankheiten bezeichnet — zurückzuführen sind, weist nachdrücklich auf die veränderten Lebensbedingungen hin. Überernährung, Bewegungsmangel, Streß, Suchtgewohnheiten (vor allem Zigarettenrauchen) etc. führen zu einer Vielfalt von Krankheitsbildern, die sich unter dem Oberbegriff „degenerative Herz-Kreislauf-Erkrankungen" zusammenfassen lassen. Wie *Abb. 42* erkennen läßt, ist der hohe Prozentsatz an degenerativen Herz- und Gefäßerkrankungen vor allem in den Industrienationen mit ihrer überwiegend mechanisierten, bewegungsfeindlichen Arbeitswelt festzustellen.

Entwicklungsländer	Krankheiten	Industrieländer
39 %	Infektionskrankheiten	6 %
4 %	Krebs	18 %
4 %	Herz- und Gefäßkrankh.	48 %

Abb. 42   Krankheits- bzw. Todesursachenverteilung in den Industrie- und Entwicklungsländern (nach MATZDORFF 1975, 75)

Der vollständige Wandel der Todesursachen hat in jüngster Zeit dazu geführt, daß sich eine neue Disziplin der Medizin herausgebildet hat, die sogenannte Präventivmedizin, in deren Zentrum vor allem die Verhütung degenerativer Herz-Kreislauf-Erkrankungen steht. Der Präventivmedizin liegt das Konzept von den Risikofaktoren zugrunde. Ihr Ziel ist es, die Ursachen der Herz-Kreislauf-Erkrankungen darzustellen und zu beseitigen oder abzuschwächen.

Unter *Risikofaktoren* versteht man spezifische Verhaltensweisen, Umwelteinflüsse und Körpermerkmale, die krankmachend auf den menschlichen Organismus einwirken (SCHETTLER/MÖRL 1982, 57).

Die Unterscheidung in primäre Risikofaktoren, von denen jeder für sich allein schwere Schäden bewirken kann, und sekundäre, die nur in Verbindung mit einem oder mehreren anderen Risikofaktoren krankmachend wirken, ist in der Literatur bisweilen nicht ganz einheitlich. Insbesondere die Einschätzung des Risikofaktors ,,Bewegungsmangel" unterliegt einer oftmals unterschiedlichen Wertung.

Als *primäre* Risikofaktoren gelten Bluthochdruck, erhöhte Blutfettwerte und Rauchen.
Als *sekundäre* Risikofaktoren gelten Bewegungsmangel, Übergewicht, Zuckerkrankheit, Gicht und psychosozialer Streß (SCHETTLER/MÖRL 1982, 48).

Weil die für die langfristige Auslösung von degenerativen Herz-Kreislauf-Erkrankungen ursächlich zugrundeliegenden Risikofaktoren der Erwachsenen heute bereits vielfach im Kindes- und Jugendalter auftreten, ist ihrer rechtzeitigen Vorbeugung bereits im Bereich der Schule besondere Aufmerksamkeit zu schenken.

Da Ausdauertraining nicht nur ein probates Mittel gegen die unmittelbar auffallende Organleistungsschwäche ist, sondern in hervorragendem Maße auch im Kampf gegen die Risikofaktoren degenerativer Herz-Kreislauf-Erkrankungen eingesetzt werden kann, muß es ein besonderes Anliegen der Schule sein, entsprechende Verhaltensweisen bereits im frühen Kindes- bzw. Jugendalter als feste Hygienemaßnahmen zu fixieren.

Auf die ausführliche Darstellung der über die Behebung der Organleistungsschwäche hinausgehenden Hintergrundprobleme sei an dieser Stelle verzichtet und auf die empfohlene Fachliteratur verwiesen.
Da der Faktor ,,Übergewicht" bei Kindern bereits früh und mit rascher Weiter-

entwicklung in Erscheinung tritt, soll er an dieser Stelle wegen seiner großen Bedeutung für die Entwicklung von Folgekrankheiten kurz bildlich dargestellt werden *(Abb. 43)*.

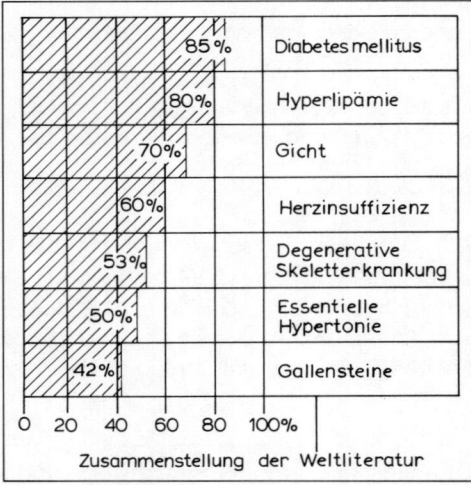

Abb. 43 Der Anteil der Übergewichtigen an einzelnen Krankheitsgruppen (Zusammenstellung der Weltliteratur, nach HEYDEN 1975, 53, in WEINECK 1986, 411). Zur Erklärung: Diabetes mellitus = Zuckerkrankheit; Hyperlipämie = erhöhte Blutfettwerte (z. B. Cholesterin, Neuralfette etc.); Essentielle Hypertonie = Bluthochdruck

Der schulisch erzwungene Bewegungsmangel ist ursächlich *mit* an der Entwicklung des Faktors Übergewicht beteiligt: Unter Berücksichtigung des Längen-Soll-Gewichts wurden bei Schuleintritt 3%, nach zwei Jahren bereits 22% als übergewichtig eingestuft.*

Diese Zahlen gewinnen vor allem deshalb an Bedeutung, da 60—80% der dicken Kinder auch im Erwachsenenalter an Adipositas (Dickleibigkeit) leiden.

Eine Übersicht über die Bedeutung des Bewegungsmangels im Geflecht der Risikofaktoren gibt *Abbildung 44*.

Die *Abbildung 44* macht deutlich, in welch vielfältiger Weise Bewegungsmangel auf die verschiedenen Risikofaktoren einwirkt und welch hohe präventive Wirkung demnach einer Bewegungstherapie in der Form eines Ausdauertrainings zukommt.

4.3.1 Anatomisch-physiologische Grundlagen zur Organleistungsschwäche

Wie bereits erwähnt, ist bei der Organleistungsschwäche vor allem das Herz-Kreislauf-System betroffen. Bei mangelnder Beanspruchung sinkt die Lei-

---

* WASMUND-BODENSTEDT/BRAUN 1983, 18

stungsfähigkeit dieses Systems insgesamt ab, die körperliche Leistungsfähigkeit, insbesondere die der Muskulatur, reduziert sich zunehmend.

Die Organleistungsschwäche äußert sich in sehr unterschiedlicher Art und Weise: Im Vordergrund steht die geringe Belastbarkeit bei intensiven oder längerdauernden Belastungen; Belastungsabbruch wegen Seitenstechen und muskulärer Arbeitsunfähigkeit ist ebenso charakteristisch wie die geringe und verzögerte Schulungsfähigkeit sowie die bereits erwähnte regulative Schwäche. Zusätzlich können Atemnot, Herzbeklemmung, Unwohlsein, Kopfschmerzen, Schwindel (in Extremfällen bis hin zu Ohnmachtsanfällen), Hautblässe, blasses Munddreieck und feuchtkalte Hände als Indikatoren der physischen Überlastung auftreten.

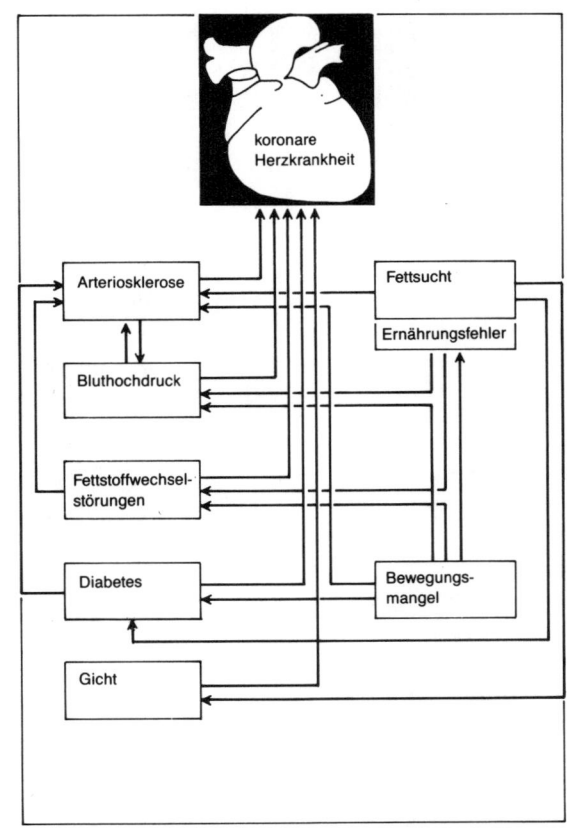

Abb. 44 Der Bewegungsmangel im Geflecht der Risikofaktoren (nach AHLHEIM 1980, 257)

Zum besseren Verständnis der Zusammenhänge soll das Herz-Kreislauf-System in Bau und Funktion kurz dargestellt werden unter besonderer Berücksichtigung des Einflusses adäquater Trainingsreize.

4.3.1.1 Herz-Kreislauf-System

Das Herz-Kreislauf-System ist als Versorgungssystem zu verstehen, das die Bedürfnisse der Körperzellen zu befriedigen hat.

Aus energetischer Sicht greift jeder Belastungsreiz primär an der Zelle, in unserem Falle der Muskelzelle, als Leistungsträger körperlicher Aktivität an. Der Kreislauf stellt in dieser vereinfachten Betrachtungsweise nur einen Hilfsmechanismus dar, der die Bedürfnisse des Zellstoffwechsels hinsichtlich der Sauerstoff- und Nährstoffversorgung sowie des Abtransportes von Stoffwechselzwischen- und -endprodukten zu erfüllen hat.

Grobschematisch unterscheiden wir beim Herz-Kreislauf-System folgende Funktionsträger:

— das Herz als Antriebsmotor
— Die Blutgefäße als Transportwege
— Das Blut als Transportmittel.

Alle drei haben die Aufgabe, dem Ver- und Entsorgungsbedarf der Körperzellen zu entsprechen.

Bewegungsmangel bzw. körperliche Aktivität wirken daher leistungsmindernd bzw. -fördernd auf den *Gesamtkomplex* dieses Versorgungssystems ein; in gleicher Weise führt Inaktivität bzw. körperliches Training zu spezifischen negativen bzw. positiven Anpassungsvorgängen im Bereich der Muskulatur als Leistungseffektor.

Der Einfluß körperlichen Trainings auf die Leistungsfähigkeit des Herz-Kreislauf-Systems soll unter besonderer Berücksichtigung des Kindes- und Jugendalters in der Folge dargestellt werden. Auf beschreibende anatomische Detailausführungen bezüglich des Baus der einzelnen Funktionsträger wird im Rahmen dieses Konzeptes verzichtet.

HERZ UND TRAINING

Bei körperlicher Belastung steigen der Sauerstoff- und Nährstoffbedarf im Organismus proportional zur geleisteten Arbeit an. Dieser gesteigerte Bedarf wird vom Herzen durch eine Erhöhung des Herzminutenvolumens (HMV) abgedeckt. Die Zunahme des HMV erfolgt durch eine Vergrößerung von Herzfrequenz und Schlagvolumen (= Menge Blut, die pro Herzkontraktion in den großen Kreislauf ausgeworfen werden kann).

Trotz vereinzelter altersbedingter Besonderheiten zeigen Kinder und Jugendliche beim Ausdauertraining prinzipiell die gleichen Adaptationserscheinungen wie Erwachsene. Bereits im Kindesalter kommt es also zu strukturellen und funktionellen Anpassungserscheinungen jener Organe und Organsysteme, die an der Aufrechterhaltung der Leistung maßgeblich beteiligt sind oder diese Leistung begrenzen.

Bei ausreichender Trainingsintensität, -dauer und -häufigkeit kommt es bei einem Ausdauertraining (kein Schnelligkeits- oder Krafttraining erzielt einen derartigen Effekt) aufgrund der erhöhten funktionellen Beanspruchung zu Anpassungserscheinungen im Bereich des Herzens und seiner Funktionsgrößen.

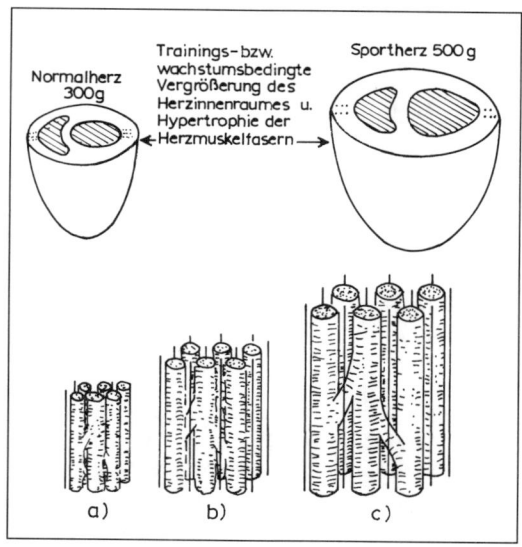

Abb. 45 Schematische Darstellung von Herzmuskelfasern mit zugehöriger Kapillare im Laufe der Entwicklung: a) Säuglingsherz, b) Erwachsenenherz, c) Sportherz (nach GAUER/BLASIUS, in HOLLMANN/HETTINGER 1976, 135, in WEINECK 1986, 279)

Die in der Literatur auch heute noch bisweilen vertretene These von der Nichtvollwertigkeit des kindlichen Herzens und der funktionellen Begrenztheit des kindlichen Organismus ist demnach heute unhaltbar geworden. In keiner Entwicklungsphase läßt sich bei Kindern Vergleichbares feststellen. Wie Abbildung 45 zeigt, erfährt das kindliche Herz bzw. die Herzmuskelfaser im Laufe des Wachstums bzw. des Trainings eine harmonische Entwicklung. Im Laufe der Entwicklung bleibt die Zahl der Herzmuskelfasern gleich, die einzelne Faser wird nur länger und dicker. Mit steigender Herzmuskelfaserlänge nimmt die Herzfrequenz ab. In Verbindung mit der wachstums- bzw. trainingsbedingten Dickenzunahme wächst auch der Herzinnenraum, und es vergrößert sich das Schlagvolumen. Auf diese Weise erfährt die Herzarbeit eine zunehmende Effektivierung und Ökonomisierung (Volumarbeit ist für das Herz energetisch weniger aufwendig als Frequenzarbeit).

Da das Herz-Kreislauf-System von Kindern und Jugendlichen auf Trainingsreize nicht anders reagiert als das von Erwachsenen (s. o.), ist bei der Durchführung eines Ausdauertrainings mit keiner Schädigung, sondern vielmehr mit positiven adaptativen Veränderungen zu rechnen.

Wie aus den *Abbildungen 46a* und *b* zu ersehen ist, nimmt die absolute Ausdauerleistungsfähigkeit (= Organleistungsfähigkeit) — ausgedrückt durch Herzgröße und maximale Sauerstoffaufnahmefähigkeit (= Bruttokriterium der Ausdauerleistungsfähigkeit) — im Laufe des Kindes- und Jugendalters ständig zu, die relative (pro kg Körpergewicht) bleibt jedoch in etwa gleich, ein Hinweis darauf, daß sich das Körperwachstum und Organwachstum in einer harmonischen Gesamtentwicklung befinden.

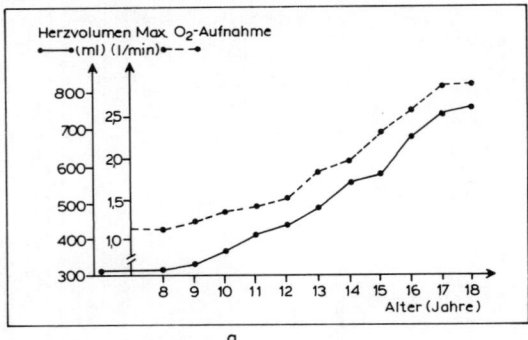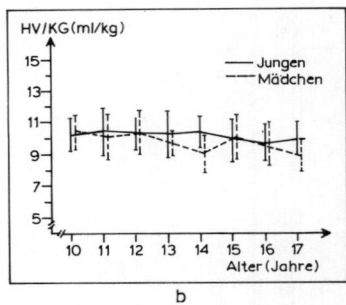

a   b

Abb. 46a)   Die Entwicklung der Ausdauerleistungsfähigkeit im Laufe des Kindes- und Jugendalters (ausgedrückt durch Herzvolumen und maximale Sauerstoffaufnahme (HOLLMANN/BOUCHARD 1970, 160); b) Das Verhalten des relativen Herzvolumens (pro kg Körpergewicht) bei Jungen und Mädchen (nach HOLLMANN/HETTINGER 1980, 606, in WEINECK 1986, 279 bis 280)

Stand bislang die Warnung vor Überbeanspruchung bzw. Gefährdung durch sportliches Ausdauertraining im Vordergrund, so stellt sich heute vielmehr das Problem der Unterbeanspruchung aufgrund des zunehmenden Bewegungsmangels im täglichen Leben. Der Entwicklung der Ausdauerleistungsfähigkeit — und damit der Organleistungsfähigkeit — ist ganz besonders Aufmerksamkeit zu schenken, da eine ausreichend entwickelte *Grundlagenausdauer* ein wichtiger Faktor für die *Förderung und Stabilisierung der allgemeinen Gesundheit* darstellt, was unter anderem in einem leistungsfähigeren Immunsystem und damit einer erhöhten Resistenz gegenüber sogenannten banalen Infekten (wie z. B. Erkältungskrankheiten) zum Ausdruck kommt.[*]

---

[*] ISRAEL 1979, 267

Parallel zu der bereits erwähnten Vergrößerung des Herzens kommt es durch Ausdauertraining zu einer Erweiterung der Eingänge der Herzkranzarterien, zu ihrer Querschnittszunahme und zu einer verstärkten Ausbildung von Kollateralen (Parallel- bzw. Umgehungsgefäße) — also zu Veränderungen, die zu einer weiteren Verbesserung der Blutversorgung der Herzmuskulatur in Ruhe und bei Belastung beitragen und die Leistungsfähigkeit des Herzens erhöhen.

> Funktionelle Veränderungen durch Ausdauertraining sind: Vergrößerung von Schlagvolumen, Herzminutenvolumen und maximaler Sauerstoffaufnahmefähigkeit sowie Herzfrequenzabnahme.

Die Vergrößerung des Herzens und die Verbesserung der Herzdurchblutung sind wesentliche Vorbedingungen für die Erhöhung wichtiger Funktionsgrößen der Leistungsfähigkeit des Herzens und damit auch für die bei Ausdauerbelastungen erforderliche Steigerung der maximalen Sauerstoffaufnahmefähigkeit. *Abbildung 47* läßt die engen Zusammenhänge zwischen Schlagvolumen, Herzminutenvolumen, maximaler Sauerstoffaufnahme und Herzgröße erkennen.

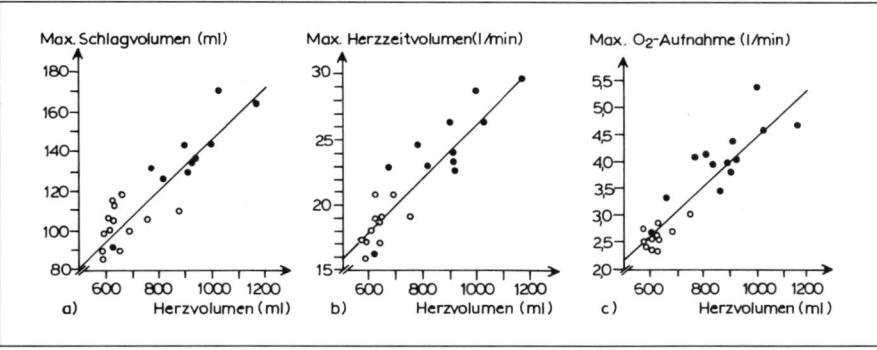

Abb. 47   Die Beziehung zwischen dem Herzvolumen und dem Schlagvolumen (a) bzw. dem Herzminutenvolumen (b) und der maximalen Sauerstoffaufnahme (c) (nach ASTRAND/CUDDY/SALTIN/STENBERG 1964, 268, in WEINECK 1986, 90)

Ein hohes Schlagvolumen ist die Grundlage für eine ökonomische Herzarbeit im submaximalen Bereich und eine Vorbedingung für ein hohes Maximum der Transportleistungsfähigkeit des Herzens bei Höchstbelastungen.

Aufgrund des erhöhten Schlagvolumens kann der Trainierte sein Herzminutenvolumen von in Ruhe etwa 5 l auf maximale Werte von etwa 40 l (Herzfrequenz 200 x Schlagvolumen 200 ml = 40 l) um das achtfache steigern. Der Untrainierte erreicht hingegen nur einen Wert um maximal 20—25 l, was einer vier- bis fünffachen Steigerungsrate entspricht.

Da eine Herzfrequenzabnahme um 10 Schläge/Min. eine Sauerstoffenergie-
einsparung von nahezu 15 % bewirkt*, wirkt sie sich besonders günstig im
Sinne einer Ökonomisierung der Herzarbeit aus.

Eine geringere Herzfrequenz verbessert darüber hinaus auch noch die kardiale
Blutversorgung, da bei niedrigeren Frequenzen das Verhältnis von Diastole
(Füllungszeit) — in ihr wird das Herz mit Blut versorgt — und Systole (Kontrak-
tion des Herzens) günstiger ist (s. *Abb. 48*).

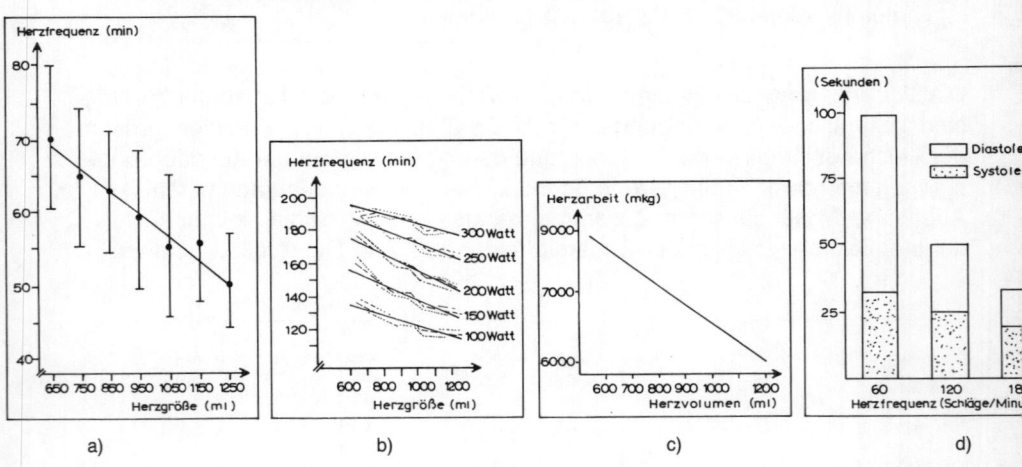

a)　　　　　　　　b)　　　　　　　　c)　　　　　　　　d)

*Abb. 48   a) Beziehungen zwischen Herzgröße und der Herzfrequenz unter Ruhebedin-
gungen (nach FINDEISEN/LINKE/PICKENHAIN 1980, 106, in Weineck 1986, 93)
b) Die Herzfrequenz auf verschiedenen Belastungsstufen in Abhängigkeit von der Herzgröße (nach FINDEISEN/LINKE/PICKENHAIN 1980, 107, in Weineck 1986, 94)
c) Die Beziehungen der Herzgröße zur Herzarbeit in 24 Stunden bei ausdauertrainierten Personen (nach ISRAEL 1968, in WEINECK 1986, 94)
d) Das Verhältnis von Diastolen- zu Systolendauer bei unterschiedlichen Herzfrequen-
zen (nach DEHN/MULLINS 1977, 369, in WEINECK 1986, 93)*

Ausdauertraining zeitigt noch einen weiteren wichtigen Faktor einer verbesserten Regulation des Herz-Kreislauf-Systems:

Bei Belastungsbeginn stellt sich das trainierte Herz schneller und exakter
auf die Belastungsanforderungen ein — dies ist in besonders ausgeprägtem
Maße im Kindesalter der Fall — und steigert das erforderliche Herzzeitvolu-
men mehr über die ökonomischere Schlagvolumenzunahme und weniger
über die Frequenzzunahme.

---

* STRAUZENBERG/SCHWIDTMANN 1967, 497

Das große Herz des Trainierten reagiert auf Belastung vorwiegend mit einer Volumen- das kleine Herz des Untrainierten mit einer Frequenzreaktion.

BLUTGEFÄSSE UND TRAINING

Die Energiebereitstellung bzw. -umwandlung in der Muskelzelle ist abhängig vom Sauerstoff- und Substrattransport zum Muskel und vom Abtransport der Stoffwechselschlacken über die Kapillaren (feinste Blutgefäße, in denen durch Diffusion der Stoffaustausch stattfindet). Eine wesentliche Größe für die Leistungsfähigkeit des Stoffwechsels im Muskel ist demnach die vermehrte Durchblutung durch die Vergrößerung der kapillaren Austauschfläche.

Eine Vergrößerung des Sauerstoffangebotes und damit der Ausdauerleistungsfähigkeit ist demnach in starkem Maße von Faktoren wie verbesserter Kapillarisierung, Kollateralbildung und zweckmäßiger intramuskulärer Blutverteilung abhängig.

● Verbesserte Kapillarisierung

Während in Ruhe nur etwa 3—5 % der vorhandenen Kapillaren eröffnet sind, werden bei Ausdauerbelastungen sämtliche Kapillaren eröffnet und zusätzlich erweitert.

Dadurch ist gewährleistet, daß trotz der bei Belastung ansteigenden Durchströmung und der bis auf das Doppelte beschleunigten Kreislaufzeit die Verweilzeit des Blutes in den Kapillaren normal bleibt und somit optimale Bedingungen für den Sauerstoff- und Nährstoffaustausch vorherrschen.

> Ausdauertraining führt zu einer Erhöhung der Kapillardichte bzw. -oberfläche durch Kapillarneubildung.

● Kollateralenbildung

Neben der Kapillarneubildung soll es durch Ausdauertraining auch zur Entwicklung von Kollateralen kommen.

Der Herausbildung von Kollateralkreisläufen ist vor allem aus präventiver Sicht hohe Bedeutung zuzumessen: kommt es zum Verschluß einer Hauptarterie — wie dies bei den heutigen degenerativen Herz-Kreislauf-Erkrankungen oft der Fall ist, dann können kleinere Gefäßstämme die Hauptströmung übernehmen.

● Blutverteilung

Schließlich führt Ausdauertraining noch zu einer verbesserten intramuskulären Blutverteilung. Wie *Abbildung 49* zeigt, ändern sich beim Wechsel von Ruhe- auf Belastungsbedingungen die Durchblutungsgrößen wichtiger Organbereiche.

Beim Trainierten wird der Blutstrom schnellstmöglich an den Bedarfsort umverteilt und beugt damit Phänomenen wie Seitenstechen und rascher Muskelermüdung vor.

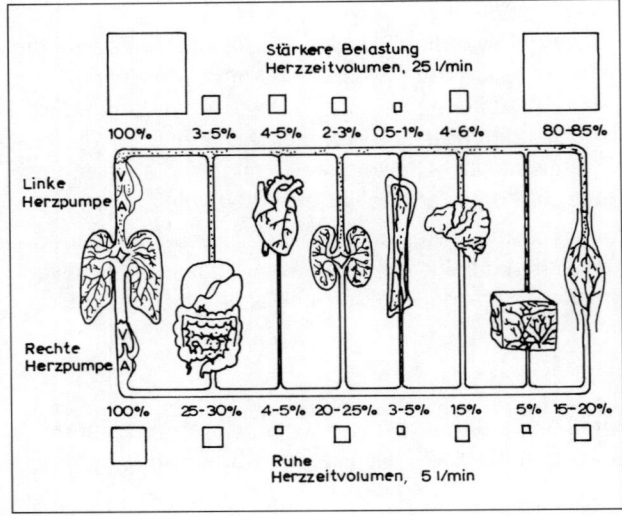

Abb. 49
Schematische Darstellung der Durchblutungsgrößen (Relativprozent) wichtiger Organbereiche im Ruhezustand (unten) bei Belastung (oben) (nach FINDEISEN/LINKE/PICKENHAIN 1980, 114, in WEINECK 1986, 100)

BLUT UND TRAINING

Das Blut erfüllt eine Reihe von Aufgaben, die für die Funktionstüchtigkeit des menschlichen Organismus lebenswichtig sind. Im Vordergrund steht die Transportfunktion des Blutes; die Puffer- und Abwehrfunktion sowie die Blutgerinnung sollen an dieser Stelle nur erwähnt werden.

Die Transportfunktion des Blutes stellt eine allgemeine, übergeordnete Funktion dar, die die Voraussetzung für eine Vielzahl spezifischer Einzelfunktionen ist.

Die Transportfunktion ermöglicht folgende Aufgaben des Blutes:

— Atemfunktion: Antransport von Sauerstoff von der Lunge zu den Körperzellen, Abtransport von Kohlendioxid.
— Nährfunktion: Versorgung der Körperzellen mit Nährstoffen.
— Spülfunktion: Abtransport von Stoffwechselprodukten.
— Wasser- und Elektrolyttransportfunktion
— Wärmetransportfunktion: Durch das Blut erfolgen der Abtransport der im Stoffwechsel entstehenden Wärme an die Körperoberfläche sowie die Verteilung der Wärme im gesamten Organismus, um die Temperatur überall möglichst gleichzuhalten.

Das Blut stellt eine Suspension von Zellen (rote Blutkörperchen: Sauerstofftransportfunktion; weiße Blutkörperchen: Abwehrfunktion; Blutplättchen: Blutgerinnung) in einer Flüssigkeit (Plasma) dar. Der Volumanteil der festen Bestandteile (Zellen) des Blutes wird als Hämatokrit bezeichnet und beträgt bei

Männern etwa 46, bei Frauen etwa 42%. Das restliche Volumen von 54 bis 58% besteht aus einer eiweiß- und elektrolythaltigen Flüssigkeit, dem Blutplasma.

> Durch Ausdauertraining ausreichender Dauer und Intensität kommt es langfristig zu einer Vergrößerung des Blutvolumens um 1—2 Liter.

Wie *Abbildung 50* zeigt, steht die Blutvolumenzunahme in einem engen Zusammenhang mit der trainingsbedingten Herzgrößenzunahme.

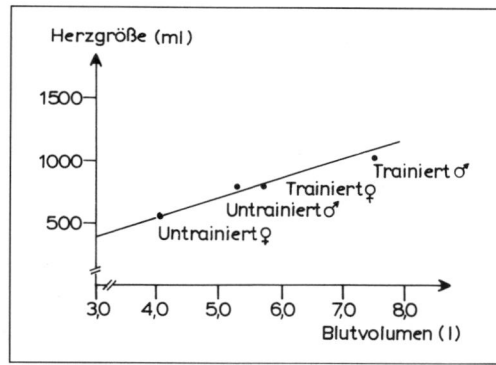

Abb. 50 (oben) Die Relation zwischen Herzgröße und Blutvolumen bei Trainierten und Untrainierten (SJÖSTRAND, in NÖCKER 1976, 88) (unten) Blut-, Plasma- und Zellvolumen bei Untrainierten und Ausdauertrainierten (nach DE MARÉES/MESTER 1982, 28, in WEINECK 1986, 113)

	Untrainierte	Ausdauertrainierte
Blutvolumen	76 ml/kg	95 ml/kg (+25%)
Plasmavolumen	43 ml/kg	55 ml/kg (+28%)
Zellvolumen	34 ml/kg	40 ml/kg (+18%)

Die vergrößerten Blut- und Zellvolumina stellen wichtige Voraussetzungen für die Verbesserung der Ausdauerleistungsfähigkeit dar:

— Zunahme der Sauerstofftransportkapazität durch Vermehrung der roten Blutkörperchen.

— Verringerung der Blutviskosität durch relative Zunahme des Blutplasmas.

— Erhöhung der Wasserreserve zur Wärmeregulation (Schwitzen!) durch die Zunahme des Plasmavolumens.

— Vergrößerung der Pufferkapazität: Die Zunahme der Puffersubstanzen stellt eine wesentliche Voraussetzung für die geringere lokale und allgemeine Ermüdbarkeit des Ausdauertrainierten dar.

Betrachtet man zusammenfassend das gesamte Herz-Kreislauf-System mit dem Herzen als Antriebspumpe, dem Gefäßsystem als Verteilersystem und dem Blut als multifunktionellem Transportmittel, so läßt sich erkennen, daß Training (Ausdauertraining) zu komplexen Anpassungserscheinungen führt, die insbesondere eine Verbesserung der Leistungsfähigkeit des Gesamtorganismus ermöglichen.

Die verschiedenen Methoden des Ausdauertrainings (s. S. 152) führen in differenzierter Form und in unterschiedlicher Ausprägung zu den oben angeführten Adaptationsphänomenen.

Beachte: Bei der geringen Häufigkeit schulsportlicher Ausdauerbelastungen (inklusive Sportförderunterricht) sind nur geringe adaptative Veränderungen zu erwarten. Mit dem schulischen „Minimaltraining" können jedoch immerhin vegetative Umstellungen erzielt werden, die zu einer Herzfrequenzsenkung, zu einer Verringerung vegetativer Störungszustände (wie z. B. der regulativen Schwäche) und zu einer Entstressung vom Schulstreß führen. Außerdem kann kind- bzw. jugendgemäßes Ausdauertraining der Beginn eines intensiveren lebensbegleitenden Trainingsprozesses sein.

4.3.1.2 Atmungssystem

Zum Abbau der mit der Nahrung aufgenommenen Nährstoffe und ihrer Transformation in unmittelbar verwendbare Energie (ATP) benötigt der Mensch Sauerstoff.

Die Aufnahme von Sauerstoff und die Abgabe von Kohlendioxid stehen im Mittelpunkt des Atmungssystems. Bevor die Luft zum eigentlichen Austauschorgan, der Lunge mit ihren etwa 300 Millionen Lungenbläschen (Alveolen) gelangt, muß sie den Weg durch die oberen (Nase/Mund, Rachen und Kehlkopf) und unteren Atemwege (Luftröhre und ihre Verzweigungen, den Luftröhrenästen bzw. Bronchien) nehmen, die an der eigentlichen Atmung nicht beteiligt sind.

Da sich der Gasaustausch in der Lunge in den Lungenbläschen abspielt, stellen die Alveolen die eigentlichen Funktionsträger der Lunge dar.

Die Atmung (Ventilation) erfolgt über Volumenveränderungen des Brustraumes. Durch die Senkung des Zwerchfelles — es stellt den „Motor" der sogenannten Bauchatmung dar — und ein gleichzeitiges Anheben der Rippen (mit Hilfe der äußeren Zwischenrippenmuskeln) — man spricht von Brustatmung — kommt es zu einer Vergrößerung des Brustraumvolumens und damit zum Einströmen der Luft über die vorgeschalteten Atemwege. Das Einatmen stellt im wesentlichen einen aktiven Vorgang dar, der durch die Konstruktion der Atemmuskeln des Brustkorbes und des Zwerchfells erfolgt. Das Ausatmen hingegen kommt überwiegend passiv zustande, indem die während des Einatmens gedehnte Lunge infolge ihrer Eigenelastizität wieder in ihren Ausgangszustand zurückstrebt.

> Im allgemeinen erfolgen die Atembewegungen von Brust- und Bauchatmung nicht isoliert, sondern gleichgerichtet. In Ruhe ist die Bauchatmung mit 70% an der Volumenarbeit beteiligt.

Bei verstärktem Ein- und/oder Ausatmen werden neben den genannten eigentlichen Atemmuskeln noch zusätzliche Muskeln eingesetzt, die sogenannte *Atemhilfsmuskeln*.

Bei körperlicher Belastung muß sich die Atmung dem erhöhten Sauerstoffbedarf des Körpers anpassen. Die Atmungsaktivität — und damit die pro Zeiteinheit aufgenommene Luftmenge — wird gesteigert. Durch die Erhöhung des Atemminutenvolumens (AMV) — es ergibt sich aus dem Produkt von Atemfrequenz und Atemzugvolumen — trägt die Atmung dem erhöhten Sauerstoffbedarf des Körpers unter Belastung Rechnung.

> Die normale *Atemfrequenz* (AF) beträgt beim Erwachsenen in Ruhe etwa 12—16 Atemzüge/Min., bei körperlicher Belastung können Atemfrequenzen von 40—50 erreicht werden. Das normale *Atemzugvolumen* (AZV) beträgt beim Erwachsenen in Ruhe etwa 500 ml, bei Belastung kann es auf über 2 Liter ansteigen.

Die AF und das AZV von Kindern und Jugendlichen nähern sich erst im Laufe der Entwicklung den Erwachsenenwerten an. Die Atemfrequenz in Ruhe beträgt beim Sechsjährigen 25 Atemzüge/Min. und erreicht etwa mit der Pubertät Erwachsenenwerte. Bei körperlicher Anstrengung können Schulkinder Atemfrequenzen bis zu 70 Atemzüge/Min. erreichen.

Sowohl die Atemfrequenz als auch das Atemzugvolumen stehen in engem Zusammenhang mit dem Lungenwachstum. Die wachstumsbedingte Zunahme der Größe der Lungenbläschen — die Lunge erhält insbesondere in der Zeit der Pubertät eine gewaltige Massenzunahme mit einem Gipfel im 14. Lebensjahr — wirkt sich direkt auf beide Parameter aus. Die Atemfrequenz sinkt und das Atemzugvolumen steigt.

Ähnlich wie bei der Herzarbeit, die bei großem Schlagvolumen und geringerer Frequenz energetisch ökonomischer verläuft, ist es bei der Atmung günstiger, tiefer (Erhöhung des Atemzugvolumens) anstatt schneller (Erhöhung der Atemfrequenz) durchzuatmen.

ATMUNGSSYSTEM UND TRAINING

Wie beim Herz-Kreislauf-System kommt es auch beim Atmungssystem durch Training — insbesondere durch ein regelmäßig durchgeführtes Ausdauertraining — zu funktionellen und z. T. auch morphologischen Anpassungserscheinungen.

Training führt zu einer Optimierung der Atmungsregulation und damit zu einer Ökonomisierung der Atmung insgesamt: Der Trainierte stellt sich bei Belastungsbeginn nicht nur quantitativ schneller auf die Erfordernisse der Körperarbeit ein, sondern steigert auch qualitativ das Atemminutenvolumen mehr über eine Zunahme des Atemzugvolumens als über die Atemfrequenz.

Da es vor allem zum Zeitpunkt der Pubertät zu einer beträchtlichen Massenzunahme und Vergrößerung der Alveolaroberfläche der Lunge kommt — das Volumen des Lungenparenchyms nimmt zwischen dem 12. und 16. Lebensjahr um fast 50% zu* — kann ein Ausdauertraining in diesem Zeitraum zur Ausbildung einer Leistungslunge mit parallel dazu gesteigertem Brustkorbwachstum führen.**

Des weiteren bewirkt Ausdauertraining eine Hypertrophie der Atemmuskulatur: Betroffen sind vor allem die äußeren Zwischenrippenmuskeln, die für die Brustatmung verantwortlich sind und das Zwerchfell, das den Motor der Bauchatmung darstellt. Diese gekräftigte Atemmuskulatur kann die erforderlichen Atembewegungen nicht nur ökonomischer, sondern auch vertiefter ausführen.

Die sowohl morphologisch als auch funktionell verbesserten Voraussetzungen im Bereich des gesamten Atmungssystems bringen es mit sich, daß der Trainierte weniger oft bzw. in wesentlich geringerem Umfang atmungsbedingten Störfaktoren wie ,,Seitenstechen" und ,,totem Punkt" ausgesetzt ist als der Untrainierte.

Das bei organleistungsschwachen Kindern häufig zu beobachtende *Seitenstechen* beruht auf einer mangelhaften Sauerstoffversorgung des Zwerchfells bei ungenügender Anpassung an körperliche Belastung, z. B. durch abrupten Belastungsbeginn ohne vorheriges Warmlaufen. Erfolgt die Belastung nach einer umfangreichen Mahlzeit, dann wird die Kreislaufumstellung zusätzlich erschwert und das Auftreten des Seitenstechens begünstigt.***

Der ,,tote Punkt" hängt ebenfalls mit dem Problem einer zu trägen Einstellung auf körperliche Belastung zusammen. Dadurch entsteht auch hier ein Mißverhältnis zwischen geleisteter Muskelarbeit und momentaner Leistungsfähigkeit der vegetativen Systeme Atmung und Kreislauf bezüglich der Absicherung der eingegangenen Muskelaktivität. Es kommt zu einer Leistungskrise. Der Schüler verspürt bleierne Schwere in den Beinen, Atemnot, Schwächegefühl und den Wunsch, die Arbeitsleistung abzubrechen. Bei Weiterführung der Belastung unter kurzfristiger Intensitätsminderung treten die Beschwerden meist rasch zurück. Der Vorgang des Überwindens des ,,toten Punktes" wird als ,,zweiter Wind" bezeichnet.

---

   * DEMETER 1981, 118
  ** MELLEROWICZ/MELLER 1972, 17
 *** WEINECK 1986, 132

Zusammenfassend läßt sich feststellen, daß der trainierte Schüler durch seine verbesserte Umstellungsfähigkeit auf Belastung, seine ökonomischere Atmung und seine größeren Atemreserven zu einer insgesamt höheren Leistung des Atmungssystems befähigt wird und dadurch Engpässen in der Sauerstoffversorgung in wesentlich wirksamerer Weise begegnen kann als der untrainierte.

4.3.1.3 Muskelsystem

Grundsätzliches

Einen Überblick über den makroskopischen und mikroskopischen Aufbau des Muskels gibt *Abbildung 51:*

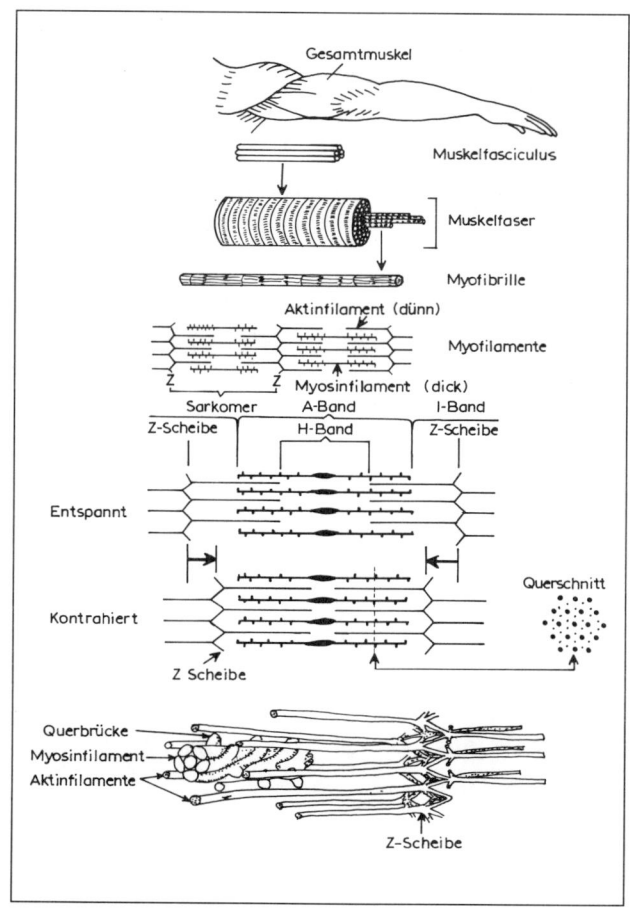

Abb. 51
Schematische Darstellung des Aufbaus des Skelettmuskels (nach WEINECK 1986, 34)

Für die Kontraktionsarbeit — sie erfolgt über das teleskopartige Ineinandergleiten der Aktin- und Myosinfilamente — benötigt der Muskel Energie in der Form des ATP (*Adenosintriphosphat* = energiereiches Phosphat = unmittelbarer Energiespender der Muskelkontraktion). Andere Energieträger können nicht direkt verwendet werden, sie dienen nur der Wiederauffüllung der ATP-Speicher.

> Bei der Energiegewinnung im Muskel unterscheidet man anaerobe (ohne Sauerstoff) und aerobe (mit Sauerstoff) Energiebereitstellung.

Innerhalb der *anaeroben* Energiebereitstellung unterscheidet man die alaktazide und die laktazide Energiegewinnung, eine Unterscheidung, die vor allem im Schulbereich für eine kind- und jugendgemäße Belastungsgestaltung von größter Wichtigkeit ist.

> Die *alaktazide* Energiebereitstellung beinhaltet das Fehlen bzw. das noch geringe Auftreten des Ermüdungsstoffes „Milchsäure" (= Laktat) bei Belastungen bis etwa 5 (Kinder) bzw. 7 Sekunden (Erwachsene).

Bei der alaktaziden Energiebereitstellung werden nur die energiereichen Phosphate ATP und KP (*Kreatinphosphat*) herangezogen.

> Die *laktazide* Energiebereitstellung beinhaltet das Auftreten von Milchsäure. Diese Form der Energiebereitstellung stellt bei allen intensiven Belastungen bis etwa 2 Minuten *(Abb. 55b)* den bevorzugten Energiegewinnungsprozeß dar.

Die laktazide anaerobe Energiebereitstellung ist bei Kindern nur begrenzt möglich und sollte aufgrund der hohen psychischen Belastung (Anstieg der Streßhormone Noradrenalin/Adrenalin auf zehnfach erhöhte Werte) im Schulunterricht gemieden werden.

> Kinder haben eine wesentlich geringere laktazide Kapazität als Erwachsene. Belastungen dieser Art sind für Kinder unphysiologisch, da sie insbesondere für den leistungsschwachen Schüler eine psychophysische Überforderung darstellen und die nachfolgenden Erholungszeiten unverhältnismäßig lang gewählt werden müssen.

Bei Belastungen, die über 2 Minuten hinausgehen, nimmt die *aerobe* Energiegewinnung eine zunehmend dominierende Rolle ein.

Im Gegensatz zur anaeroben Energiebereitstellung können bei der aeroben Energiegewinnung neben Glucose auch Fette und in besonderen Notfällen auch Eiweiß als Energieträger verbrannt werden. Die aerobe Energiegewinnung ist wesentlich ökonomischer als die anaerobe. 1 Mol Glukose ergibt anaerob nur 2 Mol ATP, aerob jedoch 36 bis 38 (intramuskuläre Verbrennung).

Anders als bei der anaeroben Kapazität ist die aerobe Leistungsfähigkeit bei Kindern, vor allem aber die Fähigkeit, schnell aerob Energie bereitstellen zu können, im Vergleich zum Erwachsenen erhöht.

Eine zusammenfassende Übersicht über die anaerobe und aerobe Energiebereitstellung gibt *Abbildung 52*.

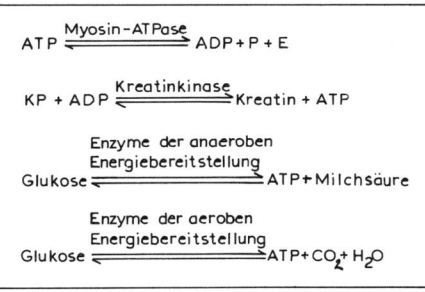 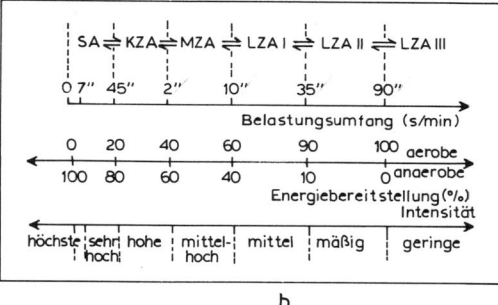

a   b

Abb. 52   a) Die verschiedenen anaeroben/aeroben Möglichkeiten der Energiebereitstellung (nach WEINECK 1986)
b) Die Art der Energiebereitstellung in Abhängigkeit von Belastungsintensität und -dauer. SA = Schnelligkeitsausdauer, KZA = Kurzzeitausdauer, MZA = Mittelzeitausdauer, LZA = Langzeitausdauer (nach WEINECK 1986, 165)

Für Belastungen zur Behebung der Organleistungsschwäche sportschwacher Schüler ergeben sich bereits an dieser Stelle wichtige Konsequenzen:

Zur Schulung der Ausdauer bzw. Organleistungsfähigkeit können zum einen kurze alaktazide Belastungen herangezogen werden (z. B. Läufe bis 5 Sekunden Dauer, entsprechend einer Laufstrecke von etwa 25—30 m), die in der Form der Intervallmethode (s. S. 155) bei adäquater Pausengestaltung mehrfach innerhalb von Staffeln o. ä. absolviert werden. Zum anderen bieten sich längere, dem Leistungsniveau der Schüler angepaßte Dauerläufe an („lang und langsam"), die in kindgemäßer Durchführung die Gefahr der Monotonie zu vermeiden haben (geeignetes Übungsgut s. S. 152).

MUSKULATUR UND TRAINING

Entsprechend der Art des Kraft- bzw. Schnelligkeitstrainings auf der einen sowie des Ausdauertrainings auf der anderen Seite ergeben sich unterschiedliche Anpassungserscheinungen.

Bei einem *kraft- und schnelligkeitsorientierten* Training kommt es bei ausreichender Intensität und genügender Wiederholungszahl zur Muskelhypertrophie (Muskelquerschnittszunahme) sowie zur Vermehrung der anaeroben Energiespeicher (vor allem Zunahme der KP- und Zuckerspeicher) und ihrer umsetzenden Enzymkomplexe.

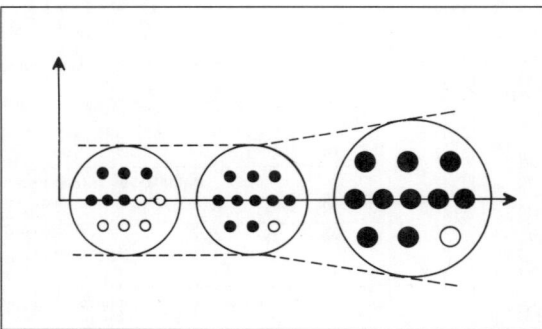

Abb. 53 Mechanismus des Krafttrainings: Zuerst kommt es zu einer verbesserten intramuskulären Innervation, dann erst folgt die Muskelfaserhypertrophie. ● *= kontrahierte,* ○ *= nicht kontrahierte Muskelfaser (nach WEINECK 1987, 164, verändert nach FUKUNAGA)*

Die *Abbildung 53* zeigt, daß es beim Muskeltraining generell erst zu koordinativen Verbesserungen kommt. Zuerst wird die intramuskuläre (im Einzelmuskel selbst ablaufende) und intermuskuläre (im Zusammenwirken mehrerer an einem Bewegungsablauf beteiligten Muskeln) Koordination verbessert, dann kommt es zur Muskelhypertrophie.

Beachte: Im Schulbereich ist beim üblichen Krafttraining aufgrund der geringen Übungszeiten, der meist ungenügenden Übungswiederholungen und -intensitäten sowie der zu geringen Übungshäufigkeit nur mit koordinativen Verbesserungen zu rechnen. Eine Muskelhypertrophie kann nur bei gezielter und trainingsmethodisch richtiger Übungsausführung erzielt werden.

Sowohl für das Kraft- bzw. Schnelligkeitstraining, als auch für das Ausdauertraining ist eine ausreichende Trainingshäufigkeit von besonderer Bedeutung.

Eine zu lange Übungspause läßt den erreichten Trainingseffekt wieder auf das Ausgangsniveau abfallen.

Bei einem ausdauerorientierten Training kommt es zum einen zur Verbesserung der bereits beschriebenen Zubringersysteme (Herz-Kreislauf-System, Atmungssystem) und zu muskelspezifischen Adaptationen: Zunahme der muskulären Energiespeicher (Erhöhung des intramuskulären Gehalts an Zucker und Fett) sowie der mitochondrialen Kapazität (die Mitochondrien sind die „Kraftwerke" der Zelle und der Ort der aeroben Energiegewinnung; in ihnen werden die Energieträger enzymatisch umgesetzt).

Faßt man die Auswirkungen eines organkraftschulenden Ausdauertrainings ganz allgemein zusammen, dann läßt sich feststellen, daß alle an der körperlichen Leistung beteiligten Systeme bei ausreichender Häufigkeit, Dauer und Intensität harmonisch in ihrer Effektivität und Leistungsfähigkeit verbessert werden. Die Schule kann im allgemeinen nur auslösend durch die Demonstration von Trainingsmethoden und -inhalten wirken, die „Hausaufgaben" müssen in eigenständiger „Heimarbeit" geleistet werden.

Die Wichtigkeit der bevorzugten Schulung der Ausdauer in der Schule findet ihre Begründung nicht nur in der bereits erwähnten präventiven Wirksamkeit und der allgemeinen Verbesserung der psychophysischen Belastbarkeit, sondern auch in der Tatsache, daß sich gerade im Kindes- und Jugendalter — aufgrund des zumeist sehr niedrigen Ausgangsniveaus im Anfängertraining — Fortschritte in der Ausdauerleistungsfähigkeit auch auf andere physische Faktoren wie Schnelligkeit, Schnellkraft, Schnelligkeitsausdauer, Kraft, Kraftausdauer und Gewandtheit auswirken.

Dem Beispiel der DDR folgend, sollte in jeder Sportstunde ein Ausdaueranteil von mindestens 15 Minuten gefordert werden. Nur dann ist ein ausreichender Beitrag zur Bekämpfung der bewegungsmangelinduzierten Organleistungsschwäche zu leisten.

Methoden und Übungsinhalte zum Ausgleich von Organleistungsschwächen siehe S. 152.

4.4 Koordinationsschwächen

Die Tatsache, daß als Grund für eine Teilnahme an einem Sportförderunterricht ganz selten Koordinationsschwächen angegeben werden, liegt darin, daß vom Schularzt bei den Schuluntersuchungen die Koordinationsfähigkeit kaum beachtet wird. Sportlehrer, die in der Woche mehrmals das Bewegungsverhalten ihrer Schüler beobachten können, werden für die Auswahl bewegungsauffälliger Schüler leider nur selten herangezogen. Es kann jedoch auch daran liegen,

daß immer noch praktikable Testverfahren zur Bestimmung einer altersgemäßen Bewegungskoordination fehlen.

4.4.1 Kennzeichen von Koordinationsschwächen

Unter einer altersgemäßen Bewegungskoordination versteht man das harmonische und möglichst ökonomische Zusammenspiel von Muskeln, Nerven und
Sinnen zu zielgenauen gleichgewichtssicheren Bewegungsaktionen (Willkür-
motorik) und schnellen situationsangepaßten Reaktionen (Reflexmotorik).

Unter Koordinationsschwäche als Zustandsbild einer gesamtmotorischen Instabilität sind qualitative Mängel in der Bewegungsausführung zu verstehen, die
auf ein unvollkommenes Zusammenwirken des senso-neuro-muskulären Funk-
tionsgefüges zurückzuführen sind. Es handelt sich dabei um unangepaßte, unzweckmäßige und unökonomische Muskelaktionen und -reaktionen aufgrund
dynamisch-zeitlich-räumlich inadäquater Impulsdosierung.

4.4.2 Ursachen von Koordinationsschwächen

Die Ursachen von Koordinationsschwächen können entwicklungs-, konstitu-
tions- und umweltbedingt sein. Die in der Zeit des ersten und zweiten Gestaltwandels sich einstellenden entwicklungsbedingten Koordinationsschwächen
können sich durch ein entsprechendes Übungsangebot von selbst wieder verlieren. Koordinationsschwächen können hirnanatomisch durch eine Störung
des Reizaufnahme-, Wahrnehmungs-, Erkennungs- und Vorstellungsvermö-
gens oder durch mindere Muskeleigenschaften bedingt sein. Sauerstoffmangel
bei der Geburt, Hirnhaut- und Gehirnentzündungen oder Verletzungen und Er-
schütterungen des Gehirns können Ursachen von Koordinationsschwächen
oder Störungen sein (z. B. Minimale cerebrale Dysfunktion, MCD). Neben den
bereits genannten Ursachen werden Koordinationsschwächen vor allem durch
die Umwelt bedingt.

Mangel an Bewegungsreizen schon in der frühen Kindheit und Übungsmangel im Vorschul- und Schulalter durch ein zu geringes Bewegungsangebot
(enge Wohnungen, fehlende tägliche Bewegungszeiten) sind als Hauptursa-
chen von umweltbedingten Koordinationsschwächen zu nennen.

Schon mehrfach wurde darauf hingewiesen, daß auch Haltungs- und Organleistungsschwächen für das Auftreten von Koordinationsschwächen verantwortlich sein können. Entwicklungs- und umweltbedingte Koordinationsschwächen
werden auch als sensomotorische Koordinationsschwächen bezeichnet. Sensomotorische Koordinationsschwächen können wiederum zu psychomotori-

schen Koordinationsschwächen führen. Der Zusammenhang ist einleuchtend. Kinder mit mangelnder Bewegungserfahrung, z. B. im Völkerballspiel, werden sehr oft Mißerfolgserlebnisse erleiden, weil sie einfach den Ball nicht beherrschen können. Die Folge ist, daß diese Kinder nur sehr schwer im Sportunterricht oder in der Freizeit in Spielgemeinschaften aufgenommen werden. Als Flaschen und Tollpatsche gestempelt, werden diese ungeschickten Schüler in eine soziale Außenseiterrolle gedrängt. Gerade diese Außenseiterstellung ist die Ursache für weitere psychomotorische Fehlverhaltensweisen. Reaktionen sind entweder völliger Rückzug, Mutlosigkeit und noch größere motorische Unsicherheit und Gehemmtheit oder ein aggressives Verhalten, mit dem motorische Unzulänglichkeiten überspielt werden. Die negative Einstellung gegenüber den Anforderungen im Sportunterricht ist eine dem gehemmten bzw. aggressiven Kind gemeinsame Verhaltensweise. CRATTY betont, daß ungeschickte Kinder, die in jeder Klasse anzutreffen sind, keinesfalls an einem leistungsbetonten Sportunterricht teilnehmen sollten.

Aufgabe des Sportförderunterrichts ist es vor allem, bei diesen Kindern einen Nachholbedarf an Bewegung zu stillen. Nach und nach sollen dann die Leistungsfähigkeit und die Beherrschung der großen Muskelgruppen des Körpers verbessert werden. Die Übungsauswahl hat so zu erfolgen, daß die Erfolgschancen groß sind und Erfolgserlebnisse das durch Mißerfolg verminderte Selbstwertgefühl der Kinder wieder steigen lassen.

4.4.3 Anatomisch-physiologische Grundlagen zur koordinativen Leistungsfähigkeit

Zum besseren Verständnis dieses außergewöhnlich schwierigen und komplexen Themenbereiches soll in der Folge in stark vereinfachter Weise das Wirkungsgefüge der koordinativen Fähigkeiten grundlegend dargestellt werden.*

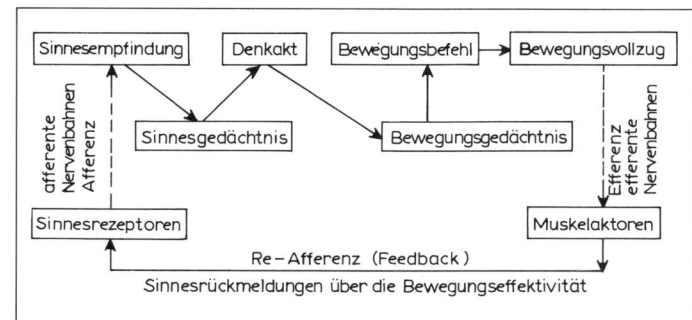

Abb. 54
Sensomotorisches
Regelkreissystem
(nach KOCH
1976, 13)

---

* HOTZ/WEINECK 1983, 19—47

Die menschliche Motorik stellt aus kybernetischer Sicht ein sich selbst regulierendes Rückkopplungssystem dar (vgl. *Abb. 54*). Aus der Umgebung oder aus dem Organismus werden über afferente sensorische Nervenbahnen Informationen zum Zentralnervensystem geleitet (Input), dort verarbeitet, gespeichert und unmittelbar oder zu einem späteren Zeitpunkt für den Vollzug einer Bewegungshandlung über efferente Bahnen in eine motorische Aktion umgesetzt (Output). Die Leistungen, die das Gehirn bei der Steuerung von Bewegungen vollbringt, sind außergewöhnlich anspruchsvoll. In jeder Phase einer Bewegung muß das Gehirn in Bruchteilen von Sekunden eine große Anzahl von Aufgaben erfüllen: Abstimmung der Bewegungen von Rumpf und Extremitäten, Aktivierung und Koordination aller an einer Bewegung beteiligten Muskeln; ständige Anpassung interner Bewegungsprogramme an äußere Gegebenheiten, wobei komplexe Sinneswahrnehmungen (visuelle, akustische, taktile, kinästhetische) in die Bewegungsprogramme integriert werden müssen.

Alle diese Leistungen müssen unter bestimmten Rahmenbedingungen erbracht werden: Erhaltung des Körpergleichgewichts, Anpassung des Herz-Kreislauf- bzw. Atmungssystems an die Belastung, Eingliederung der Bewegungsfolge in ein adäquates Verhaltensmuster.

Für jeden der genannten Vorgänge sind heute bestimmte Gehirnstrukturen bekannt. Die genaue Kenntnis der Prozesse, die die isolierten Bausteine zu einem Ganzen zusammenfügen, entziehen sich jedoch noch vielfach unserem Verständnis.

Wie *Abbildung 55* zeigt, gliedert sich das Nervensystem in das animalische (somatische, ,,willkürliche'') und das vegetative (autonome, ,,unwillkürliche'') Nervensystem. Beide Systeme sind funktionell eng miteinander verbunden.

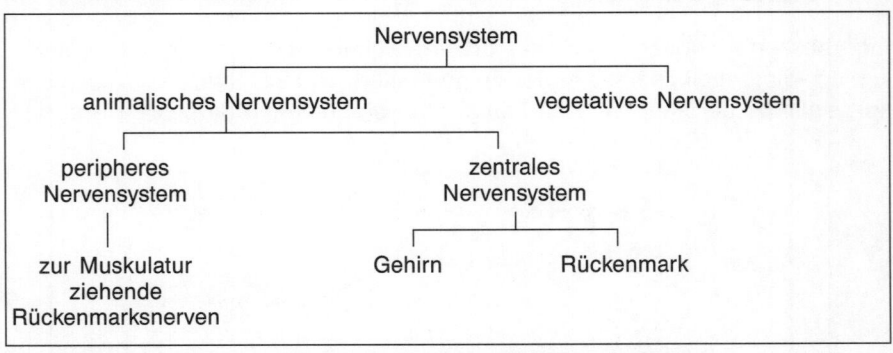

Abb. 55   *Die Gliederung des Nervensystems (nach RUSCH 1983, 113)*

Das animalische Nervensystem setzt sich aus dem zentralen und dem peripheren Nervensystem zusammen (s. *Abb. 55*). Das periphere Nervensystem inner- viert, vom motorischen Vorderhorn des Rückenmarks kommend, die Skelettmuskulatur (s. *Abb. 56*).

Das Zentralnervensystem versorgt über das periphere Nervensystem den gesamten Organismus.

4.4.3.1 Makrostruktureller Aufbau des Zentralnervensystems

Das Zentralnervensystem läßt sich in Endhirn (Großhirn), Zwischenhirn, Mittelhirn, Brückenhirn mit Kleinhirn, verlängertes Rückenmark und Rückenmark gliedern (vgl. Abb. 57).

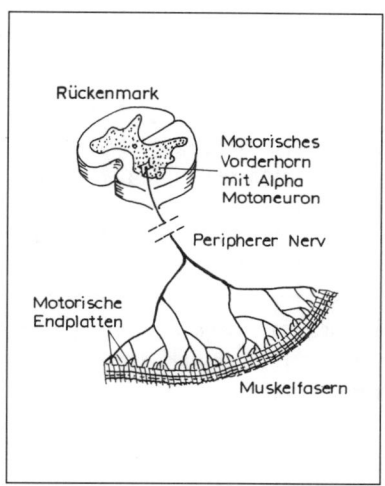

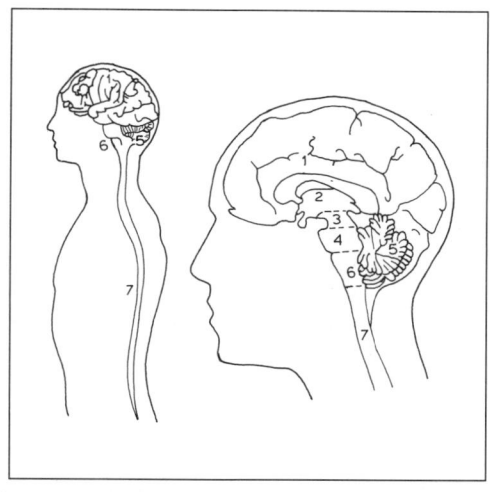

Abb. 56   Schematische Darstellung eines peripheren Nerven (nach WEINECK 1986, 49)

Abb. 57   Schematische Darstellung des hierarchischen Aufbaus des Zentralnervensystems (1 = Endhirn, 2 = Zwischenhirn, 3 = Mittelhirn, 4 = Brückenhirn, 5 = Kleinhirn, 6 = verlängertes Rückenmark, 7 = Rückenmark) (nach HOTZ/WEINECK 1983, 23)

Für die menschliche Motorik übernehmen die im Endhirn ablaufenden sensomotorischen Prozesse die Führungsrolle; untergeordnete Strukturen leisten wichtige Hilfsdienste bei der Realisierung motorischer Leistungen.

Den in Abbildung 57 dargestellten anatomischen Strukturen lassen sich im einzelnen folgende motorische Funktionen zuordnen (vgl. auch Tab. 5, S. 98).

RÜCKENMARK

Das Hauptleitungskabel „Rückenmarksstrang" führt einige Millionen Nervenfasern, deren Durchmesser nur einige Tausendstel Millimeter beträgt.

Neben der Leitung sensorisch afferenter und motorisch efferenter Impulse besteht die Hauptaufgabe des Rückenmarks in der Ausführung einfacher Haltungs- und Bewegungsmuster — nach neueren Forschungen können rhythmische Bewegungen wie z. B. Gehen und Laufen und andere motorische Muster vom Rückenmark allein, ohne Hilfe von übergeordneten Strukturen erzeugt werden (HULLINGER 1985) —, die überwiegend auf reflektorischer Basis ablaufen.

DIE REFLEXE

Die Regelung der Motorik erfolgt im einfachsten Fall über Reflex-Mechanismen.

> Als Reflex bezeichnet man eine unwillkürlich ablaufende motorische Reaktion des Organismus auf einen sensiblen Reiz.

Über Reflexe („reflektorisch") werden die unterschiedlichsten Aufgaben erfüllt: Reflexe dienen der Sicherung der Haltung und des Gleichgewichts, der Anpassung des Herz-Kreislauf-Atmungssystems an die jeweiligen Erfordernisse des Organismus, der Nahrungsaufnahme (sogenannte Nutritionsreflexe wie Saugen und Schlucken), der Aufbereitung und dem Transport der Nahrungsstoffe im Magen-Darm-Trakt; bei der Fortbewegung sichern sogenannte Lokomotionsreflexe einen harmonischen Bewegungsablauf durch die Koordination von Erregung und Hemmung synergistischer bzw. antagonistischer Muskeln. Von besonderer Wichtigkeit sind die sogenannten Schutzreflexe (Husten-, Lidreflex).

Entsprechend der Lage des Rezeptors unterscheidet man Eigen- bzw. Fremdreflexe. Beim *Eigenreflex* befinden sich Rezeptor und Effektor im gleichen Organ, beim *Fremdreflex* liegt der Rezeptor nicht direkt im Erfolgsorgan (s. *Abb. 58*).

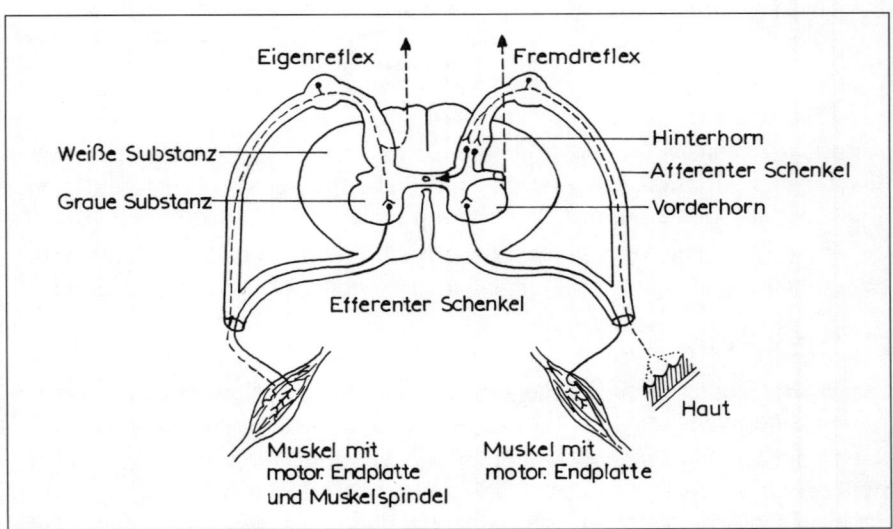

Abb. 58   Schematische Darstellung des Eigen- und Fremdreflexes (nach WEINECK 1986, 54)

Für die Bewegungskoordination von besonderer Bedeutung sind die propriozeptiven Reflexe.

Die Propriozeptoren — es handelt sich um Rezeptoren der Muskeln, Sehnen und Gelenke — melden dem Nervensystem Stellung und Lage des Körpers bzw. der Extremitäten im Raum.

Der für die motorische Steuerung wichtigste Reflex ist der *Muskeldehnungsreflex,* dessen Rezeptororgan die *Muskelspindel* darstellt *(Abb. 59).*

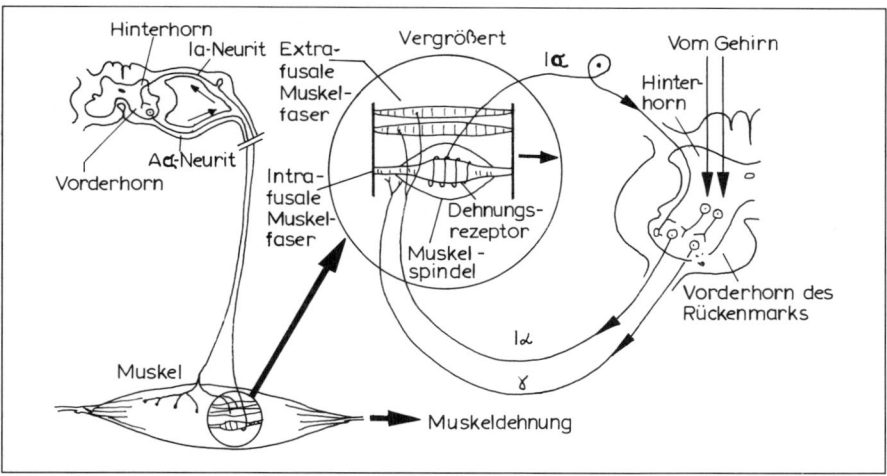

Abb. 59 Schematische Darstellung des Dehnungsreflexes. Die Muskelspindeln dienen dabei als Dehnungsrezeptoren (nach WEINECK 1986, 55)

Funktionsmechanismus des Muskeldehnungsreflexes

Als Dehnungsrezeptoren dienen Muskelspindeln, die von einer bindegewebigen Hülle umgeben sind. Im Gegensatz zu den extrafusalen (außerhalb der spindelförmigen Hülle liegenden) Muskelfasern der Arbeitsmuskulatur sind diese sogenannten intrafusalen Muskelfasern nur in ihren Endabschnitten kontraktionsfähig. In ihrem mittleren Abschnitt besitzen sie einen Dehnungsrezeptor, der bei Muskeldehnung gedehnt, bei Muskelkontraktion entspannt wird.

Bei einer Muskeldehnung vermitteln die schnellen, zum Rückenmark ziehenden Ia-Fasern afferente Aktionspotentiale — sie sind in ihrer Impulsfrequenz dem Ausmaß der Dehnung proportional —, die nach der synaptischen Umschaltung auf ein Alpha-Motoneuron zu einer entsprechenden Kontraktion extrafusaler Arbeitsmuskelfasern führen und damit die Muskellänge reflektorisch „normalisieren".

Der Ablauf von Dehnung des Muskels, Aktivierung der Muskelspindelrezep-
toren und der Dehnung entgegen wirkender Kontraktion der Muskelfasern
wird als Muskeldehnungsreflex bezeichnet.

Bedeutung des Dehnungsreflexes

Die Dehnungsreflexe spielen für die Aufrechterhaltung des Körpers (stützmoto-
rischer Aspekt) und die Stellung der Extremitäten (zielmotorischer Aspekt) eine
wichtige Rolle.

Dehnungsreflexe bremsen überschießende Bewegungen rasch ab und bilden
somit die Voraussetzung für flüssige Bewegungsfolgen. Ob ein Kind beim
Schlagballwerfen übertritt oder nicht, hängt vor allem von den Muskelspindel-
Informationen ab: Bei der dem Wurf folgenden Ausgleichsbewegung, z. B. in
der Form der Standwaage, kommt es durch die Verlagerung des Oberkörpers
nach vorne zu einer starken Dehnung der Wadenmuskulatur, die reflektorisch
zu ihrer sofortigen Kontraktion führt und somit ein Nach-vorne-Kippen bzw.
,,Übertreten" verhindert.

Durch Training wird die Feinabstimmung aller reflektorischen Mechanismen
optimiert. Der durch mangelndes Training eintretende Übungsverlust ist u.
a. auf die abnehmende Einstellschärfe der reflektorischen Regulationsme-
chanismen zurückzuführen, was sich in einer verschlechterten Bewegungssteuerung bemerkbar macht.

Zusammenfassend läßt sich feststellen, daß das Rückenmark neben seiner Lei-
tungsfunktion über die verschiedenen Reflexmechanismen eine wichtige Funktion in der Körper- und Gliedmaßensteuerung ausübt und auf diese Weise die
übergeordneten Zentren entlastet. Es sind jedoch übergeordnete zentralnervö-
se Einflüsse nötig, um die vielfältigen spinalen (das Rückenmark betreffenden)
Eigenreflexe bedarfsgerecht und entsprechend den wechselnden Umwelt-
forderungen im motorischen System zu integrieren.

HIRNSTAMM

Verlängertes Rückenmark, Brücken- und Mittelhirn werden aus funktionellen Gründen zum Hirnstamm zusammengefaßt.

In ihrer Gesamtheit sorgen sie für eine den Bedürfnissen der Zielmotorik angepaßte *Stützmotorik*.

KLEINHIRN UND BASALGANGLIEN

> Das Kleinhirn und die Basalganglien stellen spezielle Funktionsgeneratoren dar, welche die grobmotorischen Bewegungsmuster der Assoziationszentren räumlich-zeitlich gliedern.

Das Kleinhirn ist dabei für die Programmierung schneller diskontinuierlicher Bewegungen, die Basalganglien hingegen sind für langsame kontinuierliche Bewegungen zuständig.

ENDHIRN

> Das Endhirn macht über 80 % des Gesamthirns aus. Es ist über die motorischen Rindenfelder (vgl. *Abb. 60*), die Assoziationszentren sowie die Motivations- und Antriebsareale von besonderer Wichtigkeit für die Durchführung von Bewegungshandlungen (Befehlsausgabe), die Bereitstellung von Programmentwürfen sowie die Regulierung des Handlungsantriebes.

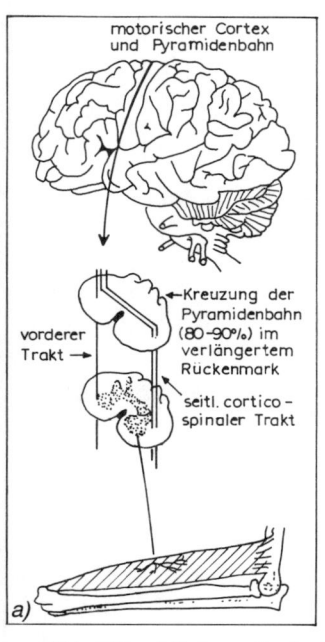

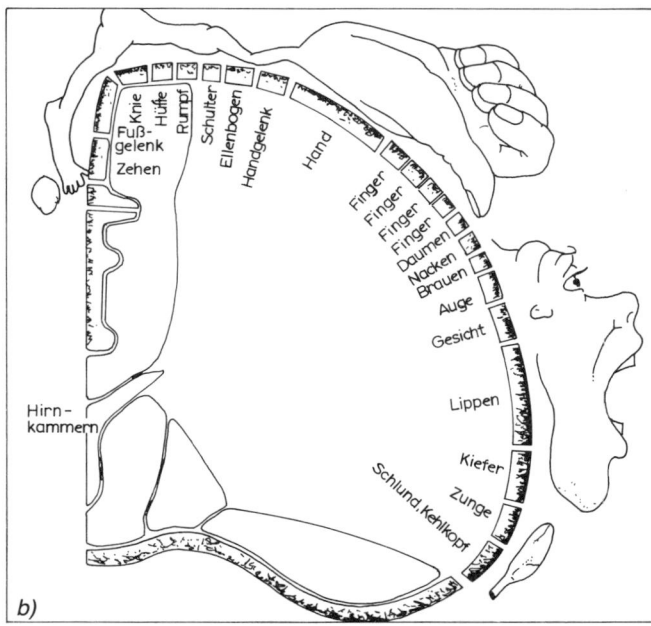

Abb. 60   a) Schematische Darstellung des Motorkortex (Hirnrinde mit den motorischen Feldern) und der Pyramidenbahn
b) Die räumliche Ordnung des Motorkortex (,,motorischer Homunculus"), wobei die Muskulatur je nach ihrer mehr oder weniger differenzierten Tätigkeit ein entsprechend ausgedehntes Rindenareal beansprucht (nach HOTZ/WEINECK *1983, 20/21)*

Die *Abbildungen 60a* und *b* geben eine Darstellung des motorischen Rindenfeldes und seiner räumlichen Gliederung.

Im wesentlichen besteht eine kontralaterale Repräsentation der Körpermuskulatur auf der Hirnrinde, das heißt, die Muskulatur der linken Körperseite ist in der rechten Hirnhälfte abgebildet, die der rechten in der linken Hemisphäre.

Die Bedeutung des Motorkortex liegt vornehmlich in zwei Aufgaben: Zum einen ist er Anlaufpunkt für zentrale willensgesteuerte Programme und somit als ein Kettenglied an der Einleitung einer Bewegung beteiligt; zum anderen spielt er eine wichtige Rolle bei der Kontrolle und Korrektur von Willensbewegungen.

Wie *Abbildung 61* deutlich macht, ist die Ausgestaltung bzw. Ausdifferenzierung der motorischen Rinde (gleiches gilt für andere Hirnareale) von Außenreizen abhängig. So führt zum Beispiel das Lernen von Bewegungen zu fortlaufenden Vermaschungsprozessen zwischen den einzelnen Gehirnzellen des motorisch beanspruchten Rindenfeldes; die Leistungsfähigkeit des geschulten Rindenbereichs erhöht sich.

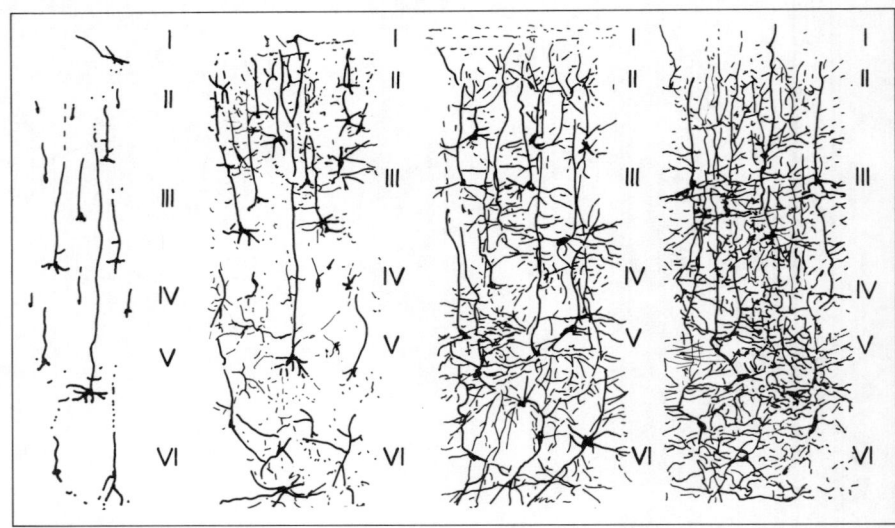

Abb. 61 Nervenzellen und ihre Faserverbindungen im Verlauf der Kindheitsentwicklung. Von links nach rechts: Neugeborenes, 10 Tage, 10 Monate, 2 Jahre altes Kind (nach FALCK/LEHR 1980, 103, mod. nach ACKERT, in WEINECK 1986, 73)

Die *Abbildung 62* läßt erkennen, daß das Wachstum und die Entwicklung der verschiedenen Körperorgane nicht gleichzeitig schnell erfolgen. Auffällig ist vor allem das schnelle Wachstum des Gehirns, ein Hinweis darauf, daß das Zentralnervensystem sehr schnell eine hohe Funktionsfähigkeit erreicht, die nicht ohne Auswirkungen auf die Lern- und Gedächtnisprozesse bleibt.

Für die Vergrößerung und plastische Ausgestaltung des Gehirns ist es deshalb wichtig, daß dem Kind ausreichende Reize zum Ausbau der Vernetzungsstrukturen seiner hochgradig adaptationsfähigen Hirnareale gegeben werden. Unterbleiben derartige Förderreize oder werden sie nicht in ausreichendem Maße geboten, kommt es zu einer qualitativ verschlechterten Infraarchitektonik der Nervenzellverbände bzw. zu einer geringeren funktionellen Ausreifung.

Eine zusammenfassende Übersicht über die beim Ablauf einer Bewegungshandlung beteiligten zentralnervösen Strukturen und ihre Funktionen gibt *Tab. 5* auf Seite 94.

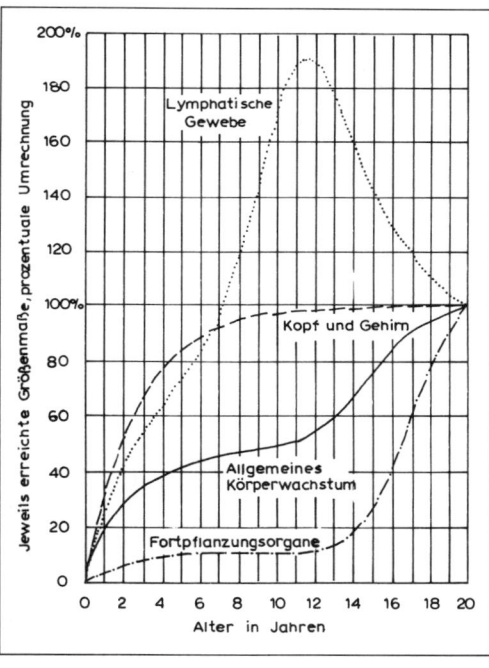

Abb. 62 Schematische Darstellung der vier Grundtypen des Wachstums und der Entwicklung verschiedener Körperorgane (nach SCAMMON 1930, in WEINECK 1986, 72). Die Entwicklung bei der Geburt wurde gleich 0, die mit 20 Jahren gleich 100% gesetzt

Die zunehmende Vernetzung und Ausdifferenzierung der Nervenzellen bildet demnach das anatomische Substrat für die funktionelle Ausreifung des Gehirns: Potentielle Strukturen werden in funktionelle verwandelt, ein Vorgang, der durch Außenreize beschleunigt und optimiert wird.

Was Hänschen nicht lernt, lernt Hans nimmermehr ... oder mit sehr viel größerem Aufwand. Kinder, die die Phase höchster Lernfähigkeit im Wachstumsprozeß zerebraler Strukturen ungenutzt verstreichen lassen, werden bei der Entwicklung ihrer koordinativen Fähigkeiten wesentlich schlechtere Voraussetzungen für eine normale oder sogar erhöhte sportliche Leistungsfähigkeit mitbringen.

Tab. 3 Schematische Darstellung des Ablaufs einer Bewegungshandlung unter Angabe der dabei beteiligten anatomischen Strukturen bzw. ihrer Funktion (HOTZ/WEINECK 1983, 24).

Beteiligte Hirnstruktur	Funktion
Limbisches System und andere Motivationsareale	Entscheidungsinstanz für den Abruf von ↓
Assoziationsfelder des Endhirns	gespeicherten Programmentwürfen, die ↓
Kleinhirn und Basalganglien (hauptsächlich bestehend aus der Endhirnstruktur des Striatums bzw. der Zwischenhirnstruktur des Pallidums)	in räumlich-zeitlich gegliederte Bewegungshandlungen umgesetzt, ↓
Motorische Rindenfelder	dem Motorkortex als Exekutivorgan für die Ausführung des Bewegungsprogrammes zugeleitet werden. Über efferente Bahnen (s. Abb. 5) gelangen die differenzierten Bewegungsengramme (Bewegungsschemata etc.) ↓
Hirnstamm	bei angepaßter Stützmotorik (sie schafft über die situationsgemäße Anpassung der Körperhaltung die Voraussetzung für die zielmotorische Bewegung) über den Hirnstamm ↓
Rückenmark	zu den motorischen Vorderhornzellen des Rückenmarks, wo sie auf die Alphamotoneurone umgeschaltet werden, die über ↓
Skelettmuskulatur	die Zahl der innervierten motorischen Einheiten bzw. die vorliegende Impulsfrequenz der aktivierten Muskeln zu abgestuften Muskellängen und -kraftänderungen und damit zu einer Bewegung oder Haltungsveränderung führen.

Die Verkoppelung der verschiedenen an der Bewegungssteuerung beteiligten Systeme zu optimieren ist Inhalt des motorischen Lernprozesses:

Im Prozeß des Bewegungslernens und damit der Verbesserung der koordinativen Fähigkeiten schlechthin wird das Zusammenspiel der verschiedenen Steuerungsebenen präzisiert, ökonomisiert und neu strukturiert. Bewegungen, die zu Beginn des Lernprozesses über eine (höchste Konzentration erfordernde) bewußte Kontrolle der räumlichen, zeitlichen und dynamischen Bewegungskomponenten realisiert werden, erfahren eine zunehmende Automatisierung. Automatisierte Bewegungen werden auf tieferer Ebene und damit unbewußt und ohne Großhirnkontrolle abgewickelt. Damit wird die Großhirnrinde entlastet und kann sich anderen, mit der Bewegungsausführung verbundenen Rahmenaufgaben zuwenden.

Charakteristisch für eine noch nicht ausreichend ökonomisierte und damit feinregulierte Bewegung — *Grobform* — sind die beim Anfänger zumeist feststellbaren überschüssigen und räumlich-zeitlich schlecht koordinierten Mitbewegungen. Dieses „Zuviel" an innervierter Muskulatur kommt dadurch zustande, daß das innere Bewegungsmodell noch nicht ausreichend präzisiert und auf die wesentlichen Elemente der Bewegung — *Fein-* und *Feinstform* — reduziert ist. In diesem Zusammenhang wird von der *Irradiation* der Reizprozesse gesprochen: Gehirnstrukturen werden mitaktiviert, die eigentlich keine unmittelbare Bewegungsrelevanz haben. Wie *Abbildung 63* zeigt, kommt es im Laufe des Übungs- und Lernprozesses zu einer *Konzentration* der Erregungen auf die für die jeweiligen Bewegungen notwendigen Erregungsprozesse.

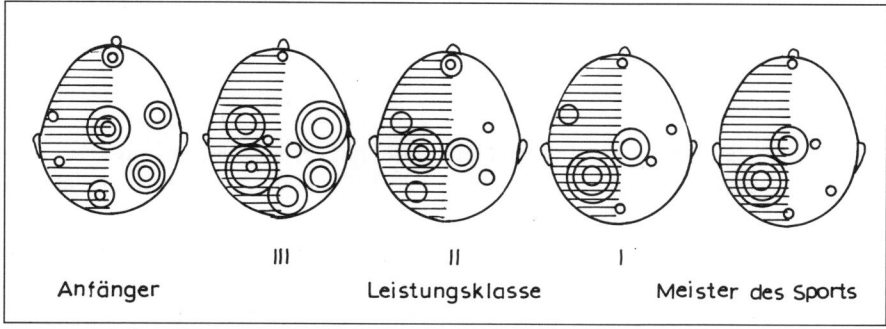

III   II   I

Anfänger   Leistungsklasse   Meister des Sports

Abb. 63 Die EEG-Ableitungen bei Sportlern verschiedener Qualifikationen. Mit zunehmender Leistungsfähigkeit kommt es zur Konzentration der bewegungsrelevanten motorischen Rindengebiete (nach SOLOGUB 1975, in HOTZ/WEINECK 1983, 27)

4.4.3.2 Mikrostruktureller Aufbau des Zentralnervensystems

Nach der makroskopischen Darstellung der einzelnen an der Bewegungssteuerung beteiligten Gehirnstrukturen soll nun auf die Betrachtung der Vorgänge und der Funktion des kleinsten Bausteins des Zentralnervensystems eingegangen werden, nämlich des Neurons *(Abb. 64).*

Das Neuron (= Nervenzelle) setzt sich zusammen aus Zellkörper, kurzen Zellfortsätzen (Dendriten) und einem langen Zellfortsatz (Neurit oder Axon).

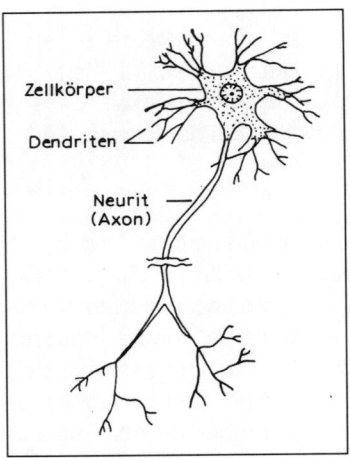

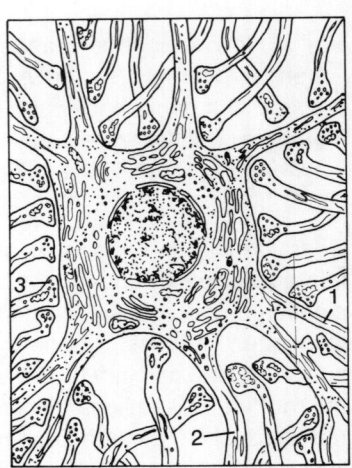

Abb. 64 Aufbau einer Nervenzelle (Neuron) (nach WEINECK
1986, 48)

Abb. 65 Ultrastruktur des Zell-
körpers und seiner synaptischen
Verknüpfungen. An die Oberflä-
che der Nervenzelle ziehen die
Axone anderer Nervenzellen und
entwickeln synaptische Verknüpfungen. 1 = Dendrit, 2 = Neurit,
3 = Synapse (nach KNOCHE 1979,
128/129, in WEINECK 1986, 48)

Der Neurit als Informationsübermittler durchläuft oft sehr lange Strecken (wie
z. B. der Ischiasnerv!), bis er sich am Zielort in der peripheren Muskulatur in
seine synaptischen Endigungen verzweigt.

Die Dendriten als Informationsaufnahmeinstanzen modulieren zusammen mit
der Zelloberfläche — sie ist von einer Synapsenrinde von mindestens einer Mil-
lion (!) Synapsen bedeckt — durch Integration der verschiedenen synaptischen
Erregungen und Hemmungen die Tätigkeit der Nervenzelle.

Die Nervenzellen entfalten ihre „höheren" Fähigkeiten erst im wechselseitigen
Verbund als Nervensystem. Sie sind durch *Synapsen* — Schalt- und Kontakt-
stellen, die je nach hemmender oder fördernder Funktion einen unterschiedlichen Überträgerstoff produzieren — in Funktionskreisen miteinander verknüpft
(s. *Abb. 65*). Die Zahl der Synapsen wird noch beträchtlich durch die Tatsache
gesteigert, daß alle Dendriten nicht nur in ihrer gesamten Länge, sondern auch
an allen Seiten Synapsen tragen können.

4.4.3.3 Neurophysiologische Aspekte des koordinativen Lernprozesses*

Die Bedeutung der Nervenzellen bzw. ihrer synaptischen Verbindungen untereinander liegt darin begründet, daß das Lernen, und damit auch der koordinati-

---

* in enger Anlehnung an HOTZ/WEINECK 1983, 28 f.

ve Lernprozeß, an die spezifische Vermaschung bestimmter Neuronengruppen gebunden ist. Vereinfacht, aber anschaulich kommen diese Theorien im sogenannten Schleifenmodell zum Ausdruck *(Abb. 66)*.

Zu Beginn eines Lernprozesses müssen die Erregungszuflüsse (Informationen) die Schleife mehrfach durchlaufen, um die für die Gedächtnisbildung notwendigen Folgereize auszulösen und die Schleife somit zu fixieren.

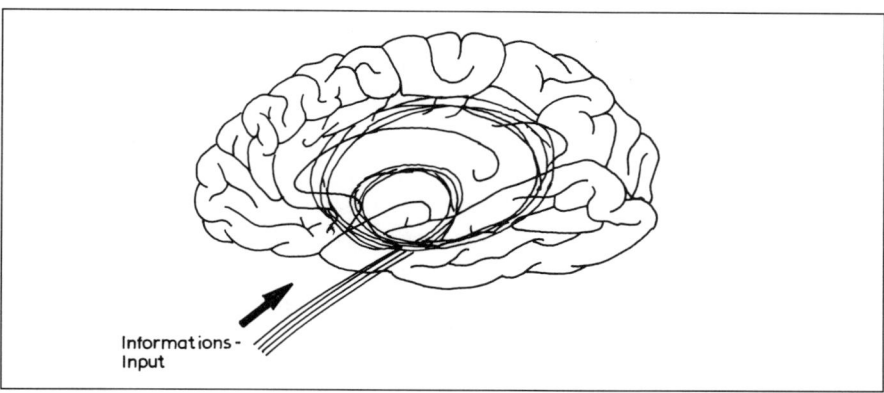

Abb. 66   Beispiel eines Schleifenmodells als Zusammenschluß von Neuronen zu einer funktionellen Einheit (z. B. bei einer Bewegung) (nach KUGLER, in HOTZ/WEINECK 1983, 30)

Überträgt man diese Modellvorstellung auf den koordinativen Lernprozeß, dann basiert jede Bewegung auf der Grundlage mehrerer Schleifen, die auf verschiedenen anatomischen Ebenen ineinandergreifen und gleichzeitig bzw. in geordneter Folge wirksam werden.

Auf „schleifentheoretischer" Grundlage ist der motorische Lernprozeß (Lernen von Bewegungen) wie folgt zu sehen:

Lernen setzt die Herausbildung und Fixierung lerninhaltsspezifischer „Neuronenschleifen" in Gang, die über spezielle Gedächtnismechanismen für eine mehr oder weniger lange Zeit gespeichert werden und damit abrufbar sind.

Verlernen bedeutet im gleichen Sinne das Verschwinden einer zuvor angelegten Bewegungsschleife.

Umlernen ist gekennzeichnet vom Ersatz einer fixierten Schleife durch eine unter Umständen ähnliche, aber letztlich doch neue Schleife.

Wie bereits mehrfach erwähnt, gilt das Gedächtnis bzw. die Gedächtnisbildung als unverzichtbare Voraussetzung für alle Lern- und Anpassungsprozesse. Die

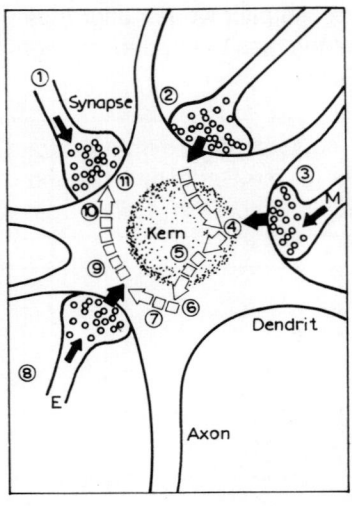

Abb. 67 Hypothetisches Modell der Stoffwechsel-prozesse eines Neurons bei der Gedächtnisspei-cherung (modifiziert nach MATTHIES *1979, 213)*

1. Zufluß einer spezifischen Erregung (Information) aus der Sinnesbahn zu einer inaktiven Synapse: Freisetzung eines Transmitters.

2. Auslösung eines Aktionspotentials mit Aktivie-rung des postsynaptischen Rezeptors. Parallel da-zu: örtliche Formveränderungen der postsynapti-schen Membran als erste Konditionierung des In-formationseinganges. Änderung der Proteinsynt-hese durch die Aktivierung von Stoffwechselenzy-men.

3. Motivierende Erregungseinflüsse (M) wirken über spezielle Transmitter fördernd auf den Pro-teinsyntheseprozeß.

4. Einschleusung der Proteine in den Kern.

5. Änderung der Gen-Aktivität.

6. Quantitative und qualitative Änderung der Bildung von Polypeptid-Ketten.

7. Bildung spezifischer Glykoproteine.

8. Emotionale Erregungszuflüsse (E) wirken über spezifische Transmitter fördernd auf den Proteinsyntheseprozeß.

9. Transport dieser Glykoproteine in die Dendriten und zur inaktiven, aber in ihrer Form immer noch unveränderten postsynaptischen Membran der konditionierten Synapse.

10. Einbau der Glykoproteine in die veränderte postsynaptische Membran.

11. Verwandlung der inaktiven Synapse in eine aktive: Die Synapse hat ,,gelernt"; d. h. sie hat über die strukturellen Membranänderungen die Informationszuflüsse im ,,Ge-dächtnis" gespeichert.

hochkomplizierten Mechanismen ihrer Entstehung seien hier in aller Kürze und unter starker Vereinfachung dargestellt.

Nach dem augenblicklichen Kenntnisstand läßt sich die Gedächtnisbildung und damit auch das motorische Lernen auf neuronale Stoffwechselvorgänge zurückführen, die letztlich bleibende Veränderungen der synaptischen Mem-branen und damit eine unterschiedliche Durchlässigkeit für verschiedene Erre-gungszuflüsse (kodierte Informationen) bewirken.

Die Mannigfaltigkeit und der Umfang neuronaler Stoffwechselvorgänge beim Lernprozeß ist kaum vorstellbar: Bei normaler geistiger Tätigkeit — ein Aspekt des koordinativen Lernprozesses — werden in jeder Zelle des Gehirns in einer Sekunde etwa 15000 Eiweißmoleküle umgebaut.

Einen Überblick über die beim koordinativen Lernprozeß ablaufenden metaboli-schen (den Stoffwechsel betreffenden) und strukturellen Vorgänge gibt *Abbil-dung 67.*

Unter dieser Betrachtungsweise beruht das Lernen von Bewegungen auf biochemischen Prozessen, die in hierarchisch geordneten anatomischen Strukturen ablaufen und über synaptische Veränderungen durch eine spezifische Vermaschung (s. auch *Abb. 61*) neuronaler Systeme übergeordnet organisiert werden.

> Das Behalten lernspezifischer Inhalte erfolgt stufenweise über das Ultrakurzzeitgedächtnis (etwa 1—10 Sekunden), das Kurzzeitgedächtnis (etwa 15—30 Sekunden) und das Langzeitgedächtnis (Stunden, Tage, Wochen, Monate, Jahre).

Das Korrelat des Ultrakurzzeitgedächtnisses scheinen transmitterbedingte, bioelektrische Vorgänge zu sein. Durch sie werden die für das Kurz- und Langzeitgedächtnis nachweisbaren Eiweißsyntheseprozesse in Gang gesetzt.

> Ultrakurzzeit-, Kurzzeit- und Langzeitgedächtnis beruhen demnach auf einer Sequenz von Einzelprozessen, die sich gegenseitig bedingen. Der Gesamtprozeß ist auf verschiedenen Stufen durch fördernde bzw. hemmende Einflüsse in seinem Verlauf modifizierbar (vgl. *Abb. 67*).

Als *Gedächtnisverstärker* wirken bestimmte Neurohormone, die den Lernprozeß und die Gedächtnisbildung in spezieller Weise beeinflussen. Fehlen diese Neurohormone, deren Wirkung Stunden, Tage oder Monate anhält oder sind sie in unzureichender Menge vorhanden, dann verschlechtert sich die Lernleistung.

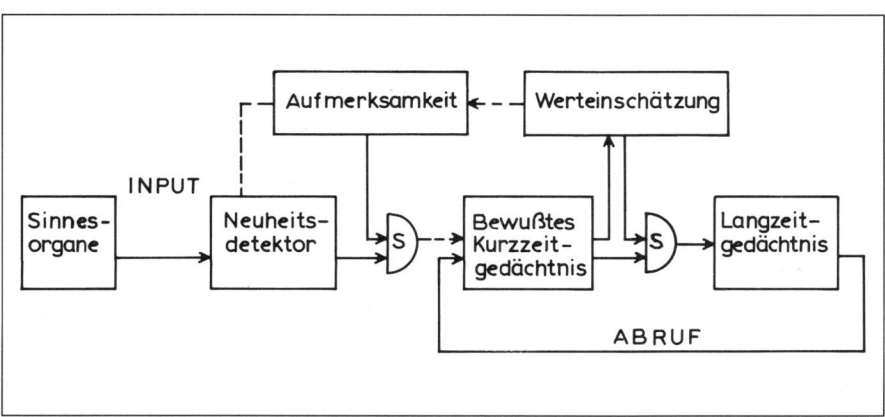

Abb. 68   Der Informationsfluß von den sensorischen Rezeptoren zum Langzeitgedächtnis. Zwischen den Sinnesorganen und dem Langzeitgedächtnis befinden sich zwei Selektionsinstanzen (S). Der Abruf aus dem Langzeitgedächtnis ist unabhängig von der zweiten Auswahlinstanz (nach KORNHUBER *1973, 5)*

Als positive bzw. negative Verstärker — und dieser Aspekt ist für den koordinativen Lernprozeß von Bedeutung — haben sich die Faktoren Lob bzw. Tadel, Lernstreß und Aufmerksamkeit herausgestellt. Sie beeinflussen fördernd und hemmend den Ablauf der Syntheseprozesse. Lob und Tadel sind somit auch in biochemischen Formeln faßbar.

Welche Bedeutung beim Lernprozeß ganz allgemein und bei der Schulung der koordinativen Leistungsfähigkeit im besonderen die Aufmerksamkeit bzw. die Informations-Einschätzung hat, zeigt *Abbildung 68.*

Der unterschiedliche Wachheitsgrad (Aufmerksamkeit) zum Zeitpunkt der Informationsaufnahme variiert die Anzahl der am Lernprozeß beteiligten Neuronen höherer Gehirnstrukturen und beeinflußt auf diese Weise die bewußte Verarbeitung der Informationen: Im Zustand höchster Wachheit ist die Zahl der kognitiven Prozesse, die pro Zeiteinheit verarbeitet werden können, auf ein Vielfaches steigerbar, im Zustand verringerter Wachheit fällt sie erheblich ab. Abnahme der Lernbereitschaft und damit sinkende Aufmerksamkeit verlängert die erforderliche Zeit für die Fixierung der Lerninhalte im Gedächtnis.

Die größte Wahrscheinlichkeit, aus dem Ultrakurzzeit- in das Kurzzeit- und nachfolgend in das Langzeitgedächtnis übernommen zu werden, haben Lernprozesse, die innerhalb weniger Stunden oder Tage über identische Erregungsprozesse den Zusammenschluß vieler Neuronenverbände zu einer Funktionseinheit reaktivieren.

Stark emotional geladene Lerninhalte führen zu einer eigenständigen reproduzierenden Wiederholung und prägen sich daher besonders gut ein.

Allgemein gilt: Je stärker der Lernimpuls und je länger die Einwirkungsdauer, desto größer die Wahrscheinlichkeit, daß der Lernvorgang fixiert wird.

4.4.3.4 Konsequenzen für die Schulpraxis

Aus der bislang erfolgten Beschreibung von Bau und Funktion des Zentralnervensystems lassen sich für den Sportförderunterricht eine Reihe wichtiger Konsequenzen ableiten, die in entscheidendem Maße den Unterrichtserfolg beeinflussen können.

MOTIVATION UND LERNERFOLG

Motivation ist der beste Lernverstärker, da alle am Lernprozeß beteiligten Systeme durch die erhöhte Aufmerksamkeit und Lernbereitschaft schärfer auf die

Wahrnehmungs-, Verarbeitungs-, Entscheidungs- und Ausführungsmechanismen eingestellt werden. Motivation erhöht und beschleunigt die dem Lernprozeß zugrundeliegenden molekularbiologischen Gedächtnisprozesse.

Es ist demnach von besonderer Wichtigkeit, daß der Sportförderunterricht zuallererst ,,Spaß macht". Eine leistungsadäquate Förderung mit kind- bzw. jugendgemäßen Übungen in abwechslungsreicher Form ist die Grundvoraussetzung für eine längerfristige Motivationskonstanz.

LERNKONTROLLE UND PAUSENGESTALTUNG

Jeder längere Übungsprozeß führt in Abhängigkeit von der aufgebrachten psychophysischen Gesamtbelastung zu einem zunehmenden Motivationsschwund und damit zu einer geringeren übungsorientierten Aufmerksamkeit. Dies gilt in besonderem Maße für leistungsschwache Schüler, die im normalen Sportunterricht, aber auch im Sportförderunterricht oftmals im Bereich ihrer Leistungsgrenze belastet bzw. überlastet werden.

UNTERRICHTSMETHODISCHE ASPEKTE

Nicht alle Kinder lernen auf die gleiche Art und Weise gleich gut. Zwar spielt vor allem im frühen und späten Schulkindalter (6 bis 10 bzw. 10 bis etwa 11/12) die *visuelle* Information die überragende Rolle, und das Vorbild des Lehrers ist von höchster Bedeutung, aber auch andere Lerntypen sollten unterrichtsmethodisch berücksichtigt werden. Neben dem ,,visuellen Typ" gibt es auch viele Schüler, die Bewegungen mehr über den Verstand erfassen und stark auf *verbale* Informationen angewiesen sind; wieder andere ,,begreifen" eine Bewegung erst, wenn sie regelrecht vom Lehrer ,,bewegt" werden. Gerade der leistungsschwache Schüler sollte auf eine sehr vielfältige Informationsweise an neue Bewegungen herangeführt werden. Unnötiger Leistungs-, Zeit- oder Notendruck sollte strikt von ihm ferngehalten werden, da sonst kein ausreichend leistungsfördernder Begleitrahmen gewährleistet ist. Vor allem für den langsam lernenden Schüler ist ein individuell wählbares Lerntempo sicherzustellen.

Da die Qualität einer Bewegungshandlung nie besser als das sinnlichgedanklich ,,vorangestellte" Leitbild sein kann, sollte kognitiven Aspekten bei der Schaffung einer Bewegungsvorstellung ausreichend Bedeutung beigemessen werden: Beschreiben einer Bewegung, Kommentierung einer gesehenen Bewegung etc. präzisieren die Bewegungsvorstellung.

> Eine umfassende Bewegungsvorstellung beinhaltet eine Fokussierung auf wesentliche Aspekte des Lernprozesses und beschleunigt damit das ,,Einschleifen" der zu lernenden Bewegungselemente.

KORREKTUR UND LERNERFOLG

Die Korrekturanweisung muß zwar auf den erkannten Fehler hin ausgerichtet sein, darf aber nicht die gute Motivationslage des Schülers beeinträchtigen (wie z. B. durch barschen Umgangston, bissige Bemerkungen, resignierende Handbewegungen etc.) oder gar einen Lernstreß hervorrufen. Beides sind „Negativ-Verstärker", die auf die Synapsen- und Kernregulationsprozesse (s. *Abb. 67*) blockierend wirken.

Der Korrekturinhalt muß vor allem beim leistungsschwachen Schüler auf das Wesentliche beschränkt und der Auffassungskapazität des Übenden angepaßt werden (altersgemäßes Vokabular!). Bei der Korrektur sollte die individuelle Präferenz (z. B. visueller Typ) berücksichtigt werden.

Der optimale Korrekturzeitpunkt liegt aus neurophysiologischer Sicht im unmittelbaren Übungsanschluß, wenn die gerade vollzogene Bewegung noch „frisch" ist. Spätere Korrekturen haben zwar auch noch ihren Sinn — sie sorgen für eine „Wiederbelebung" der Bewegungsschleife und unterhalten ablaufende Synthesevorgänge —, aber sie können nicht mehr den präzisen Ist-Sollwert-Vergleich einer Schnellinformation erreichen.

BEWEGUNGSSCHATZ UND LERNERFOLG

Da jede neu zu erlernende Bewegung Anteile bereits früher erlernter Bewegungen enthält, erleichtert die Zahl der vorliegenden „Bewegungsschleifen" die Lösung einer neuen Bewegungsaufgabe. Der Schüler mit Koordinationsschwäche fällt unter anderem wegen seines mangelnden Bewegungsschatzes auf: ihm fehlen „Arbeitsvorlagen" und Vor-Informationen bezüglich der leistungsbestimmenden Größen; er ist dadurch bei Komplexübungen auch schnell überfordert, was sich vor allem in den Spielsportarten manifestiert.

Es muß demnach Aufgabe des Sportförderunterrichts sein, das vorliegende übungsmangelbedingte koordinative Leistungsdefizit durch eine allmähliche Erweiterung des Bewegungsschatzes zu verringern. Dabei ist streng auf eine progressive Steigerung der koordinativen Anforderungen zu achten. Allgemeine pädagogische Grundsätze wie „vom Leichten zum Schweren", „vom Einfachen zum Komplexen" u. ä. haben gerade im Bereich des Sportförderunterrichts ihre ganz besondere Bedeutung. Nur durch eine vielseitige Schulung und mit einem variablen Übungsangebot können die verschiedenen leistungslimitierenden Faktoren eingedämmt und die koordinative Leistungsfähigkeit ausreichend gefördert werden.

Aufgrund der unterschiedlichen, den koordinativen Lernprozeß beeinflussenden Faktoren wie Informationsaufnahme, Informationsverarbeitung etc. ergeben sich beim Sportförderunterricht für den Ausgleich der Koordinationsschwäche unterschiedliche Übungsfelder mit verschiedenen Lernzielbereichen und Übungsschwerpunkten (s. auch DORDEL 1987, S. 218).

1. Förderung der koordinativen Fähigkeiten und
2. Ausbildung und Verbesserung motorischer Fertigkeiten

Übungsschwerpunkte sind:

— Übungen zur Verbesserung der Anpassungsfähigkeit an Partner, Raum, Geräte und Musik
— Übungen zur Verbesserung der Balancierfähigkeit (Gleichgewichtsfähigkeit)
— Übungen zur Verbesserung der Reaktionsfähigkeit
— Übungen zur Verbesserung der Geschicklichkeit und Gewandtheit
— Übungen zur Förderung der Spannungs- und Entspannungsfähigkeit
— Übungen zur Schulung rhythmischer Fähigkeiten

Methoden und Übungsinhalte zur Schulung der koordinativen Fähigkeiten siehe S. 158.

5 Allgemeine Grundlagen der Bewegungs- und Trainingslehre

5.1 Motorische Entwicklung

5.1.1 Begriffsbestimmung

Die motorische Entwicklung des Menschen beruht auf der Wechselwirkung von ererbten Anlagen und Umwelteinflüssen. Zu den ererbten Anlagen gehören die genetisch festgelegte anatomische und neurophysiologische Ausstattung (Konstitution, Körperbau, Gewicht, Aufbau und Leitungsgeschwindigkeit der Nervenfasern u. ä.), die individuell recht unterschiedlich sein kann, sowie psychomotorische Fähigkeiten wie Tempo und Temperament (vgl. RÖTHIG). Unter Umwelt ist die soziale, ökonomische und kulturelle Situation der Gesellschaft, die Landschaft, das Siedlungswesen, die Ausprägung von Naturgegebenheiten etc. zu verstehen.

Die motorische Entwicklung ist verbunden mit einer Veränderung der körperlichen Leistungsfähigkeit. Bei der sportlichen Leistungsfähigkeit handelt es sich um ein komplexes Bedingungsgefüge, das von einer Vielzahl spezifischer Faktoren bestimmt wird (vgl. *Abb. 69*).

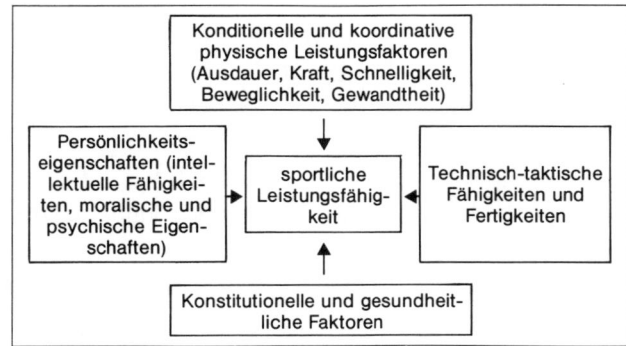

Abb. 69 Faktoren der sportlichen Leistungsfähigkeit (nach WEINECK 1987, 15)

Um diese Entwicklungsvorgänge faßbar zu machen, werden sie in einzelne Entwicklungsstufen eingeteilt, die durch das Lebensalter bestimmt sind. Diese Einteilung ist selbstverständlich nicht starr, sondern Abweichungen sind möglich. Die einzelnen Stufen lösen sich nicht plötzlich ab, sondern ein Übergang erfolgt fließend (vgl. auch *Tab. 2, S. 40*).

Im folgenden werden die einzelnen Phasen kurz dargestellt, wobei die ersten beiden in den Vorschulbereich fallen und deshalb nur der Vollständigkeit halber aufgeführt werden.

5.1.2 Phasen der körperlichen Entwicklung

Säuglingsalter: bis zum 1. Lebensjahr
— Fortschreitende Entwicklung und Differenzierung der Großhirnfunktion.
— Gezielte Greifbewegungen, Sitz- und Stehversuche, ortsverändernde Bewegungen wie Rutschen, Krabbeln bis hin zu ersten Gehversuchen.

Kleinkindalter: 2. bis 6. Lebensjahr
— Erlernen einfacher Bewegungen wie Gehen, Laufen und Springen bis hin zu komplizierten Bewegungsabläufen wie Zielwerfen und Ballfangen.

Kindesalter (frühes Schulkindalter): 6. bis 9./10. Lebensjahr
— Erster Gestaltwandel, d. h. die Körperproportionen verschieben sich zunehmend in Richtung auf die für den Erwachsenen typischen Verhältnisse.
— Extremitäten wachsen schneller als der Rumpf.
— Vergrößerung der Organe des Herz-Kreislauf-Systems und der Atmung; dadurch kommt es zu einer Erhöhung der Ausdauerleistungsfähigkeit infolge verbesserter maximaler Sauerstoffaufnahme.

Auswirkungen auf den Sportunterricht:
Betonung des spielerischen Charakters von Bewegungsabläufen, gezielte Entwicklung der normalen Körperhaltung sowie der Ausdauerleistungsfähigkeit (niedrige Intensität).

Vorpuberale Phase: Mädchen 9. bis 10. Lebensjahr   spätes Schul-
                Knaben 9. bis 11. Lebensjahr   kindalter
— Verlangsamung des Längenwachstums und dadurch Verbesserung der Koordination von Bewegungsabläufen; diese Phase ist deshalb als das beste motorische Lernalter anzusehen.
Auswirkungen für den Sportunterricht:
Durchführung von Koordinations- und Schnelligkeitsübungen und verstärkt auch Ausdauertraining.
Wichtig in diesem Abschnitt ist, daß die Kinder vielfältige Bewegungserfahrung sammeln.

1. Puberale Phase (Pubeszenz):
Mädchen 11./12.—13./14. Lebensjahr
Knaben 12./13.—14./15. Lebensjahr
— Eine vermehrte Ausschüttung von Sexualhormonen (Androgene, Östrogene, Gestagene; vgl. Lehrbuch der Humanphysiologie) führt zu Wachstum und Reifung der Geschlechtsorgane, Ausbildung der sekundären Geschlechtsmerkmale sowie Vergrößerung des Muskelquerschnitts aufgrund einer verstärkten Eiweißsynthese (besonders bei männlichen Jugendlichen) und gesteigertem Knochenwachstum besonders in den Extremitäten.

— Es kommt zu einer Stagnation, z. T. sogar zu einer Verschlechterung der koordinativen Leistungsfähigkeit; deshalb erscheint es sinnvoller, erlernte Bewegungsabläufe zu festigen als neue komplizierte zu erlernen.

— Gute Voraussetzungen liegen allerdings für die Entwicklung der allgemeinen aeroben Ausdauer vor.

— In dieser Altersstufe tritt häufig das Problem der sogenannten Pubertätspsyche auf, die charakterisiert ist durch psychische Labilität und erhebliche Stimmungsschwankungen.

2. Puberale Phase (Adoleszenz):

Mädchen 13./14.—17./18. Lebensjahr
Knaben 14./15.—18./19. Lebensjahr

— Jetzt wird der für den Erwachsenen typische Körperbau erreicht.

— Aufgrund einer weiterhin verstärkten Entwicklung der Skelettmuskulatur bei den männlichen Jugendlichen kommt es zur endgültigen geschlechtsspezifischen Differenzierung der körperlichen Leistungsfähigkeit zwischen den Geschlechtern.

— Das Herz-Kreislauf-System und die Muskulatur können ähnlich wie beim Erwachsenen belastet werden.

Auswirkungen auf den Sportunterricht:

Als Voraussetzung für das Erwachsenenalter sind jetzt verstärkt die Komponenten Kraft und Ausdauer auszubilden.

Für die praktische Arbeit (vor allem in der Phase der Pubeszenz) ist noch von Bedeutung, daß immer einige Jugendliche weiter oder weniger weit entwickelt sind als es ihrem Alter entspricht.

Ist das biologische Alter um mehr als 1 Jahr größer als das kalendarische, so spricht man von *Akzeleration,* ist das biologische Alter um mehr als ein Jahr kleiner, so spricht man von *Retardation.*

5.2 Motorisches Lernen

5.2.1 Begriffsbestimmung

Unter menschlicher Motorik versteht man die Gesamtheit der Funktionen des menschlichen Bewegungslebens. Sie umfaßt als wichtige Bereiche Bewegungsbegabung, Bewegungserfahrung, neurophysiologische Bewegungsentwicklung, Bewegungsausführung sowie motorische Fähigkeiten. Man unterscheidet Alltagsmotorik, Arbeitsmotorik, Ausdrucksmotorik und Sportmotorik (nach FETZ aus BAUMANN/REIM).

Im folgenden werden alle Aussagen, die den Bereich Motorik betreffen, auf den Bereich der Sportmotorik bezogen.

5.2.2 Ausgewählte Theorien und Modelle des motorischen Lernens

Obwohl das „Lernen" eines der am intensivsten erforschten Gebiete der Psychologie ist, fehlt eine einheitliche Lerntheorie. Auch innerhalb des Bereichs des „motorischen Lernens" gibt es viele verschiedene und voneinander abweichende Erklärungsmöglichkeiten für diesen komplexen Prozeß.

Im folgenden sollen einige der bekanntesten Lerntheorien kurz angesprochen werden.

Die sogenannte *Reflexpsychologie* und der sogenannte *Behaviorismus* erklären das Verhalten des Menschen auf der Grundlage des S-R-Modells:

Reiz (Stimulus) — Reaktion (Response)
S   —   R

Dabei bedeutet S einen Reiz aus der Umwelt, auf den eine bestimmte Reaktion erfolgt. Gelernt wird dann, wenn eine bisher nicht vorhandene S-R-Verbindung zustande kommt.

Beispiel 1: Ein Turner macht eine Rolle vorwärts am Boden; es besteht eine Verknüpfung zwischen Matte (S_1) und Rolle vw (R_1). Soll er nun auf einer erhöhten Unterlage (S_2) ebenfalls eine Rolle ($R_2 = R_1$) ausführen, so gelingt die Verbindung S_2—R_1 nach einigen Wiederholungen.

Man spricht in diesem Fall von *reaktivem Konditionieren.*

Dieses Modell erklärt nicht die für das Zustandekommen einer Reaktion maßgeblichen Steuerungs- und Regelungsprozesse sowie emotionale und kognitive Prozesse.

Beim *operativen Konditionieren* (syn. mit instrumentellem Lernen) werden auch innere Vorgänge, also Bedürfnisse mitberücksichtigt.

Beispiel 2: Ein Schüler betritt eine Sporthalle, in der unter dem Basketballkorb ein Ball liegt. Er hat das Bedürfnis, den Ball in den Korb zu werfen. Die Art des Werfens, die zum Erfolg führt oder die von einem Außenstehenden, z. B. dem Lehrer, durch positive Verstärkung als richtige Reaktion bestätigt wird, führt zu weiteren Korbwürfen und damit zu einem Lernen dieser Reaktion.

Bei diesem Modell wird dem Lernenden der kausale Zusammenhang zwischen dem Erfolg, also dem Korbwurf, und der Bewegung nicht einsichtig gemacht.

Beim *einsichtigen Lernen* erklärt sich das Lernen als ein kognitiver (gedanklicher) Prozeß, indem ohne vorheriges praktisches Probieren ein Lösungsplan erstellt wird; es kommt also zu einer gedanklichen Auseinandersetzung mit dem Lösungsweg.

Beispiel 3: Einem Skifahrer wird die Aufgabe gestellt, eine Buckelpiste zu befahren. Es muß ihm klar sein bzw. klargemacht werden, welche Technik zweckmäßig erscheint (z. B. Ausgleichsschwung), wie diese situativ anzuwenden ist (Intensität der Beuge- und Streckbewegung entsprechend der Höhe der Hindernisse, eventuell Überspringen von Querbuckeln, Umschalten auf die Technik des Hochschwingens) und eventuell welche physikalischen und physiologischen Gesetzmäßigkeiten dahinterstehen; er wird diese Eingaben mit seinen eigenen Erfahrungen verknüpfen und dann einen Lösungsweg, also eine bestimmte Fahrlinie und -technik festlegen.

Wird kaum eine gedankliche Vorarbeit geleistet, sondern ist der Lösungsweg vorgegeben und er wird nachgeahmt, so spricht man von *Imitationslernen*.

Beim Lernen auf *kybernetischer* und *informationstheoretischer* Grundlage wird der Organismus als ein System verstanden, bei dem Informationen mittels Steuerungs- und Regelungsprozessen zu bestimmten Verhaltensweisen und Reaktionen verarbeitet werden.

Beispiel 4: Ein Schüler erhält vom Lehrer die Aufgabenstellung (Information), durch Einsatz der Arme und der Fußgelenke auf dem Trampolin zu springen und dabei das auf dem Tuch aufgemalte Kreuz möglichst nicht zu verlassen. Während der Bewegungsausführung wird der Proband durch seine Sinnesorgane über visuelle (er sieht, ob er das Kreuz trifft), akustische (er hört die Zurufe des Lehrers), taktile (er spürt die lokal unterschiedliche Rückstoßeigenschaft des Tuchs), statico-dynamische (er spürt, ob er sich im Gleichgewicht befindet) und kinästhetische (er spürt die unterschiedlichen Muskelanspannungen, verschiedenen Gelenkstellungen, die unterschiedliche Lage der einzelnen Körperteile zueinander) Reize informiert. Diese Informationen bewirken, daß evtl. auftretende Abweichungen von der Vorgabe sofort korrigiert werden, der Schüler also im Laufe der Zeit immer besser und genauer springt.

Lernen spielt sich also in einem Funktionskreis ab.

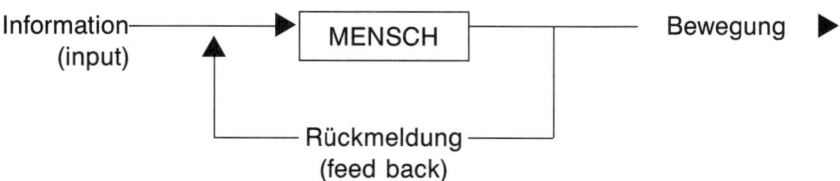

Lernen bedeutet also in diesem Sinne die Verknüpfung von Bewegungsausführung (Motorik) und Reizaufnahme (Sensorik), weshalb man auch von *sensomotorischem* Lernen spricht.

Beim motorischen Lernen kann aber auch die *Bewegungshandlung* im Mittelpunkt des Betrachtens stehen. Das Handlungskonzept untergliedert sich in Antriebs-, Orientierungs-, Entscheidungs-, Ausführungs- und Ergebnisteil.

Beispiel 5: Ein Bergsteiger beabsichtigt, eine anspruchsvolle Passage zu klettern. Er geht davon aus, daß er den Schwierigkeiten gewachsen ist und daß sich der Aufwand lohnt (Antriebsteil). Er hat bezüglich der anzuwendenden Techniken und der Wahl der Route(n) eine bestimmte Vorstellung. Nach ausführlicher Überlegung und differenziertem Abwägen entschließt er sich für eine bestimmte Route, die Verwendung bestimmter Hilfsmittel, die Anwendung einer bestimmten Technik (Entscheidungsteil). Dann klettert er entsprechend seinem Handlungsprogramm bzw. ändert dieses situativ ab (Ausführungsteil). Abschließend überlegt er, ob die Route richtig gewählt, die Technik gut, die eingeschlagene Variante sinnvoll war oder warum er gescheitert ist, und wie er sich weiterhin bzw. bei einem erneuten Versuch verhalten wird (Ergebnisteil).

5.2.3 Der Aufbau des motorischen Lernens nach Lernstufen (-phasen)

Nach SCHNABEL und MEINEL werden beim motorischen Lernen drei Phasen unterschieden (Dreiphasenmodell), die sich aus einer äußeren Betrachtung der Bewegungskoordination beim Lernenden ergeben und nicht umkehrbar sind.

1. Lernphase: Grobkoordination

Durch verbale Erklärung, Demonstration, Einsatz audiovisueller Medien wird dem Lernenden die Bewegung vorgestellt. Aufgrund einer noch lückenhaften, überwiegend optischen Informationsaufnahme und -verarbeitung erstellt der Lernende ein ,,Grobprogramm'', in das aber bereits gespeicherte Bewegungsabläufe früher erlernter Bewegungsabläufe einfließen können.

Die Bewegungsausführung wirkt infolge eines übermäßigen und z. T. falschen Krafteinsatzes verkrampft und unharmonisch (unzweckmäßiger Bewegungsrhythmus, mangelnder Bewegungsfluß, falsches Bewegungstempo). Vor allem bei quantitativ meßbaren Leistungen läßt sich feststellen, daß das Ergebnis stark schwankt, was auf eine geringe Ausprägung der Bewegungspräzision und der Bewegungskonstanz zurückzuführen ist.

2. Lernphase: Feinkoordination

Mit zunehmender Übungsdauer, während der sich Perioden des Lernfortschritts mit solchen der Stagnation (Lernplateau) abwechseln, tritt allmählich die Phase der Feinkoordination ein.

Zunehmend gewinnt die Rückmeldung (feed back) durch die kinästhetischen und taktilen Analysatoren (Sinnesorgane) über die Bewegungsausführung an Bedeutung. Der Bewegungsablauf wird besser programmiert (Bewegungsantizipation), was sich bei der Bewegungsausführung durch ein hohes Maß an Präzision und Konstanz niederschlägt: die Bewegung wird flüssiger, entspricht weitgehend der ,,Idealvorstellung'', keine Teilbewegung ist übertrieben oder fehlt.

3. Lernphase: Stabilisierung/variable Verfügbarkeit

Der Lernende ist nicht nur in der Lage, den Bewegungsablauf unter konstanten Bedingungen idealtypisch zu zeigen, sondern die Programmierung ist so weit fortgeschritten, daß auch Alternativprogramme im motorischen Gedächtnis vorliegen, die auch während der motorischen Handlung abgerufen werden können, wenn äußere Einflüsse dies erforderlich machen.

Der Bewegungsablauf vollzieht sich automatisch, er zeigt auch bei mehrfachem Wiederholen ein hohes Maß an Konstanz und gleichbleibend hohe Leistungsergebnisse, und er ist zu jeder Zeit auch unter schwierigen und unterschiedlichen Bedingungen mit gleichbleibender Präzision durchführbar. Mit der 3. Stufe des motorischen Lernens ist ein ,,relativer Abschluß" erreicht, jedoch sind durch das Zusammentreffen optimaler Bedingungen (höchste Motivation, heimisches Publikum, optimale Trainingsplanung, beste Witterungsverhältnisse, ideale Wettkampfstätten, gute körperliche Verfassung u. ä.) weitere Leistungssteigerungen (Lernen) möglich, so daß ,,Lernen" niemals endgültig abgeschlossen sein kann.

5.3 Methoden und Inhalte des Krafttrainings*

Die Trainierbarkeit der Kraft ist in jeder Altersstufe gegeben. Bereits fünfjährige Kinder können bei entsprechendem Training eine Muskelhypertrophie wie in späteren Jahren aufweisen (WEINECK 1986, 285).

Für den Sportförderunterricht bieten sich aus der Vielfalt der verschiedenen Krafttrainingsmethoden vor allem das dynamische und das statische Krafttraining an. Ersteres sollte ausschließlich im Schulkindesalter (bis zum 10. [11.] Lebensjahr) herangezogen werden.

5.3.1 Dynamisches Krafttraining

Das dynamische Krafttraining wird in ein positiv-dynamisches und ein negativ-dynamisches Krafttraining unterteilt:
— Positiv-dynamisches Krafttraining: überwindende, z. T. auch beschleunigende Bewegungen, bei denen die Muskulatur sich zusammenzieht (= konzentrische Kontraktion)
— Negativ-dynamisches Krafttraining: nachgebende, auch bremsende Bewegungen, bei denen die Muskulatur gedehnt wird (= exzentrische Kontraktion).

Positiv-dynamisches Training
Bei dieser in der Sportpraxis häufigsten Trainingsform kommt es zu einer Kraftentwicklung durch Bewegungen mit konzentrischer (= muskelverkürzender) Kontraktion.

---

* WEINECK 1987, 176 f.

Vorteile des positiv-dynamischen Trainings.

— Es können die an der Bewegungskette beteiligten Muskeln sowie die jeweilige Anspannungsart der Wettkampfübung durch Imitationsübungen spezifisch geübt werden.

— Neben der Kraftzunahme kommt es auch zu einer Verbesserung des neuromuskulären Zusammenspiels.

— Je nach Ausführungsart und Wiederholungszahl können durch dynamisches Training mehr die Maximalkraft, die Schnellkraft oder die Kraftausdauer trainiert werden.

Das positiv-dynamische Krafttraining ist besonders für den Muskelaufbau und damit in vorzüglichem Maße für den Sportförderunterricht geeignet, da es mit geringen bis mittleren Widerstandsgrößen, mäßigem Ausführungstempo (geringe Verletzungsgefahr!) und hoher Wiederholungszahl (Optimum = etwa bis 12 Wiederholungen) weder eine allzu hohe physische noch psychische Belastung darstellt.

Nachteile des positiv-dynamischen Trainings.

— Die Trainingsreize sind oft unterschwellig, da sich die bei der Bewegung aufwendbare Kraft nach der im Verlauf der Bewegung vorhandenen Kraft richten muß und die notwendige Anspannung der Muskulatur nicht lange genug aufrechterhalten wird, um die zum Aufbau der Muskulatur notwendigen chemischen Reaktionen in Gang zu bringen.

— Bei einer bestimmten sportlichen Bewegung werden nicht alle, sondern nur ein bestimmter Teil der Muskelfasern eines Muskels innerviert. Dies führt zu einer geringeren Maximalkraftentwicklung.

— Im Bereich der ungünstigsten Arbeitswinkel — z. B. beim Drücken in der Rückenlage beim Abheben des Gewichtes von der Brust — werden enorm hohe Spannungen entwickelt, die dann mit zunehmendem Bewegungsvollzug und ansteigender Gewichtsbeschleunigung sehr stark abnehmen. Auf diese Weise werden die Muskelanteile bzw. die Muskelgruppen, die am Beginn der Bewegung eingesetzt werden, sehr hoch (oft verbunden mit Muskelkaterbildung) und die an der Endstreckung beteiligten meist ungenügend belastet.

Methode

— 5—6 Übungen pro Stunde
— Jede Übung mit 40—60 % Intensität
— Jede Übung 6- bis 12mal langsam hintereinander durchführen (= 1 Satz)
— Jede Übung hintereinander mit 1—3 Sätzen durchführen
— Zwischen jedem Satz 2—4 Minuten Pause

Negativ-dynamisches Training

Beim exzentrischen Training werden Widerstände bewußt langsam nachgebend rückgeführt.

Beispiele: Senken einer Hantel aus der Armstreckung in die Armbeugung (beim Drücken in der Rückenlage), langsames Senken aus dem Beuge- in den Streckhang (beim Klimmziehen).

Vorteile des negativ-dynamischen Krafttrainings.

— Das exzentrische Training ermöglicht muskuläre Spannungsspitzen, die weit über den positiv-dynamischen und statischen Maximalkraftwerten liegen: Das exzentrische Kraftmaximum liegt 30—40 Prozent über dem isometrischen, das isometrische wiederum 10—15 Prozent über dem dynamisch-konzentrischen.

— Durch den lange auf die Muskulatur einwirkenden Kraftreiz kommt es zu einer ausgeprägten Muskelhypertrophie.

In der Sportpraxis liegt oft eine Mischung von positiv- und negativ-dynamischer Kraftarbeit vor. Beispiel: Bei der Übung ,,Liegestützen'' erfolgt beim Absenken des Rumpfes durch die Armbeugung negativ-dynamische Arbeit, beim nachfolgenden Anheben durch die Armstreckung positiv-dynamische Arbeit.

Methode

— 5—6 Übungen
— Intensität ist sehr hoch
— Jede Übung 3- bis 8mal
— 1—3 Sätze
— Pausen zwischen den Sätzen: 3—4 Minuten

5.3.2 Statisches Krafttraining

Mit dieser Trainingsmethode sollte erst in der Pubeszenz (1. Puberale Phase) begonnen werden.

Beim statischen Krafttraining kommt es nicht zu einer sichtbaren Kontraktion oder Dehnung wie beim positiv- oder negativ-dynamischen Training, sondern nur zu einer hohen Spannungsentwicklung (= isometrische Muskelkontraktion).

Vorteile des statischen Trainings.

— Einfache Durchführung — kein apparativer Aufbau notwendig.
— Hohe Kraftzuwachsraten — die Spannungssteigerung erhöht sich parallel zum Kraftgewinn.
— Zeitsparendes Training, d. h. hohe Trainingseffektivität.
— Möglichkeit einer lokalen zielgerichteten Einflußnahme auf eine beliebige Muskelgruppe bei gefordertem Gelenkwinkel.

Nachteile des statischen Trainings.

— Es tritt die Funktion der wichtigen Regelkreise und Koordinierungssysteme in den Hintergrund. Beim Training für dynamische Sportarten ist das isometrische Training vor allem als Ergänzungstraining zu anderen Methoden der Kraftentwicklung zu sehen.

— Negativer Einfluß auf die Muskelelastizität bzw. Lockerheit und Dehnungsfähigkeit als Folge der maximalen Muskelanspannung.

— Bei einförmiger statischer Trainingsweise stagniert die Kraftzunahme sehr bald, da sich das erreichte Kraftniveau stabilisiert und eine sogenannte Maximalkraftbarriere eintritt.

— Monotonie des Trainings.

— Das isometrische Training sorgt aufgrund der maximalen Spannungsentwicklung zwar für eine schnelle Querschnittszunahme, aber nicht für eine Kapillarisierung des Muskels. Diese Trainingsmethode ist daher nicht herzkreislaufwirksam.

— Die isometrische Anspannung großer Muskelgruppen führt zu einer forcierten Preßatmung; dies ist insbesondere im Kinder- und Seniorentraining zu vermeiden.

Methode
— 5—6 Übungen
— Jede Übung mit 50—100 % Intensität
— Jede Übung 4—8 Sekunden durchführen
— Jede Übung 3- bis 6mal hintereinander mit jeweils 1- bis 2minütiger Pause durchführen

5.3.3 Allgemeine Gesetzmäßigkeiten beim Krafttraining

Bei der Durchführung eines Krafttrainings ist, unabhängig von der Trainingsmethode, auf verschiedene Faktoren zu achten, die den Kraftzuwachs durch Training beeinflussen.

Kraftgewinn/Kraftverlust in Abhängigkeit vom Erwerbszeitraum

> Ganz allgemein läßt sich sagen, daß ein schnell erworbener Kraftzuwachs bei Einstellung des Trainings schnell wieder zurückgeht; ein über Jahre erworbenes hohes Kraftniveau hingegen nur ganz allmählich.

Bei vollständiger Ruhe kann der Muskel schon im Verlauf einer Woche bis zu 30 % seiner Kraft verlieren.

Weiterhin wurde festgestellt, daß die erworbene Kraft dann länger erhalten bleibt, wenn der Kraftanstieg nicht nur auf die bereits erwähnte verbesserte Mehrinnervation motorischer Einheiten, sondern auf eine Zunahme an Muskelmasse zurückzuführen ist.

Kraftgewinn in Abhängigkeit vom Ausgangsniveau

Wie die *Abbildung 70* zeigt, ist die Trainingswirkung in Abhängigkeit vom Ausgangsniveau zu sehen.

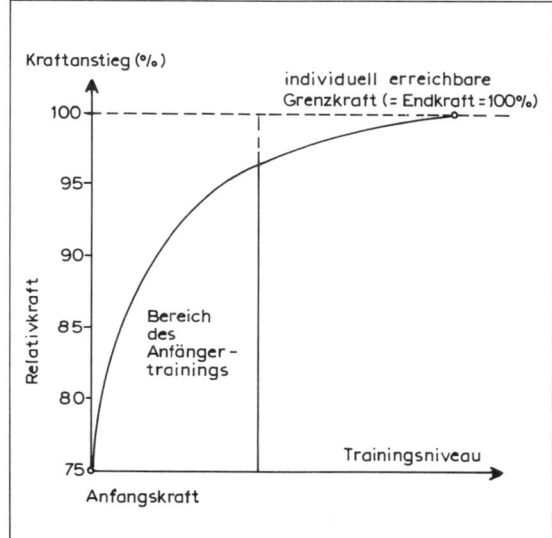

Abb. 70 Zunahme der Relativkraft bis zur Grenzkraft unter besonderer Hervorhebung des Anfängerbereiches (nach WEINECK 1987, 166)

Der Kurvenverlauf läßt erkennen, daß zu Beginn eines Trainings die größten Zuwachsraten auftreten. Bei fortgeschrittener Annäherung an die individuelle maximale Endkraft nimmt die Zuwachsrate dann allerdings rapide ab.

Häufig gebrauchte Muskeln, wie z. B. die Fingerbeuger, haben schon ein relativ hohes Kraftniveau erreicht und sind damit im weiteren Verlauf schlechter trainierbar als weniger beanspruchte Muskeln oder Muskeln, die im täglichen Leben relativ niedrig zu ihrer Kapazität beansprucht werden, wie z. B. die Fußstrecker.

Kraftgewinn in Abhängigkeit von der Trainingshäufigkeit

Von großer Bedeutung für die Schnelligkeit des Kraftanstieges ist die Trainingshäufigkeit *(Abb. 71)*.

HETTINGER (1966, 46/62) konnte beim isometrischen Training feststellen, daß ein einmaliger Trainingsreiz die Ausgangskraft zwischen 1—4% (je nach Muskelgruppe) erhöht: Dabei würde am Trainingstag selbst die Kraftzunahme 56% des Gesamtzuwachses, am zweiten 39%, am siebten Tag aber nur noch 0,6% betragen.

Daraus geht hervor, daß der Kraftgewinn eines Trainings etwa zur Hälfte schon am Trainingstag selbst erzielt wird. Um diesen günstigen Effekt auszunützen, ist für den effektivsten Kraftgewinn das tägliche (u. U. zweimalige) Training anzustreben. Da darüber hinaus nach 14tägigen Trainingsintervallen keine Wirkung des vorausgegangenen Trainingsreizes nachzuweisen ist, kann man annehmen, daß nach einem *einmaligen* Trainingsreiz die Kraft parabolisch ansteigt und dann allmählich wieder abfällt.

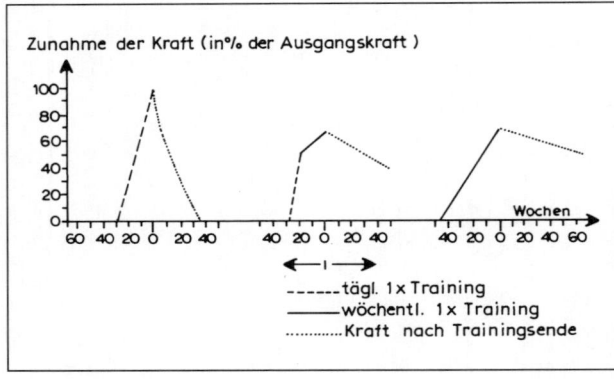

Abb. 71 Die Schnelligkeit des Kraftanstiegs in Abhängigkeit von der Trainingshäufigkeit bzw. das Verhalten der Kraft nach Trainingsende (WEINECK, nach HETTINGER 1972, 163)

Für den Schulsport bedeutet diese Tatsache, daß eine 14tägige Sportstunde für eine Leistungsverbesserung ungeeignet wäre, da die Trainingshäufigkeit nicht ausreichend ist.

Kraftgewinn in Abhängigkeit von der Trainingsmethode

Nicht alle Krafttrainingsmethoden haben den gleichen Effekt auf den Kraftzuwachs. Beim *dynamischen* Training werden etwa 8—12 Wochen, beim *isometrischen* Training etwa 6—8 Wochen zum Erreichen der individuellen Endkraft benötigt.

Die Ursache für den unterschiedlichen Kraftgewinn in den einzelnen Trainingsmethoden liegt u. a. darin begründet, daß in Abhängigkeit von der Intensität eines Muskelreizes mehr oder weniger viele Muskelfasern eines Muskels kontrahiert werden. Beim dynamischen Training werden z. B. aufgrund der kürzeren Anspannungszeit und der sich durch den Bewegungsablauf dauernd verändernden Winkelstellung nicht alle Muskelfasern eines Muskels innerviert bzw. nicht ausreichend lange kontrahiert: Die maximale Anspannungszeit wird nur für Sekunden oder Sekundenbruchteile erreicht, so daß bei einem Training von ein bis zwei Stunden Dauer die einzelnen Muskelgruppen nur wenige Minuten lang einer hohen Spannungsentwicklung ausgesetzt sind (STOBOY 1973, 151). Die Folge ist eine verringerte Muskelquerschnittszuwachsrate.

5.3.4 Standardübungen beim Krafttraining — Variationsmöglichkeiten und Problempunkte dargestellt am Beispiel von Bauch- und Rückenmuskulaturübungen

1. Bauchmuskelübungen:

Die Bauchmuskelübungen lassen sich je nach Ausführung in verschiedene Gruppen einteilen:

1.1 Rumpfbeugen vorwärts

— ohne und mit Rumpfdrehung (→ schräge Bauchmuskulatur)
— ohne und mit Zusatzlasten (je nach Trainingszustand)
— aus dem Hang, der abwärts geneigten Schrägrückenlage, der Rückenlage, der aufwärts geneigten Schrägrückenlage

Kommentar: Die Belastung und der Bereich der trainierten Bauchmuskeln ändert sich durch das Verlegen der Bewegungsebene. Beispiel:

Beim Aufrichten aus liegender Position in Rückenlage (Rumpfbeuge) ist ein Bewegungsumfang des Oberkörpers von fast 180° möglich. Der wirksame Belastungsbereich für die Bauchmuskulatur als Antrieb dieser Bewegung umfaßt jedoch höchstens 60%, also nur $1/3$ der 180°.

Nach der größten Belastung (größtes Drehmoment) am Anfang der Bewegung wird diese, aufgrund der immer kleiner werdenden Drehmomente, immer geringer (vgl. *Abb. 72*). Liegt eine entsprechende Dehnfähigkeit der Rückenmuskulatur vor, ist nach Überwindung der 90°-Position des Oberkörpers überhaupt keine Belastung für die Bauchmuskulatur mehr gegeben, da eine weitere Bewegung des Oberkörpers nach vorne aufgrund der Schwerkrafteinwirkung erfolgt.

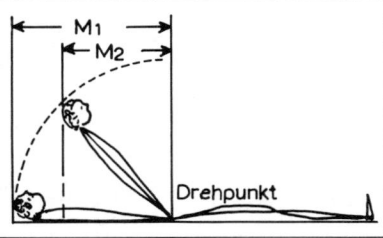

Abb. 72 Geringere Belastung der Bauchmuskulatur durch abnehmendes Drehmoment beim Aufrichten des Oberkörpers

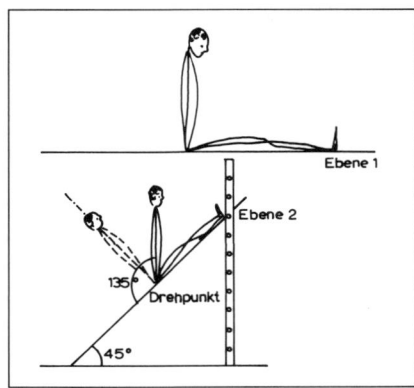

Abb. 73 Verlängerung des wirksamen Belastungsbereiches der Bauchmuskulatur durch Verlegung der Bewegungsebene

Wird die Bewegungsebene beim Rumpfbeugen nun z. B. um 45° verlegt (durch Ausführung der Übung auf einem Bauchmuskelbrett), verändert sich die Bewegungsamplitude des Oberkörpers von 180° nicht, aber der wirksame Belastungsbereich wird um 45° verlängert, da die Schwerkrafteinwirkung jetzt erst bei 135° erfolgt (vgl. *Abb. 73*).

Allerdings geht die Verlängerung des wirksamen Belastungsbereiches auf Kosten einer geringeren Anfangsbelastung der Bauchmuskulatur, da sich durch die Schräglage ein kleineres Anfangsdrehmoment und somit auch eine geringere Belastung ergeben (vgl. *Abb. 74*).

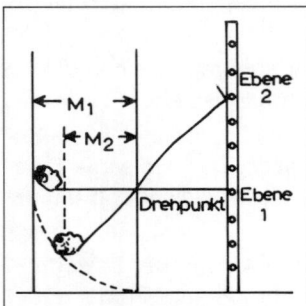

Abb. 74   Verkleinerung des Anfangsdrehmomentes durch Verlegung der Bewegungsebene

Je größer die Schräglage, desto geringer wird in diesem Falle die Anfangsbelastung. Am Beispiel Rumpfbeuge wird durch die Verlegung der Bewegungsebene nicht nur der Belastungsbereich verlängert, sondern auch verändert. Im Gegensatz zur Rumpfbeuge im Liegen aus flacher Position, bei der, bedingt durch das große Anfangsdrehmoment, hauptsächlich der obere Teil der Bauchmuskulatur entsprechend beansprucht wird, verschiebt sich die Beanspruchung bei Ausführung auf dem Bauchmuskelbrett durch Verringerung der Anfangsdrehmomente auf den mittleren Teil der Bauchmuskulatur.

Soll nun auch noch der *untere Teil der Bauchmuskulatur* optimal trainiert bzw. beansprucht werden, muß die Körperlage so verändert werden, daß statt des Oberkörpers nun die Beine unten liegen. Daß beim Aufrichten von Oberkörper und Beinen neben der Bauchmuskulatur auch noch andere Muskeln beteiligt sind, ist für die Thematik ohne Bedeutung (Text und verkleinerte Abbildungen wurden entnommen aus: EHLENZ/GROSSER/ZIMMERMANN: Krafttraining. BLV Verlag: München/Wien/Zürich 1983, 51—53).

— mit gestreckten Beinen, mit Hüft- und Kniebeugung, mit Hüftbeugung und Kniestreckung

Kommentar: Da bei den sogenannten „Bauchmuskelübungen" stets auch die Hüftbeuger mit beteiligt sind (m. iliopsoas, m. rectus femoris, m. tensor fasciae latae) versucht man durch die Hüftbeugung die Hüftbeuger soweit wie möglich zu entspannen und damit die Bauchmuskeln vermehrt zu belasten.

1.2 Beine heben (bei fixiertem Rumpf) im Langhang/am Schrägbrett

Im Gegensatz zu den Rumpfhebeübungen — hier wird v. a. der obere Anteil der Bauchmuskeln trainiert — beanspruchen die Beinhebemuskeln v. a. den unteren Teil.

Kommentar: Bei dieser Bewegungsausführung leisten die Bauchmuskeln statische Haltearbeit, die Hüftbeuger verkürzen sich dynamisch.

1.3 Kombinationsübungen

Beim ,,Klappmesser" erfolgt sowohl ein Heben des Rumpfes als auch der Beine — sowohl Bauchmuskeln als auch Hüftbeuger werden dynamisch kontrahiert.

Kommentar: Bei der Übung ,,Schwebesitz — Beinspreizen/-scheren" liegt die statische Variante (Schwebesitz) bzw. die statisch-dynamische vor (die Bauchmuskeln leisten statische Haltearbeit, die Hüftbeuger v. a. dynamische Kontraktionsarbeit).

1.4 Rumpfbeugen seitwärts (Beine fixiert)

Kommentar: Vorzügliche Schulung der schrägen Bauchmuskeln, aber auch des m. rectus abdominis der Beugeseite bzw. des m. transversus. Auffällig: Rechtshänder schaffen es leichter nach links aufzubiegen, Linkshänder nach rechts (= gewohnte bzw. trainierte Seite)

1.5 Beine heben seitwärts (Rumpf fixiert)

Kommentar: Im Hüftbereich werden v. a. die Abduktoren geschult, im Rumpfbereich der m. erector trunci der Beugeseite.

Zusammenfassend läßt sich zu den *Bauchmuskelübungen* sagen:
— hohe Variationsmöglichkeiten: Was will ich erreichen? → entsprechende Übung
— Bauchmuskelübungen mit überwiegend statischer Arbeit führen verstärkt zu Preßatmung und hohen Blutdruckwerten → es sollten daher dynamische Formen bevorzugt werden bzw. der rasche Wechsel Anspannung/Entspannung sollte gewährleistet sein.
— Für bauchmuskelschwache Schüler sollten Übungen ausgewählt werden, die bei Bewegungsbeginn bzw. zum Zeitpunkt der höchsten Belastung nicht zu einer erhöhten Dehnung der Bauchmuskeln bzw. zu einer verstärkten Kontraktion der Rückenmuskeln (Hyperlordosierung) führen:
  Beachte: Kopf zur Brust, mit Rundrücken arbeiten! Beine anhocken!

2. Rückenmuskelübungen

Die Schulung der Rückenmuskulatur ist mit ganz besonderer Sorgfalt durchzuführen, da hierbei aus biomechanischer Sicht erhebliche Schädigungsmöglichkeiten bestehen.

Um die Folgen einer falschen Hebetechnik zu verdeutlichen, sei auf *Abbildung 75* verwiesen.

Die Abbildung läßt erkennen, daß eine fehlerhafte Technik mit einer ungewöhnlich hohen Belastung der Wirbelsäule verbunden ist.

Verdeutlicht wird dies auch durch das nachfolgende Beispiel: Ein 10 kg schweres Gewicht am ausgestreckten Arm (in aufrechter Körperhaltung) gehalten, erzeugt aufgrund des langen Lastarmes im Lendenwirbelsäulenbereich eine Bandscheibenbelastung von 298 kg (s. BERGER 1965, 1086)!

> Auf eine richtige Technik bzw. eine Entlastung der Wirbelsäule ist vor allem bei den jugendlichen Sportlern zu achten, da in der Wachstumsphase ein erhöhtes Schadensrisiko über eine verringerte Belastungsfähigkeit vorliegt (s. S. 34 ff.).

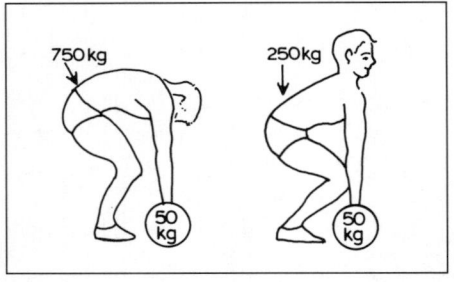

Abb. 75 Belastung der Lendenwirbelsäule bei unterschiedlicher Rumpf- und Beinstellung (in Anlehnung an FRITZSCHE 1974, 621) (nach WEINECK: 1984[4])

2.1 Aufbiegen rückwärts (Beine fixiert)
— ohne und mit Rumpfdrehung
— ohne und mit Zusatzlasten
— aus vorhergehender Rumpfbeugung bzw. Streckung

Kommentar: Bei der Rückenmuskelschulung ist eine Hyperlordosierung zu vermeiden, da es hierbei zu einer Überlastungssituation kommen kann.

Wie *Abbildung 76* zeigt, kommt es bei normaler Extension nur zu einer Drehung um den Drehpunkt F, der innerhalb der Bandscheibe liegt. Bei starker *Hyperextension* — wie dies z. B. bei einem turnerischen Bogengang der Fall ist — hingegen wird der Drehpunkt außerhalb der Bandscheibe verlagert und befindet sich nun im Bereich der kleinen Wirbelgelenke. In diesem Zustand ist die Bandscheibe nicht mehr in der Lage, axiale Kräfte zu übertragen, und demzufolge muß die ganze Axialkraft allein durch die Kontaktstelle der Gelenkflächen der kleinen Wirbelgelenke aufgefangen werden.

Eine Verschärfung der oben beschriebenen Überlastungssituation findet noch dadurch statt, daß — bedingt durch die dorsale Verlegung des Drehpunktes F und den dabei verkürzten Hebelarm des *M. erector spinae* (Rückenstrecker) —, größere Axialkräfte auftreten müssen, um diesen Abschnitt im Gleichgewicht zu halten (JACOB/SUEZAWA. In HACKENBROCH et al. 1983, 91/92).

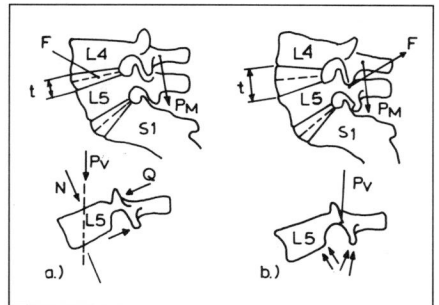 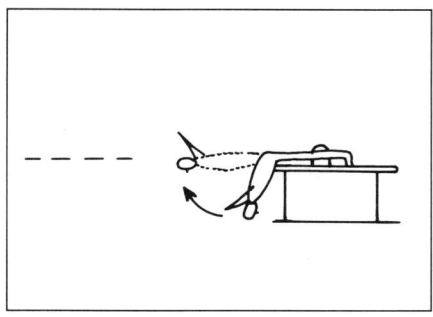

Abb. 76   *Abb. 77*

Abb. 76 Die Belastung der kleinen Wirbelgelenke des Wirbelbogens in Hyperexten-sion; a) Extension im Normalbereich; b) Hyperextension (nach JACOB/SUEZAWA, in HACKENBROCH et al. 1983, 91) (nach WEINECK 1986, 316/317)

Abb. 77 Richtige Rückenmuskelübung

Die Rückenmuskelübungen sollten *aus vorheriger Hüftbeugung (Abb. 77)* und dann nur bis zur Rückenstreckung führen.

Um den oberen Bereich der Rückenmuskulatur zu schulen, genügt bereits ein In-den-Nacken-nehmen des Kopfes/sanftes Schulterheben.

Das Aufbiegen rückwärts *aus der Bauchlage* führt häufig zu einer Hyperlordo-sierung, was v. a. für Kinder mit bereits vorliegender Lendenlordose ungünstig ist.

2.2 Heben der Beine aus der Bauchlage (Rumpf fixiert)

Kommentar: Hierbei wird nicht nur die Hüftstreckmuskulatur, sondern auch v. a. der untere Teil der Rückenmuskulatur gekräftigt.

Schlußbemerkung: Nicht alle Übungen, die gemacht werden bzw. die möglich sind, sind unbedingt gut. Insbesondere beim Training der Rückenmuskulatur sollte auf eine technisch saubere Ausführung geachtet werden, v. a. beim Trai-ning mit Zusatzlasten bzw. Hanteltraining.

5.4 Methoden und Inhalte des Beweglichkeitstrainings[*]

Entsprechend den beweglichkeitsbegrenzenden Faktoren unterscheidet man unterschiedliche Methoden und Inhalte zur Steigerung der Flexibilität.

> Die Methode der Wahl ist beim Beweglichkeitstraining die Wiederholungs-arbeit.

---

[*] Vgl. WEINECK 1987, 239 f.

Da die Wirkung einer einzigen bzw. einzelner maximaler Dehnungen für den Trainingseffekt ungenügend ist, empfiehlt es sich, die Zahl der Wiederholungen auf etwa 15, die der Serien auf etwa 3—5 festzulegen.

Die spezifischen Inhalte zur Ausbildung der Beweglichkeit sind Dehnungsübungen und Lockerungsübungen.

Bei den *Dehnungsübungen* handelt es sich dabei um einfache Bewegungen aus der Grund- und Zweckgymnastik, die entsprechend ihrer Anwendung auf bestimmte Muskelgruppen einwirken. Bei den *Lockerungsübungen* werden die Muskeln in den Übungspausen ausgeschüttelt und gelockert und somit in einen optimalen Entspannungszustand übergeführt.

In der Sportpraxis unterscheidet man verschiedene Dehnungsmethoden bzw. -techniken und -übungen. Sie lassen sich im wesentlichen in drei Hauptgruppen untergliedern.

5.4.1 Die aktive Dehnungsmethode

Die aktive Dehnungsmethode beinhaltet gymnastische Übungen, die mittels Federn und Schwingen die normalen Grenzen der Gelenksbeweglichkeit erweitern. Sie lassen sich in aktiv-dynamische und aktiv-statische Dehnungsübungen unterteilen.

Bei den *aktiv-dynamischen Dehnungsübungen* (den sogenannten ,,Ballistics'') erfolgt die Dehnungsarbeit über mehrfach wiederholte federnde Bewegungen. Bei den *aktiv-statischen* kontrahieren sich die Antagonisten der zu dehnenden Muskeln isometrisch in der finalen Dehnungsstellung (= Halten der Endstellung). Dieser Fixierung in der Endstellung können drei bis vier schwingende Bewegungen vorausgehen (Federn und Halten = ,,Ballistic and Hold''). Nach DORDEL (1975, 44) hat die aktiv-statische Dehnung den geringeren Effekt, weil die Antagonisten der durch Dehnung gespannten Beugemuskeln durchweg nicht die isometrische Kraft aufbringen können, die für eine reizwirksame Längenänderung des zu dehnenden Muskels nötig ist. Die aktiv-dynamische Arbeitsweise hingegen setzt über die erzeugten Schwungkräfte stärkere Dehnungsreize und ist somit übungsintensiver.

Der Vorteil der aktiven Dehnungsübungen liegt darin begründet, daß die Dehnung bestimmter Muskelgruppen durch die aktive Kontraktion ihrer Antagonisten erfolgt und somit zu deren Kräftigung beiträgt.

Im Sinne der dauerhaften Steigerung der Gelenksbeweglichkeit bzw. der Verletzungsprophylaxe hat diese Methode jedoch auch einige entscheidende Nachteile:

— Die schwunghaften Dehnungsreize der ,,Ballistics'' führen zu einer geringer ausgeprägten und weniger lang anhaltenden erhöhten Dehnungsfähigkeit der Muskulatur, da es hierbei vor allem zu einer kurzfristigen Beeinflussung der elastischen weniger jedoch zu einer anhaltenden Zustandsveränderung der plastischen Komponenten des Muskels kommt.

— Durch die abrupten, schwunghaften und damit nur kurzzeitig einwirkenden Dehnungsreize kommt es zur ausgeprägten Auslösung des muskulären Dehnungsreflexes via Muskelspindeln — er ist bei dieser aktiven Art der Dehnung mehr als zweimal so stark wie bei der statischen Stretching-Methode — und damit zu einer Dehnungseinschränkung, die ein nicht zu unterschätzendes Verletzungsrisiko beinhaltet.

5.4.2 Die passive Dehnungsmethode

Die passive Dehnungsmethode beinhaltet Dehnungsübungen, bei denen äußere Kräfte eine Rolle spielen: Über Partnerhilfe o. ä. kommt es zu einer verstärkten Dehnung bestimmter Muskelgruppen, ohne daß deren Antagonisten dabei gekräftigt werden.

Auch die passiven Dehnungsübungen lassen sich unterteilen in dynamische und statische. Bei den passiv-dynamischen Dehnungsübungen kommt es zu einem rhythmischen Wechsel von Erweiterung und Verringerung der Bewegungsamplitude, bei den passiv-statischen wird die maximale Dehnungshaltung einige Sekunden (etwa 5—6) beibehalten.

Die passive Beweglichkeitsschulung stellt bei korrekter Ausführung eine sehr effektive und nützliche Form dar. Bei inadäquater Ausführung (durch zu abruptes oder zu starkes Dehnen) beinhaltet sie jedoch keine geringe Verletzungsgefährdung, vor allem bei der passiv-dynamischen Durchführung, da hier wiederum das Problem der Auslösung des Muskeldehnungsreflexes eine Rolle spielt.

Der Nachteil einer rein passiven Flexibilitätsschulung liegt darin begründet, daß sie im Gegensatz zur aktiven Methode nicht zu einer parallelen Kräftigung der Antagonisten führt und somit für bestimmte Sportarten von geringerem Wert ist.

5.4.3 Die statische Dehnungsmethode (,,Stretching'')

Die Stretchingmethode (engl. to stretch = dehnen) beinhaltet das langsame Einnehmen (innerhalb von ca. 5 s) einer Dehnungsposition und ein nachfolgendes Halten (statischer Anteil) über mindestens 10 bis 60 s.

Im Gegensatz zu den vorhergehenden Methoden bzw. ihren Varianten versucht die Stretchingmethode die Auslösung des Muskeldehnungsreflexes so weit wie möglich zu reduzieren, was das Verletzungsrisiko bei dieser Dehnungstechnik auf ein Minimum verringert.

Bei der Durchführung des Stretching — es gilt heute als die effektivste und verletzungsärmste Methode zur Beweglichmachung bzw. zur Verletzungsprophylaxe (innerhalb der Vorbereitung auf sportliche Belastungen) — sind einige Punkte zu beachten:

- die Steigerung der Beweglichkeit ist ein allmählicher Prozeß, der mehrere Wochen benötigt.
- Dem eigentlichen Stretching sollte eine zumindest fünfminütige Aufwärmarbeit (Warmlaufen) vorausgehen.
- Die Intensität des Stretching sollte im Verlauf der Dehnungsarbeit zunehmen, wobei jede forcierte Dehnung zu vermeiden ist.
- Die leistungsrelevanten Muskelgruppen sollten abwechselnd gedehnt werden.
- Die Dehnungsposition sollte langsam und kontinuierlich eingenommen und mindestens 10 s gehalten werden, da sonst der inverse Dehnungsreflex der Sehnenspindeln (reflektorische Entspannung eines länger gedehnten Muskels über die Eigenhemmung) nicht ausgelöst wird.
- Bei der Dehnung sollte tief und ruhig geatmet werden.

Die detonisierende Wirkung des Stretching wird noch dadurch verstärkt, daß auf eine regelmäßige und ruhige Atmung geachtet wird. Preßatmung oder Atemanhalten — wie es beim üblichen Beweglichkeitstraining vielfach zu beobachten ist — wird beim Stretching völlig vermieden, da es dadurch zu einer nicht erwünschten muskulären Tonuszunahme kommt: Die durch Preßatmung bewirkte Erhöhung des inneren Lungendrucks bei Anspannung verändert über den sogenannten pneumomuskulären Reflex den funktionellen Zustand der Skelettmuskulatur im Sinne eines Spannungs- bzw. Kraftanstieges, der bei Kraftleistungen erwünscht, beim Beweglichkeitstraining jedoch unerwünscht ist.

Zusammenfassend läßt sich feststellen, daß die Stretchingmethode bei richtiger Ausführung die Methode mit der geringsten Verletzungsgefahr ist, die höchsten Beweglichkeitszuwachsraten aufweist und am längsten eine augenblicklich erhöhte Dehnbarkeit der Muskulatur garantiert. Die maximale Dehnbarkeit hält im gedehnten Muskel etwa für 4 Stunden an und gibt damit auch für längere Trainingsbelastungen eine hohe verletzungsprophylaktische Sicherheit.

Nach neuesten Untersuchungen zur Effektivität verschiedener Dehntechniken (WYDERA u. a. 1991) muß jedoch festgestellt werden, daß die oftmals vorgebrachten Argumente gegenüber der Anwendung dynamischer Dehntechniken kritisch überprüft werden müssen und daß das dynamische Dehnen in der Sportpraxis gleichberechtigt neben anderen Dehntechniken angewandt werden sollte.

6 Ein curricularer Lehrplan für den Sportförderunterricht

Der Begriff curricularer Lehrplan soll die moderne Form der Lehrplangestaltung von den Lehrplänen alten Stils abheben, bei denen ein Lehrer den Unterricht stofforientiert planen und durchführen konnte. Demgegenüber meint curricularer Lehrplan konkrete Unterrichtsplanung, die von begründeten und nachweislich erfüllbaren Lernzielen ausgeht, diesen Lernzielen bestimmte Lerninhalte und Unterrichtsverfahren zuordnet und aufzeigt, wie die Erfüllung der Lernziele durch Lernzielkontrollen überprüft werden kann. In einem curricularen Lehrplan sind die vier Kategorien Lernziele, Lerninhalte, Unterrichtsverfahren und Lernzielkontrollen in einer Art Regelkreis aufeinander abgestimmt, da die Lernzielkontrolle die Erfüllung des Lernziels rückmeldet.

Die Zusammenhänge werden durch die Darstellung des Modells einer unterrichtstheoretischen Sportdidaktik veranschaulicht, dem das Curriculum als didaktisches Problemfeld untergeordnet ist (Abb. 78).

Während sich das unterrichtstheoretische Modell einer Sportdidaktik in einer ersten Ebene (Bedingungsebene) mit den Voraussetzungen des Sportunterrichts auseinandersetzt, werden in der zweiten Ebene (Entscheidungsebene) die wichtigsten Elemente des Sportunterrichts (Zielsetzungen, Lerninhalte, Lehrverfahren und Lehrmedien und die verschiedenen Formen der Unterrichtsorganisation) dargestellt. In einer dritten Ebene (Evaluationsebene) werden die Ergebnisse des Sportunterrichts angesprochen, die nach intensiver Prüfung, wenn notwendig, zu Änderungen im Bereich der ersten und zweiten Ebene führen können. Nachfolgend wird versucht das unterrichtstheoretische Didaktikmodell auf den Sportförderunterricht zu übertragen.

6.1 Bedingungsebene

Bei der Planung des Sportförderunterrichts sind vielfältige äußere und innere Bedingungen zu berücksichtigen (HAUPT, U./RAUSCHEDER, K. 1979, 191).

6.1.1 Innere Bedingungen

Sie stellen für den Sportförderunterricht die individuellen Schwächen der am Unterricht teilnehmenden Schüler dar. Da die Teilnehmer am Sportförderunterricht die unterschiedlichsten Schwächen des Rumpfes und der Füße sowie Organ- und Koordinationsschwächen aufweisen können, ist die Unterrichtsdurchführung recht problematisch. Geeignete Unterrichtsformen müssen deshalb von der Lehrkraft ausgewählt werden. Neben den Schwächen der Schüler

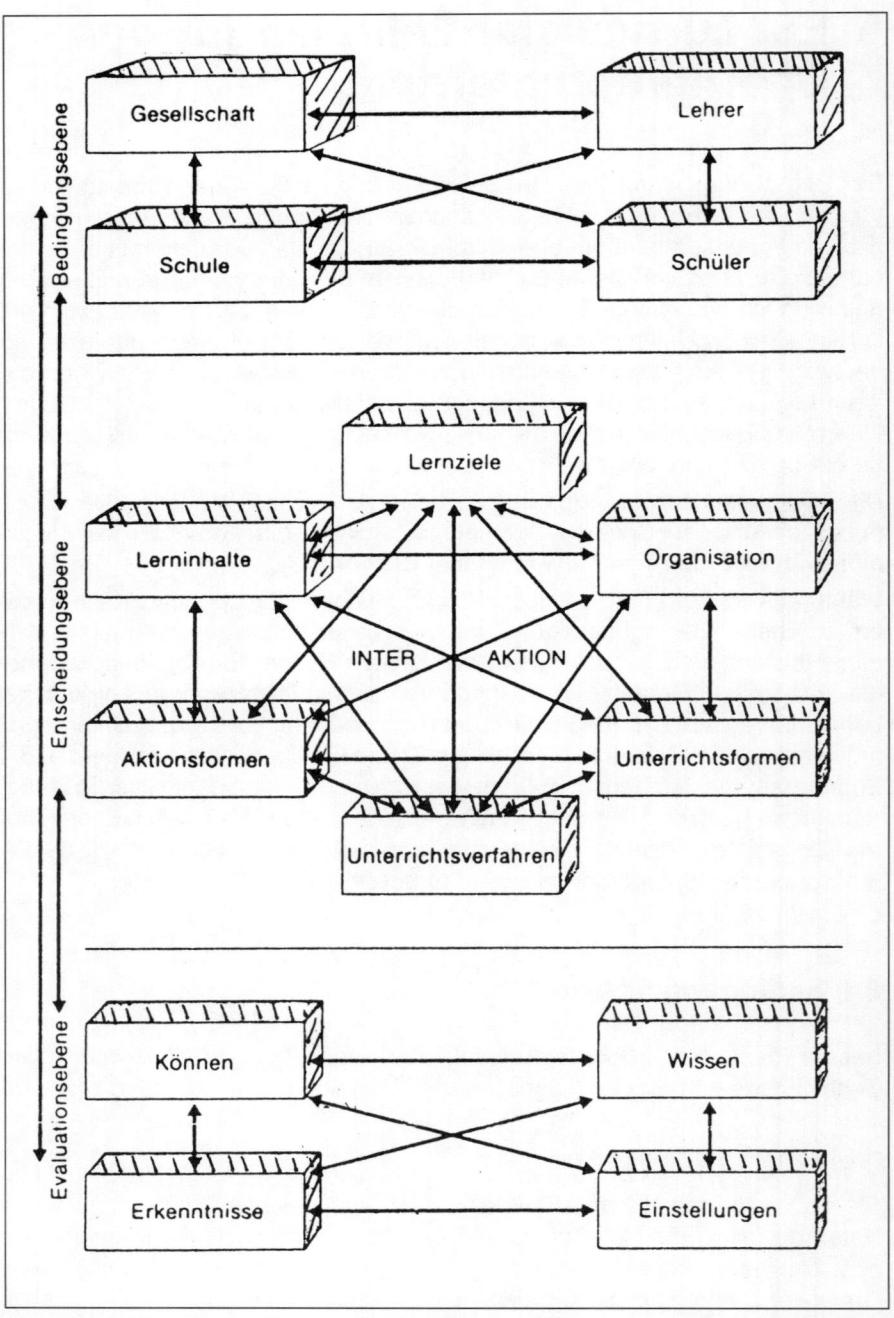

Abb. 78 Modell einer unterrichtstheoretischen Sportdidaktik (GRÖSSING, Frankfurt 1988[5])

130

sind auch deren Entwicklungs- und Leistungsstand sowie deren Interessen und Leistungsbereitschaft, das Geschlecht und die Zahl der Schüler zu berücksichtigen.

6.1.2 Äußere Bedingungen

Sie werden für den Sportförderunterricht von Ministerien, Schulleitungen, Lehrern und Eltern geprägt (RUSCH 1983[2]).

Welche Rahmenbedingungen den Sportförderunterricht in Bayern beeinflussen, ist aus nachfolgender Abbildung ersichtlich.

Staatsministerium für Unterricht und Kultus ━━━━━▶
Staatsministerium für Arbeit und Sozialordnung ━━━━▶
Staatsministerium des Inneren ━━━━━▶ Sport-
Elternvereinigungen ━━━━━▶ förder-
Sportlehrerausbildungsstätten ━━━━━▶ unterricht
Gesundheitsorganisationen ━━━━━▶

Das Staatsministerium für Unterricht und Kultus

genehmigt den Sportförderunterricht als Unterrichtsfach, es erstellt die Ausbildungs- und Prüfungsrichtlinien sowie den curricularen Lehrplan und ist für die Aus- und Weiterbildung der Lehrer im Fach Sportförderunterricht verantwortlich. Das Kultusministerium kann durch Weisungen an die Schulleitungen Einfluß nehmen auf die Durchführung des Sportförderunterrichts, auf die Bereitstellung von Übungsstätten und die Ausstattung der Schulen mit spezifischen Übungsgeräten.

Die Voraussetzungen für die Durchführung des Sportförderunterrichts sind in Bayern geregelt durch:

● Die Ausweisung des Sportförderunterrichts als Wahlfach in den Schulordnungen (VS: § 9 VSO, RS: RSO/Stundentafel) VSO, RS. in der Stundentafel und durch KMS vom 29. Dez. 1983 Nr. VI/6 — 8/154 935 an die Gymnasien;

● einem curricularen Lehrplan für den Sportförderunterricht (KMBl I 1978 So Nr. 7) Vorschlag für einen neuen Lehrplan s. Anhang;

● einem Kommentar zum Lehrplan für den Sportförderunterricht;

● eine Ausbildungs- und Prüfungsordnung s. Anhang;

● durch die Fortbildungsmöglichkeit im Sportförderunterricht für hauptamtliche Lehrer an Schulen im Rahmen der staatlichen Lehrerfortbildung für den Sportunterricht, organisiert durch die Bayerische Landesstelle für den Schulsport.

Der Stellenwert des Sportförderunterrichts hängt ab vom Stellenwert, den der Sportunterricht in der Öffentlichkeit im allgemeinen und an einer Schule im besonderen einnimmt. Werden die Einflüsse einer gut entwickelten Motorik auf die kognitive, emotionale und soziale Entwicklung der Kinder und die Gefahren des Bewegungsmangels für die Kinder von Eltern und Erziehern erkannt und von Eltern und Lehrerverbänden und Schulleitungen als wichtiges Problem anerkannt, dann können eigentlich nur noch organisatorische Probleme die Durchführung des Sportförderunterrichts erschweren.

Die Durchführung des Sportförderunterrichts bedarf *keiner* gesonderten Genehmigung und kann abgehalten werden, wenn

- eine qualifizierte Lehrkraft für den Sportförderunterricht zur Verfügung steht,
- mindestens 12, jedoch nicht mehr als 20 (vom Schularzt als förderungsbedürftige) Schüler für den Sportförderunterricht gefunden werden,
- Eltern ihr Einverständnis für die Teilnahme ihres Kindes am Sportförderunterricht geben,
- Lehrer, Übungszeiten und Übungsräume sowie fachspezifische Geräte verfügbar sind.

Das Staatsministerium für Arbeit und Sozialordnung

ist für die Ausbildung der Schulärzte und die Durchführung der Schulgesundheitsuntersuchungen verantwortlich. Von dieser Institution hängt es ab, ob die Gesundheitserziehung in den Schulen ernst genommen wird (z. B. Pausenhofverkauf, Rauchen) und ob für die obligatorischen Schulgesundheitsuntersuchungen die Schulärzte auch mit ausreichenden Informationen zur Feststellung von Haltungs-, Organleistungs- und Koordinationsschwächen ausgestattet werden.

Um eine effektive Gesundheitserziehung in der Schule zu erreichen, ist eine Zusammenarbeit beider Ministerien unbedingt erforderlich. Sie kann durch einen engagierten Einsatz der Eltern, vertreten durch Elternbeiräte und Elternverbände sowie von den am Anfang genannten Landesarbeitsgemeinschaften zur Haltungs- und Gesundheitserziehung unterstützt werden. Nicht selten kann Sportförderunterricht an einer Schule erst durch die massive Fürsprache von Eltern eingerichtet werden.

Weitere Faktoren, die die Ein- und Durchführung des Sportförderunterrichts beeinflussen, werden nachfolgend aufgezeigt.

Einstellung der Eltern

Eine positive Einstellung der Eltern zum Sportunterricht im allgemeinen und zu einem Sportförderunterricht im besonderen ist notwendig, weil leistungsschwache Schüler erst nach einer Einverständniserklärung der Eltern an diesem Unterricht verpflichtlich teilnehmen müssen. Es ist zu beklagen, daß Eltern eher den Leistungsdruck der Schule, den numerus clausus und die Arbeitsmarktsituation vor Augen haben und an der intellektuellen Entwicklung ihrer Kinder mehr Interesse haben als an der körperlichen. Eine Aufklärung der Eltern über die Bedeutung der Bewegung für die Gesundheit ihrer Kinder ist unbedingt notwendig (RUSCH, H.: In: Broschüre des Bayerischen Staatsministeriums für Arbeit und Soziales „Bewegung bedeutet Gesundheit". München 1988).

Zusammensetzung der Teilnehmer am Sportförderunterricht

Die Teilnehmer am Sportförderunterricht können die unterschiedlichsten Schwächen aufweisen. Schüler mit den verschiedenen Haltungsschwächen des Rumpfes oder mit Fußschwächen sollen ebenso wie organleistungs- und koordinationsschwache Schüler im Unterricht betreut werden. Unterrichtsorganisatorische Probleme sind die Folge.

Stundenplanung

Sportförderunterricht sollte sich im Normalfall über ein Jahr, im Höchstfall über zwei Jahre erstrecken. Da auch unter Einbeziehung von Hausaufgaben eine Stunde Sportförderunterricht nicht ausreicht, um positive Änderungen bei den betroffenen Schülern zu erzielen, sollten unbedingt zwei Einzelstunden angeboten werden. Sportförderunterricht sollte nicht in Randstunden, sondern am Vormittag oder am Nachmittag durchgeführt werden. Eine Zusammenfassung von Schülern mehrerer Schulen könnte aus organisatorischen Gründen vertreten werden. Eine Zusammenfassung von Schülern nach einzelnen Schwächen wäre jedoch ein Rückschritt zum von vielen Pädagogen angeprangerten symptomorientierten Schulsonderturnen (VOLCK 1981).

Geräteausstattung der Übungsstätten

Um einen wirkungsvollen Sportunterricht durchführen zu können, sollte die Übungsstätte zumindest mit Sprossenwand und Bänken und die Schwimmhalle mit Schwimmhilfen und Geräten für den Anfängerschwimmunterricht ausgestattet sein. An Kleingeräten sollten Reifen, Gymnastikbälle und Gymnastikseile, Stäbe und Medizinbälle zur Verfügung stehen. Luftballons, Zeitlupenbälle, Tennisringe, Bohnensäckchen, Murmeln, Schwungtuch, Teppichfliesen und Sportkreisel bereichern den Sportförderunterricht.

Qualifizierte Lehrkräfte für den Sportförderunterricht

Die Ausbildung zum Erwerb der Befähigung für das Erteilen des Sportförderunterrichts erfolgt

— für Studenten im Rahmen eines Studienganges für ein Lehramt in Sport an Realschulen (vgl. RPAO vom 6. Juli 1977; § 38, Buchst. B, Abs. 1d) und Gymnasien (vgl. GPO vom 25. Mai 1976; § 52, Buchst. B, Abs. 6.4) und

— für Lehrer, die Sportunterricht erteilen, durch Vorbereitungs- und Prüfungslehrgänge im Rahmen der Lehrerfort- und -weiterbildung.

Grundsätzlich sollte derjenige Lehrer, der Sportförderunterricht erteilt, auch im Basissportunterricht eingesetzt sein. Das kommt beiden, Lehrer und Schüler, zugute; denn beide kennen sich bereits. So sollte der Sportförderunterricht nicht eine gänzlich neue Schul-, bzw. Sondermaßnahme darstellen, sondern eine Art ,,Nachhilfeunterricht" für den Sportunterricht sein, um z. B. leistungsschwache Schüler an das Leistungsniveau des Klassendurchschnitts heranzuführen.

Zudem ist die Kooperation des Sportlehrers mit den übrigen Lehrern erforderlich.

Objektive Feststellung leistungsschwacher Schüler

Die Feststellung leistungsschwacher Schüler kann durch den Schularzt durch Beobachtung und medizinische Tests, durch den Sportlehrer oder die qualifizierte Fachlehrkraft für den Sportförderunterricht durch Beobachtung und sportmotorische Tests sowie durch Beobachtung der Eltern erfolgen. Die Auswahl der Schüler geschieht jedoch in Ermangelung eines objektiven und praktikablen Testinstrumentariums bisher rein subjektiv (s. S. 250).

Zusammenarbeit Sportlehrer, Schularzt, Schulpsychologe

Eine gute Zusammenarbeit zwischen Sportlehrer, Schularzt und Schulpsychologe ist zur Optimierung des Sportförderunterrichts notwendig.

Gemäß der gemeinsamen Bekanntmachung der Bayerischen Staatsministerien des Innern, für Unterricht und Kultus und für Arbeit und Sozialordnung vom 12. Oktober 1983 (KMBl I Nr. 26/1983, Seite 923) hat die Schulgesundheitspflege zum Ziel, gesundheitlichen Störungen vorzubeugen, sie frühzeitig zu erkennen und Wege für deren Behebung aufzuzeigen.

Schulgesundheitspflege erfolgt primär durch

— schulärztliche Untersuchungen und Sprechstunden,

— schulärztliche Gesundheitserziehung z. B. durch Aufklärung in Ernährungs-, Hygiene- und Lebensführungsfragen,

— Erfüllung der nach den Schulgesetzen und den Schulordnungen, dem Gesundheitsamt bzw. dem Schularzt im übrigen obliegenden Aufgaben.

Neben der Feststellung von gesundheitlichen Schwächen, Schäden u. a. und der Beratung von Eltern, Schülern und Lehrern werden — falls erforderlich — Wege zur Förderung der Gesundheit aufgezeigt. Zudem werden Grundinformationen der Schule durch den Schularzt ergänzt. Er ist es letztlich, der in Zusammenarbeit mit den Sportlehrern die Schüler für den Sportförderunterricht vorschlägt.

6.2 Entscheidungsebene

In der zweiten Ebene des Modells werden die Zusammenhänge der einzelnen Unterrichtselemente dargestellt. Lernziele, Lerninhalte, Lehrmethoden und -medien sowie die Unterrichtsorganisation müssen im Sportförderunterricht besondere Berücksichtigung finden. Der zwischen diesen Elementen vermittelnden Funktion der Lehrkräfte kommt hier besondere Bedeutung zu.

6.2.1 Lernziele des Sportförderunterrichts

Je nach dem Grad der Verallgemeinerung, können im Sportförderunterricht Leitziele, Richtziele sowie Grob- und Feinziele unterschieden werden. Diese Lernziele können dem psychomotorischen, emotionalen, sozialen und kognitiven Bereich zugeordnet werden. Spaß und Freude am Sportförderunterricht (emotional-affektiver Bereich) kann zum Beispiel die Verbesserung der motorischen Hauptbeanspruchungsformen bewirken, Sozialisationsbarrieren abbauen helfen und auch die Einsicht in die Notwendigkeit von Ausgleichsprogrammen wecken. Sportförderunterricht kann so einen wichtigen Beitrag zur allgemeinen Gesundheitserziehung in der Schule leisten.

Nachfolgend abgedruckte Lernziele wurden für ein Curriculum Sportförderunterricht im Rahmen des Curriculums Schulsport in Bayern festgelegt (WUTZ, E./SCHWERD, H./RUSCH, H. 1977). Ein Vorschlag für einen neuen Lehrplan für den Sportförderunterricht ist im Anhang abgedruckt.

LEITZIELE
- Verbesserung des allgemeinen Gesundheitszustandes
- Vermittlung von Freude und Interesse an der Bewegung, an Sport und Spiel unter Einbeziehung von Freizeitsportarten, ausgerichtet an den Bedürfnissen und Interessen der Schüler
- Vermittlung von Erfolgserlebnissen, die das Selbstwertgefühl und das Selbstvertrauen steigern und Hemmungen und Zurückhaltung im Sportunterricht abbauen
- Verbesserung der optischen, akustischen, kinästhetischen und taktilen Wahrnehmungsfähigkeit
- Erweiterung des Bewegungsschatzes und der Bewegungserfahrung, Entwicklung von sportmotorischen Fähigkeiten und Fertigkeiten, damit die Schüler an das Leistungsniveau ihrer Jahrgangsstufe herangeführt werden können
- Vermittlung von Qualifikation im sozial-emotionalen Bereich (Beseitigung sozialer Randständigkeit, Verbesserung der Interaktionsfähigkeit)
- Motivation für den Schulsport und zur sportlichen Betätigung auch nach der Schule
- Richtige Auswahl ausgleichender Übungen hinsichtlich der individuellen Ausprägung der festgestellten Haltungs-, Organleistungs-, Koordinations- und Konditionsschwächen sowie der Bewegungshemmungen.
- Aufklärung über die Folgen von Haltungs-, Herz-Kreislauf- und Koordinationsschwächen.

RICHTZIELE
- Verbesserung der Haltung,
- Verbesserung der Organleistungsfähigkeit,
- Verbesserung der Koordinationsfähigkeit,
- Förderung der Fairneß und Kooperation.

GROBZIELE

— Ausgleich der Haltungsschwäche Rundrücken,
— Ausgleich der Haltungsschwäche Hohlrücken,
— Ausgleich der Haltungsschwäche Hohlrundrücken,
— Ausgleich der Haltungsschwäche Seitrücken,
— Ausgleich der Haltungsschwäche Flachrücken,
— Ausgleich von Fußschwächen,
— Ausgleich von Koordinationsschwächen,
— Ausgleich von Organleistungsschwächen,
— Abbau von Angst und Hemmung; Förderung der Kooperationsfähigkeit.

FEINZIELE

— Beim Ausgleich von Haltungsschwächen:
  Beweglichmachung der Gelenke und der Wirbelsäule,
  Dehnung der verkürzten Muskulatur,
  Kräftigung der überdehnten Muskulatur.
— Beim Ausgleich von Koordinationsschwächen durch Geschicklichkeits- und
  Gewandtheitsübungen mit den Schwerpunkten
  Verbesserung der Wahrnehmungsfähigkeit,
  Verbesserung der Anpassungsfähigkeit,
  Verbesserung der Reaktionsfähigkeit,
  Verbesserung der Balancierfähigkeit,
  Verbesserung der Spannungs- und Entspannungsfähigkeit.
— Beim Ausgleich von Organleistungsschwächen:
  Stabilisierung und Kräftigung des Herz-Kreislauf- und Atmungs-Systems,
— Stabilisierung des psychischen Verhaltens

Wie man aus der Übersicht erkennen kann, haben Übungen zur Vorbeugung und zum Ausgleich von Muskelschwächen einen festen Platz im Sportförderunterricht. Sie sollten jedoch im Sportförderunterricht nicht ausschließlich und isoliert zur Anwendung kommen, denn es ist verständlich, daß Kinder an einem pseudokrankengymnastischen Unterricht wenig Interesse haben.

6.2.2 Lerninhalte des Sportförderunterrichts

Der Förderunterricht bezieht alle Formen des Schulsports mit ein, soweit dies organisatorisch möglich und sportmedizinisch sinnvoll ist. Eine einseitige Ausrichtung auf die Gymnastik oder das Spiel ist zu vermeiden. Anregungen aus dem Bewegungs- und Spielleben der Kinder in der Freizeit sind aufzunehmen. Ebenso sollten sportliche Neigungen entwickelt werden, die in die Freizeit hineinwirken.

Die Lehrpläne schreiben nachfolgende Lerninhalte vor:
Übungen zum

— Ausgleich der Haltungsschwäche (Total-)Rundrücken
Ausgleich der Haltungsschwäche Hohlrücken
Ausgleich der Haltungsschwäche Hohlrundrücken
Ausgleich der Haltungsschwäche Flachrücken
Ausgleich der seitlichen Haltungsschwäche
Ausgleich von Fußschwächen
Ausgleich von Organleistungsschwächen
Ausgleich von Koordinationsschwächen
Integration verhaltensauffälliger Schüler.

6.2.2.1 Methoden und Maßnahmen zum Ausgleich von Haltungsschwächen des Rumpfes und der Füße

Wie bereits mehrfach in diesem Buch festgestellt wurde, bewegen sich Kinder und Jugendliche wie auch viele Erwachsene zu wenig. Die Folgen des Bewegungsmangels können neben anderen negativen gesundheitlichen Defiziten Haltungsschwächen sein. In den vergangenen Jahren wurden in Schulen, in Sportvereinen, beim individuellen Fitneßtraining und auch im Sportförderunterricht (dem ehemaligen Schulsonderturnen) gymnastische Übungen angeboten und durchgeführt, die nach heutiger Erkenntnis nicht nur von der Übungsabsicht sinnlos erscheinen, sondern einzelne Körperteile, besonders die Schwachstellen unseres Bewegungsapparates (z. B. Hals- und Lendenwirbelsäule, Knie und Sprunggelenk), zu überlasten drohen. Die Diskussion darüber, welche Übungen nun effektiv, anatomisch und physiologisch und somit funktionell richtig im Bereich der Gymnastik verwendet werden dürfen, führte zu einer starken Verunsicherung der Sportlehrer und Übungsleiter und zu einer umfangreichen Einschränkung des Übungsgutes. Es ist zu hoffen, daß der Sportförderunterricht aufgrund dieser neuen Entwicklung nicht zu einem krankengymnastisch ausgerichteten, funktionsorientierten Unterricht erstarrt und das Pädagogische im Schulsport erneut hintangestellt wird.

Überdies sei darauf hingewiesen, daß in den Reihen der Vertreter der Funktionsgymnastik, der verschiedenen Rückenschulen, der Ärzteschaft und der Krankengymnastik bei weitem keine Einigkeit darüber besteht, welche Übungen nun richtig oder falsch, also schädigend sind (z. B. tiefe Kniebeuge vers. halbe Kniebeuge; Rumpfbeuge vorwärts u. v. a.). Abschließend sei festgestellt, daß negative Auswirkungen unfunktioneller Übungen, die im Sportförderunterricht vermittelt werden, bisher nicht nachgewiesen wurden.

Haltungsschwächen stellen keine Krankheit sondern eine Variante der Durchschnittsleistungsfähigkeit der Muskulatur dar und sind Ausdruck eines Trainingsmangels. Im Abschnitt biologische Grundlagen wurde dargestellt, welche Muskelgruppen bei den verschiedenen Haltungsschwächen verkürzt bzw.

überdehnt und deshalb gedehnt bzw. gekräftigt werden sollten. Die Dehnübungen müssen nach neuen Erkenntnissen jede Form der ballistischen Gymnastik mit Ausführung schwungvoller Bewegungen als bedenklich eingestuft werden (Schnock 1992). Gewarnt wird vor

— einem Zurückschleudern beider Arme in den Schultergelenken, da es zur Verletzung der beugeseitigen Schultermuskulatur kommen kann. Gleichzeitig wird bei dieser Übung vor einer Überstreckung des Kopfes in der Halswirbelsäule gewarnt,

— schwungvollen Dreh- und Überstreckungsbewegungen der Hals- und Lendenwirbelsäule, da die Zwischenwirbelgelenke überlastet und die Dehnungsreflexe der stützenden Nacken- und Rückenmuskulatur ausgelöst werden,

— dem Entengang, bei dem die Muskelansatzzone an der Innenseite des Kniegelenks und der innere Muskel verletzt werden können,

— einer Kniebeuge ab 90 Grad Beugestellung bis zur Hocke, da eine Verletzung der Oberschenkelmuskulatur und des Meniskus erfolgen kann,

— einem Rumpfkreisen im Sand, Kniestand oder Sitz, da eine mehrachsige Wirbelsäulenbewegung zu einer unnötigen Belastung der Lendenwirbelsäule führen kann.

Zu einer Überlastung der Lendenwirbelsäule und Überdehnung der hinteren Rumpfmuskulatur kann es auch bei folgenden Übungen kommen:

● Rumpfdrehbeuge im Stand und Grätschsitz
● Scheibenwischer
● Wippen im Langsitz
● Holzhacken
● Glockenziehen
● Bauchwippe
● Nest
● Doppelwippe
● Rückfedern des Rumpfes oder Beines
● Brücke
● Rumpfdrehbeuge rückwärts
● Hürdensitz mit innen- oder außenrotiertem Bein

Bei allen Kräftigungsübungen für den Rumpf ist ebenfalls darauf zu achten, daß durch Überstreckungen die Lendenwirbelsäule nicht überlastet wird. Bei Übungen zur Kräftigung der Beinmuskulatur sollte ein Gehen auf dem Innen- bzw. Außenkanten vermieden werden. Sprünge aus der tiefen Hocke sollten wegen der Überbelastung des Kniegelenks und der Menisken unterbleiben. Bei Übungen im Stand sollte immer folgende Grundposition eingenommen werden: Füße parallel, dabei Fußspitzen etwas nach außen zeigend, Knie etwas gebeugt, Scheitel zur Decke, Schultern nach hinten unten gerichtet, Spannung der Bauch- und Gesäßmuskulatur.

Bei Übungen im Kniestand sollte immer eine weiche Unterlage verwendet werden. Bei Übungen in der Bauchlage sollte ein kleines Polster und dem Becken ein Absenken der Lendenwirbelsäule verhindern.

Soll der Sportförderunterricht in seinem Bemühen um die Beseitigung von Haltungs- und Fußschwächen erfolgreich sein, dann ist diese Aufgabe nur durch eine entsprechende Übungshäufigkeit und -intensität und ein kind- bzw. jugendgemäßes Übungsangebot zu erreichen. Tägliches Üben wäre optimal.

Der Sportförderunterricht allein kann diese Aufgabe ohne die Mitarbeit der Schüler und deren Eltern nicht leisten. ,,Trainingshausaufgaben'' und verändertes Freizeitverhalten müssen in die Fördermaßnahmen mit einbezogen werden. Üben in der Gruppe/Familie macht mehr Spaß.

Wichtige methodische Hinweise für die Gestaltung des Übungsprogrammes:
— Auf korrekte Übungsausführung achten.
— Verkürzte Muskeln werden zuerst gedehnt; dann erst erfolgt die Kräftigung der geschwächten bzw. überdehnten Muskelgruppen.
  Der Schulung der Muskulatur geht eine lockernde und entspannende Aufwärmgymnastik voraus.
— Nie gegen den Schmerz üben.
— Die Art der Muskelkontraktion kann isometrisch erfolgen (der Vorteil liegt in der Möglichkeit einer sehr gezielten, spezielle Muskelgruppen erfassenden Anwendung) oder dynamisch (die meist komplexere Übungsausführung beeinhaltet auch wertvolle koordinative Aspekte).
— Statische Übungen (Durchblutungsdrosselung) sollten vor dynamischen Übungen zur Anwendung kommen.
— Manche Übungen, die bei ,,muskulärem Normalbefund'' als Standardübungen zur Verbesserung der Kraft gelten, sind bei haltungsschwachen Kindern oftmals gar nicht oder nur in modifizierter Form verwendbar.
— Haltungsschwache Muskeln sollten schrittweise gekräftigt werden: Kraftausdauerübungen gehen Maximalkraftübungen voraus.
— Die Kraftschulung sollte so weitgehend wie möglich ohne ausgeprägte Preßatmung erfolgen. Die Atmung sollte gleichmäßig sein.

Beachte: Alle Muskelgruppen sollen nicht nur gekräftigt, sondern auch gedehnt werden. Bei ausschließlicher Kontraktionsarbeit mit Einschränkung der Bewegungsamplitude kommt es zu einer Verkürzung der Muskeln mit Abnahme ihrer Sarkomerzahl (Sarkomer = kleinstes muskuläres Einzelelement, das in Serie geschaltet die Länge des Muskels bestimmt).* Alleiniges statisches Training ist demnach abzulehnen.

---

* WILLIAMS/GOLDSPINK 1971, 751 f.

Die Dehnung der Muskulatur erfolgt überwiegend über die *Stretchingmethode* (ausführliche Darstellung in WEINECK 1987, 241 f.), was dynamische Übungsanteile jedoch nicht ausschließt.

Übungen zur Beweglichmachung (Mobilisation) des Schultergürtels

- Heben und Senken der Schultern, gleichseitig oder rechts und links im Wechsel;
- Schulterkreisen mit gestreckten oder angewinkelten Armen, gleichseitig oder rechts und links im Wechsel;
- Arme in Hochhalte, den linken und rechten Arm nach oben strecken, gleich- und wechselseitig;
- Arme in Seithalte, Arm- und Schulterrollen vor- und rückwärts;
- Arme in Seithalte, Arme heben und senken;
- Kraulbewegungen mit einem Arm ausführen;
- Langsames Kreisen eines (beider) Arme(s);
- Arme in Seithalte nach hinten oben führen;
- Arme wechselseitig nach vorne und hinten pendeln;
- Partner 1 und 2 schütteln sich in Gegenüberstellung gegenseitig die Arme aus;
- Partner 1 und 2 stehen Rücken an Rücken, Arme in Seithalte mit Handfassung. Langsames Armkreisen;
- Hängen an der Sprossenwand oder am Reck;
- In der Bauchlage die seitwärts gestreckten Arme hochführen, Stirn bleibt am Boden.

Übungen zur Beweglichmachung (Mobilisation) der Wirbelsäule

Hinweis:

Die Bewegungen sollen nur im physiologischen Bewegungsausmaß durchgeführt werden, d. h. keine Überdehnung des Muskel-Band- und Gelenkapparates, keine großräumigen Bewegungen mit langem Hebel, keine Verwendung von Gewichten. Genügende Aufwärmung vor der Mobilisation.

Grundposition: Seitgrätschstellung, Füße parallel, Fußspitzen etwas nach außen gerichtet, Scheitel zur Decke, Schultern nach hinten unten gezogen, Knie etwas gebeugt.

- Gute Haltung (= Grundposition) und schlechte Haltung im Wechsel einnehmen;
- Aus schlechter Haltung in Grundposition kommen und dabei Kinn einziehen;
- Grundposition, Kopf zur Seite neigen;
- wie oben, jedoch die linke Hand zieht den Kopf zur Seite und der rechte Arm zieht zum Boden;

- Grundposition, Kinn am Brustbein, Kopf Wirbel für Wirbel aufrichten;
- Grundposition, Oberkörper gebeugt, Oberkörper Wirbel für Wirbel aufrichten;
- Grundposition, Arme über dem Kopf verschränkt. Rumpfseitbeugen. Die linke Hand zieht am Ellbogen und verstärkt die Seitbeuge. Keine Rotation um die Längsachse;
- Grundposition, Arme in Hochhalte, Rumpfbeugen seitwärts, Bauch- und Gesäßmuskeln angespannt
- Grundposition, Hände im Hüftstütz, Becken nach vorne und hinten kippen;
- Wie oben, jedoch im Sitzen auf der Bank oder im Fersensitz oder in der Rückenlage;
- Grundposition, linke bzw. rechte Hüfte nach oben ziehen;
- Im Vierfüßlerstand Katzenbuckel und Pferderücken im Wechsel, evtl. Wirbelsäule nur bis zur Geraden senken;
- Grundposition Drehen des Oberkörpers geführt nach links und rechts, Arme in Hochhalte; auch im Schneidersitz, Lendenwirbelsäule gerade halten;
- Rückenlage, Beine angewinkelt seitlich gelegen, Hände hinter dem Kopf verschränkt, Ellbogen und Schultern am Boden;
- Rückenlage, ein Bein gestreckt, das andere gebeugt über das gestreckte Bein zum Boden führen.

Übungen zur Dehnung der vorderen Rumpfmuskulatur

- Stand, Arme über Kopf, Handflächen aneinandergelegt. Arme nach hinten oben ziehen;
- Grätschstand, Arme in Seithalte nach hinten oben drücken;
- Rückenlage, Beine angewinkelt; Fußsohlen am Boden; Kinn an der Brust; Arme, die neben dem Körper liegen, abwechselnd gestreckt in Schulterbreite soweit wie möglich zurückführen. Die Lendenwirbelsäule hat Bodenkontakt;
- Wie oben, jedoch mit beiden Armen gleichzeitig;
- Bauchlage, Gesäß anspannen, Stirn am Boden, mit den Händen Rumpf nach vorne ziehen;
- Wie oben, jedoch Arme etwas vom Boden abheben;
- Knieliegestütz, Arme bis zur Tiefkriechstellung (Rutschhalten) nach vorne schieben, dann Rumpf nach unten drücken. Kopf bleibt zwischen den Armen;
- Wie oben, jedoch abwechselnd linke und rechte Schulter nach unten drücken;
- Knieliegestütz, Gesäß zu den Fersen führen, Hände bleiben am Ort;
- Schneidersitz mit geradem Rücken, Hände mit Flechtgriff über den Kopf nach oben schieben;
- Sitz oder Standbeine angewinkelt, die verschränkten Arme nach hinten oben über den Kopf ziehen;

- Sitz oder Stand, Arme in Nackenhalte, Ellbogen nach hinten oben führen;
- Grätschstand etwa ein Meter vor der Sprossenwand, Knie gebeugt, Kniewinkel größer als 90°, Hände in Schulterbreite und Schulterhöhe an einer Sprosse fixiert. Bei geradem Rücken leichtes Kniebeugen;
- Grätschstand vor der Sprossenwand, Hände fassen bei gestreckten Armen und rechtwinkelig gebeugtem Oberkörper in Schulterbreite eine Sprosse. Oberkörper nach unten drücken;
- Stand mit dem Rücken zur Sprossenwand, ein Arm in Schulterhöhe an einer Sprosse fixiert, Körper vom Arm wegdrehen;
- Stand, ein Arm greift zu den Schulterblättern, mit der anderen Hand den Ellbogen nach unten drücken;
- Partner 1 im Langsitz, Arme in Nackenhalte, P 2 zieht die Arme von P 1 nach hinten oben;
- P 1 in Bauchlage, P 2 faßt die gestreckten Arme von P 1 und zieht sie zu seiner Hüfte. Stirn von P 1 bleibt am Boden.

Übungen zur Kräftigung der überdehnten Rücken-, Gesäß-, Schultergürtel- und hinteren Oberschenkelmuskulatur

- Auf allen vieren am Boden schleichen;
- In der Bauchlage sich mit den Händen nach vorne ziehen;
- Im Knieliegestütz Arme beugen und strecken; auch mit breiterer Armstellung;
- Im Knieliegestütz Körperwelle ausführen, der Kopf wird dabei ganz nahe am Boden geführt;
- Schattenboxen;
- Rückenlage, Arme abgewinkelt in Seithalte, Ellbogen fest auf den Boden drücken und Schulterblätter zusammenführen;
- Im Liegestütz vorlings Wechselspringen;
- Im Liegestütz rücklings, ein Bein oder beide Beine anhocken;
- Aus dem Sitz mit angewinkelten Beinen, Gesäß zur Waagrechten heben. Auch mit Streckung eines Beines;
- Wie oben, jedoch auf allen vieren vorwärts, rückwärts, seitwärts gehen;
- Aus der Bauchlage, Stirn am Boden, die zur Seite gestreckten Arme vom Boden abheben; auch mit Abheben der Arme, Kopf zwischen den Armen. Auch in Partnerform mit Handfassung gegenüber;
- Aus dem Kniestand einen oder beide Arme vom Boden abheben; Kopf bleibt zwischen den Armen. Auch mit Zusammenklatschen der Hände oder Ausführung einer Brustschwimmbewegung;
- Im Knieliegestütz ein Bein nach hinten wegstrecken. Auch mit Anheben des gegengleichen Armes;
- Bauchlage, Gesäß anspannen, ein oder beide Beine abheben, Zehen anziehen und Ferse nach hinten drücken;

- Rückenlage, Beine hüftbreit angewinkelt. Hüftstreckung durch Heben des Gesäßes. Auch mit Streckung eines Beines;
- P 1 in Bauchlage auf Längskasten, Oberkörper aus dem Hang bis zur Waagrechten heben. Arme vor der Brust oder mit Medizinball an der Brust, P 2 setzt sich auf die Unterschenkel von P 1;
- Bauchlage auf Längskasten mit herabhängenden Beinen. Ein oder beide Beine bis zur Waagrechten heben. Knie sind dabei in der Ausgangsposition gebeugt oder gestreckt. Auch mit Medizinballbelastung;
- Seitenlage. Heben und Senken eines oder beider Beine;
- P 1 Bauchlage, Beine gestreckt. P 1 zieht gegen Wiederstand von P 2 Unterschenkel an.

MEDIZINBALL-STAFFELN

- Königinball: 1 Teilnehmer jeder Mannschaft steht vier Meter vor der Reihe. Er wirft den Ball zum ersten der Reihe, der zurückwirft und sich sofort absetzt. Wenn der letzte der Reihe den Ball bekommt, läuft dieser nach vorne und nimmt den Platz des Zuspielers ein, der sich vorne wieder einreiht. Gewonnen hat die Mannschaft, deren erster Zuspieler zuerst wieder vor der Mannschaft an der Wurflinie steht.
- Die teilnehmenden Mannschaften stehen sich in zwei Hälften geteilt im Abstand von vier Metern gegenüber. Der Erste einer Gruppe wirft den Ball zum ersten der anderen Gruppe und setzt sich ab usw. Die Letzten bleiben stehen. Nachdem diese den Ball abgespielt haben, stehen die Vorletzten wieder auf usw. Sieger ist die Mannschaft, deren erster Spieler zuerst wieder den Ball bekommt.
- Die Mannschaften stehen in Stirnreihe im Grätschstand. Der erste hält einen Ball. Auf Kommando übergibt dieser über Kopf den Ball an den nächsten Spieler usw. Der letzte läuft mit dem Ball nach vorne und übergibt wieder den Ball. Sieger ist die Mannschaft, deren erster Spieler wieder zuerst vor der Reihe steht.
- Die Mannschaften stehen in Reihe im Grätschstand. Der letzte hält einen Ball. Auf Kommando kriecht dieser mit dem Ball zwischen den Beinen seiner Mitspieler durch, reiht sich vorne ein, übergibt den Ball über Kopf nach hinten. Der letzte Spieler kriecht wieder durch usw. Sieger ist die Mannschaft, deren Spieler zuerst die Ausgangsposition erreicht haben.
- Die Mannschaften sitzen in Reihe hinter einer Startlinie. Aufgabe ist es, den Ball im Liegestütz rücklings um ein fünf Meter entferntes Mal zu treiben. Sieger ist die Mannschaft, deren letzter Spieler zuerst wieder über die Startlinie zur Mannschaft zurückkommt. (Auch im Liegestütz rücklings mit dem Ball auf dem Bauch.)
- Die Spieler jeder Mannschaft liegen in Bauchlage nebeneinander. Der erste Spieler hält einen Ball. Auf Kommando dieses Spielers hebt sich die Mannschaft in den Liegestütz, der letzte läßt unter sich den Ball durchrollen,

nimmt dann den Ball auf und läuft nach vorne usw. Sieger ist die Mannschaft, deren Spieler zuerst wieder die Ausgangsposition erreicht haben.

- Wie oben, die Spieler befinden sich jedoch in Rückenlage und heben in den Liegestütz rücklings.
- Die Mannschaften liegen in Bauchlage in einer Reihe nebeneinander, Abstand der Spieler doppelte Armlänge. Der erste Spieler hält den Ball neben sich. Auf Kommando hebt er sich in den Liegestütz und rollt den Ball unter sich durch zum nächsten Spieler, der den Ball über seinen Rücken zum nächsten Spieler rollt, der wiederum den Ball unter sich durchrollt usw. Sieger ist die Mannschaft, deren letzter Spieler zuerst den Ball erhält.

Übungen zur Kräftigung der Bauchmuskulatur

- Rückenlage, Bauchmuskeln anspannen, die Lendenwirbelsäule hat dabei Bodenkontakt;
- Aus der Rückenlage Aufrollen des Oberkörpers bis zur Lendenwirbelsäule. Handflächen schieben nach vorne oder sind vor der Brust gekreuzt;
- Wie oben, jedoch einem angewinkelten Bein, das auf die Fußsohle gestellt wird;
- Aus Rückenlage ein oder beide angewinkelten Beine anheben und dabei aufrollen bis zur Lendenwirbelsäule. Auch mit Stütz der angewinkelten Beine an die Wand oder auf Kastenteil;
- Rückenlage, beide Beine angewinkelt auf die Fußsohle gestellt. Langsames Aufrollen bis zur Lendenwirbelsäule, die Hände schieben neben den Oberschenkeln nach vorne. Auch mit Zug der Hände zuerst zum linken und dann zum rechten Knie (schräge Bauchmuskulatur);
- Rückenlage, ein oder beide Beine rechtwinklig angehoben, aufrollen bis Ellbogen ein Knie berührt;
- Rückenlage, gebeugte Beine und Rumpf gleichzeitig heben;
- P 1 Rückenlage, Beine gestreckt an den Schultern von P 2. P 2 umfaßt Knie von P 1, der den Oberkörper aufrollt;
- Rückenlage, Beine angehockt über einen Medizinball heben;
- P 1 und P 2 Rückenlage, Beine angewinkelt. P 1 klemmt einen Medizinball zwischen den Beinen fest, rollt auf und übergibt ihn in die nach oben gestreckten Hände von P 2;
- Wie oben, jedoch übernimmt P 2 den Ball mit den Beinen. Anschließend rollen beide Partner in die Ausgangslage zurück. Mehrere Übungswiederholungen;
- P 1 wirft einen Medizinball zu P 2, der den Ball mit angehobenen Beinen zu P 1 zurückstößt. P 2 hat mit der Lendenwirbelsäule Bodenkontakt;
- P 1 und P 2 liegen in Rückenlage, Beine rechtwinklig gebeugt, Fußsohlen aneinander. Aufrollen und Medizinball übergeben;

- P 1 Rückenlage, Beine angewinkelt. Aufrollen gegen Widerstand von P 2, der gegen die gestreckten Arme von P 1 drückt. Auch mit schrägem Aufrollen;
- P 1 und P 2 Rückenlage, Beine angewinkelt, Medizinball seitwärts übergeben;
- Hang rücklings an Sprossenwand, Beine anhocken;
- P 1 steht am Kopfende von P 2, der die Fesseln von P 1 faßt und die angewinkelten Beine anhebt.

Übungen zur Dehnung der Rücken-, Gesäß- und hinteren Oberschenkelmuskulatur

- Langsitz, bei geradem Rücken mit den Händen zu den Füßen ziehen;
- Sitz, Beine angewinkelt. Mit den Händen um die Unterschenkel herum zu den Füßen greifen. Auch mit Sitz auf einem Kastenteil;
- Im Grätschstand den Kopf zwischen die gebeugten Knie ziehen;
- Tiefer Hockstand. Vorsicht bei Knieproblemen;
- Einbeinstand, ein Bein mit Ferse auf eine Bank gestellt. Mit den Armen bei geradem Rücken zu den Zehen ziehen;
- Im Schneidersitz, Arme in Nackenhalte, den Rumpf zur Seite führen;
- Langsitz, ein Bein gestreckt, das andere Bein in Kniehöhe über das gestreckte Bein stellen. Mit dem gegengleichen Ellbogen das gebeugte Knie nach außen drücken.

Übungen zur Dehnung des Hüftlendenmuskels

- Rückenlage, ein Bein angewinkelt, das andere mit Griff am Oberschenkel fest an den Oberkörper heranziehen. Langsam das angewinkelte Bein strecken;
- Wie oben, jedoch mit Rückenlage auf Längskasten. Das freie Bein hängt herab;
- Ausfallschritt. Vorderes Bein gebeugt, hinteres gestreckt;
- Wie oben, jedoch gegen einen Kasten.

Übungen zur Dehnung der Fuß- und Beinmuskulatur

- In Bauchlage ein Bein mit gegengleichem Arm zum Gesäß ziehen, das andere Bein nach hinten strecken (Fersenschub);
- Im Einbeinkniestand, den Unterschenkel des knienden Beines nach oben ziehen;
- Rückenlage, Beine angewinkelt. Ein oder beide Beine nach oben strecken;
- Im Langsitz den gestreckten Oberkörper nach vorne ziehen;
- Im Sitz, Fußsohlen gegeneinander gestellt, Knie mit den Ellbogen nach unten drücken;
- Siehe auch Übungen zum Ausgleich von Fußschwächen.

Übungen zur Kräftigung des Hüftlendenmuskels

- Es können alle Übungen zur Kräftigung der Bauchmuskulatur verwendet werden. Die Aufrichtung des Rumpfes muß dann jedoch über die Lendenwirbelsäule hinaus erfolgen;
- Im Sitz, ein Bein gestreckt, das andere gehockt. Das angehockte Bein gegen den Widerstand der Arme zur Brust ziehen;
- P 1 Rückenlage, ein Bein gestreckt, gegen das Bein von P 2 gestellt, das andere Bein angewinkelt. P 2 faßt das angewinkelte Bein von P 1, der es gegen den Widerstand von P 2 anziehen möchte.

Übungen zur Kräftigung der Fuß- und Beinmuskulatur

- P 1 und P 2 sitzen im Grätschsitz gegenüber, Füße ineinandergestellt. Gegen den Partnerwiderstand die Beine öffnen und schließen;
- Halbe Kniebeugen an der Wand;
- Halbe Kniebeugen mit dem Partner;
- Pferdchenlauf. Ein Partner hält den anderen an der Hüfte. Sprünge aus halber Hocke;
- Siehe auch Übungen zum Ausgleich von Fußschwächen.

Übungen zum Ausgleich von Fußschwächen

Die Häufigkeit von Fußschwächen in unserer Zeit wird oft als ein Zivilisationsergebnis angesehen. Daß man sich nicht mit Zivilisationsschäden abfinden muß und mit geeigneten Trainingsprogrammen ein gesunder kräftiger und beweglicher Fuß herangebildet werden kann, zeigen Doppelarmbehinderte (Contergan- und Unfallgeschädigte), bei denen die Füße die Funktion der Hände übernehmen müssen.

Hinweise zur Übungsdurchführung

Das Übungsprogramm, das sich aus Übungen zur Beweglichmachung der Fuß- und Zehengelenke und aus Übungen zur Dehnung der verkürzten und Kräftigung der geschwächten Fußmuskeln zusammensetzt, kann für alle Fußschwächen angewandt werden, da diese, wie schon erwähnt, nicht isoliert auftreten. Nicht nur bei der Durchführung der Übungen, sondern auch im Alltag ist darauf zu achten, daß

1. die Füße immer gerade und parallel aufgesetzt werden,
2. eine X-Bein-Stellung vermieden wird,
3. aktiv und leichtfüßig gegangen, d. h. die Ferse bei jedem Schritt abgehoben wird,
4. das Abrollen des Fußes über den Großzehenstrahl erfolgt,
5. alle Zehen beim Gang beteiligt werden,
6. Barfuß geübt wird.

Harte und laute Aufsprünge vermeiden; nicht auf dem Außenrist oder Innenkanten des Fußes gehen.

Übungen zur Beweglichmachung der Fuß- und Zehengelenke

Im Sitz:

- Zehen fest zusammenkrallen (beugen) und dann besonders die Großzehe weit auseinanderspreizen.
- Fuß mit den Händen durchkneten; Fuß und Zehen in den Gelenken passiv bewegen.
- Füße ein- und auswärts, gleich- und gegensinnig kreisen.

Im Strecksitz:

- Füße im Wechsel anziehen und strecken, gleich- und gegensinnig.
- Fußsohlen gegeneinander schlagen (klatschen).
- Füße einwärts kanten, d. h. heben des Fußinnenrandes und auswärts kanten, d. h. heben des Fußaußenrandes.

Im Hocksitz:

- Fersen ganz nahe am Gesäß am Boden und dann in mindestens 30 cm Entfernung die Fußspitzen am Boden aufsetzen. Diese Übung kann gleichseitig und wechselseitig durchgeführt werden *(Übung 1)*.
- Füße ausschütteln, Hände umfassen den Unterschenkel.

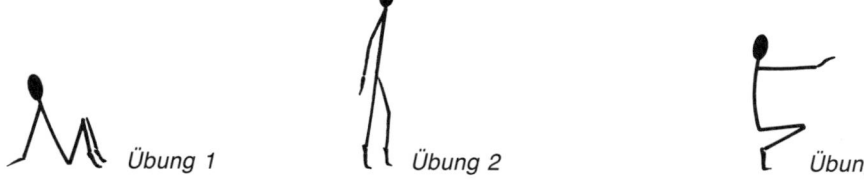

Übung 1   Übung 2   Übung 3

Im Stand:

- Mit den Füßen bestimmte Uhrzeiten anzeigen, z. B. 10 Min. nach elf Uhr, Fersen zusammen und Fußspitzen nach außen.
- Gleichzeitiges Seitwärtsbewegen mit geschlossenen Füßen durch abwechselndes Heben von Fersen und Zehenspitzen. Auch mit wechselseitiger Belastung der Füße.
- Über ein Seil gehen und dabei Großzehen abspreizen, so daß das Seil zwischen Großzehe und zweiter Zehe liegt.
- Greifen von Murmeln, Bleistiften, Seilchen, Zerreißen von Zeitungen.

Übungen zur Dehnung der verkürzten Fußmuskeln

- Aus dem Kniestand in den Fersensitz mit geschlossenen Fersen federn.
- Im Stand Fußspitzen vom Boden abheben *(Übung 2)*.

- Hockstand, Hände stützen neben den Beinen am Boden ab, Knie durchstrecken.
- Aus dem Hochzehenstand fallenlassen in den Sohlenhockstand.
- Wechsel von Hochzehengang und Fersengang.
- Wechsel von Hockgang und Hochzehengang.
- Aus dem Knieliegestütz heben in den Winkelliegestütz und bei gestreckten Knien die Fersen auf den Boden drücken.
- Wechsel von Sohlenhockstand und Fersensitz *(Übung 3)*.
- Wechsel zwischen Hockstütz und Federn auf dem Fußrist.
- Großzehen ineinander verhaken und auseinanderziehen. Diese Übung kann auch mit Hilfe eines Gummiringes oder einem zu einem Ring zusammengebundenen Seil ausgeführt werden.
- Ausfallgehen, dabei Fußrist des hinteren Beines fest auf den Boden drücken.
- Liegestütz vorlings, Fußriste auf den Boden, vorwärts stützeln auf den Armen.

Übungen zur Kräftigung der geschwächten Fußmuskulatur

- Im Stand Heben und Senken der Ferse.
- Im Hochzehenstand einige Zeit verweilen.
- Im Hochzehenstand Fersen zueinander- und auseinanderdrücken.
- Im Hochzehenstand vor- und rückwärts gehen.
- Federn am Ort, einbeinig oder beidbeinig.
- Schlußfederungen am Ort vorwärts, seitwärts, rückwärts auch mit Drehungen.
- Gehen mit betontem *Abrollen* des Fußes, d. h. aktive Fortbewegung mit Hilfe der Unterschenkel- und Fußmuskulatur.
- Im Affengang gehen, d. h. nur die eingekrallten Zehen und die Ferse setzen am Boden auf.
- Hopserlauf.
- Im Stand Raupengang. Die Zehen ziehen den Fuß nach vorne.
- Schrittsprünge mit oder ohne Landung in Schlußstellung.
- Strecksprünge aus der Hocke und weiches Abfangen in der tiefen Hocke.
- Auf einer Linie gehen und die Füße so aufsetzen, daß jeweils die Ferse und die dritte Zehe die Linie berühren.
- Im Stand mit einem Fuß Murmeln, Bleistifte oder Gymnastikseilchen heben, fallenlassen und wieder heben. Nach einiger Zeit Fußwechsel.
- Mit einem Bein auf einem Medizinball oder umgedrehten Sportkreisel balancieren (Partnerhilfe).
- Stand am Mattenrand, der Vorfuß ist auf der Matte, die Ferse befindet sich am Boden, federn in den Hochzehenstand.
- Papierblätter mit den Zehen zusammenfalten und zerreißen.
- Hüpfen am Ort abwechselnd mit dem rechten und dem linken Bein.

- Stützsprünge über eine Bank oder eine schräggestellte Leiter oder an einem Kasten.
- Schlußsprünge auf einen Kastendeckel.
- Seilspringen am Ort und in der Bewegung.
- Über das Seil gehen und dieses jeweils mit Großzehe und zweiter Zehe greifen.
- In das Seil mit den Füßen einen Knoten machen und wieder öffnen.
- Mit den Zehen das Seil zu Figuren und Buchstaben formen.
- Das Seil einem Partner übergeben.
- Das Seil mit den Zehen eines Fußes fassen, am Boden kreisen und mit dem anderen Bein darüberspringen.
- Wechselsprünge am Medizinball, das Körpergewicht liegt auf dem Standbein.
- Einen Fuß unbelastet auf einen Medizinball stellen, auf dem anderen Fuß um den Medizinball hüpfen.
- Im Sitz mit den Fußsohlen von oben und von der Seite auf den Medizinball schlagen.
- Im Sitz den Medizinball zwischen den Füßen rollen.
- Gummihüpfen auf weichem Boden.
- Tiefsprünge. Von einem kniehohen Kastenteil auf eine Matte abspringen und sofort auf einen danebenstehenden Kasten aufspringen.
- An Sprossenwänden und Leitern auf- und absteigen, wobei der Vorfuß aufgesetzt werden muß.
- An Tauen und Kletterstangen klettern.
- Gymnastikball mit dem Fuß auf den Boden prellen.
- Gymnastikball zwischen Fuß und Unterschenkel festklemmen.
- Radfahren, Brust- und Kraulschwimmen, Tanzen.
- Hüpfspiele siehe S. 241 und 242.

Übungsbeispiele für ein kindgemäßes Krafttraining

Organisationsform: *Staffel-* bzw. Stationsbetrieb

1. Wechselhüpfen über die Langbank (beidhändiger Stütz)
Mit zehn Sprüngen (laut mitzählen) vom Anfang zum Ende der Langbank durchspringen.
Muskelgruppe: v. a. Fuß- und Beinstrecker sowie Armstrecker.

2. „Inselspringen" bzw. „Tarzanübung" am hängenden Seil (an den Ringen)
Der Schüler springt von einer Matte zur nächsten; jeweils kurzer Bodenkontakt (Erholung) auf den Matten. Sechsmal hin und her; nach dem sechsten Mal wird das Seil sofort vom nächsten Schüler übernommen *(Übung 4)*.

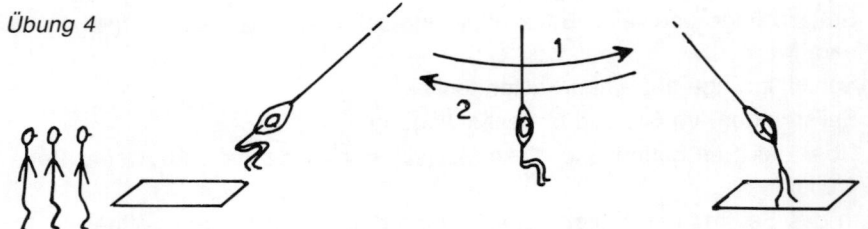

Muskelgruppe: v. a. Armbeuger sowie Schultergürtel- und Bauchmuskeln.

3. „Schubkarrenfahren" (partnerweise)

Partner 1 schiebt, Partner 2 läuft auf den Händen bis zur Umkehrmarke; hier erfolgt der Partnerwechsel mit nachfolgender Rückkehr zum Ausgangspunkt, wo bereits das nächste Paar hinter der Startlinie wartet. Start nach Handschlag der Schubkarrenfahrer. Die Schubkarren werden an den Oberschenkeln gefaßt.

Muskelgruppe: v. a. Armstrecker.

4. Tauziehen

a) die gegnerischen Gruppen starten in Gegenüberstellung/-lage von den Außenlinien und ziehen dann bis zur Entscheidung. Nachteil: u. U. zu lange Zugzeiten (isometrische Anspannung → Preßatmung)

b) als Nummernwettlauf: Der Lehrer ruft eine Nummer auf, wobei nur so lange gezogen wird, bis die Entscheidung gefallen ist, oder die nächste Nummer aufgerufen wird.

Muskelgruppe: Fast die gesamte Rumpf-, obere und untere Extremitätenmuskulatur!

5. „Spaghetti aufräumen"

Die Schüler sind barfuß (sollte organisatorisch also an das Ende gelegt werden oder von einer weiteren „Barfußübung" gefolgt werden). Auf Pfiff startet der erste zu einem Haufen Sprungseile (= 6 Stück), die sich innerhalb eines Reifens befinden, faßt mit den Zehen ein Seil und trägt es einbein-hüpfend zum zweiten Reifen; bei jedem Seil wird der Fuß gewechselt. Wenn alle Seile im anderen Reifen sind, läuft der „Träger" zu seiner Gruppe zurück und schlägt den nächsten ab (Übung 5).

Muskelgruppe: v. a. Zehenbeuger bzw. Fußsohlenmuskulatur sowie Bein- und Hüftstreckmuskulatur des Sprungbeines.

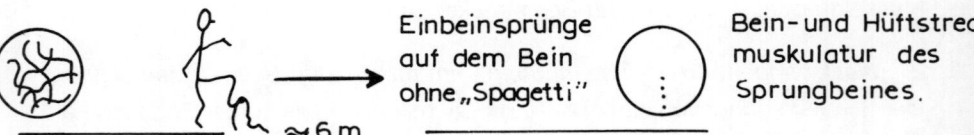

Einbeinsprünge auf dem Bein ohne „Spagetti"   ≈ 6 m   Bein- und Hüftstrec muskulatur des Sprungbeines.

6. Durchstützeln durch die Holmengasse am Barren

Es wird bis jenseits einer Markierung (Kreidestrich etwa 20 cm vor Holmenende) gestützelt, wobei der Markierungsstrich nicht berührt werden darf. Niedersprung und Abschlagen des Folgeläufers.

Beachte: Matten in der Holmengasse als Unfallprophylaxe. Die Holmenhöhe so, daß auch die kleinen bzw. schwächeren Schüler in den Stütz springen können (Sprung in den Stütz *vor* festgelegter Markierung = etwa 20 cm nach Holmenbeginn).

Muskelgruppe: v. a. Armstreckmuskulatur, aber auch vordere und hintere Schultermuskulatur.

7. „Huckepackrennen" (partnerweise)

Partner 1 trägt Partner 2 bis zur Wendemarke; dort Partnerwechsel und Rückkehr zum Ausgangspunkt. Abschlagen des nächsten, bereits bereitstehenden Paares.

Beachte: Paare sollten in etwa gleich groß/schwer sein! Nur kurze Laufstrecke wählen!

Muskelgruppe: v. a. Fuß-, Bein- und Hüftstrecker, aber auch Rumpf- und Armbeugemuskulatur.

8. „Kajak-Einer"

Der Schüler sitzt auf einem Filzquadrat mit angehockten Beinen und schiebt sich mit den Händen vorwärts bis zur Wendemarke und zurück (falls vorhanden, kann auch ein kleines Rollbrett oder Skateboard benützt werden). Der nachfolgende Schüler sitzt bereits auf seinem „Kajak" bereit.

Muskelgruppe: Armstrecker, Fingerflexoren und Bauchmuskeln.

9. „Sackhüpfen"

Der Start erfolgt mit bereits „angelegtem" Sack → beidbeinige Sprünge bis zur Wendemarke und zurück. Der Springer steigt aus dem Sack und der Folgespringer in den Sack etc.

Muskelgruppe: v. a. Fuß-, Bein- und Hüftstrecker.

10. „Flußüberquerung"

Die Schüler wandern an der Stangenwand quer von einer Seite zur anderen (ohne Bodenkontakt). Auf der anderen Seite des „Flusses" erfolgt der Niedersprung = Startsignal für den nächsten Schüler. Welche Gruppe hat zuerst den „Fluß" überquert? (Schwache Schüler können Beine zu Hilfe nehmen.)

Muskelgruppe: v. a. Armbeuger sowie vordere und hintere Schultergürtelmuskulatur.

11. „Bockspringen — unten durchkriechen"

Sprung mit beidhändigem Stütz über den Bock — $1/2$-Drehung und unter dem

Bock hindurchkriechen — wieder über den Bock springen etc. Jeder Schüler springt fünfmal (Gruppe zählt laut mit!).

Beachte: Bock nur so hoch einstellen, daß auch die kleinen bzw. schwächeren Schüler darüberspringen können.

Muskelgruppe: v. a. Fuß-, Bein- und Hüftstrecker sowie Armstrecker.

12. „Streckentauchen"

Der Schüler liegt bäuchlings auf der Langbank (Unterschenkel rechtwinklig, Knie am Bankende) und zieht sich ausschließlich mit den Armen über ein oder zwei Langbänke. Nach dem Erreichen des Langbankendes läuft er zurück und schlägt den nachfolgenden Schüler ab, der bereits auf der Bank liegt etc.

Beachte: Nicht aus dem Anlauf auf die Langbank aufspringen lassen → hohe Verletzungsgefahr!

Muskulatur: v. a. Armbeuger sowie vordere und hintere Schultergürtelmuskulatur.

Punkte, die beachtet werden sollten:

1. Die Gruppengröße bzw. die Zahl der Wiederholungen sollte so gewählt werden, daß einerseits eine ausreichend intensive Belastung, andererseits aber auch eine ausreichend lange Erholungspause gegeben ist. Keine zu langen Wartezeiten!
2. Staffeln sollten so aufeinanderfolgen, daß die belastete Muskulatur in der Folgestaffel abgewechselt wird.
3. Pro Staffel können ein, zwei oder drei Durchgänge gemacht werden.
4. Keine Staffel mit zu langen statischen Haltezeiten → bis ≈7 Sekunden, ansonsten sind Übungen zu bevorzugen, bei denen sich Spannungs- und Entspannungsphasen abwechseln.
5. Keine Staffeln, die verletzungsprovozierend sind.
6. Die Staffeln sollen kindgemäß sein, Spaß machen, aber dennoch eine gezielte Muskelschulung beinhalten.

Aus dem obigen Übungsgut, das beliebig erweitert werden kann, sollten etwa *acht Übungen* ausgewählt werden!

6.2.2.2 Methoden und Inhalte des Ausdauertrainings

Für den Schulbereich eignen sich zur Ausdauerschulung vor allem zwei Methoden, nämlich die *Dauermethode* und die *Intervallmethode*.

DAUERMETHODE

Bei der Dauermethode steht die Verbesserung der aeroben Kapazität (Grundlagenausdauer) im Vordergrund. Für den Schulbereich eignet sich dabei vor allem die extensive (lang und langsam), weniger die intensive Dauermethode.

Da beim extensiven Ausdauertraining vor allem der Fettstoffwechsel energetisch im Vordergrund steht, kann diese Methode (bei paralleler Kalorienreduktion) auch einen Beitrag zum Abbau einer vorliegenden Übergewichtigkeit und der damit verbundenen Langzeitfolgen (s. S. 66) leisten.

> Durchführungsmodalitäten: Langsam, aber über einen längeren Zeitraum bei einer Mindestherzfrequenz von 160 Schlägen pro Minute (der Grundschüler benötigt aufgrund seines kleineren Herzens eine höhere „wirksame" Herzfrequenz als der Erwachsene, bei dem sie bei mindestens 130 liegt; Pulsfrequenz messen). Jeder Schüler sollte versuchen, mindestens so lange zu laufen, wie er alt ist (Min). Beim organleistungsschwachen Schüler ist auf eine ganz allmähliche Anforderungssteigerung (u. U. Laufen mit Gehpausen) sowie auf ein kontinuierliches Lauftempo zu achten (jeder Tempowechsel erhöht den Anteil an anaerober Energiegewinnung und führt zu einer frühzeitigen Ermüdung bzw. zum raschen Belastungsabbruch).

Geeignete Inhalte:
— Wald- und Geländeläufe aller Art
— Minutenläufe (wer schafft 1, 2, 3 etc. Minuten?)
— Minutenläufe nach dem Pyramidensystem (1-2-3-2-1-Minuten-Lauf mit jeweils einer Minute Pause)
— Wer schafft den Ausdauerschein I, II, III? (5, 10, 15 Minuten laufen ohne Gehpause)
— Laufen im Irrgarten (s. Abb. 79a)
— Verkehrsspiel (s. Abb. 79b)
— Dreieckslauf (s. Abb. 79c). Bei dieser Form läßt sich nicht nur eine gute Leistungsdifferenzierung, sondern auch eine gute Schulung des Tempogefühls erreichen: Wer zu schnell läuft, muß trabend auf den Pfiff zum Weiterlaufen warten!

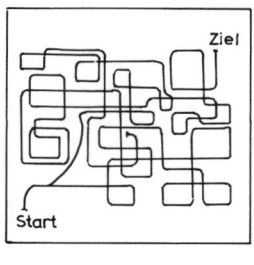 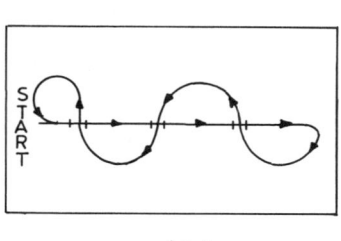 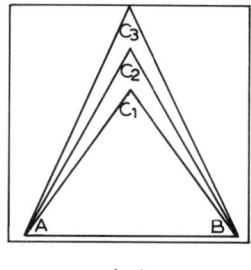

(a)   (b)   (c)

Abb. 79 Spielerische Formen zur Ausdauerschulung. a) Irrgarten, b) Verkehrsspiel (wer von rechts kommt, hat Vorfahrt), c) Dreieckslauf (nach WEINECK 1987, 137/138).

*Kleine Spiele**

- Hüpfender Kreis: Die Kinder stehen in einem Stirnkreis. Der Lehrer steht in der Mitte und zieht ein mit einem Sandsäckchen beschwertes Seil derart im Kreis, daß es sich vom Boden abhebt und die Kinder gezwungen werden, über das Seil zu springen.
- Ringender Kreis: Vier bis sechs Kinder bilden einen Kreis, in dessen Mitte drei Keulen aufgestellt sind. Durch Ziehen und Schieben versuchen die Kinder sich gegenseitig dazuzubringen, die Keulen umzureißen. Das Kind, das eine Keule umgeworfen hat, scheidet nicht aus.
- Seilfangen: Jedes Kind steckt sich ein Seil lose in den Bund der Sporthose, so daß noch 20 cm des Seiles herausschauen. Jedes Kind versucht nun sein Seil zu verteidigen und gleichzeitig den anderen die Seile abzunehmen. Kinder, denen das Seil abgenommen wurde, bekommen die Zusatzaufgabe von Hallenwand zu Hallenwand zu laufen.
- Balltreiben: Zwei Parteien stehen sich am Ende ihres jeweiligen Spielfeldes hinter einer Abwurflinie gegenüber. Ein bis zwei Meter vor der Abwurflinie befindet sich in jedem Feld eine Torlinie. In der Mitte des von den Torlinien gebildeten Feldes liegt ein Hohlball, der durch Zielwürfe (z. B. mit Gymnastikbällen) getroffen und so über die gegnerische Torlinie getrieben werden soll. Ein Tor ist erzielt, wenn der Hohlball die Torlinie überrollt hat.
- Ball unter die Schnur: Zwei Parteien stehen sich in einem Spielfeld, das durch eine Mittellinie getrennt ist, gegenüber. Über der Mittellinie ist in 30 bis 50 cm Höhe eine Zauberschnur gespannt. Ein Ball wird unter der Schnur ins gegnerische Feld gespielt mit dem Ziel, daß er die Seitengrenzen oder die Endlinie passiert.
- Haltet den Korb voll: Der Lehrer hat einen Korb mit möglichst vielen Tennisbällen, die er einzeln in der Halle verteilt. Die Kinder holen die Bälle und tragen sie schnell in den Korb zurück. Der Lehrer kann das Spiel erschweren, indem er andere Positionen in der Halle einnimmt.
  Variation: Zwei Spieler verteilen aus einem Kasten Gymnastikbälle, die von den Mitspielern wieder in den Kasten zurückgebracht werden.
- Haltet die Seiten frei: Zwei Parteien stehen sich in einem Spielfeld gegenüber, das durch eine Mittellinie getrennt ist. Es werden möglichst viele Gymnastikbälle verteilt. Nach einem Startkommando ist es die Aufgabe jeder Partei, ihre Spielfeldhälfte von Bällen freizuhalten. Nach ein bis drei Minuten wird das Spiel beendet. Es gewinnt die Partei, auf deren Feld am wenigsten Bälle gezählt werden.
- Völkerball mit drei Parteien: Ein Spielfeld wird in drei gleichgroße Felder unterteilt. Im mittleren Feld steht die Mannschaft A, in den Außenfeldern die Mannschaften B und C. Wird ein Spieler im Mittelfeld von Spielern der

---

* RUSCH 1983, 108.

Außenfelder abgeworfen, so zählt dies für die werfende Mannschaft einen Punkt. Es können auch die Negativpunkte einer Mannschaft gezählt werden.

Wird von den Mittelfeldspielern der Ball gefangen, so zählt dies nicht als Abwurf. Nach 3, 4 oder 5 Minuten wechseln die Parteien die Felder, nach weiteren 5 Minuten nochmals, so daß jede Partei im Mittelfeld gestanden hat. Die Partei mit den meisten Abwurfpunkten hat gewonnen. Abgeworfene Spieler bleiben im Spiel.

● Beispiel für ein Stationstraining:

Station 1: Hampelmann
Station 2: Medizinball an die Wand werfen
Station 3: Wechselsprünge an einem kniehohen Kastenteil
Station 4: Slalomlauf um vier Stangen
Station 5: Seilspringen
Station 6: unter einer Bank durchkriechen und überspringen

An jeder Station wird eine halbe Minute lang geübt und danach ohne Pause zur nächsten Station gewechselt.

INTERVALLMETHODE

Bei der *Intervallmethode* ist im Kindes- und Jugendalter vor allem die intensive Intervallmethode in der Form der Kurzzeitintervallmethode geeignet: Kurze Läufe im alaktaziden Bereich (ca. 15—25 m) folgen nach kurzer Erholungspause aufeinander. Dabei ist zu beachten, daß die Gruppenstärken so gewählt werden, daß die Pausen nicht zu lange werden (s. S. 156 und 157).

Charakteristisch für die Intervallmethode ist das Prinzip der ,,lohnenden Pause":

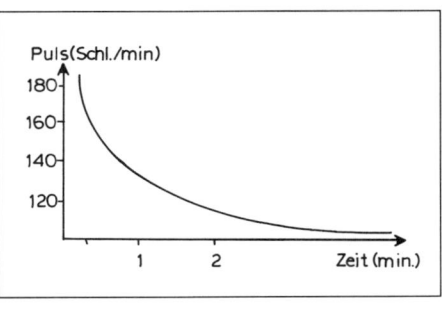

Abb. 80 Das Prinzip der ,,lohnenden Pause", dargestellt am Pulsverhalten nach Belastungsende (nach WEINECK 1987, 114)

Abbildung 80 zeigt, daß nach Belastungsabbruch ein relativ schneller Abfall der Pulsfrequenz erfolgt, wobei das Ausmaß des Abfalls Rückschlüsse auf den Trainingszustand ermöglicht. Da der Abfall logarithmisch erfolgt, ist nur ein Teil der Pause lohnend. Beim Erreichen einer Pulsfrequenz von etwa 120—140 wird deshalb schon wieder der nächste Belastungsreiz gesetzt.

Beachte: Die Pause ist um so kürzer, je besser der Trainingszustand und je kürzer die Tempostrecke ist. Im oben erwähnten Kurzzeitbereich genügen Pausen von 0,5 bis 1 Minute.

Die Pausengestaltung erfolgt aktiv (Gehen, Traben).

Die Wirkung des Intervalltrainings beruht darauf, daß bei der Belastung des Herzens Druckarbeit (= Kräftigung, Hypertrophie der Herzmuskulatur), in der Pause Volumarbeit (= Dehnungsreiz zur Vergrößerung der Herzhöhlen = Herzdilatation) geleistet wird. Darüber hinaus kommt es durch die intervallartige Reizsetzung zu einer Verbesserung der Herz-Kreislauf-Regulationsmechanismen (Fähigkeit des Gesamtorganismus zur raschen Umstellung auf Leistung), was gerade beim organleistungsschwachen Schüler einer besonderen Förderung bedarf und zur Beseitigung regulativer Schwächen beiträgt.

Geeignete Inhalte:

Beispiele für ein extensives Intervalltraining

Die nachfolgend angegebenen Spiele werden nach gewissen Belastungszeiten für Erholungspausen unterbrochen:

- Schnappball: Zwei Gruppen werden gebildet. Innerhalb der einen Gruppe wandert der Ball so lange hin und her, bis ihn die andere Mannschaft gewinnt.

- Atomspiel: Eine Zweiergruppe fängt mit Handfassung. Jeder Mitspieler der abgeschlagen wird, schließt sich der Kette an. Sobald eine Vierer-Gruppe erreicht ist, spaltet sich diese wieder in Zweier-Gruppen, die erneut auf Fang ausgehen.

- Fangen auf Zeit: Der Lehrer bestimmt ein bis vier Fänger, die in einer gewissen Zeit, z. B. einer Minute, versuchen müssen, so viele Mitspieler wie nur möglich abzuschlagen.

- Jägerball: Ein Jäger versucht einen der Mitspieler abzuwerfen. Der getroffene Schüler wird zum Jäger. Das Spiel kann auch mit zwei und drei Jägern durchgeführt werden.

- Freunde suchen: Die Schüler laufen frei im Raum. Der Lehrer ruft eine Zahl z. B. zwei oder sieben. Entsprechend dieser Zahl bilden die Schüler eine Kette oder setzen sich nebeneinander ab oder bilden einen Kreis.

Vorschlag für einen Stationsbetrieb mit dem Basketball
(Bemerkungen zum Stationsbetrieb, s. S. 190):

Station 1: Ball rollen, überholen und wieder aufnehmen

Station 2: Ball im Raum frei prellen

Station 3: Ball in den Basketballkorb werfen

Station 4: Ball um Slalomstangen prellen

Station 5: Ball im Strecksitz um den Körper führen, Beine gestreckt anheben

Station 6: Über den Ball springen, vorwärts im Schlußsprung, rückwärts mit gegrätschten Beinen

Station 7: Wechselsprünge am Ball

Station 8: Den Ball hochwerfen und ihm entgegenspringen

Belastungsdauer an jeder Station 15 bis 30 Sekunden, Pausen 15 bis 30 Sekunden.

Beispiele für ein intensives Intervalltraining

Für das intensive Intervalltraining eignen sich vor allem Staffelwettbewerbe, die durch die Belastungsmodalitäten (Streckenlänge, Schülerzahl, Zahl der Durchgänge) gesteuert werden können:

● Pendelstaffel: Die Laufstrecke beträgt 20 bis 30 m. Start und Wechsel erfolgen hinter festgelegten Linien und Fähnchen. Beliebig viele Mannschaften werden so aufgestellt, daß die eine Hälfte einer Mannschaft am Start, die andere am Wechsel gegenüber hinter den Stangen steht. Auf ein Startzeichen läuft die Nr. 1 mit dem Stab in der rechten Hand zur gegenüberstehenden Nr. 2, und zwar links an der Stange vorbei. Der zweite Läufer nimmt den Stab, indem er mit der rechten Hand um die Stange herum greift und sie dem Überbringer entgegenstreckt. Nach der Übernahme übergibt die Nr. 2 den Stab an die Nr. 3 und so fort.

● Kreisstaffel: Die Mannschaften stehen an vier Seiten eines Spielfeldes in Reihe. Die Nr. 1 jeder Mannschaft hat den Stab in der linken Hand und läuft auf Startzeichen um alle anderen Mannschaften herum und übergibt den Stab der Nr. 2 in die rechte Hand.

● Nummernwettlauf: Die Spieler sitzen in Mannschaften in Reihe hintereinander und zählen von vorne nach hinten durch. Ruft der Lehrer eine Zahl auf, dann läuft der Spieler mit dieser Zahl um eine Wendemarke zu seinem Platz zurück. Einen Punkt gewinnt die Mannschaft, deren Spieler zuerst wieder seinen Platz erreicht hat.

● Kegeltragen: Aufstellung wie oben. Der erste Spieler der Mannschaft hat drei Kegel, die er nach dem Startzeichen auf einer zehn Meter entfernten Linie aufstellt. Danach läuft er zurück und schickt den nächsten Spieler los, der die Kegel wieder holt und dem Dritten übergibt usw.

- Seitenwechsel: Zwei Mannschaften stehen sich an den Grundlinien eines Spielfeldes gegenüber. Der Lehrer steht in der Mitte. Auf sein Zeichen wechseln die Mannschaften die Seite, immer rechts am Lehrer vorbei. Es gewinnt die Mannschaft, deren Spieler zuerst wieder hinter der Linie des Gegners stehen.
- Komm mit: die Schüler stehen im Innenstirnkreis. Ein Fänger läuft um den Kreis. Schlägt er einen Mitspieler auf die Schulter und ruft „Komm mit", dann muß dieser versuchen ihn abzuschlagen, bevor er den Platz des angesprochenen Schülers erreicht.

Beispiel für einen Stationsbetrieb:

Station 1: Strecksprünge aus der halben Kniebeuge
Station 2: Klappmesser, die Beine sind dabei angewinkelt
Station 3: Klimmzugspringen
Station 4: Medizinball aus der Bauchlage gegen die Wand werfen, Rumpf nur wenig vom Boden abheben
Station 5: Seilspringen
Station 6: Wechselsprünge an der Bank
Station 7: Liegestütze
Station 8: Aufrichten aus der Bauchlage, angewinkelte Beine unter der Sprossenwand
Station 9: Lauf von Hallenwand zu Hallenwand
Station 10: Reckstange hochstoßen

Belastung: 30 Sekunden
Pausen: *60* Sekunden

> Beachte: Da das Ausdauertraining — vor allem in der Form der Dauerbelastung (Dauermethode) — starken Monotoniecharakter entwickeln und für die Schüler schnell langweilig werden kann, ist durch eine außergewöhnlich umfassende und variable Auswahl von Trainingsinhalten für die notwendige Abwechslung zu sorgen. Prinzipiell gilt noch: Die Schulung der aeroben Ausdauer (Grundlagenausdauer) erfolgt vor dem Training spezieller Formen der Ausdauer, wie sie z. B. durch die Kurzzeitintervallmethode (vor allem alaktazide anaerobe Energiebereitstellung!) praktiziert wird.

6.2.2.3 Methoden und Inhalte zur Schulung der koordinativen Fähigkeiten*

Beim koordinativen Lernprozeß unterscheidet man allgemein die Ganzheits- und die Zergliederungsmethode sowie die Methode des massierten und des verteilten Lernens. Die *Ganzheitsmethode* beinhaltet — wie der Name sagt, ein

---

* WEINECK 1987, 301 f.

ganzheitliches Lernen. Die Bewegung wird auf direktem Wege ganzheitlich gelernt. Diese Methode eignet sich insbesondere bei einfachen Bewegungsabläufen und erweist sich vor allem im „besten Lernalter" (s. S. 110) als vorteilhaft.

Bei der *Zergliederungsmethode* werden schwierige und/oder komplexe Bewegungsabläufe — meist in Form einer methodischen Übungsreihe — in ihre funktionellen Einzelbestandteile zerlegt und vom Einfachen zum Schwierigen fortschreitend zur Gesamtbewegung geführt. Diese Methode sollte immer dann verwendet werden, wenn ein ganzheitliches Lernen nicht möglich ist oder wenn vom Lernenden genaue Bewegungsdetails mit vertieften Kausalzusammenhängen gewünscht werden (vor allem Jugend- und Erwachsenenalter).

Unter *massierter Lernmethode* versteht man ein intensives, ununterbrochenes Lernen, unter *verteilter Lernmethode* ein mehrfach unterbrochenes Lernen.

Zu Beginn eines grobmotorischen Lernprozesses — an dem größere Muskelgruppen beteiligt sind und der bei steigender Versuchszahl mit einer zunehmenden psychischen Ermüdung verbunden ist — sollte dem „massierten" Lernen der Vorzug gegeben werden.

Ein derartig „massiert" strukturierter Lernbeginn gibt, im Gegensatz zu einem „verteilten" Lernbeginn, eine ausreichende Zielorientierung des zu erlernenden Bewegungsablaufes und gewährleistet damit eine günstige Grundlage für die Aktivierung der Gedächtnisprozesse. Auf dieser Basis kann die bereits „erfaßte" Bewegungsschleife durch bewußte oder unbewußte mentale Verstärkereffekte zusätzlich eingeschliffen werden.

Zu beachten ist jedoch beim „massierten" Lernbeginn, daß nur bis zum Eintritt erster Ermüdungszeichen geübt werden soll: Sinkende Aufmerksamkeit und Konzentrationsfähigkeit führen zu ungenaueren Bewegungsschleifen und verursachen unter Umständen die Schwächung oder Löschung — retroaktive Hemmung — der zuvor angelegten „guten" Gedächtnisspur.

Als Fortsetzung des „massierten" Lernauftaktes bietet sich ein „verteiltes" Lernen an, da nun günstige Effekte auf die Progredienz der bereits initiierten Syntheseprozesse erzielt werden können.

In Anlehnung an HIRTZ und LUDWIG (1976, 509) nennt DORDEL (1987, 220) Methoden zur Erhöhung der koordinativen Anforderung und gibt eine Übersicht für mögliche Variationen dieser Anforderungen *(Tab. 4):*

Methode/ Variation	Gleichgewichtsschulung Balancieren	Verbesserung motorisch-dynamischer Anpassung Werfen, Fangen, Prellen
veränderte Ausgangs- und Endstellung	Schulung des statischen Gleichgewichts im Kniestand, Bankstellung, Einbeinstand, Hochzehenstand	Werfen, Fangen, Prellen im Sitz, in der Bauchlage, im Kniestand, Einbeinstand, etc.

Methode/ Variation	Gleichgewichtsschulung Balancieren	Verbesserung motorisch-dynamischer Anpassung Werfen, Fangen, Prellen
veränderte Übungs-ausführung	Balancieren vorwärts, rück-wärts, seitwärts im Bären-gang, im Entengang	Werfen über den Kopf, durch die Beine, Prellen mit Schläger
zusätzliche Anfor-derungen während des Übens	Balancieren mit gleichzeiti-gem Transportieren von Ge-räten, Übersteigen von Hindernissen	Werfen auf unterschiedlich große Ziele an die Wand, Zielwerfen in Zonen (Markie-rungen am Boden, Differen-zierung der Weite), hoch/tief Prellen
Kombination mit anderen Übungen	Balancieren und gleichzeitig Luftballon balancieren, hoch-schlagen; Stab balancieren, Ball werfen, fangen, prellen	Werfen, vor dem Fangen in die Hände klatschen; Wer-fen/Fangen in der Fortbewe-gung; Prellen und Federn am Ort oder Hüpfen (Fortbe-wegung)
beidseitiges Üben	Einbeinstand rechts/links, einbeiniges Hüpfen, rechts/links auf Linie oder Balken	Werfen, Fangen, Prellen rechts und links
Bewegungsausfüh-rung nach Reizung des Gleichge-wichtsorgans	Balancieren statisch und dy-namisch nach Drehungen	Werfen, vor dem Fangen hin-setzen und wieder aufstehen oder ganze Drehung; nach Körperdrehung Prellen, Zielwurf
Üben bei einge-schränkter oder ausgeschlossener optischer Kontrolle	Balancieren ohne auf den Boden zu sehen; Balancie-ren mit geschlossenen Augen	Werfen, Fangen, Prellen mit geschlossenen Augen oder in der Spielsituation (z. B. Zehnerfang), in der die Kon-zentration nicht nur auf den Ball gerichtet ist
Üben unter unge-wohnten Bedin-gungen	Balancieren auf unterschied-lich breiter oder labiler Fläche	Werfen, Fangen, Prellen mit ungewohnten Bällen (klein, groß, weich, etc.)
Üben unter wech-selnden Bedin-gungen	Parcours mit unterschied-lichen Balanciersituationen	Werfen, Fangen, Prellen mit unterschiedlichen Bällen im Wechsel

Methode/ Variation	Gleichgewichtsschulung Balancieren	Verbesserung motorisch-dynamischer Anpassung Werfen, Fangen, Prellen
Üben bei veränder- ter rhythmischer Gestaltung	rhythmische Abläufe in Kombination mit Einbein-, Hochzehenstand, rhythmische Gestaltung des Balancierens auf dem Balken	Prellen schnell/langsam, hoch/tief in bestimmter rhythmischer Folge; Anpassung an wechselnde rhythmische Vorgabe

Tab. 4 Möglichkeiten der Variation im Rahmen der Koordinationsschulung (DORDEL 1987, 221)

Übungen zur Verbesserung der Koordinationsfähigkeit durch Übungen mit dem Luftballon

Der Luftballon hat einen sehr hohen Aufforderungscharakter. Aufgrund seiner Flugeigenschaften eignet er sich besonders zur Schulung der Reaktions- und Anpassungsfähigkeit. Bei entsprechender Übungsintensität läßt sich jedoch auch die Leistungsfähigkeit des Herz-Kreislauf-Systems verbessern. Durch Partner- und Gruppenübungen können darüber hinaus verhaltensauffällige Schüler gefördert werden. Es ist zu empfehlen, den Schülern zu Beginn der Stunde mit dem Luftballon Musik (Krach) machen und Übungen finden zu lassen (Explorationsphase):

● Einzelübungen (nebeneinander)

— Den Luftballon aufblasen und wegfliegen und die Reaktion des Ballons nachahmen lassen:
— Den Ballon auf den Fingerspitzen balancieren, auch auf einem Bein stehend
— dto. mit dem Fuß, Knie, Kopf, Ellbogen usw.
— Den Ballon auf den Fingerspitzen balancieren, auch auf einem Bein stehend
— dto. auf dem Fuß, Knie, Kopf, Ellbogen, Fußsohlen, auf dem Bauch, Rücken
— Den Ballon im Stand abwechselnd mit dem Fuß, mit der Hand und dem Kopf in die Luft schlagen
— dto. im Sitzen
— Den Ballon durch die gegrätschten Beine werfen und seitwärts oder über dem Kopf wieder fangen
— Den Ballon in die Luft schlagen, hinsetzen, den Ballon wieder in die Luft stoßen, wieder aufstehen. Mehrere Wiederholungen

— Im Vierfüßlerstand den Ballon abwechselnd mit der rechten und linken Hand nach oben schlagen.

● Partnerübungen (miteinander)

— Die Partner schlagen sich *einen* Ballon in Gegenüberstellung zu.

— dto. mit dem Fuß

— Die Partner transportieren gemeinsam einen (zwei) Ballon mit Rücken, Bauch, Fuß, Schultern, Kopf.

— Die Partner haben einen Ballon in Gegenüberstellung in Bauchhöhe; jeder Partner versucht eine ganze Drehung auszuführen, ohne daß der Ballon auf den Boden fällt. Arme dabei in Hochhalte.

● Gruppenübungen (füreinander)

— In Gruppen verschiedener Stärke (5, 7) soll versucht werden, alle Ballons in die Luft zu schlagen, ohne daß ein Ballon den Boden berührt.

— In einer Flankenreihe werden Ballons von der einen Seite zur anderen nur mit den Fingerspitzen weitergegeben.

● Staffeln:

— Ballon mit den Füßen bis zu einem Wendemal treiben

— Ballon mit dem Kopf bis zu einem Wendemal treiben

— Ballon mit dem Stab bis zu einem Wendemal treiben

— Seitenwechsel: zwei Mannschaften stehen sich auf den Volleyballgrundlinien gegenüber. Auf Kommando werden die Seiten gewechselt, dabei den Ballon mit den Händen bzw. mit den Füßen treiben.

Übungen zur Verbesserung der Koordinationsfähigkeit durch Übungen mit Teppichfliesen

Teppichfliesen sind ein ausgezeichnetes Hilfsmittel, um Balancierfähigkeit, Anpassungsfähigkeit (Wahrnehmungsfähigkeit), Reaktionsfähigkeit, Geschicklichkeit und Gewandtheit zu verbessern.

Bei Einführung des „Übungsgerätes" Teppichfliesen sollte unbedingt Gelegenheit für Raum zum „entdeckenden Lernen" gegeben werden, d. h. selbst Vorschläge für Übungen machen lassen (induktives Lehrverfahren; pro Kind eine Fliese oder für je zwei Kinder eine Teppichfliese).

● *Beispiele für Aufwärmmöglichkeiten mit Teppichfliesen*
(Fliesen im Raum verteilen nach Anzahl der Teilnehmer)

— Fliesen als Hindernis umlaufen, überspringen (einbeiniger, beidbeiniger Absprung)

— auf Signal Fliesen mit verschiedenen Körperteilen berühren (z. B. Hand, Kopf . . .)

— Fangspiele: rote Fliesen als Freimal (Farbe wechseln), Fortbewegung nur auf Fliesen (Variation: Gejagte dürfen alle Fliesen benützen, Fänger nur drei bestimmte Farben)
— Platzsuchspiele: Auf Kommando sucht jeder eine Fliese (eine Fliese weniger als Kinder — jedoch nicht ausscheiden lassen, sondern: Wer sammelt am wenigsten Minuspunkte?)
„Schneider, leih mir deine Schere!"
— nur über Fliesen von einer Seite zur anderen Seite der Halle gelangen (laufen, ein- oder beidbeinig springen, Häschen hüpf, . . .)
— nur über grüne und rote oder blaue und gelbe Fliesen, . . .
— nur über grüne oder gelbe oder blaue oder rote Fliesen (Lehrer legt Bahnen je nach Altersstufe und Größe der Kinder)

● *Einzelübungen mit den Teppichfliesen* (Flauschi)
(pro Kind eine Fliese)
Flauschi nach oben:
— Überspringen der Fliesen mit vielen Variationen (vor, zurück, Wedelsprünge, einbeinig, beidbeinig, . . .)
— Springen um die Fliese in Variationen, z. B. Seitgalopp, . . .
Flauschi nach unten:
— Fliese mit Händen schieben im Liegestütz vorlings oder rücklings
— Fliese mit Füßen schieben im Liegestütz vorlings oder rücklings
— Fliese mit Füßen ziehen im Liegestütz vorlings oder rücklings
— Rollerfahren (Standbein auf der Fliese)
— „Twisten"
— Raupe auf einer Fliese, Riese und Zwerg usw.
— Fliese als Schlitten auf einer schräggestellten Langbank (Mattensicherung!)

● *Partnerübungen mit den Teppichfliesen*
Flauschi nach unten:
— A im Fersensitz, Hocksitz, Sitz, Stand, Bauchlage, Rückenlage, B schiebt oder
— B zieht mit Handfassen oder mit Hilfe von ein oder zwei Turnstäben, Sprungseil, Gymnastikreifen, . . .
Flauschi nach oben:
— in Handfassung Sprungvariationen, z. B. Seitgalopp um die Fliese, . . .
— Zieh- oder Schiebekämpfe
— Drücken von der Fliese (auch Fliesenquadrat von vier Fliesen)

● *Gruppenübungen, Wettspielformen und Staffeln mit den Teppichfliesen*
— Figurenlegen (Dreieck, Quadrat, Gerade, Rechtecke, Kreis, Stern, . . .)
— Platzsuche auch in der Gruppe möglich

— Gruppenwettkampf: Wie lange braucht Gruppe A, um alle Fliesen umzu-
drehen?

— Gruppenwettkampf: Die Hälfte der Fliesen liegt mit dem Flausch nach oben;
Gruppe A dreht Flausch nach unten, Gruppe B dreht den Flausch nach
oben, auf Signal Schluß; Sieger ist, wessen Seite in der Mehrzahl oben
liegt.

— Pendel- oder Umkehrstaffeln: Partner ziehen oder schieben auf einer Fliese,
oder ,,Skilanglauf" = Gehen (Schlurfen) auf zwei Fliesen
oder Überwinden der Strecke mit Hilfe von zwei Fliesen, ohne den Boden
zu berühren, . . .

Hinweis:
Teppichfliesen können auch sehr gut mit anderen Geräten kombiniert werden,
z. B. Reifen, Zauberschnur oder Sandsäckchen (Zuordnungs-, Wurfübungen
etc.).

6.2.2.4 Möglichkeiten zur Integration von Problemschülern

Als Problemschüler wird häufig der Schüler bezeichnet, der leistungsmäßig unter dem Durchschnitt seiner Klasse liegt, weil er ängstlich, unmotiviert, störend,
aggressiv, ungeschickt und nicht leistungsbereit ist. BÄUMLER (1992) zählt zu
den Problemschülern auch psychisch beeinträchtigte Kinder, die etwa 40 Prozent der Schülerpopulation ausmachen. Es handelt sich dabei um seelisch an-
nähernd normale, aber instabile Schüler, die unter besonderen Umständen
oder zu unberechenbaren Zeiten sozial auffällige Verhaltensweisen und Störungen in der seelischen Anpassung und im Selbstwertgefühl zeigen.

,,Problemschüler verursachen Problemsituationen im Schulsport, schaffen
Störungen und Konflikte. Besondere Bedingungen des Schulsports, Lerninhalte, Unterrichtsverfahren oder Lehrerhandlungen produzieren aber auch Problemschüler, das heißt der Sportunterricht selbst wird zur Ursache für das
Auftreten des Problemschülers und schafft sich gleichsam seine Konflikte
selbst" (GRÖSSING 1988, 62). Aufgabe der Sportdidaktik muß es sein, den
Sportlehrer für den Problemschüler zu sensibilisieren, ihm Ursachen und Erscheinungsformen zu verdeutlichen und Handlungsstrategien anzubieten. Leider werden verwertbare Handreichungen zum Umgang mit den sog.
,,underdogs", den Leistungsschwächeren, deren Handlungsfähigkeit im Sport
besonders gefördert werden sollte, kaum vorgestellt. Vielleicht werden dem
Problemschüler durch die Wiederentdeckung des ,,Pädagogischen" im Schulsport (vgl. BECKERS 1987), gemeint ist die Vermittlung von Freude und Lust an
der Bewegung und die Umsetzung von Leitbegriffen wie Gesundheit, Körpererfahrung und Körperbewußtsein (GRÖSSING 1988), günstigere Entwicklungs-
chancen angeboten als bisher. Interessante bewegungspädagogische
Maßnahmen zur Förderung und Integration sportschwacher Schüler bieten

164

MIEDZINSKI und PRENNER (1983) an. Bezüglich der Inhaltsauswahl schlagen sie vor, daß

- geringere Anforderungen an Können und Kondition der Schüler gestellt,
- freizeitbezogene Sportarten und Sportangebote in den Unterricht eingebracht,
- weniger konkurrenzorientierte Sportarten angeboten und
- die Änderung von Regeln und Strukturen überlegt werden sollten.

Situationsgerechte Möglichkeiten zur Integration leistungsschwacher Schüler bieten SCHMIDT und REDL (1983). Da die Leistungsschwäche immer eine Frage der Normsetzung, also eine Relationsfrage ist, können Leistungen nur von Fall zu Fall, von Klasse zu Klasse, gesucht werden. Das Beispiel Springen mag die Vorgehensweise verdeutlichen.

Geforderte Übung — ,,Hochweitsprung"
Problem — die Weite bzw. Höhe wird nicht geschafft
Ursache — Übergewicht, mangelnde Sprungkraft, mangelnde Übung, schlechte Koordination . . .

Lösungsmöglichkeiten

1. Üblich

Wer streift, scheidet aus

Gerade die Besten (die es nicht nötig hätten) können nach diesem System am häufigsten üben. Die Schwachen scheiden am ehesten aus und vergrößern so ihr ,,Sprungdefizit".

2. Günstiger

Die ,,Sprunggasse" — aus Zauberschnüren wird eine trapezförmige Gasse gebildet, auf einer Seite ist die Gasse breiter, auf der anderen schmäler. Auf der schmäleren Seite ist die Schnur tiefer, auf der breiteren Seite höher.

Die Schüler laufen auf vorgegebenen Bodenmarkierungen (Streifen) an und überspringen die „Gasse". Bei „Nichtstreifen" dürfen sie zum nächstbreiteren und nächsthöheren Streifen „aufsteigen" — berühren sie aber dort die Schnur, so müssen sie wieder zurück. Auf diese Weise üben alle gleich oft und ihrem Leistungsniveau angepaßt.

Ein umfassendes Konzept zur Integration schwacher Schüler wird von HART-MANN und ODEY (1977) beschrieben. Durch die Vermittlung von Grundqualifikationen sozialen Handelns (wie soziale Sensibilität, Frustrationstoleranz, Selbstvertrauen, Risikobereitschaft) versuchen sie die Auswirkungen einer Stigmatisierung einzudämmen. Die Unterrichtskonzeption geht dabei von drei Ebenen aus:

— Vermeidung von Diskriminierung (z. B. durch ein Sportangebot, bei dem gleiche Voraussetzungen vorliegen).

— Kompensation von grundlegenden Defiziten der Leistungsschwächeren (z. B. durch Vermittlung von Fähigkeiten und Fertigkeiten).

— Entwicklung von gemeinsamer Handlungsfähigkeit bei allen Interaktionspartnern (z. B. durch Beteiligung der Schüler bei der Unterrichtsplanung und -gestaltung).

Um die Integrationsfähigkeit von psychisch beeinträchtigten Schülern zu verbessern, schlägt BÄUMLER (1992) dem Sportförderunterricht folgende Zielsetzungen vor:

— Vermittlung von Freude an sportlicher Aktivität

— Verbesserung der Ichakzeptanz

— Verbesserung des Vertrauens an die eigene Durchsetzungsfähigkeit

— Erlernen der Entspannungsfähigkeit

— Erlernen der Fähigkeit zur Selbststeuerung

— Erlernen der emotionalen Kontrolle und der Rücksichtnahme auf andere

— Erwerb der Fähigkeit zu konzentriertem und umsichtigem Handeln.

Die inhaltliche Umsetzung dieser Ziele durch Sportarten wie Ringen (kämpferische Auseinandersetzung), Kanufahrten (Erlebnis und Spannung), Tanzen (Entspannung), Rudern (Kommunikation und Kooperation), Bogenschießen (Konzentration), Radfahren (Willenseinsatz) erscheint überzeugend, für den Sportunterricht jedoch recht schwierig und für den Sportförderunterricht kaum durchführbar.

Die Vermittlung von Fähigkeiten und Fertigkeiten wird von allen genannten Autoren als wichtige Aufgabe angesehen, mit der über den individuellen Leistungsaufbau die Schüler zu Mut und Selbstvertrauen geführt werden können. Aufgrund der wechselseitigen Abhängigkeit führte eine Stabilisierung der motorisch-koordinativen Fähigkeiten auch zu einer Stabilisierung des psychischen Verhaltens.

Mit den nachfolgend angegebenen Übungsbeispielen sollen nach dem Prinzip vom Nebeneinander über das Miteinander zum Füreinander Möglichkeiten zur Integration von Problemschülern angeboten werden.

Übungsbeispiele

Durcheinander:

Spielregel: Auf Musik sich frei im Raum bewegen, bei Musikstopp folgende Aufgabe lösen:
— Sich in die Mitte des Raumes stellen
— Alle vier Wände berühren
— Wie ein Maikäfer zappeln
— Sich schnell im Raum verstecken
— Stehen bleiben und dann wie ein Ballon, dem die Luft ausgeht, zusammensacken
— Einen Knoten bilden und sich so fortbewegen
— Möglichst viele Hände schütteln
— Möglichst viele Schultern klopfen
— Sich zu Gemeinsamkeiten zusammenfinden:
— Geburtsmonat, Schuhgröße, Augenfarbe, Körpergewicht, Körpergröße

Paarweise:

— Sich in einer selbstgewählten Stellung kopieren
— A kreist mit beiden Armen, B doppelt so schnell
— A bewegt B wie eine Gliederpuppe
— Redewendungen wörtlich nehmen, z. B. ,,den Buckel runterrutschen'', ,,jemanden auf den Arm nehmen'', ,,wer anderen eine Grube gräbt''
— Den anderen im Umriß nachzeichnen
— A führt B, der im Reifen steht und diesen nicht berühren darf
— B im Reifen führt A, der B mit dem Reifen nicht berühren darf
— A führt B, der die Augen geschlossen hat, durch Fingerdruck
— A und B halten ein Gymnastikseil ganz straff angespannt und sollen bei unterschiedlichen Aufgabenstellungen das Seil immer straff halten
— A und B rollen, werfen, tippen sich den Ball im Stand und in der Bewegung vorwärts, rückwärts, seitwärts zu.

Gruppenweise:

Auf Zahlenzuruf die Köpfe zusammenstecken (zu zweien/dreien, fünfen etc.)
Spiel: ,,Klebriges Popkorn''
Bei Musik sich paarweise zusammengeklebt (nicht festhalten) bewegen, bei Stopp das Popkorn immer größer werden lassen, bis die ganze Klasse zusammenklebt und sich dann z. B. auf einer Linie bewegen muß.

Übungen mit Bierdeckeln (BD)

Allein mit einem Bierdeckel: Erproben, Balancieren, Rollen etc., Spiel: Frieren — Enteisen (Wer seinen Bierdeckel verliert, muß wie gefroren stehen bleiben; der andere kann den Bierdeckel aufheben und ihn so enteisen).

Allein mit zwei Bierdeckeln: Erproben, Auf einem Bierdeckel stehen und den anderen rollen. Wer schafft die größte Entfernung?

Allein mit drei Bierdeckeln. Erproben. In ein Ziel werfen, So nah wie möglich in ein Ziel werfen. Sich fortbewegen auf den drei Bierdeckeln.

Zu zweit: Sich einen Bierdeckel zuwerfen. Mit Zusatzaufgabe: Zusammengesetzte Worte finden: Hosen . . . Wurf . . . Fang . . . Hosenknopf . . . Wurf . . . Fang . . . Knopfloch usw.

Mannschaftsspiele mit Turnmatten

Mannschaftsbildung: Bunte Streifen aus einem Zettelkasten ziehen lassen.

— Vier Schüler transportieren eine Matte (in Bankstellung) und werden von den anderen abgelöst (ohne Zuhilfenahme der Hände!)

— Alle sitzen auf der Matte: Auf ein Zeichen alle unter die Matte, ohne die Hände dabei zu gebrauchen.

— Staffel: Wer kennt am meisten Sportarten? Zeit stoppen! (Notizpapier auf der Matte. Bleistift wird wie ein Staffelholz übergeben.)
  Wer kennt am meisten Sportlernamen, Städte usw.?

— Zwei Matten pro Mannschaft:
  a) Von Insel zu Insel
  b) Von Insel zu Insel mit Transport von Gegenständen

— *Mattenfangspiel*
  Wie Drittabschlagen: Matte hochkant halten!

— *Mattentransport*
  Die ganze Mannschaft liegt dabei nebeneinander unter der Matte.

— *Reise nach Jerusalem ohne Ausscheiden* — mit Musik! —
  Am Ende sollte die ganze Klasse auf einer Matte Platz finden.

Beilage: Darstellung von Sprichwörtern und Redewendungen

— Der Krug geht so lange zum Brunnen bis er bricht
— Ich wünsche Hals- und Beinbruch
— Den Wald vor lauter Bäumen nicht sehen
— Auf mehreren Hochzeiten gleichzeitig tanzen
— Wer sein Rad liebt, der schiebt
— Das paßt wie die Faust aufs Auge
— Durch dick und dünn gehen
— Den Dreck vor der eigenen Haustüre kehren
— Es auf die Spitze treiben

- Jedes Wort auf die Goldwaage legen
- Um den kleinen Finger wickeln
- Mich friert wie ein Hund
- Liebe macht blind
- jemanden die Augen verdrehen
- Wie ein Elefant im Porzellanladen
- Der Wink mit dem Zaunpfahl
- Wie ein Fisch im Wasser
- Lügen haben kurze Beine
- Der Spatz in der Hand ist besser als die Taube auf dem Dach
- Immer der Nase lang
- Im Dunkeln ist gut munkeln
- Viele Köche verderben den Brei
- Katze aus dem Sack lassen
- Der Apfel fällt nicht weit vom Stamm

- *Pantomime*
1. Darstellen von Sprichwörtern und Redewendungen.
2. Darstellung von Sportarten.
3. Darstellung von Alltagssituationen (z. B. Fahren in der Trambahn).
4. Beute suchen: Jeder zieht einen Zettel, auf dem das Tier steht, das er panto-
   mimisch darstellen soll (ohne Laute!) und muß seine Beute suchen:
   Elefant . . . Löwe . . . Wolf . . . Hund . . . Katze . . . Maus . . . Elefant (dies
   ergibt am Ende einen Kreis)
5. Jeder denkt sich ein Fabelwesen vom anderen Stern aus (und macht Geräusche und Töne dazu).
6. Roboterspiel (Robotermusik)
   Zwei Roboter mit Rücken an Rücken bewegen sich gradlinig voneinander
   weg. Der 3. (= Maschinist) führt sie durch Kopfbewegungen (= $1/4$-Dre-
   hung jeweils) wieder aufeinander zu. Es darf dabei abwechselnd nur ein Roboter bewegt werden.

- *Rollenspiele*
  Darstellung von Alltagssituationen mit Sprache und Gestik (z. B. die Mitglieder einer Familie möchten unterschiedliche TV-Programme sehen).

6.2.2.5 Die Bedeutung des Schwimmens im Sportförderunterricht

Schwimmen gehört nicht nur zu den beliebtesten sportlichen Betätigungen
aller Schüler, es hat auch die günstigsten Trainingseinflüsse auf den menschlichen Organismus und hat daher einen besonders großen gesundheitlichen
Wert. Auswirkungen auf den Muskel- und Bewegungsapparat, auf den Stoffwechsel, auf das Herz-Kreislauf- und Nervensystem und die Atemorgane sind
festzustellen. Der Einsatz des Schwimmens im Sportförderunterricht setzt
jedoch voraus, daß aus Gründen der Verantwortung die Lehrkraft die Qualifika-

tion besitzt, im Schwimmen zu unterrichten. Sie sollte besonders die Anforderung der Wasserrettung beherrschen.

Auswirkungen auf Muskulatur und Bewegungsapparat:

Durch regelmäßiges Schwimmen wird in den Muskeln eine bessere Durchblutung erreicht und der Muskelquerschnitt vergrößert. Ein- und Ausatmung gegen den hydrostatischen Außendruck des Wassers bewirken eine besondere Beanspruchung und Ausbildung der Atemmuskulatur. Für den Ausgleich von Haltungsschwächen ist Schwimmen deshalb besonders wertvoll, weil beim Schwimmen immer ein symmetrischer Einsatz der Muskulatur erfolgt (axialsymmetrisch beim Brust- und Delphinschwimmen oder zentralsymmetrisch beim Kraul- und Rückenkraulschwimmen). In diesem Zusammenhang ist das Ergebnis einer Untersuchung interessant, bei der Schwimmer und Nichtschwimmer in bezug auf eine gute oder schlechte Haltung untersucht wurden. Es wurde festgestellt, daß bei den Schwimmern 66 % eine gute Haltung und nur 5 % eine schlechte Haltung aufwiesen, bei den Nichtschwimmern war das Verhältnis derart, daß nur 17 % eine gute, dagegen 48 % eine schlechte Haltung aufwiesen. Nicht zuletzt sei erwähnt, daß durch die tragende Kraft des Wassers das Eigengewicht fast aufgehoben wird und dadurch die strapazierten Gelenke entlastet werden.

Auswirkungen auf die Atmungsorgane und das Herz-Kreislauf-System

Wertvolle Trainingseffekte für das kardiopulmonale System eignen sich besonders zum Ausgleich und zur Prophylaxe von Organleistungsschwächen. Anzuführen sind u. a. die Zunahme der maximal möglichen Sauerstoffaufnahme durch Vergrößerung des Herzminutenvolumens und des Atmungsminutenvolumens, eine verbesserte Sauerstofftransportkapazität durch Vermehrung des Hämoglobins und eine Verbesserung der Durchblutung der Muskulatur. Beim Schwimmen im Rahmen des Sportförderunterrichts ist auf das Erlernen richtiger Atemtechniken besonderer Wert zu legen.

Als Ausdauersport ist Schwimmen verantwortlich für die Entwicklung eines Sportlerherzens, bei dem die Muskulatur der Vorhöfe und Herzkammern verstärkt wird. Auch die Erweiterung der Hohlräume des Herzens sind Auswirkungen eines regelmäßigen Schwimmtrainings. Die Erweiterung der Hohlräume des Herzens und die Verstärkung der Herzmuskulatur bedingen eine Steigerung des Herzminutenvolumens. Darüber hinaus bleibt die Elastizität der Blutgefäße länger erhalten.

Auswirkungen auf das Nervensystem

Hier sind Auswirkungen sowohl auf das zentrale Nervensystem (zunehmende Vagotonie mit gesteigerter Erholungsfähigkeit und psychischer Entspannung), als auch auf das vegetative Nervensystem durch den Prozeß der Abhärtung zu beobachten.

Übungen im Wasser

Die aufgeführten Trainingswirkungen heben die Bedeutung des Schwimmens im Rahmen des Sportförderunterrichtes besonders hervor. Je nach Altersstufe und Fertigkeitsniveau können Übungen aus dem Bereich des Anfängerschwimmunterrichts und des Schwimmunterrichts für Fortgeschrittene gewählt werden. Die Wassertemperatur sollte mindestens 27 °C betragen. Ein Schwimmbecken mit Hubboden würde die Verwendbarkeit aller nachfolgend angebotenen Übungen gewährleisten.

Übungen zur Beweglichmachung, Dehnung und Kräftigung

* Im Stand, Hüftkreisen.
* Auf einem Bein stehend mit dem anderen Bein einen Fußballstoß imitieren.
* Sprünge aus der tiefen Hocke (hüpfen wie Frösche).
* Vor- und rückwärtslaufen im Wasser.
* Im Hang rücklings am Beckenrand, Beine anziehen und strecken.
* Im Hang rücklings am Beckenrand, Oberschenkel waagrecht, beide Knie nach links bzw. rechts an die Beckenwand pendeln.
* Hang rücklings am Beckenrand, Oberschenkel waagrecht, Knie aus- und einwärts pendeln lassen.
* Hang rücklings am Beckenrand, Kraulbeinschlag.
* Hang seitlings am Beckenrand, Becken vor- und rückwärts pendeln lassen.
* Kreisaufstellung, Handfassung, Kreistauziehen.
* Schiebekämpfe.
* Im Liegestütz vorlings und rücklings wechselseitig Knie anziehen und strecken (Radfahren).
* Im Liegestütz vorwärts und rückwärts stützeln.
* Wie ein Aal sich um seine in einer Linie stehenden Partner schlängeln.
* Bauchlage, Becken heben und senken (auch mit Schwimmbrett oder Schwimmsprosse).
* Rückenlage; Becken heben und senken.
* Bauchlage; Wechsel zwischen Beine angehockt und Strecklage.
* Seitenlage; Becken vor- und rückwärts bewegen.
* Delphinsprünge mit und ohne Abdruck der Hände vom Beckenboden.
* Flossenschwimmen.

Die Eignung einzelner Stilarten für den Ausgleich von Haltungsschwächen

* Bei Totalrundrücken: Rückenkraul und Rückengleichschlag.
* Bei Hohlrücken: Brust- und Rückenkraul.
* Bei Hohlrundrücken: Rückenkraul und Rückengleichschlag.

- Bei Flachrücken: Delphinschwimmen, Brust- und Rückenkraul.
- Bei seitlicher Haltungsabweichung: Brust- und Rückenkraul.

Übungen zur Organleistungsschulung
Die Übungen können in der Gruppe, mit Partner und einzeln erfolgen.

Hilfsgeräte: Kleine Bälle, Tischtennisbälle, Reifen, Tauchgegenstände, Schwimmbretter.

- Tischtennisball im Wasser durch Blasen vorwärtstreiben (auch in Staffelform).
- Im Stützeln einen Ball mit dem Kopf vorwärtstreiben.
- Gesicht auf das Wasser legen, langsam ins Wasser ausatmen.
- In das Wasser schreien.
- Unter Wasser Finger zählen.
- Kacheln zählen.
- Gegenstände unter Wasser fortbewegen oder heraustauchen.
- An einer Leiter bis zum Boden hinunterhangeln.
- P 1 und P 2 mit Handfassung in Gegenüberstellung, abwechselnd geht P 1 und P 2 in die tiefe Hocke.
- Strecklage im Wasser, absinken durch völliges Ausatmen.
- Wasserballspiel im flachen Wasser mit einfachen Regeln (Tor ist der Beckenrand oder ein Papierkorb am Beckenrand).
- Schattenlaufen; P 1 muß alle Übungen nachmachen, die P 2 ausführt (Aufgabenwechsel).
- Abschlagspiele in verschiedenen Variationen.
- Wettlauf: Zwei Mannschaften stellen sich am Beckenrand auf. Es wird bis zum anderen Beckenrand gelaufen (vorwärts, rückwärts, seitwärts, beidbeinig hüpfend). Welche Mannschaft steht zuerst geschlossen an der anderen Beckenseite?
- Reihenstaffel: Die Schüler stehen in Stirnreihe im Wasser. Der letzte der Reihe läuft (taucht oder schwimmt) entlang seiner Mannschaft und stellt sich vor der Mannschaft wieder auf, dann der nächste usw. Bei welcher Mannschaft wird zuerst wieder die Ausgangsposition erreicht?
- Taucherstaffel: Die Staffelmannschaften stellen sich am Beckenrand auf. Auf ein Startzeichen stößt sich der erste vom Beckenrand ab und taucht zu einem drei, vier, fünf oder sechs Meter entfernt stehenden Mitspieler oder einer Markierung. Nach dem Anschlag wird zum nächsten Staffelspieler zurückgelaufen oder geschwommen. Nach Anschlag taucht der nächste.
- Hindernisstaffel im Wasser: Die Hindernisse werden von Mitspielern oder Reifen und Slalomstangen gebildet.
- Tunnellaufen: Es werden ein bis fünf Reifen senkrecht auf dem Beckenboden durch Partner aufgestellt. Die Partner laufen durch die Reifen.

- Abwerfen: Ein Werfer hat die Aufgabe die Mitspieler mit einem weichen Ball (Plastikball) abzuwerfen. Durch Abtauchen versuchen die Mitspieler dies zu verhindern.
- Tauchfangen: Ein oder mehrere Fänger versuchen die Mitspieler durch Berührung der Unterschenkel abzuschlagen.
- Fische fangen: Eine Fängergruppe (Handfassung in Hüfthöhe oder Kniehöhe) versucht Mitspieler zu fangen, die sich durch Untertauchen des Netzes retten können.
- Sprünge ins Wasser: Einzeln, zu Paaren, gestreckt, gehockt, mit Drehungen, vom Sprungbrett, in einer Kette.
- Dauerschwimmen: Über einen Zeitraum von ein bis drei Minuten und länger.
- Intervalltraining: Durch Leistungsunterschiede ist eine Aufteilung in Leistungsgruppen mit unterschiedlichen Aufgabenstellungen notwendig. Vorschläge für ein Intervalltraining:
— 10 x 1 Querbahn Brust- oder Rückenschwimmen, nach jeder Bahn 15 Sek. Pause;
— 5 x 1 Querbahn tauchen, nach jeder Bahn 15 Sek. Pause;
— 10 x 1 Querbahn schwimmen, abwechselnd eine Bahn Kraularmschlag, Brustbeinschlag, Rückenarmschlag usw.; nach jeder Bahn 15 Sek. Pause.
— Leistungsschwächere Schüler schwimmen jeweils nur eine Querbahn und gehen am Beckenrand zum Ausgangspunkt zurück.

Übungen zur Koordinationsschulung
- Gehen, laufen, hüpfen vorwärts und rückwärts in der Geraden und im Slalom, mit und ohne Drehungen.
- Gummiball unter Wasser drücken, auslassen und über Wasser fangen.
- Balancieren auf einem Wasserball in Bauchlage oder im Sitz.
- Bauchlage; Drehungen um die Längsachse.
- Drehungen um die Breitenachse (Rollen vorwärts und rückwärts).
- Gegenstände unter Wasser berühren; Gegenstände auslegen, Gegenstände auftauchen mit und ohne Beobachtung der Eintauchstelle.
- Gefärbte Gegenstände z. B. roten Ring heraustauchen.
- In einen schwimmenden Reifen hineintauchen.
- Gleitübungen in Brust- und Rückenlage.
- Hechtschießen: Mit einem oder beiden Beinen kräftig vom Beckenrand abdrücken und bei völlig gestrecktem Körper so weit wie möglich gleiten.
- Abrenner: Kopfsprung mit Anlauf vom Beckenrand und lange gleiten.
- Startsprünge.
- Gehen und Hüpfen auf dem Wasserband (ein durch das Becken gezogenes 2 Meter breites Gummiband).

6.2.2.6 *Entspannung* (Reinhard BÖGLE)

1. Die Bedeutung von Entspannung

Es gibt ganz verschiedene Bezugspunkte, Vorstellungen und Ebenen von Entspannung. So kann eine Schulklasse nach einer Prüfungsarbeit ebenso Entspannung suchen wie ein Schüler, dessen Rücken verspannt ist.

Bedeutsam sind folgende Aspekte von Entspannung:

— Entspannung von Muskeln, Sehnen und Gelenken (im Gegensatz zur Anspannung von Muskeln, Sehnen und Gelenken).
— Entspannung der Atmung (Befreiung der Atmung von Belastungen z. B. durch „Schulstreß", Körperfehlhaltungen und falschen Bewegungen)
— Entspannung der Konzentration zu wachsamer, offener, teilnehmend beobachtender Aufmerksamkeit
— Dynamische Gesamtentspannung: Anmut der Bewegung, Eleganz und Grazie der Haltung. (Hier wird die Entspannung der Muskeln, der Atmung und der Konzentration integriert. Die Entspannung der zwischenmenschlichen Beziehungen kommt selbstverständlich noch dazu.)

In einem gesundheitsfördernden Basis-Sportunterricht sollten die Fähigkeiten der Schülerinnen und Schüler zur Entspannung, Dehnung, Regenerierung, Belastung und Entlastung gefördert werden. In einem Sportförderunterricht, der sich als stützende Maßnahme für den Lernbereich Gesundheit der neuen Lehrpläne für den Sportunterricht versteht, erscheint die Einübung von Entspannungstechniken besonders angezeigt.

2. Was ist Entspannung?

Entspannung ist einerseits etwas ganz Einfaches, das jeder kennt, andererseits etwas Komplexes, Integratives und Sozio-psychosomatisches. Bei der Entspannung werden vom Gehirn aus gesehen die Hirnteile, die für das Denken zuständig sind (Großhirn) weniger belastet, und die Hirnteile, die nicht willentlich steuerbar sind (Stammhirn, Mittelhirn), von denen Wachheit, Wohlbefinden, autonome Atmungs- und Haltungssteuerung, Glücksgefühle und Unbekümmertheit ausgehen, in ihrer Eigenaktivität mehr beansprucht.

Im weitesten Sinn wird unter Entspannung verstanden: Ins Kino gehen, lesen, essen, schlafen, spielen u. a. Im engeren Sinn, wenn es um die Förderung von Körperbewußtsein, Haltung und Gesundheit geht, wird Entspannung erst möglich, wenn die Grundbedürfnisse nach Essen, Trinken, Darm und Blase entleeren, Schlafen und Sozialkontakten, erfüllt sind. Für Lehrer beginnt daher bereits die erste Herausforderung damit, ein entspannendes Sozialklima in der Gruppe zu schaffen, um die Übungen anleiten zu können. Dabei geht es um einen einfachen und wichtigen Grundsatz: Entspannung wird nur mit Hilfe eines entspannenden Vorgehens möglich. Umgekehrt gesagt: Entspannung läßt sich nicht erzwingen. (Es zu wollen reicht nicht, es von sich zu behaupten ebensowenig.)

Methodisch-didaktische Voraussetzungen für einen Entspannungsunterricht sind ein ruhiger Raum, gute Luft, Licht, Wärme, sauberer Boden bzw. Matten, geeignete Lernziele, geeignete Übungshaltungen und -bewegungen.

Die Grundlagen eines solchen entspannenden Unterrichts sind: Achtsamkeit, pflegendes Verhalten dem eigenen Körper und der eigenen Psyche gegenüber, Interesse an Wahrnehmung, Haltung, Gewicht, Gleichgewicht, Gewichtsverlagerung, Temperatur, an den Druck- und Spannungsverhältnissen im eigenen Körper, den Signalen, die vom eigenen Körper kommen sowie an der eigenen Atmung.

3. Lernziele eines Entspannungstrainings, Übungshaltungen und Übungsbewegungen

Erstes Ziel:

Den Unterschied zwischen willkürlich angespannten Muskeln und dem eigenen Spannungszustand (= relative Entspannung) der Muskeln spüren lernen.

Übungshaltung — Bewegung: Stehen, sitzen oder liegen, die Hände zu Fäusten ballen, eventuell auch die Arme, Zehen, Beine anspannen, einige Sekunden angespannt bleiben, den Spannungszustand spüren. Dann die Anspannung beenden (loslassen) und den Spannungszustand (relative Entspannung) in den Muskeln spüren (→ progressive Muskelrelaxation).

Zweites Ziel:

Entspannung in der Muskulatur spüren lernen, die über das Lockerlassen hinausgeht (Dehnspannung).

Übungshaltung — Bewegung: Auf dem Rücken liegen, ein Bein heranführen, Gesäßmuskeln nun durch leichtes Ziehen dazu bringen, daß sie sich verlängern, das heißt, die Muskelfasern im Muskel auseinanderrutschen und die Muskelpakete gegeneinander verrutschen. Tritt ein Schmerz in der Leistengegend auf, sind die Beugemuskeln zu angespannt und blockieren die Dehnung. Dann sollte das Bein nur locker gehalten werden. Das Gewicht des Beines am Boden spüren, beobachten, ob sich das Becken/Lendengegend zum Boden gedreht hat.

Drittes Ziel:

Das eigene Körpergewicht bzw. Teilkörpergewicht frei von Halte- und Bewegungsarbeit spüren lernen.

Übungshaltung — Bewegung: Im Stehen Arme (Hände und Unterarme aktiv) hochheben, kurz oder 40 Sekunden halten, Haltung erfühlen, die Arme hängen lassen und wieder Haltung erfühlen.

Viertes Ziel:

Die Wirbelsäule in Entspannungszuständen spüren lernen.

Übungshaltung: An die Wand stellen, Füße zwei Fußlängen weg von der Wand, Rücken im Lendenbereich an die Wand anlehnen (nicht mit Kraft hindrücken). Wirbelsäule von Druck befreien und in sich von unten nach oben ausbalancieren, d. h. die Wirbelsäule drückt oder hängt weder nach vorne oder hinten, nach links oder rechts. Die Wirbelsäule von unten nach oben mit Aufmerksamkeit erfühlen. Der Kopf und die Schultern und der obere Brustkorbbereich können von der Wand weg sein. Oder: Auf den Rücken legen, prüfen ob die mittlere Linie vom Becken bis zum Hinterkopf in einer geraden Linie liegt, die Beine entspannen sich leicht zur Seite, die Arme liegen schräg neben dem Brustkorb. Die Wirbelsäule von unten nach oben langsam Wirbel für Wirbel erfühlen und den Spannungszustand in der wirbelnahen Gegend spüren.

Fünftes Ziel:

Signale des Körpers mit entspannter Psyche wahrnehmen lernen.

Übungshaltung — Bewegung: Auf dem Rücken liegen. Mit Aufmerksamkeit wahrnehmen, ob und welche Signale aus den verschiedenen Gegenden des Körpers im Kopf ankommen. Etwa 5 Minuten liegenbleiben. Verspannte Schüler sollten sich eine Decke oder Rolle unter die Knie legen. Manche Schüler empfinden es als hilfreich, wenn sie sich vorstellen: ,,ich bin ganz ruhig" oder ,,in diesem vertieften Ruhezustand erholt sich mein ganzes Nervensystem". Andere empfinden solche Ruhesuggestion als störend. Manchen Schülern fällt es leichter, sich zu entspannen, wenn sie Entspannungsmusik hören, andere sind in der Wahrnehmung ihrer Körpersignale dadurch gerade gestört. Musik und Ruhevorstellung sind daher nur als Übergangsvorstellungen (Zum-wieder-darauf-Verzichten) geeignet, denn die Aufmerksamkeit soll ja nicht mit Vorstellungen oder Hörsinneswahrnehmungen beschäftigt werden, sondern die Konzentration soll sich selber entspannen und die Signale entspannt aufnehmen.

In den o. g. Beispielen sind standardisierte, übende Verfahren wiederzuerkennen: Stretching, autogenes Training, progressive Relaxation, Organgymnastik, Yoga u. a.

Da nahezu alle modernen Entspannungsverfahren Teile aus dem Bereich Yoga übernommen haben oder von Yoga inspiriert wurden, eignet sich daher Yoga als Sammelbegriff für die an Körperbewußtsein, Entspannung und Gesundheit orientierten übenden Verfahren (vgl. HAAG, H. 1986, 41).

4. Zwei grundlegende Orientierungen im Umgang mit dem Körper

Sportlehrer/innen und Übungsleiter/innen sind vertraut mit anspannungsorientierten Umgangsweisen mit dem Körper. Die Sportarten und Trainingsformen dazu sind vielfältig. Der Schwerpunkt des Trainings liegt dabei außerhalb des Körpers der Schüler, mithilfe dessen etwas getan wird (siehe Tabelle). Zusätzlich und daneben gibt es die entspannungsorientierten Umgangsweisen mit dem Körper. Der Schwerpunkt des Trainings liegt innerhalb des eigenen Körpers, an ihm wird etwas getan. Die körpereigenen Impulse und Signale und Wahrnehmungen stehen im Zentrum des Interesses, es findet Lernen innerhalb der Übung am und mit dem Körper statt. Mischformen dieser idealtypischen Unterscheidung gibt es selbstverständlich auch. Zur Orientierung und zur Lernziel/Übungsziel-Bestimmung, zur Entwicklung geeigneter Bewegungsvorstellungen und zur erziehungswissenschaftlichen Beurteilung übender Verfahren, sind diese komplementären Kategorien hilfreich.

5. Ausblick auf den Unterricht

Entspannungstechniken hatten in der Ausbildung von Sportlehrer/innen, Trainer- und Übungsleiter/innen bisher keinen besonderen Stellenwert. Das Interesse bei Lehrenden und Lernenden daran steigt jedoch ständig. Um den allgemeinen Unterrichtszielen des Sports- und Sportförderunterrichts gerecht zu werden, werden Ziele wie die Entwicklung der Fähigkeit der Schüler sich gesund zu halten, ihre Wirbelsäule und ihre Organe zu pflegen, Konzentration zu lernen, entspannt stehen, sitzen, liegen, gehen zu können, für Belastungen eine tragfähige körperliche Basis zu haben, sich nach Belastungen regenerieren zu können, Verletzungen, psychosomatischen Erkrankungen vorbeugen zu lernen, immer wichtiger.

Die oben beschriebenen Übungshaltungen und Übungsbewegungen sollen eine Anregung für die Unterrichtsgestaltung sein. Folgende methodisch-didaktische Hinweise zur Unterrichtsdurchführung sind zu berücksichtigen:

Wählen Sie offene und genaue Lernziele aus, mit denen Sie in der Unterrichtssituation flexibel umgehen. Sprechen sie präzise, klar und direkt; sprechen Sie so langsam, daß die Schüler es aufnehmen und nachvollziehen können; denken und fühlen Sie sich selbst in die Übungen ein (mit Kopf, Herz und Körper dabei sein), lassen Sie genug Pausen (und kündigen Sie diese eventuell an), um den Schülern eigene Wahrnehmungen und eigenes Erleben zu ermöglichen; bauen Sie die Übungen besonders bei jüngeren Schüler/innen in Bilder und Geschichten ein oder geben Sie spannende, assoziative Beispiele, ermöglichen Sie den Schülern die Selbstüberprüfung der Ziele. Vermeiden Sie Doppelfehler, wie z. B. eine Fehlhaltung durch Anspannung korrigieren zu wollen oder mit Anspannungsvorstellungen von Verspannung zu Entspannung gelangen zu wollen.

Nur Umgangsweisen mit den Schülern, die entspannt/entspannend sind und eigenes Entspannungserleben der Schüler fördern, ermöglichen den Schülern eigenaktiv und von innen her Verspannungen aufzugeben und Erfahrungen in den Bereichen Entspannung der Muskeln, der Atmung, der Konzentration und somit dynamische Gesamtentspannung aufzubauen.

Wer sich im Sportunterricht Entspannungsübungen einbauen möchte, sollte sich fachlich in das entspannungsorientierte Üben über diesen Artikel hinaus sachkundig machen.

(Reinhard BÖGLE ist Diplom-Pädagoge und Yoga-Lehrer. Er unterrichtet Yoga seit 1987 im Rahmen der Diplomsportlehrerausbildung der Technischen Universität München und hat darüber hinaus in vielen Weiterbildungsveranstaltungen Lehrer und Übungsleiter ausgebildet.)

6.2.2.7 Rückenschule und Wirbelsäulengymnastik

Vereine, Fitneßstudios, Volkshochschulen, Sport- und Gesundheitsparks sowie Krankenkassen bieten derzeit unter den Bezeichnungen Wirbelsäulengymnastik, orthopädische Gymnastik, Rückentraining u. a. Übungsprogramme an, die die von Rückenschmerzen betroffenen Bundesbürger (nach statistischen Erhebungen sind es derzeit 18 Millionen) von ihrem Leiden befreien möchten. Da zunehmend immer mehr Schulkinder von Haltungsschwächen und damit von Rückenproblemen betroffen sind, sollte schon in jungen Jahren ein Verhaltenstraining zum Erwerb eines belastungsreduzierenden, wirbelsäulengerechten Bewegungsverhaltens beginnen. Diese Aufgabe hat sich, neben anderen Anbietern[*], die Karlsruher Rückenschule (WAGUS-Schule = Wissenschaftliche Arbeitsgruppe für Gesundheit und Sport) gestellt, die durch vorbeugende Maßnahmen einen ganzheitlichen Lernprozeß bei Schülern und Erwachsenen in Gang setzen möchte (KEMPF 1989, 1991).

Die präventive Rückenschule verfolgt motivationale, affektive, kognitive, motorische und soziale Ziele. In einem gesundheitsorientierten Sportunterricht und besonders im Sportförderunterricht wäre es sinnvoll, besonders die kognitiven und motorischen Lernziele der Rückenschule transparent zu machen, denn hier geht es darum, Wissen über richtiges Stehen, Sitzen und Liegen, Tragen und Bücken zu vermitteln und Kenntnisse über den Ausgleich von Alltagsbelastungen durch Körperbewußtseinsübungen, durch funktionelle Übungen und Entspannungsübungen nahezubringen. Deshalb muß besonders im Sportförderunterricht das Problem Rückentraining thematisiert werden.

Durch Gegenüberstellungen von falschen und richtigen Körperhaltungen während der Arbeit und der Freizeit kann ganz bestimmt das Interesse von Kindern und Erwachsenen bezüglich eines rückengerechten Alltagsverhaltens ange-

---

[*] Bochumer Rückenschule/Mettmanner Rückenschule; Orthopädische Rückenschule des Zentralverbandes der Krankenkassen; Bad Oeynhauser Rückenschule des Deutschen Verbandes für Gesundheit und Sporttherapie; Das Heidelberger Modell; die Hall'sche Rückenschule; Brügger Rückenschule; das Ulmer Modell; Rückenschulkonzept der Deutschen Gesellschaft für Orthopädie und Traumatologie.

sprochen werden *(s. Abb.)*. Die Darstellung der unterschiedlichen Druckbelastungsverhältnisse in den Bandscheiben bei unterschiedlichen Körperhaltungen wirkt recht anschaulich (s. Abb. 81—84).

Wenn man den Druck in einer Bandscheibe der Lendenwirbelsäule beim geraden Stehen mit 100 Prozent angibt, so erhält man für die unterschiedlichen Körperhaltungen folgende Werte:

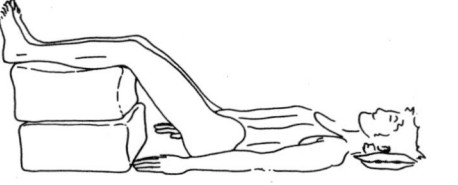

Abb. 81   Stufenlagerung 35 %

Abb. 82   Rückenlage 70 %
Stehen 100 %

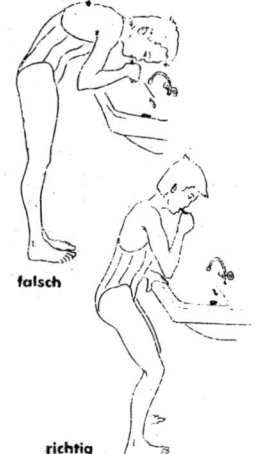

falsch

richtig

Schülerhaltung 190 %
richtiges Heben 20 kg 300 %
falsches Heben 20 kg 500 %

Abb. 83

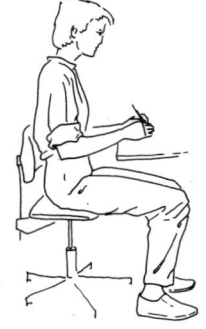

Abb. 85   Eine aufrechte Haltung entlastet die Wirbelsäule. Deshalb beim Zähneputzen oder Waschen den Rücken gerade halten.

(nach AOK Rücksicht auf den Rücken. Tips und Übungen 13)

Eine aufrechte Körperhaltung ist deshalb beim Stehen, Sitzen, während der Arbeit und in der Freizeit anzustreben.

falsch   richtig

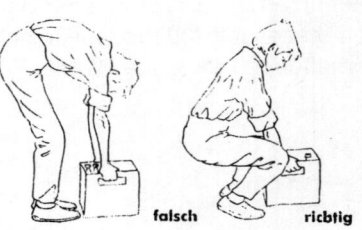

falsch   ricbtig

*Abb. 86   Ständiges Arbeiten in ge-
bückter Haltung überfordert die
Wirbelsäule.*

*Abb. 87   Beim Tragen von Lasten
das Gewicht verteilen: lieber zwei
kleine Einkaufstaschen als eine
große und schwere.*

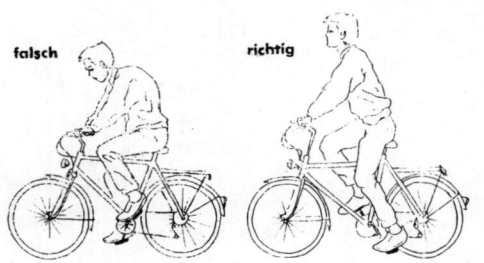

falsch   richtig

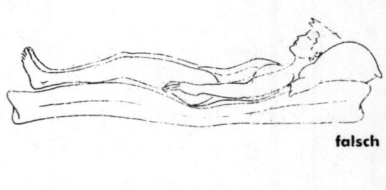

falsch

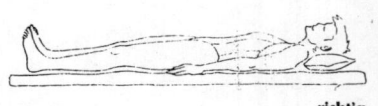

ricbtig

*Abb. 88   Beim Fahrradfahren soll-
ten Sie mit geradem Rücken auf
dem Rad sitzen, ggf. Lenker- und
Sattelhöhe   entsprechend   einstellen.*

*Abb. 89   Ausgelegene Matratzen
sollten ausgetauscht werden. Nehmen Sie keine zu großen und
dicken Kissen, die den Körper in
halbe Sitzlage bringen. Besser ist
ein kleines, flaches Kissen zur Unterstützung der Kopf- und Nacken-
region.   Vermeiden   Sie   die
Bauchlage.*

Als präventives Bewegungsprogramm, das die Rückenmuskulatur stärkt und
die Wirbelsäule entlastet, wird im Anschluß ein Rückentrainingsprogramm der
AOK abgedruckt (AOK: Stark im Kreuz):

6.2.2.8 Rückentraining

Wohlgefühl hängt auch von einem gelenkigen, schmerzfreien Rücken ab. Wer es ab und zu „im Kreuz" hat, weiß das. Unser Aktivprogramm (s. Übungen 1—10) stärkt die Rückenmuskulatur und entlastet damit die Wirbelsäule. Das hilft in vielen Fällen schon, um Beschwerden vorzubeugen. Das Bewegungstraining ersetzt jedoch nicht die krankengymnastische Heilbehandlung. Wer unter starken Schmerzen leidet, sollte in jedem Fall den Arzt aufsuchen. (Die Übungen 1—10 wurden mit freundlicher Genehmigung der AOK dem Aktivposter „Rückentraining" entnommen.)

1. Übung

Aufrechter Sitz, Kopf Richtung Decke strecken, Bauch- und Gesäßmuskulatur anspannen, Arme anheben und anwinkeln. Beschreiben Sie mit den Ellenbogen große Armkreise vor- und rückwärts (je 10mal). Die Brust- und die oberen Rückenmuskeln werden dabei gedehnt und gekräftigt, die Hals- und Brustwirbelsäule wird stabilisiert. Danach die Arme locker ausschütteln und noch einmal 2 bis 3 Wiederholungen.

2. Übung

Aufrechter Sitz. Füße schulterbreit auseinander. Bauch- und Gesäßmuskulatur anspannen, Hände hinter dem Kopf verschränken und langsam mit dem Hinterkopf gegen den Widerstand der Hände drücken. Spannung gleichmäßig aufbauen, ca. 5 bis 10 Sekunden halten, dabei Kopf in Richtung Decke strecken. Spannung langsam abbauen. Das kräftigt Ihre Nacken-Schultermuskulatur und stabilisiert die Halswirbelsäule. Wiederholen Sie die Übung 2- bis 3mal.

3. Übung
Rückenlage, Beine leicht anwinkeln und die Fußspitzen anziehen. Das „Kreuz" durch Anspannen der Bauchmuskulatur fest an den Boden drücken. Heben Sie Kopf und Schulter etwas vom Boden ab, nehmen Sie die Hände vor die Brust und drücken Sie mit den Handflächen gegen einen gedachten Widerstand. In dieser Position ca. 5 bis 10 Sekunden verharren, dann Schulter und Kopf langsam ablegen. Eine gute Übung zur Kräftigung der Bauchmuskulatur. 2- bis 3mal wiederholen.

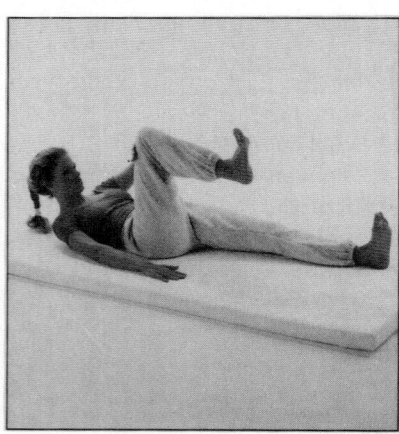

4. Übung
Bein anwinkeln und mit der Hand des gegenüberliegenden Armes gegen das Knie drücken. Druck langsam steigern bis zur Höchstspannung. Kopf und Schulter dabei vom Boden abheben. Der andere Arm und das Bein drücken gegen den Boden. Ganzkörperspannung ca. 5 bis 10 Sekunden halten, langsam auflösen, und den Körper wieder in die Rückenlage ablegen. Entspannen Sie sich, und führen Sie die Übung mit der anderen Seite aus. 2- bis 3mal wiederholen.

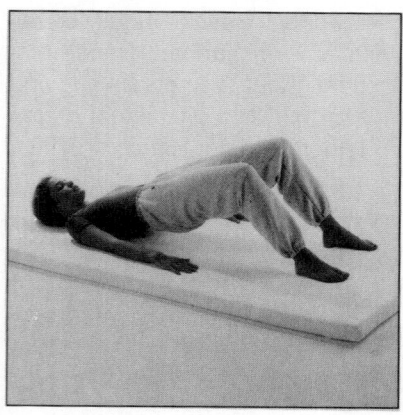

5. Übung
Rückenlage, Beine anwinkeln, Arme liegen neben dem Körper, die Handflächen drücken auf den Boden. Bauchmuskulatur anspannen und das Gesäß langsam vom Boden abheben (Wirbelsäule Stück für Stück aufrollen), dann wieder langsam ablegen. Bauch- und Gesäßmuskulatur unter Spannung halten. Übung 3- bis 4mal wiederholen. Das kräftigt Bauch-, Gesäß- und Rückenmuskulatur.

6. Übung

Rückenlage, beide Beine anwinkeln und die Knie mit beiden Händen umfassen. Ziehen Sie gegen den Widerstand der Hände die Knie Richtung Decke (muskelanspannung), Spannung ca. 5 bis 10 Sekunden halten, dann auflösen. Knie jetzt fest an die Brust heranziehen (Muskeldehnung). Führen Sie die gleiche Aufgabe mit einem angezogenen Bein durch. Neben einer Kräftigung der Rumpfmuskulatur werden die hintere Oberschenkelmuskulatur, Gesäß- und unter Rückenmuskulatur gedehnt.

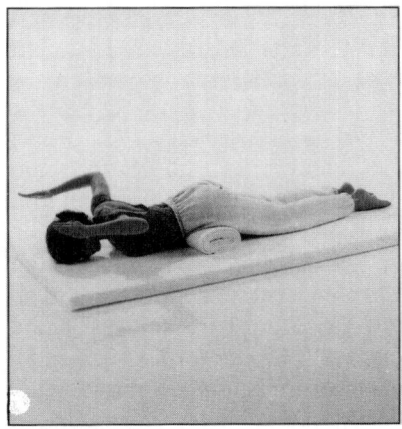

7. Übung

Bauchlage (ein kleines Kissen oder ein zusammengerolltes Badetuch unter dem Beckenkamm hilft Ihnen, eine Hohlkreuzhaltung zu vermeiden). Die Arme U-förmig anwinkeln und vom Boden anheben, Schulterblätter zusammenführen. Die Bauch- und Gesäßmuskulatur anspannen, die Stirn bleibt am Boden. Übung bis zur Höchstspannung aufbauen und langsam wieder lösen und entspannen. Sie kräftigen Ihre oberen Rückenmuskeln und stabilisieren die Brustwirbelsäule.

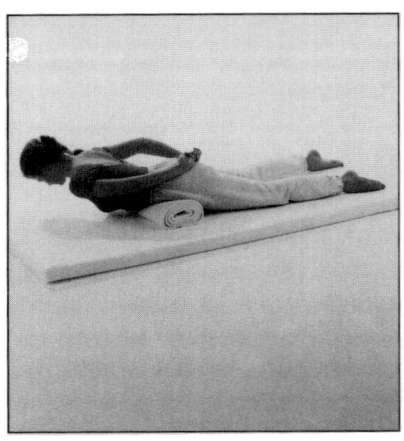

8. Übung

Arme nach hinten nehmen, Hände liegen auf dem Gesäß. Bauch- und Pomuskulatur fest anspannen, Kopf und Schulter leicht anheben und den Oberkörper zur linken und zur rechten Seite führen. Dabei die Bauch- und Gesäßmuskulatur unter Spannung halten und mit dem Oberkörper nicht zu weit hoch kommen (starke Hohlkreuzhaltung vermeiden). 5mal nach jeder Seite bewegen. Die langen Rückenmuskeln und die Gesäßmuskulatur werden gekräftigt, die Lendenwirbelsäule erhält Unterstützung.

9. Übung

Bauchmuskulatur anspannen, die Wirbelsäule gerade halten. Zuerst nur ein Bein nach hinten wegstrecken und die Fußspitze anziehen und strecken (10mal). Das gestreckte Bein nicht über die Waagrechte anheben. Gleiche Aufgabe mit dem anderen Bein. Wenn Sie diese Übung sicher beherrschen, nehmen Sie den gegenüberliegenden Arm des gehaltenen Beines dazu und strecken ihn nach vorne weg. Bein, Rücken, Kopf und Arm bilden eine gerade Linie, Bauch- und Gesäßmuskulatur dabei anspannen.

10. Übung

„Vierfüßler-Stand", Rücken und Kopf gerade halten. Nehmen Sie das Kinn auf die Brust, ziehen Sie den Bauch ein, machen Sie Ihren Rücken rund (Katzenbuckel), und atmen Sie dabei langsam aus. Dann gehen Sie wieder in die Ausgangsstellung zurück, dabei atmen Sie tief ein. Wiederholen Sie diese Übung 10mal, und ihr Rücken erfährt eine sanfte Dehnung und Entspannung.

6.2.3 Aufbau einer Sportförderunterrichtsstunde

Im Sportförderunterricht hat sich wie im obligatorischen Sportunterricht eine Dreiteilung einer Stunde (Einleitender Teil, Hauptteil, Abschließender Teil) als günstig erwiesen (s. Stundenbeispiele Seite 196).

Je nachdem, ob der Schwerpunkt des Sportförderunterrichts in der Vermittlung der im Lehrplan des Basis-Sportunterrichts geforderten Fertigkeiten in Form eines Nachhilfeunterrichts gesehen wird (s. Punkt 1 der Tab. 5) oder ob der Ausgleich von Haltungs-, Organleistungs- und Koordinationsschwächen im Vordergrund steht (s. Punkt 2 der Tab. 5), können Inhalte des einleitenden Teils, des Hauptteils und des abschließenden Teils einer Unterrichtsstunde verschieden sein.

Tab. 5 Gliederung einer Stunde im Sportförderunterricht (RUSCH 1983²)

Einleitender Teil	Hauptteil	Abschließender Teil
Inhalt	*Inhalt*	*Inhalt*
1. Aufwärmen	Konditionsschulung Fertigkeitsvermittlung	Belebung oder Beruhigung
2. Koordinations- und Organleistungsschulung durch kleine Spiele	Ausgleich von Haltungsschwächen	Koordinations- und Organleistungsschulung durch kleine Spiele

Der einleitende Teil hat die Aufgabe, die Schüler körperlich (allgemeine und spezifische Erwärmung), psychisch (freudvolle Einstimmung und Weckung von Interesse) sowie geistig (Konzentration und Einstellung auf die Aufgabe) auf den Hauptteil der Stunde vorzubereiten.

Im Hauptteil der Stunde können dann psychomotorische, affektive und auch kognitive Lernziele verfolgt werden. Aufgabe des abschließenden Stundenteils ist es, einen freudvollen belebenden oder beruhigenden Stundenausklang zu schaffen. Lernzielkontrollen können eingesetzt werden. Sie verschaffen einen Überblick, ob die Schüler das Lernziel oder Teillernziel in psychomotorischen, theoretischen und sozialen Bereichen erfüllt haben.

6.2.3.1 Methodische Maßnahmen

Die kleinsten Einheiten der Lehrer-Schüler-Interaktion sind die methodischen Maßnahmen des Sportlehrers im Sportunterricht. In Anlehnung an GRÖSSING (Frankfurt 1975) werden nachfolgend die methodischen Maßnahmen

— Vormachen und Vorzeigen
— Beschreiben und Erklären
— Bewegungsaufgabe
— Bewegungsanweisung
— Bewegungshilfe
— Bewegungskorrektur
— Unterrichtsgespräch (KOCH/MIELKE)

beschrieben und ihr Einsatz im Sportförderunterricht vorgestellt.

Vormachen und Vorzeigen

Im Sportförderunterricht werden beide visuellen Maßnahmen angewandt. Durch das exakte Vorbild des Lehrers oder durch z. B. Strichzeichnungen wird dem Schüler die richtige Ausführung z. B. einer haltungsaufbauenden Übung gezeigt, die dann vom Schüler nachvollzogen wird. Auf keinen Fall ist das schlechte Vorbild eines haltungsschwachen oder motorisch gestörten Schülers heranzuziehen, um Bloßstellungen zu vermeiden. Als Nachteil dieser methodischen Maßnahmen muß die zu geringe Anregung der Selbständigkeit aufgezeigt werden, obwohl andererseits ein Lernfortschritt rascher erreicht werden kann.

Beschreiben und Erklären

Diese verbalen Maßnahmen unterstützen die obengenannten Maßnahmen. Allerdings setzen beide Maßnahmen kognitive Fähigkeiten des Schülers voraus. In Altersstufen, in denen sich die Schüler intensiver mit ihrem Körper auseinandersetzen und an der Bewegung interessiert sind, werden beide Methoden wirksam. Dies gilt vor allem beim Erlernen komplizierter Bewegungsabläufe wie z. B. beim Felgaufschwung. Da auch im Sportförderunterricht Fertigkeiten vermittelt werden sollen, wird die Lehrkraft auch diese methodischen Maßnahmen einsetzen.

Bewegungsaufgabe

Im Gegensatz zu den visuellen methodischen Maßnahmen ist die Bewegungsaufgabe wesentlich zeitraubender. Durch Selbstsuchen und Selbstgestalten wird jedoch die Selbständigkeit der Schüler angeregt. Da es gerade beim sensomotorisch leistungsschwachen Schüler die Bewegungsphantasie anzuregen und die Eigentätigkeit zu fördern gilt, ist das Stellen von Bewegungsaufgaben eine der wichtigsten methodischen Maßnahmen im Sportförderunterricht. ,,Wer kann den Ball prellen" und ,,wer kann den Ball mit einer Hand auf einer Linie prellen" sind Beispiele für die freie bzw. gebundene Bewegungsaufgabe. Aufgabe der Lehrkraft ist es, durch Einsatz eines vielseitigen Geräteangebots mit großem Aufforderungscharakter und durch anregende Bewegungsaufgaben beim Schüler Genuß am Mitmachen und Freude an der Bewegung zu erwecken. Geeignete Bewegungsaufgaben ermöglichen es darüber hinaus jedem Schüler ein Höchstmaß an Erfolgserlebnissen zu vermitteln. Positive Lernerfahrungen motivieren zu intensiverer Teilnahme am Sportförderunterricht. Lob und Ermutigung verstärken zusätzlich das Selbstwertgefühl der Schüler.

Bewegungsanweisung

Bei dieser methodischen Maßnahme steht im Gegensatz zur Bewegungsaufgabe die Lernökonomie im Vordergrund. Verwendet der Lehrer Lernprogramme z. B. zum Erlernen des Felgaufschwungs, dann hat diese methodische Maßnahme auch im Sportförderunterricht seine Berechtigung, sofern die Anweisungen altersgemäß und verständlich angegeben werden.

Bewegungshilfe

Unter Bewegungshilfe werden die methodischen Maßnahmen *Helfen beim sensomotorischen Lernprozeß* und *Sichern bei der Ausführung von Bewegungen*, z. B. beim Sprung über den Kasten, verstanden. Sensomotorisch gestörte Schüler, die ja die Hauptgruppe der am Sportförderunterricht teilnehmenden Schüler ausmachen, sind beim Erlernen motorischer Fertigkeiten ganz besonders auf Hilfe angewiesen. Diese Hilfe kann durch den Lehrer oder durch Mitschüler oder durch Geräte und Geländeformen zuteil werden. Da ein Einsatz von Mitschülern beim Halten aufgrund mangelnder Kenntnisse der Bewegungsabläufe problematisch erscheint, ist eine genaue Einweisung durch den Lehrer erforderlich.

Der Bewegungssicherung kommt im Sportförderunterricht besondere Bedeutung zu. Die Sicherung durch Lehrer oder Schüler z. B. beim Überspringen von Kästen oder beim Balancieren über umgedrehte Langbänke, beeinflussen durch Überwindung von Angst und Unsicherheit den Lernvorgang positiv.

Im Sportförderunterricht bieten Helfen und Sichern darüber hinaus die Möglichkeit, soziale Lernziele durch gegenseitige Hilfestellung und damit Verantwortungsübernahme zu verwirklichen.

Bewegungskorrektur

Die Bezeichnung korrektiver Unterricht, der nicht selten synonym für Sportförderunterricht verwendet wird, weist im engeren Sinn auf die besondere Bedeutung der Bewegungskorrektur im Sportförderunterricht hin.

Gerade beim Ausgleich von Haltungsschwächen ist die ständige Kontrolle der Übungsausführung durch die Lehrkraft notwendig, da sensomotorisch leistungsschwache Schüler besonders Gefahr laufen, sich fehlerhafte Bewegungsausführungen anzueignen.

Das Unterrichtsgespräch

Neben den bisher angeführten methodischen Maßnahmen kommt dem Unterrichtsgespräch im Sportförderunterricht große Bedeutung zu. Insbesondere hier muß die Lehrkraft Einsichten in die Bedeutung und die Zusammenhänge von Haltung und Gesundheit vermitteln, auf Probleme der unterschiedlichen Leistungsfähigkeit der Schüler im Unterricht hinweisen und den Leistungsstärkeren für den Leistungsschwächeren sensibilisieren.

6.2.3.2 Empfehlungen zur Unterrichtsgestaltung

Nachfolgende Empfehlungen für die Unterrichtsgestaltung sollten beachtet werden.

— Richtige Auswahl der Übungen, hinsichtlich der individuellen Ausprägung der festgestellten Haltungs-, Organleistungs- und Koordinationsschwächen sowie der Hemmungen
— Gezielte Auswahl der Übungen, Sportarten bzw. -bereiche im Hinblick auf mögliche Erfolgserlebnisse
— Abwechslungsreiche und freudvolle Gestaltung des Unterrichts
— Anwendung von Hilfsmaßnahmen, die im Einzelfall zum Abbau von Hemmungen führen sollen
— Gezielte Einzel- und Sammelkorrekturen durch den Lehrer
— Anleitung zu selbständigem Üben, auch außerhalb der Schule (s. a. Hausaufgaben)

6.2.3.3 Unterrichtsformen im Sportförderunterricht

Nicht alle Unterrichtsformen des Sportunterrichts (Frontal-, Gruppen-, Riegen-, Stationsunterricht) eignen sich auch für den Sportförderunterricht. Dem Stationsunterricht (syn. Kreisunterricht) kommt jedoch im Sportförderunterricht besondere Bedeutung zu.

Tab. 6   Unterrichtsformen im Sportförderunterricht

Einteilungsformen	Aufstellungsformen	Unterrichtsformen
Riegen	gebunden:	Frontalunterricht
Mannschaft	Linie, Doppellinie	Riegenbetrieb
Gruppe	Reihe	Stationsbetrieb
Paar	Block	
Schüler	Gasse	
	Kreis, Halbkreis,	
	ungebunden:	
	freie Aufstellung	
	Rudel	

Einteilungsformen:
Eine Einteilung der Schüler wird vorgenommen, um bestimmte Zielsetzungen eher erfüllen zu können.

— Riegen
Die Einteilung in Riegen kann im Sportförderunterricht unter dem Gesichtspunkt des Leistungsstandes, der individuellen Schwächen, des Geschlechts, der Größe, der sozialen Beziehung, aber auch unter dem Gesichtspunkt des zur Verfügung stehenden Raumes erfolgen.

— Mannschaften
Eine Einteilung in Mannschaften ist bei den kleinen und großen Spielen notwendig. Mannschaften sind Spielgemeinschaften gleicher Leistungsstärke die u. a. aus Zeitersparnis über einen längeren Zeitraum bestehen. In kürzester Zeit können so z. B. die Völkerballmannschaften A und B ihre Spielfelder einnehmen.

— Gruppen
Die Einteilung in Gruppen gilt nur für einen bestimmten Unterrichtsabschnitt, z. B. die gymnastischen Übungen zu dritt. Eine schnelle Gruppenbildung kann durch das Zahlenspiel erreicht werden, bei dem nach Aufruf einer bestimmten Zahl, die Schüler sich zu Gruppen mit der aufgerufenen Zahlenstärke formieren.

— Paare
Eine Partnereinteilung ist dann sinnvoll, wenn z. B. Partnerübungen ausgeführt oder Leistungskontrollen im Kreistraining durchgeführt werden sollen. Ein häufiger Wechsel der Partnergruppierungen sollte spielerisch erfolgen.

Aufstellungsformen:

Bei den freien Aufstellungsformen haben die Schüler keinen festen Platz. Sie werden eingesetzt bei Gruppenläufen (Rudel) oder bei der Gymnastik (freie Aufstellung) *(Abb. 81)*.

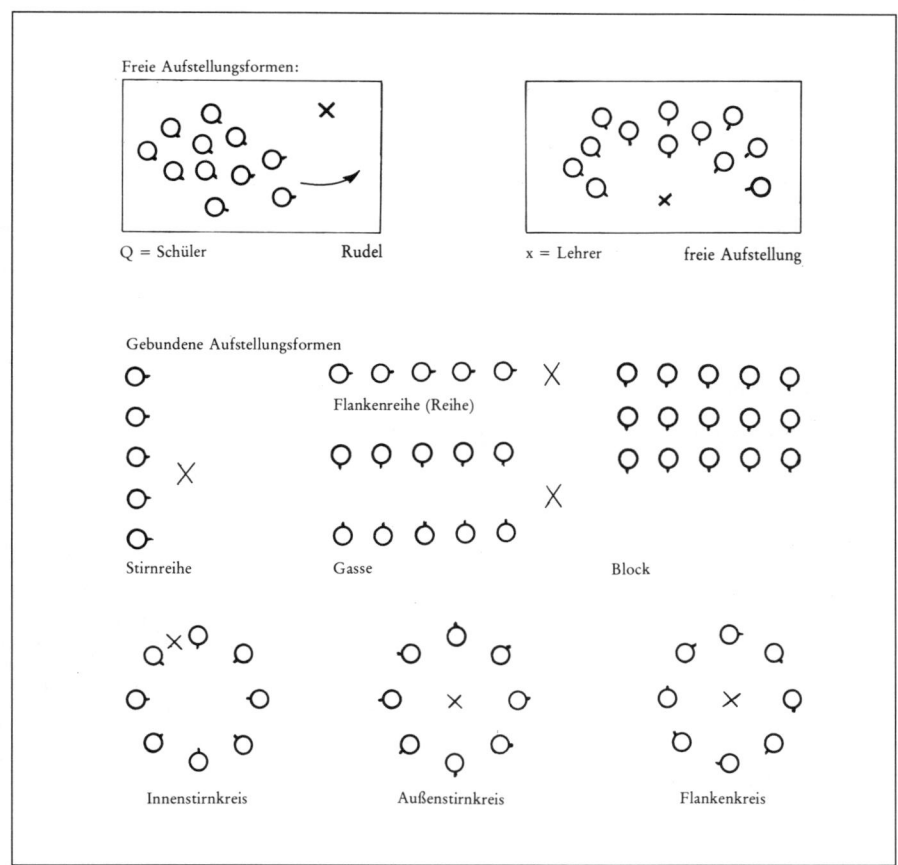

Abb. 90   Aufstellungsformen

Unterrichtsformen:

— *Frontalbetrieb*

Der Frontalbetrieb ist das zweckmäßigste Verfahren immer dann, wenn alle Schüler gleichzeitig gleiche Übungen ausführen z. B. bei einer allgemeinen Aufwärmgymnastik. Die Übungsintensität ist dabei sehr hoch und kann durch den Lehrer gut gesteuert werden. Als Aufstellungsformen eignen sich die ungebundenen Formen sowie die gebundenen Formen Block, Gasse, Innenstirnkreis.

— *Riegenbetrieb*

Man versteht darunter das gleichzeitige Üben mehrerer Riegen an verschiedenen Übungsstationen. Der Riegenbetrieb kann parallel oder als Wechselbetrieb gestaltet werden. Zusatzaufgaben beim Riegenbetrieb erhöhen die Intensität *(Abb. 82)*.

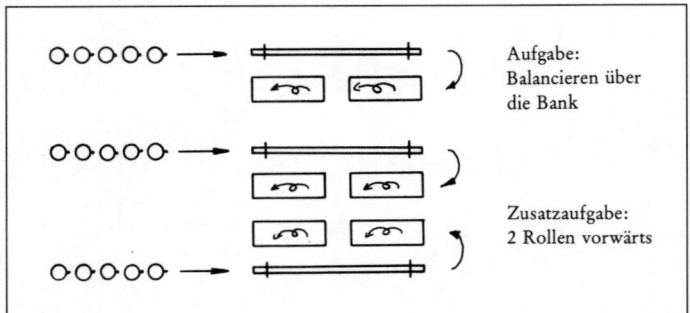

Aufgabe:
Balancieren über
die Bank

Zusatzaufgabe:
2 Rollen vorwärts

*Abb. 91
Paralleler Riegenbetrieb mit
Zusatzaufgabe*

— *Stationsbetrieb*

Beim Stationsbetrieb üben die Schüler an einzelnen Stationen.

AUSGLEICH VON MUSKELSCHWÄCHEN IM STATIONSBETRIEB

Geht man von der Definition aus, daß Haltungsschwächen vor allem die Folge schwacher Muskeln sind, dann bietet sich der Stationsunterricht als Hauptteil einer Unterrichtsstunde zur Entwicklung der Muskelkraft an. Gleichzeitig dient er auch der Verbesserung der Atmungs- und Kreislauffunktion. In diesem Fall braucht der Lehrer nicht symptomorientiert (Übungsauswahl nach der individuellen Schwäche) vorgehen. Da der Zeitaufwand für einen Stationsunterricht gering ist, bleibt genügend Zeit für motivierende Spiele im einleitenden und abschließenden Teil der Stunde. Die Auswahl der einzelnen Übungen hat sich natürlich am Alter und am Leistungsstand der Teilnehmer zu orientieren.

Beispiel für einen Stationsunterricht (6./7. Jahrgangsstufe) (Rusch 1982, 10) s. *Abb. 92.*

Übungsfolge:

1. = Hampelmannspringen
2. = Rumpf-Aufrichten aus der Rückenlage (Beine angezogen)
3. = Bauchlage auf Kasten, Beine senken und wieder bis zur Waagrechten heben
4. = Slalomlauf um vier Stangen
5. = Wechselsprünge am kniehohen Kastenteil
6. = Rumpfheben bis zur Waagrechten aus der Bauchlage auf einem Kastenoberteil (Füße unter Langbank fixiert)

7. = Hockstand — Hochzehenstand im Wechsel (halbe Hocke)
8. = Armbeugen im Liegestütz oder im Knieliegestütz
9. = Radfahren im Schwebesitz (Kinn auf die Brust)
Übungszeit: 15 Sekunden, Pause: 15 Sekunden

Abb. 92

AUSGLEICH VON HALTUNGSSCHWÄCHEN IM STATIONSBETRIEB (RUSCH 1982, 6 ff.)

Im Sportförderunterricht wird es aus organisatorischen Gründen nur selten zur Bildung einheitlicher Unterrichtsgruppen kommen. Sie sollte auch gar nicht angestrebt werden. Der Lehrer wird sich daher in der Regel mit dem Problem auseinandersetzen müssen, daß im Unterricht Schüler mit den unterschiedlichsten Schwächen zu betreuen sind. Wird nun im Hauptteil einer Unterrichtsstunde der Ausgleich von verschiedenen Haltungsschwächen angestrebt, dann eignet sich auch hier die Unterrichtsform „Stationsbetrieb" besonders.

Für die Durchführung des Stationsbetriebs stellt der Lehrer die Schüler mit verschiedenen Haltungsschwächen in Gruppen zusammen. Im Idealfall ist diese Einteilung schon durch den Schularzt in Zusammenarbeit mit dem Sportlehrer erfolgt. Folgende Stationen könnten z. B. angeboten werden (vgl. S. 190).

An jeder Station wird nun vom Schüler die für seine Haltungsschwäche spezifische Übung durchgeführt. Zum besseren Verständnis für die Schüler können Arbeitskarten* bei dieser Unterrichtsform eingesetzt werden. Die Markierung der Arbeitskarten durch verschiedene Farbpunkte bzw. Farben erleichtert den Unterrichtsverlauf.

Bei der Durchführung eines Stationsbetriebes im Sportförderunterricht sollten folgende Grundsätze berücksichtigt werden:

---

* RUSCH 1989[3])

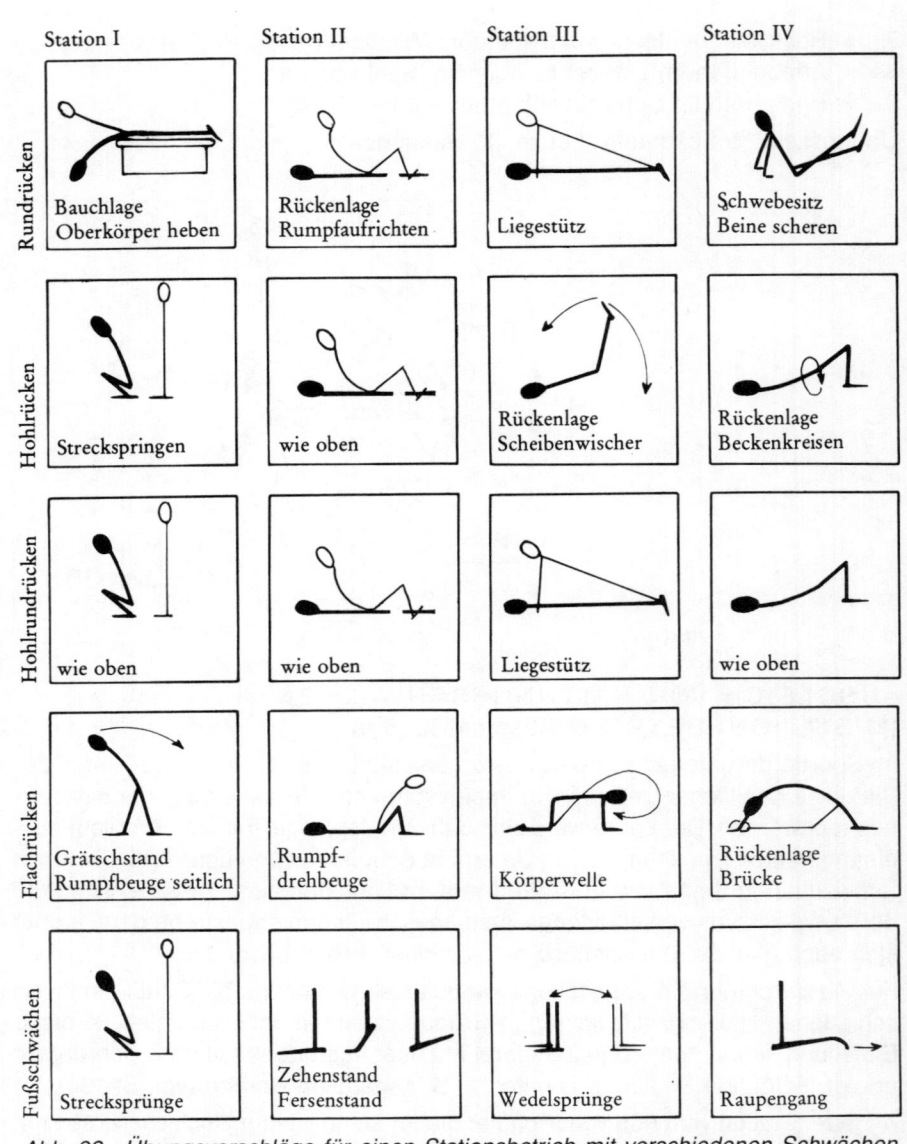

Abb. 93 Übungsvorschläge für einen Stationsbetrieb mit verschiedenen Schwächen

— Die Übungsstationen sind übersichtlich, am besten ringförmig, anzuordnen. Arbeitskarten, Nummern, Richtungspfeile, erleichtern den Unterrichtsablauf und tragen zur Ökonomisierung des Unterrichts bei.

— Ein Durchgang sollte 4—10 Stationen beinhalten.

— Die Übungen sollten einfach und leicht erlernbar sein.

— Die Übungen an den einzelnen Stationen können mehrere Wochen gleichbleiben.

— Die Übungsauswahl und die Belastung an den Stationen muß sich nach Alter, Geschlecht, Entwicklungs- und Leistungsstand der Teilnehmer richten.

— An den einzelnen Stationen können die Übungen innerhalb einer vorgegebenen Zeit so oft wie möglich durchgeführt werden (Zeitmethode), es kann jedoch auch an jeder Station die Zahl der Übungswiederholungen festgelegt werden (Zahlmethode).

— Je nach Leistungsstand und Trainingsabsicht wird mit oder ohne Pause geübt.

— Bei entsprechender Übungsauswahl können beim Stationsunterricht Lernzielkontrollen durchgeführt werden. Hierzu werden in vorgedruckte Leistungskarten die Wiederholungszeiten an den einzelnen Stationen eingetragen. Wird eine Leistungskontrolle bei der Zahlmethode durchgeführt, so wird die Gesamtdauer, die der Schüler für einen Durchgang benötigt hat, festgehalten (s. auch Lernzielkontrollen). Leistungsverbesserungen sind so leicht feststellbar und motivieren den Schüler zu weiterem Üben.

— Vor der Durchführung des Stationsunterrichts müssen die Schüler aufwärmende Übungen zur Beweglichmachung und Dehnung ausführen, um ein Verletzungsrisiko auszuschließen.

— Die Vorteile des Stationsunterrichts sind darin zu sehen, daß alle Schüler gleichzeitig und ohne Hilfestellung üben können und dem Lehrer Zeit bleibt, Ausführungen zu beobachten und Korrekturen anzubringen.

6.2.3.4 Unterrichtsverfahren im Sportförderunterricht

Vorrangige Absicht des Förderunterrichts ist es, das *Bewegungskönnen* der Kinder zu *erweitern,* um damit zu einer ausgeglichenen geistig-seelischen und sozialen Entwicklung beizutragen und um Koordinations-, Haltungs- und Organleistungsschwächen vorzubeugen bzw. diese auszugleichen. Dabei werden motorische Fähigkeiten geschult, Fertigkeiten gelernt, geübt und trainiert, Hemmungen abgebaut und in Verbindung damit in zunehmendem Maße Bewegungshandlungskompetenz erweitert. Über eine vermehrt auf das Individuum abgestellte Betreuung im Sportförderunterricht hinaus wird das Selbstvertrauen in das eigene Leistungsvermögen gestärkt. Durch das Üben mit dem Partner und das kooperative Handeln in der Gruppe soll gelernt werden, Leistung und Fortschritt auf die einzelne Person bezogen zu erkennen und zu bewerten. *Konkurrenzsituationen* und *Mißerfolge* müssen besonders beachtet werden; die dabei auftretenden Verhaltensweisen werden Kindern bewußt gemacht. Das Selbstwertgefühl der Kinder wird in diesem Förderunterricht — ggf. über die Erarbeitung spezieller Leistungsvorsprünge — erhöht; Verhaltensweisen der Selbstüberschätzung werden gebremst. Überaktive wie auch antriebsarme Kinder stellen im Unterrichtsablauf besondere Anforderungen an die Gruppe wie an den Lehrer. Übergeordnetes Ziel der Maßnahme ist der Abbau sozialer Sonder- oder Randpositionen. Trotz stärkerer Individualisierung bleibt dem Förderunterricht der Charakter des *Gruppensports* erhalten. Die günstigeren organisatorischen Bedingungen beim Sportförderunterricht geben neben dem lehrerzentrierten Unterricht (deduktives Unterrichtsverfahren) früh Gelegenheit, über Gruppenaufgaben die Schüler an der Unterrichtsgestaltung zu beteiligen *(induktives* Unterrichtsverfahren).

Im Sportförderunterricht sollte verstärkt die induktive Lehrweise angewandt werden. Mit Hilfe dieses Verfahrens kann die Bewegungsphantasie der Schüler angeregt, deren Selbständigkeit gefördert und ein großes Maß an Bewegungserfahrungen vermittelt werden. *Lernerfolge* und *Leistungserlebnisse* durch neue Bewegungsfertigkeiten, verstärkt durch Lob und Anerkennung bei allen möglichen Gelegenheiten, erhöhen die Lernbereitschaft und steigern die Motivation der Schüler für den Sportförderunterricht, aber auch für den regulären Sportunterricht. Bei Versagen und Fehlleistungen muß auf Sanktionen, abfällige Bemerkungen und destruktiven Tadel völlig verzichtet werden. Kritiken wie ,,das hast Du völlig falsch gemacht", die auch im allgemeinen Sportunterricht die Ausnahme sein sollten, müssen durch unterstützende Anweisungen wie ,,wenn Du . . ., dann gelingt es besser" ersetzt werden.

Der Lehrer wird in Übereinstimmung mit den beabsichtigten Lernzielen immer entscheiden müssen, ob er das deduktive oder das induktive Lehrverfahren auswählt.

Abb. 94 zeigt die methodischen Verfahren in einer Übersicht.

INDUKTIVES UNTERRICHTSVERFAHREN
(Offener Sportförderunterricht)

In einem offenen Unterrichtsarrangement fungiert die Lehrkraft als Berater und Organisator. Die Schüler selbst haben Mitentscheidungsmöglichkeiten im Ziel-, Inhalts- und Organisationsbereich. *Am Beispiel ,,Ausgleich von Koordinationsschwächen"* wird nachfolgend eine induktive (offene) Unterrichtskonzeption vorgestellt.

Unterrichtsziele sind
im kognitiven Bereich die Förderung selbständigen Handelns und die Anregung zum kreativen Verhalten,
im sozialen Bereich die Förderung der Interaktion zwischen Schülern bzw. Schüler-Lehrer,
im emotionalen Bereich die Förderung der Freude an der Bewegung und
im motorischen Bereich die Verbesserung der Balancier- und Gleichgewichtsfähigkeit.

Stundenverlauf

Nach einem einleitenden Unterrichtsgespräch über die Bedeutung einer guten Koordinationsfähigkeit (Beispiele aus dem täglichen Leben) wird herausge-

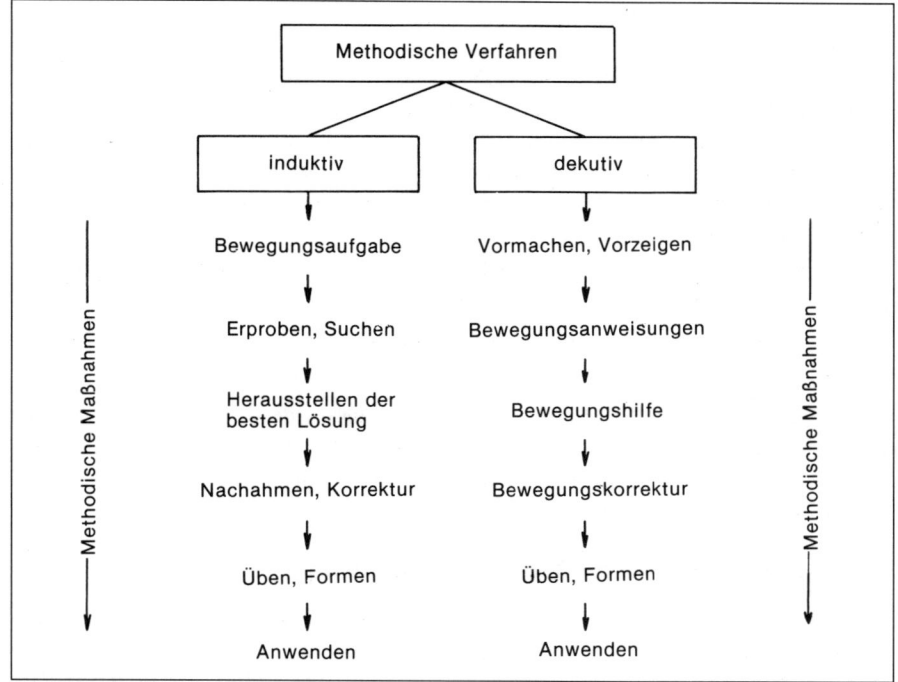

Abb. 94 *Methodische Verfahren im Sportunterricht*

stellt, daß Balancierenkönnen eine Koordinationsleistung darstellt. Die Schüler werden vom Lehrer nun aufgefordert, gemeinsame Balanciermöglichkeiten zu suchen.

Folgende Lösungsvorschläge werden wohl von den Schülern gemeinsam gefunden werden:

— Gehen über Linien in der Halle
— Balancieren über die (umgedrehte) Langbank
— Balancieren über eine umgedrehte Langbank, die auf Stäben liegt
— Balancieren über eine umgedrehte Langbank, die auf zwei kleinen Kästen steht
— Balancieren über eine schräg in die Sprossenwand eingehängte Langbank (aufwärts, abwärts)
— Balancieren über eine Langbank, die auf zwei Kästen (hüft- und schulterhoch) liegt. Sicherung durch Weichbodenmatte!
— Balancieren über die Langbänke, die mit Hindernissen bestückt sind (z. B. Medizinball, Reifen).

Gemeinsam mit der Lehrkraft wird nun der Balancierparcours aufgebaut, gesichert und ausprobiert. Ängstlichen Schülern wird Partnerhilfe angeboten. Auf die Frage des Lehrers, wie denn die Schwierigkeit noch erhöht werden könnte, kommen von den Schülern sicher Vorschläge wie

— die Übungsbahn mit einem Sandsäckchen oder Tennisring auf dem Kopf durchgehen
— den Parcours im Rückwärtsgehen überwinden
— den Parcours mit einem Partner gemeinsam bewältigen.

Nach einem kurzen Unterrichtsgespräch, das allen Schülern die Möglichkeit gibt, ihre Erfahrungen (Empfindungen) beim Balancieren an den verschiedenen Übungsstationen zu schildern, wird nach einem gemeinsamen Abbau der Geräte die Stunde abgeschlossen.

Achtung: Im Balancierparcours *nicht* in Wettkampfform üben. Hochgestellte Bänke durch Weichmatten absichern.

DEDUKTIVES UNTERRICHTSVERFAHREN
Geschlossener Sportförderunterricht

Geschlossener Sportförderunterricht ist lernzielorientiert, d. h. Lernziele wie z. B. Verbessern der Haltungsschwäche ,,Rundrücken'' unter Verwendung festgelegter Inhalte werden direkt angestrebt. Als Beispiel sei auf die Übungsbeispiele auf Seite 190 hingewiesen.

6.2.3.5 Unterrichtsstile im Sportförderunterricht

Im Sportförderunterricht ist der sozialintegrative Führungsstil anzuwenden. Bei diesem behält der Lehrer die Führung, beteiligt jedoch die Schüler an der Gestaltung kleinerer Unterrichtsabschnitte und an der Unterrichtsplanung. Der Lehrer nimmt ein partnerschaftliches Verhältnis zur Gruppe ein. Der Lehrer regt den Meinungsaustausch an, z. B. über das Verhältnis der leistungsschwachen Schüler im Sportunterricht, oder diskutiert mit den Schülern über den Sinn und Zweck der durchzuführenden Aufgaben. Auf den autokratisch-dominativen Unterrichtsstil muß eine Lehrkraft unter Umständen zurückgreifen, wenn es die Disziplin der Unterrichtsgruppe erfordert. Da beim Laissez-Faire-Stil jeder Führungsanspruch durch die Lehrkraft aufgegeben wird und die Gruppe in Planung und Ausführung ihrer Aktivitäten sich selbst überlassen bleibt, kann eine verantwortungsbewußte Sportförderunterrichtslehrkraft diesen Führungsstil nicht übernehmen.

6.2.4 Stundenbeispiele für den Sportförderunterricht

Die beiden ersten Stundenbeispiele zeigen modellhaft strukturiert die didaktischen Überlegungen bei der Ausarbeitung einer Sportförderunterrichtsstunde. Die Stundenbeispiele 3—6 sind noch nach Lernziel und Lerninhalt, Unterrichtsfolgen und Lernzielkontrolle gegliedert, der Ablauf der Stunde ist jedoch noch nicht exakt festgelegt. Die sich anschließenden Stundenbeispiele stellen jeweils nur noch eine Sammlung von Übungen für den Einleitungs-, Haupt- und Abschlußteil einer Sportförderunterrichtsstunde mit spezifischer Zielsetzung dar. Bei der Übungsdurchführung sind die unter Punkt 6.2.2.1 genannten Hinweise zu beachten.

Stundenbeispiel 1:

Verbesserung des Haltungsgefühls mit dem Sandsäckchen

Organisatorische Maßnahmen:

Geräte: Pro Schüler je ein Sandsäckchen und ein Reifen, ein Kassettengerät
Ordnungsrahmen: Freie Aufstellung
Unterrichtsmethode: Deduktives und induktives Verfahren
Methodische Hilfen: Laufmusik

Lernziel	Lerninhalte	Empfehlungen zur Unterrichtsgestaltung		
		Ordnungsrahmen	Methodik	Lernzielkontrolle
Freudvolle Ein-stimmung Verbesserung des a) Haltungsaufbaus b) Reaktionsfähigkeit c) Balancierfähigkeit	**I. Aufwärmphase** Sandsäckchen auf dem Kopf balancieren a) im Stand b) im Schneidersitz c) im Hockstand d) im Einbeinstand	Reifen werden in der Halle verteilt. In jedem Reifen liegt ein Sand-säckchen	Lehrer erklärt: Lauft um alle Reifen herum. Wenn die Musik stoppt, sucht euch schnell einen Reifen, stellt euch in den Reifen und balanciert das Sandsäckchen auf dem Kopf	Lehrer kontrolliert die Übungsausführung
1. Verbesserung der a) Reaktionsfähigk. b) Kooperations-fähigkeit	**II. Hauptteil** Mit dem Partner laufen, ein- und beid-beinig hüpfen	Freie Aufstellung	Lehrer erklärt: Lauft um die Reifen herum. Auf mein Zeichen sucht ihr euch einen Partner und lauft so, wie ich es euch sage, um die Reifen herum	Lehrer beobachtet

Lernziel	Lerninhalte	Empfehlungen zur Unterrichtsgestaltung		
		Ordnungsrahmen	Methodik	Lernzielkontrolle
2. Verbesserung der Balancierfähigkeit durch Erkundung von Balanciermöglichkeiten	Balancieren z. B. auf dem Fuß, Knie, Bauch, Rücken, Fußsohle	Freie Aufstellung	Lehrer fordert die Schüler auf, Balanciermöglichkeiten zu finden. Gute Lösungen stellt er heraus	Lehrer beobachtet und vergleicht
3. Verbesserung der Reaktionsfähigkeit	Sandsäckchen schnell aus dem Reifen holen	Zwei Schüler um einen Reifen mit einem Sandsäckchen in der Mitte	Lehrer erklärt: Geht auf allen vieren um den Reifen. Auf mein Zeichen versucht ihr, das Sandsäckchen schnell zu ergreifen	Wer hat zuerst 5 Punkte erreicht?
4. Verbesserung des Haltungsaufbaus	Schüler balancieren im Gehen vorw., rückw., seitw. auch mit geschlossenen Augen	Freie Aufstellung	Lehrer erklärt: Legt euch das Sandsäckchen auf den Kopf und versucht es auszubalancieren. „Nehmt die Schultern zurück. Der Rumpf bleibt aufrecht"	Lehrer beobachtet die Schüler bei der Lösung der Aufgaben
5. Verbesserung der a) Reaktionsfähigk. b) Ausdauerfähigk. c) optischen Wahrnehmungsfähigk.	Sandsäckchen anlaufen	Sandsäckchen liegen verstreut in der Halle	Lehrer erklärt: „Lauft über die Sandsäckchen. Wenn ich eine bestimmte Farbe aufrufe, bleibt ihr bei einem Sandsäckchen dieser Farbe stehen"	Lehrer beobachtet

Lernziel	Lerninhalte	Empfehlungen zur Unterrichtsgestaltung		
		Ordnungsrahmen	Methodik	Lernzielkontrolle
6. Verbesserung der Kooperationsfähigkeit	Sandsäckchen mit einem Partner von einer Hallenseite zur anderen transportieren z. B. auf den Händen, dem Rumpf, den Füßen	Schüler stehen paarweise auf einer Hallenseite	Lehrer erklärt die Aufgabe und läßt Lösungen finden	Lehrer beobachtet die Aufgabenlösung
Verbesserung der Haltefähigkeit	*III. Ausklang* In der Bewegung abstoppen — im Gehen — im Laufen	Freie Aufstellung	Lehrer erklärt: Geht (lauft) durch die Halle und bleibt auf mein Zeichen, oder wenn die Musik stoppt, wie verzaubert stehen.	Lehrer beobachtet, stellt besondere Figuren heraus

Stundenbeispiel 2:

Verbesserung der Anpassungsfähigkeit an Musik, Gerät und Partner

Organisatorische Maßnahmen:

Geräte: Einige Reifen, Stäbe, verschiedene Bälle und leichte Gegenstände (z. B. Mützen, Sandsäckchen usw.). Für je zwei Schüler ein Springseil, einige in Reserve, für je zwei Schüler ein Schwungtuch (z. B. ein Handtuch). Vorrichtung, um eine Zauberschnur zu spannen

Ordnungsrahmen: Bewegen allein, mit Partner und Gerät, in der Gruppe

Unterrichtsmethode: Deduktives und induktives Lehrverfahren

Methodische Hilfen: Kassettenrecorder, Musikkassetten

Mögliche Begleitmusik: I. 1. Per Guem: Les Percussions Africaines; 2. Ramsey Lewis: Wade in the Water. II. 1. Querfeldein, Tanzspiele; 2. Fidula Cassette

Lernziel	Lerninhalte	Empfehlungen zur Unterrichtsgestaltung		
		Ordnungsrahmen	Methodik	Lernzielkontrolle
Schulung der Bewegungsanpassung an einen akustischen Reiz	*1. Aufwärmphase* Bewegen zur Musik a) im Raum	Freie Aufstellung	*Bewegungsphase* 1. Lehrer erklärt bzw. regt an: Höre dir die Musik an und versuche, dich dazu passend zu bewegen	Lehrer beobachtet die Aufgabenlösung
Abbau von Bewegungshemmungen	b) mit Bezug auf einzelen Körperteile		2. Wir bewegen nun wie eine Marionette jedes Körperteil einzeln (rechter Arm, Schulter, Kopf usw.) 3. Was passiert, wenn der Marionettenspieler mehrere Fäden (alle gleichzeitig) zieht?	

Lernziel	Lerninhalte	Empfehlungen zur Unterrichtsgestaltung		
		Ordnungsrahmen	Methodik	Lernzielkontrolle
Schulung der Bewegungsanpassung an einen Partner	c) mit einem Partner	Schüler bewegen sich paarweise	4. a) Folge deinem Partner (PA) wie ein Schatten! b) Du kannst dich jetzt an deinen PA anhängen. Welche Möglichkeiten findet ihr? c) Laufe jetzt mit deinem PA! Während des Laufens läßt du ihn los. Sobald du die Trommel hörst, versuchst du ihn wiederzufinden! d) Jetzt gehen immer zwei Paare zusammen! Solange ihr die Musik hört, versucht ihr zusammen ein Kunstwerk darzustellen! Dabei muß aber jeder die anderen berühren!	Lehrer und Schüler vergleichen
Schulung a) der Geschicklichk.	2. Hauptteil/Leistungsphase Bewegungsmöglichkeiten finden a) mit versch. Geräten	Offene Unterrichtssituation: Es liegen Reifen, Seile, Bälle usw. bereit	Lehrer erklärt: Suche dir ein Gerät aus und versuche verschiedene Bewegungsmöglichkeiten allein oder mit anderen zu finden!	Lehrer ermuntert gehemmte Kinder

Lernziel	Lerninhalte	Empfehlungen zur Unterrichtsgestaltung		
		Ordnungsrahmen	Methodik	Lernzielkontrolle
b) der Kooperationsfähigkeit	b) allein oder mit dem Partner	Freies Bewegen in der Halle	Auf mein Zeichen werden die Geräte ausgetauscht!	Lehrer stellt gelungene Bewegungsformen heraus
Schulung a) der Anpassungsfähigkeit an Partner und Gerät	Paarweise Bewegungsformen mit dem Seil ausführen!	Schüler haben zu zweit ein Seil	Bewegungsanregungen: 1. Lauft so durch den Raum, daß das Seil immer gespannt bleibt!	Lehrer beobachtet die Aufgabenlösungen
b) der Bewegungsphantasie		Wechsel der Rollen bei jedem Bewegungsauftrag	2. Führt euren PA mit dem Seil, z. B. als Herr und Hund, als Pferd und Kutscher	Lehrer lobt besonders gelungene Bewegungsmöglichkeiten
c) der optischen Wahrnehmung und Reaktionsfähigkeit		Wechsel der Partner	3. Zieht euren PA am Seil hinter euch her	
			4. Ein PA bewegt das Seil am Boden, der andere versucht, auf das Seil zu treten	
Übungen: a) der Fähigkeit, Bewegungen zu koordinieren	Paarweise Sprungformen mit dem Seil ausführen	Freie Aufstellung der Paare; Lehrer achtet auf ausreichend Abstand	Freies Probieren von Sprungformen; Lehrer gibt Bewegungsanregungen: 1. Nebeneinander stehend zu zweit über das schwingende Seil hüpfen, mit gleicher oder mit entgegengesetzter Blickrichtung	Lehrer lobt und gibt Hilfen

Lernziel	Lerninhalte	Empfehlungen zur Unterrichtsgestaltung		
		Ordnungsrahmen	Methodik	Lernzielkontrolle
b) die Fähigkeit, sich Bewegungen anzupassen c) der Fähigkeit, auf vorgegebene Bewegungen zu reagieren			2. Ein Partner schwingt das Seil, der andere hüpft vor oder hinter ihm stehend mit durch das Seil 3. Ein Partner schwingt das doppelt gefaßte Seil im Kreis herum am Boden, der andere Partner hüpft darüber	Lehrer stellt gelungene Bewegungsformen heraus
Schulung der Kooperationsfähigkeit in der Gruppe	Kooperationsspiel	Vierer-Gruppen mit je drei Seilen	Zöpfe flechten: Ein Schüler hält die Enden aller drei Seile; die drei anderen Schüler der Gruppe halten je ein Seilende. Versuchen, mit den Seilen einen Zopf zu flechten, ohne die Seilenden loszulassen	Lehrer lobt und hilft
Schulung der Reaktionsfähigkeit	Reaktionsspiel	Schüler stehen paarweise in einem großen Flankenkreis	Lehrer erklärt: Lauft mit gespanntem Seil im Kreis. Auf das Kommando „Hoch" bleibt die „Hoch"-Gruppe stehen und hält das Seil hoch, die anderen laufen unter den Seilen durch, auf das Kommando „Tief" bleibt die „Tief"-Gruppe stehen und hält die Seile in Kniehöhe gespannt. Die anderen laufen darüber.	Lehrer bestimmt den Bewegungswechsel nach der Reaktionsfähigkeit der Gruppe

Lernziel	Lerninhalte	Empfehlungen zur Unterrichtsgestaltung		
		Ordnungsrahmen	Methodik	Lernzielkontrolle
		Abzählen der Paare nach „Hoch" und „Tief" Wechsel der Rollen	Auf ein zusätzliches Zeichen, z. B. Pfiff, ändert die sich bewegende Gruppe die Laufrichtung	
Schulung a) der Koordinations-fähigkeit b) der Kooperations-fähigkeit in der Gruppe	*3. Ausklang/ Abschlußphase* Mit einem Tuch einen Ball oder einen anderen Gegenstand hochschleudern und wieder auffangen	Je zwei Schüler bewegen ein Tuch Spielen in der Vierer-gruppe Spielen in zwei Mann-schaften über eine ge-spannte Schnur	Spielvorschläge: 1. Zu zweit einen Gegen-stand hochschleudern und im Tuch auffangen 2. Zwei Paare spielen einen Ball mit den Tüchern hin und her 3. Über eine Schnur wird ein Sandsäckchen von einer Mannschaft zur anderen gespielt. Nach der dritten Berührung muß das Sand-säckchen die Schnur überqueren	Mögliche Zielsetzungen: a) Überquert das Sandsäckchen 10 x die Schnur ohne den Boden zu berühren? b) Welche Gruppe hat die wenigsten Bo-denberührungen?

Stundenbeispiel 3:

Verbesserung der Grobkoordination

Lernziel	Lerninhalt	Empfehlungen zur Unterrichtsgestaltung		
		Organisationsform	Methodik	Lernzielkontrolle
Verbesserung der Bewegungsökonomie, des Bewegungsflusses, der Bewegungselastizität, der Bewegungspräzision, der Spannungs- und Entspannungsfähigkeit	Grundtätigkeiten wie Krabbeln, Rollen, Rutschen, Hüpfen, Steigen, Klettern, Springen	Stationsbetrieb Die Schüler bauen in Dreier-Gruppen 8 verschiedene Stationen mit den in der Halle zur Verfügung stehenden Geräten (Kästen, Leitern, Weichmatten, Matten, Bänken, Sprossenwand, Stangen) auf.	Aufgabenstellung Die Kinder werden aufgefordert, an ihrer Station Übungen zu erfinden. Sie dürfen ihre Lieblingsübungen vorführen. Auf ein Zeichen der Lehrkraft wird zur nächsten Station gewechselt, an der wieder neue Übungen gefunden werden sollen. Die besten Übungen werden von der Lehrkraft hervorgehoben. Für die nächste Stunde könnten dann die besten acht Übungen zusammengestellt werden. Abschlußspiel: Freunde suchen	Auf vorgefertigten Beobachtungsbögen sollten Defizite in der Motorik z. B. beim Hüpfen festgehalten werden. Über die Zusammenarbeit in den Gruppen könnten ebenfalls Beobachtungen festgehalten werden.

Stundenbeispiel 4:

Verbesserung der Feinkoordination

Lernziel	Lerninhalte	Empfehlungen zur Unterrichtsgestaltung		
		Organisationsform	Methodik	Lernzielkontrolle
Verbesserung der Geschicklichkeit, Gleichlichkeit und Zielgenauigkeit	Übungen mit dem Sportkreisel (SK) der als Balanciergerät als Zielfläche und als Handgerät für Rückschlagspiele verwendet werden kann. 1. Gehen über die Geräte 2. Tragen von Bällen mit dem SK 3. Balancieren auf dem SK einzeln und mit dem Partner 4. Zielschieben mit dem SK 5. Mit Tennisbällen auf die SK zielen (Abstände vergrößern) 6. Tennisbälle mit dem SK hin und her schlagen 7. Erarbeitung eines einfachen Rückschlagspieles	Die Schüler werden aufgefordert, den Sportkreisel auszuprobieren. Es arbeiten jeweils zwei Schüler mit einem Gerät	Nach einem Übungszeitraum werden Übungen von den Kindern vorgestellt	Feststellung — wer eine bestimmte Zeit auf dem SK balancieren kann — wer wie oft einen Tennisball in die Luft schlagen kann

Stundenbeispiel 5:

Verbesserung der sensomotorischen Koordination (z. B. optischer Bereich)

Lernziel	Lerninhalte	Empfehlungen zur Unterrichtsgestaltung		
		Organisationsform	Methodik	Lernzielkontrolle
Verbesserung der Anpassungsfähigkeit an bewegliche Objekte	Übungen mit dem Luftballon (auch Wasserball bzw. Softball) in Einzel-, Partner- und Gruppenarbeit. 1. Den Ballon in die Luft schlagen 2. Den Ballon mit den Händen, Füßen, dem Kopf vorwärtstreiben 3. Den Ballon durch die gegrätschten Beine werfen und nach einer Drehung auffangen 4. Die Partner schlagen sich zwei Ballons mit den Händen/Füßen zu 5. Seitenwechsel. Der Ballon darf dabei nur mit den Händen oder Füßen geschlagen werden	Jedes Kind bekommt einen Luftballon nach Wahl (Farbe), darf diesen mehrmals aufblasen und Musik mit ihm machen. Danach wird der Ballon aufgeblasen und verknotet	Zuerst dürfen die Kinder Übungen mit dem Ballon erfinden. Die Lehrkraft wählt dann die besten Vorschläge aus	Wer schafft es, den Ballon 30 oder 60 Sekunden abwechselnd mit Füßen und Händen in die Luft zu schlagen, ohne daß der Ballon auf den Boden fällt

207

Stundenbeispiel 6:

Verbesserung der Kooperationsfähigkeit

Lernziel	Lerninhalte	Empfehlungen zur Unterrichtsgestaltung		
		Organisationsform	Methodik	Lernzielkontrolle
Eigene Bewegungen mit denen anderer abstimmen	Es werden Partnerübungen ohne Gerät und mit Seilen, Bänken, Reifen angeboten 1. Schattengehen 2. Bewegungen spiegelbildlich ausführen 3. Gehen mit Blickkontakt 4. Fangen zu zweit 5. Partner mit Fingerkontakt führen 6. Mit gespanntem Seil gehen 7. P 1 führt P 2 der in einem Reifen geht 8. Ball auf Stäben balancieren 9. Auf Bank aneinander vorbeigehen 10. Ball sich zuwerfen, zurollen im Stand, Gehen und Laufen	Die Schüler dürfen sich einen Partner auswählen. Nach der jeweils dritten Übung wird ein Partnerwechsel durchgeführt	Auf die Frage des Lehrers: „Wer kann", versuchen die Schüler die Aufgabenstellungen zu lösen	Welche Partnergruppe kann einen Ball mit zwei Stäben durch die Turnhalle transportieren? Außerdem können Beobachtungen über die Zusammenarbeit der Partner in das Protokoll übernommen werden

7. Stundenbeispiel für den Ausgleich der Haltungsschwäche Totalrundrücken

BEISPIEL 1

Einstimmung:

1. Die Kinder laufen durch die Halle und schlagen dabei mit den Armen auf und ab oder kreisen mit den Armen vorwärts und rückwärts. Auf ein Zeichen der Lehrkraft bleiben alle Kinder im Hochzehenstand mit Armen in Hochhalte stehen.

2. Wie 1. aber im Hopserlauf mit Einarm- oder Doppelarmschwung vorwärts und rückwärts. Auf ein Zeichen der Lehrkraft stellen sich immer zwei Kinder Rücken an Rücken mit Handfassung in Seithalte und führen gemeinsam ein langsames Armkreisen aus.

Hauptteil:

Dehnen

● Im Stand die Arme in Hochhalte wechselseitig nach rückwärts führen.
● Im Knieliegestütz den linken Arm zuerst nach links hochführen und dann unter dem rechten Arm durchführen, dann Wechsel.
● In der Bauchlage wechselseitig linkes Bein und rechter Arm heben.
● Im Sitzen ein Bein im Kniegelenk abbeugen und nach außen ablegen. Der Unterschenkel des anderen Beines wird an die Vorderseite des unteren Oberschenkels gestellt und zur Außenseite gezogen.
● In Rutschhalte den Oberkörper nach unten drücken.

Kräftigen

● P 1 grätscht im Liegestütz die Beine, P 2 faßt P 1 an den Oberschenkeln und geht mit diesem langsam vorwärts (Schubkarrenfahren).
● P 1 Bauchlage, P 2 hüpft mit einem oder beiden Beinen über P 1 und geht selbst in Bauchlage. Aufgabenwechsel.
● P 1 und P 2 im Strecksitz gegenüber. Beinkreisen gegeneinander. Knie gebeugt.
● P 1 und P 2 im Stand mit Handfassung gegenüber, P 1 wippt dreimal bis zur tiefen Hocke und springt dann in den Stand, danach Aufgabenwechsel.
● P 1 und P 2 im Liegestütz, beide Partner versuchen sich gegenseitig auf die Finger zu klopfen.

Ausklang:

1. Zwei Mannschaften stehen in Reihe hinter einer Startlinie. Auf Kommando treibt der erste auf allen vieren gehend einen Medizinball mit dem Kopf bis zu einem fünf Meter entfernten Mal und führt den Ball im Liegestütz rücklings mit den Beinen zum nächsten seiner Mannschaft.

2. Zwei Mannschaften sitzen in Linie im Abstand von einem Meter im Strecksitz nebeneinander. Auf Kommando übergibt der erste der Mannschaft mit den Beinen den Medizinball an den zweiten usw.

BEISPIEL 2

Einstimmung:

- Die Schüler laufen durch die Halle. Abwechselnd ruft die Lehrkraft bestimmte Zahlen auf. Bei der Zahl 1 bleiben die Schüler im Hochzehenstand stehen. Bei der Zahl 2 nehmen sie den Sohlenhockstand ein. Bei der Zahl 3 wird ein Strecksitz eingenommen. Bei der Zahl 4 begeben sich alle Schüler in die Rückenlage.

Hauptteil:

— Beweglichmachen des Schultergürtels

- Gehen mit Kreisen der Arme vorwärts und rückwärts.
- Laufen mit Doppelarmschwung vorwärts und rückwärts.
- Gehen mit Zusammenklatschen der Hände vor und hinter dem Körper.
- Hopserlauf mit Doppelarmschwung vorwärts und rückwärts.

— Dehnen der verkürzten Brustmuskulatur

- P 1 und P 2 im Grätschsitz Rücken an Rücken, Handfassung in Seithalte, Armkreisen.
- P 1 und P 2 in Gegenüberstellung mit Handfassung, Armschwung mit Drehung um die Längsachse.
- P 1 im Knieliegestütz, P 2 drückt P 1 federnd in den Fersensitz.
- P 1 und P 2 in Gegenüberstellung, Schulterwippe.

— Kräftigung der geschwächten Rückenmuskulatur

- Bauchlage, den Medizinball von links nach rechts unter dem Oberkörper durchrollen.
- Bauchlage, Medizinball nach vorne wegrollen und nachlaufen.
- Bauchlage, Arme in Vorhalte, mit den Händen auf den Ball klatschen.
- Stand, Medizinball nach oben stoßen, mit der rechten, linken Hand und mit beiden Händen.

Ausklang: Medizinball-Staffel (zwei Mannschaften)

- Die Spieler liegen in Bauchlage nebeneinander. Neben dem ersten der Gruppe liegt ein Medizinball. Auf das Startzeichen nimmt dieser den Ball und ruft ,,hoch''; wenn seine Mitspieler den Liegestütz eingenommen haben, rollt er den Ball unter diesen durch. Der letzte der Gruppe nimmt den Ball auf und läuft nach vorne. Da die Mitspieler in der Zwischenzeit wieder in der Bauchlage sind, muß erneut ,,hoch'' gerufen werden. Es gewinnt die Mannschaft, deren erster Spieler wieder nach vorne läuft.

BEISPIEL 3

Einstimmung:

- Medizinbälle werden wahllos in der Halle verteilt.
- Im Slalom um die Bälle laufen. Auf ein Zeichen des Lehrers sucht sich jedes Kind einen Medizinball, legt sich mit dem Bauch auf den Ball und stützelt sich vorwärts bis die Füße auf dem Ball liegen. Danach wieder weiterlaufen.
- Weitere Aufgaben: Schwebesitz auf dem Ball; Stütz der Hände auf dem Ball und um den Ball laufen; über den Ball springen.

Hauptteil:

Dehnen

- Kniestand vor dem Ball, mit dem Ball vorwärts stützeln bis der Oberkörper sich in der Waagrechten befindet.
- Grätschstand mit dem Rücken zur Wand, Entfernung zwei bis drei Meter. Den Ball über Kopf an die Wand werfen.
- Im Stand den in Vorhalte gehaltenen Ball abwechselnd mit dem rechten oder linken Knie berühren, bzw. nach oben stoßen.
- Rückenlage, Ball in Hochhalte, aufrollen und mit den Fußristen sechsmal auf den Ball schlagen, dann wieder senken in die Ausgangslage.
- Bauchlage, Hände liegen auf dem Ball, den Ball an den Körper heranstützeln.

Kräftigen

- Im Stand Armachterkreisen mit dem Medizinball.
- Liegestütz, den Ball von der linken zur rechten Hand rollen.
- Stand, Wechselsprünge am Medizinball.
- Bauchlage, den Ball nach vorne wegstoßen, sofort dem Ball nachstarten und zur Ausgangsstellung zurückkehren.

Ausklang:

1. Zwei Mannschaften stehen in Stirnreihe hinter einer Startlinie. Der erste jeder Mannschaft trägt zwei Medizinbälle. Auf Kommando läuft der erste Spieler um ein Mal (Entfernung 10 bis 15 Meter) und übergibt dann die Bälle dem nächsten seiner Mannschaft.

2. Vor den Mannschaften, die in Stirnreihe hinter einer Linie stehen, steht im Abstand von drei bis vier Metern ein Zuspieler, der auf Kommando den Ball nacheinander seinen Spielern mit beiden Händen zustößt. Die Spieler, die den Ball zurückgestoßen haben, setzen sich ab. Bekommt der letzte Spieler den Ball, so läuft dieser auf den Werferplatz, während sich sein Vorgänger in die aufgestandene Reihe vorne wieder eingliedert. Es gewinnt die Mannschaft, die zuerst wieder die Ausgangsstellung einnimmt.

8. Stundenbeispiele für den Ausgleich der Haltungsschwäche Hohlrücken)

BEISPIEL 1

Einstimmung: Kettenfangen

● Ein Fänger versucht einen Mitspieler abzuschlagen mit dem er dann, durch Handfassung verbunden einen weiteren Spieler fängt. Sobald drei Spieler einen vierten abgeschlagen haben, trennt sich die Vierergruppe in zwei Zweiergruppen, die nun getrennt auf Fang ausgehen.

Hauptteil: 8—10 ein kg schwere Medizinbälle werden im Abstand von ein bis zwei Metern in einer Reihe aufgelegt.

● Im Slalom um die Bälle herumlaufen.
● Über die Bälle laufen.
● Im Schlußsprung über die Bälle hüpfen.
● Im Slalom rückwärts um die Bälle laufen.
● In der tiefen Hocke um die Medizinbälle gehen.

Einzelübungen (Gassenaufstellung)

● Medizinball um die Hüfte kreisen lassen.
● Medizinball im Achter um die gegrätschten Beine rollen.
● Im Strecksitz Beine über den Ball heben.
● Wechselhüpfen am Ball.
● In der Bauchlage den Ball mit den Beinen vom Boden abheben.
● Rumpfkreisen mit dem Ball.
● Strecksitz, Fersen auf dem Ball, heben in den Liegestütz rücklings.

Partnerübungen (Gassenaufstellung)

● Im Sitz gegenüber, den Ball mit den Beinen zustoßen.
● Im Stand den Ball durch die gegrätschten Beine zum Partner rollen.
● P 1 im Knieliegestütz, P 2 legt den Ball auf den Rücken von P 1 der ihn durch eine schnelle Bewegung der Wirbelsäule nach oben wirft.
● P 1 in Rückenlage, Beine angehockt, P 2 wirft aus geringem Abstand (ein Meter) den Ball zu P 1, der ihn mit den Füßen zu P 2 zurückstößt.
● P 1 und P 2 im Stand, Rücken an Rücken, den Ball seitwärts weiterreichen.
● Strecksitz gegenüber, P 2 klemmt den Ball zwischen die Füße, führt den Ball über den Kopf und übergibt ihn an P 1 usw.

Ausklang: Zwei Gruppen stehen in Reihe mit gegrätschten Beinen im Abstand von einem Meter hintereinander. Der erste Spieler übergibt auf Kommando den Ball durch die Beine zum Nächsten usw. Der letzte der Reihe läuft nach vorne und übergibt erneut den Ball durch die gegrätschten Beine nach hinten. Der Ball darf den Boden nicht berühren. Ein oder mehrere Durchgänge.

BEISPIEL 2

Einstimmung: Die Kinder laufen in der Halle durcheinander. Auf ein Zeichen der Lehrkraft nehmen alle Kinder die Hockstellung ein. Auf ein weiteres Zeichen laufen die Kinder wieder weiter. Gibt der Lehrer zwei Zeichen, dann bewegen sich die Kinder im Bärengang auf allen vieren vorwärts. Klatscht der Lehrer dreimal, führen die Kinder eine Rückenschaukel aus.

Hauptteil:

● P 1 und P 2 im Grätschsitz gegenüber, die Hände stützen hinter dem Gesäß ab. P 1 kreist Beine um Beine von P 2.
● P 1 und P 2 im Grätschsitz, Füße aneinandergestellt, Radfahren.
● P 1 Bankstellung, P 2 hüpft über P 1 und kriecht unter P 1 durch, wenn dieser die Winkelliegestützstellung eingenommen hat.
● P 1 und P 2 im Hocksitz gegenüber, Handfassung, Fußsohlen aneinandergestellt, Beine nach oben durchstrecken.
● P 1 und P 2 mit Handfassung in Gegenüberstellung. Nun geht abwechselnd P 1 bzw. P 2 in die tiefe Hocke.
● P 1 und P 2 in Rückenlage, Kopf zueinander, Handfassung. Beide Partner führen die Beine über den Kopf nach hinten, bis sich die Fußsohlen berühren.
● P 1 und P 2 im Grätschsitz gegenüber, Handfassung Rumpfbeugen vorwärts im Wechsel.

Ausklang: Die Schüler bilden einen Kreis, Abstand 3 bis 4 Meter. Nach Abzählen zu zweien, nehmen die Einser den Knieliegestütz, die Zweier eine Winkelliegestützstellung ein. Nacheinander überspringt und durchkriecht jeder Schüler die Hindernisse und nimmt danach wieder seine Ausgangsposition ein.

9. Stundenbeispiele für den Ausgleich der Haltungsschwäche Hohlrundrücken

BEISPIEL 1

Einstimmung: Ball unter die Schnur. Zwei Mannschaften in je einer Turnhallenhälfte getrennt durch eine 50 cm hoch gespannte Zauberschnur. Ein Hohlball wird unter der Schnur so ins gegnerische Feld gespielt, daß er die Seiten oder Endlinien des Spielfeldes passiert. Die Gegenmannschaft versucht den Ball vorher abzufangen. Ein gelungener Ausball zählt als Gewinnpunkt. Spieldauer etwa fünf Minuten oder bis 20 Punkte.

Hauptteil: Jedes Kind bekommt einen 1,5 kg schweren Medizinball.

● Den Ball im Achter um die gegrätschten Beine rollen.
● Kniestand vor dem Medizinball, Rumpfsenken und Arme gestreckt auf den Medizinball legen, Rumpfwippen.

- Rückenlage, Medizinball in Hochhalte, Aufrichten und den Medizinball zwischen den Beinen ablegen, dann zurück zur Ausgangslage.
- In Ausfallschrittstellung den Ball im Achter um die Beine rollen.
- Bauchlage, Ball zwischen den Füßen, mit den gestreckten Beinen den Ball gerade eben vom Boden abheben.
- Stand, Ball in Vorhalte, abwechselnd mit dem rechten bzw. linken Knie an den Medizinball stoßen.
- Liegestütz, den Medizinball von der rechten in die linke Hand rollen.
- In der tiefen Hocke, bei aufrechtem Rücken um den Ball gehen.
- Im Schneidersitz mit beiden Händen den Ball nach oben stoßen.

Ausklang: Die Schüler bilden Mannschaften und stehen in einer Reihe hintereinander. Der erste Spieler rollt den Ball auf allen vieren gehend zu einem 5—10 m entfernten Mal, nimmt den Ball auf, läuft zurück und übergibt ihn an der Startlinie dem nächsten seiner Mannschaft usw.

BEISPIEL 2

Einstimmung: Oben drüber unten durch. Der Lehrer zieht, von einem Schüler assistiert, eine Zauberschnur durch die Halle. Je nach Höhe der Zauberschnur springen die Schüler über die Schnur oder kriechen unter der Schnur durch.

Hauptteil: Reck hüft- bis brusthoch

- Liegehang; das Gesäß berührt den Boden nicht mehr, die Beine sind gestreckt.
- Sprung in den Stütz acht- bis zehnmal.
- Liegehang, abwechselnd das linke oder rechte Bein an die Stange heben.
- Liegehang, Klimmziehen bis Augen in Stangenhöhe sind.
- Sprung in den Stütz, anschließend Felgabzug.
- Aushängen im Kniehang.
- Liegehang, abwechselnd das linke bzw. rechte Bein mit der Fußsohle gegen die Stange drücken (auch mit beiden Beinen).
- Hangstand, mit beiden Beinen zwischen den Armen durchhocken und wieder zurück zur Ausgangsstellung.
- Reckstange umklettern.
- Im Hang weites Beinkreisen (Reck reichhoch).

Ausklang: Nummernwettlauf: Gleichstarke Mannschaften sitzen in Reihe hinter einer Startlinie, der erste der Reihe bekommt die Nr. 1, der zweite die Nr. 2 usw. Ruft die Lehrkraft eine bestimmte Zahl auf, so muß der Schüler mit dieser Zahl um ein 10—15 m entferntes Mal laufen und sofort wieder seine Ausgangsposition einnehmen. Die Mannschaft, deren Läufer zuerst wieder seinen Platz eingenommen hat, bekommt einen Punkt.

10. Stundenbeispiele für den Ausgleich der Haltungsschwäche Flachrücken

BEISPIEL 1

Einstimmung: Jedes Kind bekommt einen Reifen und darf mit diesem Übungen ausprobieren. Themengemäße Übungen läßt die Lehrkraft durch den Schüler, der die Übung gefunden hat, vorzeigen und von den anderen Schülern nachmachen. Danach legt jedes Kind seinen Reifen ab. Alle Kinder laufen um die in der Halle verteilten Reifen herum.

Auf Zeichen des Lehrers

a) setzt sich jedes Kind in einen Reifen ab (Schneidersitz).
b) nimmt jedes Kind im Reifen den Hockstand ein.
c) nimmt jedes Kind im Reifen den Hockstand ein und führt den Reifen zur Hochhalte im Hochzehenstand.

Hauptteil:

● Mehrmaliger Wechsel von Hockstand im Reifen und Hochzehenstand mit dem Reifen.
● Den Reifen in Hochhalte, Rumpfdrehen nach links und rechts.
● Mit den Füßen auf den Reifen stehend eine Rumpfbeuge vorwärts ausführen bis die Hände den Reifen berühren; auf allen vieren auf den Reifen wandern.
● Jedes Kind versucht sich durch den in einer Hand senkrecht auf den Boden aufgestellten Reifen durchzuwinden.
● Den Reifen senkrecht in Hochhalte, Rumpfbeugen seitwärts.
● Die Kinder drehen den Reifen an und versuchen in den Reifen hinein- und wieder herauszuspringen.
● Die Kinder treiben den Reifen an und versuchen mit der rechten oder linken Hand durch den Reifen schnell auf den Boden zu greifen.
● Seilspringen mit dem Reifen.

Ausklang: Zwei Mannschaften sitzen in Reihe hinter einer Startlinie. Der erste Spieler jeder Mannschaft muß zuerst durch ein Kastenteil kriechen, danach in einen Reifen steigen und den Reifen über Kopf wieder auf den Boden legen und danach noch eine Bank unterkriechen, nachdem er ein Wendemal in 10—15 m Entfernung umlaufen hat, läuft er zu seiner Mannschaft zurück und schickt den 2. seiner Mannschaft durch Handschlag auf die Strecke.

BEISPIEL 2

Einstimmung: Haltet die Seiten frei. Es werden zwei Mannschaften gebildet, die durch die Mittellinie der Turnhalle voneinander getrennt sind. Danach erhält jede Mannschaft möglichst viele Gymnastikbälle in gleicher Anzahl. Auf Kommando der Lehrkraft versucht jede Mannschaft ihr Feld von Bällen freizuhalten, indem jeder Spieler jeden erreichbaren Ball in das gegnerische Feld rollt. Gewonnen hat die Mannschaft, in deren Feld nach einer bestimmten Zeit die wenigsten Bälle gezählt werden.

Hauptteil:

Eine Hindernisbahn mit folgenden Stationen ist zu durchlaufen:

- Rolle vorwärts auf einer Matte.
- Felgabzug vom hüfthohen Reck.
- Durch fünf Reifen, die im Abstand von 2 m am Boden liegen, einsteigen und den Reifen über Kopf wieder auf den Boden legen.
- Um eine an der Sprossenwand eingehängte Bank herumklettern (Mattensicherung)
- Über ein Kastenteil springen und dann darunter durchkriechen (Mattensicherung).
- Hocksprünge durch drei bis fünf Reifen, die im Abstand von 1 m auf dem Boden liegen. Die Hände greifen dabei jeweils auf den Reifen.
- Seilspringen mit dem Reifen.
- An kopfhohen Ringen Hangstandkreisen.

Ausklang:

- Zwei Mannschaften sitzen hinter einer Startlinie. Auf Kommando muß der erste der Mannschaft in fünf im Abstand von 3 m liegenden Reifen einsteigen, die Reifen jeweils vom Boden aufheben und diese über Kopf wieder auf den Boden legen. Sobald er den 5. Reifen bewältigt hat, läuft er zu seiner Mannschaft zurück und schickt durch Handschlag den nächsten Spieler in das Rennen. Gewonnen hat die Mannschaft, deren Spieler zuerst wieder hinter der Startlinie sitzen.

BEISPIEL 3

Einstimmung: Abschlagen: Ein bis zwei Fänger versuchen Mitspieler abzuschlagen, die sich jedoch dem Abschlag entziehen können, wenn sie die tiefe Hocke einnehmen. Abgeschlagene Spieler scheiden nicht aus, sondern bekommen die Zusatzaufgabe, Seilspringen mit dem Reifen.

Hauptteil:

- P 1 und P 2 Schulterwippe.
- P 1 Grätschwinkelliegestütz, P 2 kriecht auf allen vieren um Arme und Beine von P 1.
- P 1 Bank, P 2 springt über P 1 und kriecht dann unter P 1 durch, der sich in den Liegestütz hebt.
- P 1 und P 2 Handfassung in Gegenüberstellung, abwechselnd geht P 1 und P 2 in die tiefe Hocke.

- P 1 und P 2 in Gegenüberstellung mit Fassung der rechten Hand, P 1 steigt mit dem linken Bein über die gefaßten Arme und dreht sich in die Ausgangsstellung. Mehrmalige Wiederholungen, dann Partnerwechsel.
- P 1 und P 2 in Gegenüberstellung mit beidseitiger Handfassung, mit dem rechten bzw. linken Bein steigen die Partner über den rechten bzw. linken Arm und drehen sich ohne die Hände zu lösen in die Ausgangsstellung.
- P 1 macht tiefen Bock, P 2 springt darüber und bleibt dann mit gegrätschten Beinen stehen, P 1 kriecht darunter durch und macht wieder tiefen Bock usw. Nach mehrmaligen Wiederholungen Aufgabenwechsel.
- P 1 und P 2 Rücken an Rücken, Arme untergehakt. Auf Kommando versucht P 1, P 2 je nach Angabe auf die linke bzw. rechte Seite zu ziehen.
- P 1 und P 2 im Grätschsitz gegenüber, Fußsohlen gegeneinander gestellt, Handfassung, Rumpfkreisen.

Ausklang: Die Schüler stellen sich im Kreis auf, Abstand zueinander 2—3 m. Nach Abzählen zu zweien, legen sich die Einser auf den Bauch, die Zweier nehmen den Winkelliegestütz ein. Willkürlich wird ein Schüler bestimmt, der in Uhrzeigerrichtung seine Mitspieler überspringt bzw. unterkriecht. Jeweils der letzte der Reihe schließt sich an. Nachdem jeder Schüler die Reihe überwunden hat, nimmt er an seinem Platz seine Ausgangsstellung ein.

11. Stundenbeispiel für den Ausgleich der seitlichen Haltungsabweichung

Einleitung: Völkerball mit drei Parteien. Ein Spielfeld wird in gleichgroße Felder unterteilt. Im mittleren Feld steht die Mannschaft A, die Mannschaft B und C in den Außenfeldern. Wird ein Spieler im Mittelfeld von Spielern der Außenfelder abgeworfen, so bringt dies der mittleren Mannschaft einen Minuspunkt. Wird von den Mittelfeldspielern der Ball gefangen, so zählt dies nicht als Abwurf. Nach 3—5 Minuten wechseln die Parteien die Felder, nach weiteren 5 Minuten nochmals, so daß jede Partei im Mittelfeld gestanden hat. Die Partei mit den wenigsten Abwurfpunkten hat gewonnen. Abgeworfene Spieler bleiben im Spiel.

Hauptteil: Partnerübungen
- P 1 und P 2 in Gegenüberstellung, Handfassung überkreuz, Holzsägen.
- P 1 und P 2 in Gegenüberstellung, Handfassung, Schwingen der Arme zur Hochhalte mit $1/4$-Drehung in die Spannbeugestellung seitwärts.
- P 1 Bauchlage, Arme im Nacken, P 2 fixiert Beine von P 1. P 1 hebt den Rumpf und dreht den Rumpf nach rechts und links.
- P 1 und P 2 Rücken an Rücken im Grätschstand, Handfassung in Hochhalte, gemeinsames Rumpfseitbeugen.
- P 1 und P 2 in Gegenüberstellung mit Handfassung, Seithochschwingen der Arme mit $1/1$-Drehung um die Längsachse in die Ausgangsstellung.

- P 1 Grätschwinkelliegestütz, P 2 kriecht auf allen vieren in Achterform um Arme und Beine von P 1.
- P 1 und P 2 Rücken an Rücken, Strecksitz, Handfassung in Seithalte gemeinsames Rumpfdrehen.
- P 1 Rückenlage, Arme in Nackenhalte, P 2 fixiert die Beine von P 1 der nach Aufrichten des Rumpfes, diesen nach rechts und links hebt.
- P 1 in Seitlage, Beine quergegrätscht, Arme in Hochhalte, P 2 fixiert Beine von P 1, der den Rumpf zur Seite aufbäumt.
- P 1 in Rückenlage, Beine angehockt, Arme in Nackenhalte, P 2 fixiert Beine von P 1 der Rumpfdrehbeugen ausführt, wobei der linke Ellbogen zum rechten Knie geführt wird.

Ausklang: Tunnelstaffel
- Zwei Mannschaften im Grätschstand hintereinander. Jeweils der letzte der Reihe kriecht durch den Tunnel und gliedert sich vorne ein. Sieger ist die Mannschaft, deren Spieler zuerst wieder die ursprüngliche Reihenfolge einnehmen (auch mit mehrmaligen Wiederholungen).

12. Stundenbeispiele für den Ausgleich von Fußschwächen

BEISPIEL 1

Einstimmung: Aufwärmung durch Laufen und Hüpfen in verschiedenen Formen, wenn möglich nach Musik.

Hauptteil: Übungen mit dem Seil
- Seil mit den Zehen gerade auslegen und über das Seil gehen, wobei die Großzehe und die zweite Zehe jeweils das Seil greifen.
- Seil mit den Zehen greifen und hochwerfen.
- Seil auslegen und im Hochzehenstand überkreuz über das Seil gehen.
- Mit den Zehen das Seil zu Buchstaben auslegen.
- Mit einem Fuß das Seil greifen und unter dem anderen Bein durchschwingen (Seilhüpfen).
- Seil auslegen und im Stand oder Sitz Ferse auf der körpernahen Seite und Fußspitzen auf der anderen Seite des Seiles aufsetzen.
- Mit den Füßen einen Knoten in das Seil machen und wieder öffnen.
- Seilreihe; über die Seile laufen oder federnd hüpfen.
- Seilreihe: über die Seile aus der tiefen Hocke in die tiefe Hocke springen.
- Seil mit den Händen fassen und Seilspringen.

Ausklang: Seilstaffeln
- Zwei Mannschaften in Reihe hintereinander. Der erste Spieler greift das Seil mit dem linken Fuß und hüpft bis zu einem Mal in 5—10 m Entfernung. Dort

legt er das Seil ab und greift es mit dem andern Fuß und übergibt es dann dem nächsten seiner Mannschaft.

● In den Ecken der Halle werden Mannschaften gleichmäßig verteilt. In der Mitte der Turnhalle liegen Murmeln und Sandsäckchen oder Seile. Auf Kommando hüpft der erste jeder Mannschaft auf einem Bein zur Hallenmitte, greift mit den Zehen des anderen Fußes einen Gegenstand und hüpft auf dem anderen Bein zurück, danach startet der 2. Spieler usw. Es gewinnt die Mannschaft, deren Spieler die meisten Gegenstände erobert haben.

BEISPIEL 2

Einstimmung:

● Gehen, Laufen, Springen durch die Halle nach Musik.

Hauptteil: Stationsbetrieb

Station 1: Hocksprünge von Reifen zu Reifen

Station 2: Hockwenden über den Kasten

Station 3: Eine Mattenbahn einbeinig überhüpfen; hin mit dem rechten Bein, zurück mit dem linken

Station 4: Wechsel zwischen Sohlenhockstand und Fersensitz

Station 5: An Mattenkante mehrmals den Hochzehenstand einnehmen

Station 6: Strecksprünge von Matte zu Matte

Station 7: Abwechselnd Ferse bzw. Fußspitze aufsetzen

Station 8: Schlußsprünge auf einen Kastendeckel

Methodische Hinweise:

Übungszeiten jeweils 30 Sek. Bei Station 1 und 6 jedoch nur 6—8 Sprünge Pausen 30 Sek. Ein Durchgang kann ein- bis dreimal absolviert werden. Zwischen den einzelnen Durchgängen sollte die Fußmuskulatur gelockert werden. Beachte auch die Bemerkungen zur Durchführung des Stationsbetriebes.

Ausklang:

● Jedes Kind bekommt einen Teil einer Zeitung, den es nur mit den Zehen völlig zerkleinern soll. Auch das Aufräumen in einen Papierkorb geschieht nur mit den Zehen.

13. Stundenbeispiel für den Ausgleich von Organleistungsschwächen

Einstimmung: Zeitraten

Die Lehrkraft läßt die Schüler raten, wann 10, 15 oder 20 Sekunden auf der Stoppuhr abgelaufen sind. Anschließend bekommen die Schüler die Aufgabe, nach einem Startzeichen durch die Halle zu laufen und nach 10, 15 oder 60 Sekunden wieder an ihren Ausgangspunkt zurückzukehren. Zwischen den einzelnen Aufgaben sollen sich die Kinder völlig erholen.

Hauptteil: Stationsbetrieb (s. auch Bemerkungen zum Stationsbetrieb)

Station 1: Über eine Medizinballreihe laufen

Station 2: Aufspringen auf eine Bank

Station 3: Hockwenden über eine Bank

Station 4: Ballprellen von Hallenwand zu Hallenwand

Station 5: Slalomlauf um fünf Markierungen (Abstand 1 m)

Station 6: Über eine Kastentreppe laufen

Belastung: 20 Sek. pro Station; Pause: je nach Leistungsstand 20 Sek. und weniger.

Nach einigen Minuten Pause können die Stationen noch ein- oder zweimal wiederholt werden.

Ausklang:

- *Sitzfußball:* Es werden zwei Mannschaften gebildet, die einen leichten Ball (Wasserball oder alter Volleyball) im Sitzen nur mit den Füßen spielen dürfen. Als Tore können Handballtore oder an die Wand gezeichnete Tore verwendet werden. Der Tormann darf im Stehen oder im Knien spielen.

14. Stundenbeispiele für den Ausgleich von Koordinationsschwächen

BEISPIEL 1

Einstimmung:

- Jeder Schüler bekommt einen Gymnastikball. Bei den gestellten Aufgaben, die das Ziel Gewöhnung an den Ball (Anpassung und Reaktionsschulung) beinhalten, soll kein Mitspieler berührt werden.
- Ball hochwerfen, aufprellen lassen und dann wieder fangen.
- Wie oben aber im Gehen und dann im Traben.
- Ball hochwerfen und fangen im Stand, Gehen und Laufen.
- Ball prellen am Ort, im Stehen, im Sitzen und Liegen oder in der Bewegung, mit der linken bzw. rechten Hand.
- Ball mit dem rechten bzw. linken Fuß führen.

Hauptteil: Partnerübungen Abstand 6—8 m

- Ball zurollen.
- Ball zuwerfen (Schockwurf) oder Schlagwurf.
- Ball zuprellen. Bevor der Ball jedoch vom Partner gefangen wird, muß dieser eine Drehung um die Längsachse ausführen.
- Übungen wie oben, jedoch in der Fortbewegung.

- Schüler bilden je nach Teilnehmerzahl ein bis zwei Kreise. Bei langsamem Gehen prellt jeder möglichst gleichzeitig seinen Gymnastikball auf den Boden. Auf einmaliges Pfeifen übernimmt der Hintermann den Ball des Vordermannes, auf zweimaliges Pfeifen übernimmt der Vordermann den Ball des Hintermannes.

Ausklang: Nummernwettlauf

- Die Schüler werden in Vierergruppen aufgeteilt und sollen sich in Stirnreihe aufstellen oder hinsetzen. Den Spielern jeder Gruppe werden Nummern zugeordnet. Der erste bekommt die Nummer 1, der zweite Nummer 2 usw. Vor jeder Gruppe wird im Abstand von zehn Metern ein Mal (Medizinball, Fähnchen) angebracht. Ruft der Lehrer nun eine der zugeordneten Zahlen, so läuft jeder Spieler, der die aufgerufene Zahl hat, um das Mal herum. Ein Punkt wird für die Mannschaft vergeben, deren Spieler als erster wieder in seiner Reihe steht oder sitzt.

BEISPIEL 2

Einstimmung:

- Jeder Schüler erhält einen Luftballon, den er selbst aufblasen darf. Erst nachdem mehrfach die Luft unter Erzeugung unterschiedlichster Töne wieder ausgelassen wurde, sollte der Ballon endgültig aufgeblasen oder zugeknotet werden. Danach lautet die Aufgabenstellung: Der Ballon soll mit den verschiedenen Körperteilen so in die Luft geschlagen werden, daß er nicht auf den Boden fällt.

Hauptteil:

- Den Ballon auf den Fingerspitzen der rechten und linken Hand balancieren.
- Den Ballon auf dem linken und rechten Fuß balancieren.
- Den Ballon abwechselnd nacheinander mit der rechten Hand, dem linken Fuß, der linken Hand und dem rechten Fuß in die Luft schlagen.
- Den Ballon in die Luft schlagen, schnell absetzen, in dieser Stellung den Ballon erneut hochprellen und wieder aufstehen.
- Den Ballon durch die gegrätschten Beine werfen und nach einer schnellen Körperdrehung wieder fangen.
- Den Ballon auf dem Kopf balancieren.
- Den Ballon in die Luft köpfen, dabei dem Ballon schon aus der tiefen Hocke entgegenspringen.
- Den Ballon durch Schlagen mit den Füßen oder Händen vorwärtstreiben. Der Ballon darf dabei den Boden nicht berühren.
- Den Ballon hochschlagen und nach einer Drehung um die Körperachse erneut hochstoßen.
- Den Ballon im Sitzen nur mit den Füßen hochschlagen.

Ausklang:

- Seitenwechsel. Zwei Parteien stehen sich hinter den Grundlinien eines Volleyballfeldes gegenüber. Jeder Spieler hat einen Luftballon. Auf ein Startkommando versucht jeder Spieler so schnell wie möglich den Ballon mit den Händen (Füßen) vorwärtstreibend die gegenüberliegende Grundlinie zu erreichen. Gewonnen hat die Mannschaft, deren Spieler zuerst wieder geschlossen hinter der Grundlinie stehen.

BEISPIEL 3

Einstimmung:

- Schattenlaufen. Jeder Schüler sucht sich einen Partner. Partner 1 muß alle Übungen nachmachen, die der andere Partner vormacht. Nach einer Minute wird die Aufgabe gewechselt.

Hauptziel:

Ausgleich von Koordinationsschwächen im Stationsbetrieb. An jeder Station üben gleichzeitig drei Schüler jeweils eine Minute.

Station 1: Reifen über die Breitseite der Turnhalle rollen und versuchen die Reifen dabei zu umlaufen

Station 2: Über eine Langbank balancieren und dabei immer wieder über einen Reifen steigen (Seilspringen)

Station 3: In einem Reifen aus dem Hockstand den Reifen in den Hochzehenstand heben

Station 4: Durch eine Reifenbahn (fünf Reifen im Abstand von einem Meter) auf dem linken, dem rechten und dann auf beiden Beinen springen

Station 5: Die Schüler stellen sich im Dreieck auf und rollen sich einen Reifen zu

Ausklang:

- Es werden zwei Mannschaften gebildet. Die Mitglieder der einen Mannschaft stehen im Abstand von einem Meter nebeneinander und stellen einen Reifen senkrecht auf den Boden. Die andere Mannschaft krabbelt durch das Reifentunnel. Aufgabenwechsel.

- Fünf Meter vor jeder Mannschaft, die in Stirnreihe hintereinander steht, hält ein Spieler einen Reifen waagrecht in Kniehöhe. Auf das Kommando ,,los'' läuft der erste der Reihe los, kriecht in den Reifen hinein und steigt über den Reifen wieder heraus, läuft zurück und schickt nach Handschlag den nächsten seiner Mannschaft auf den Weg. Gewonnen hat die Mannschaft, deren Spieler zuerst die Ausgangsstellung erreicht haben.

6.2.5 Hausaufgabenprogramme zum Ausgleich von Haltungsschwächen

Neben der Verbesserung kommunikativer Fähigkeiten ist das Ziel des Sportförderunterrichts der Ausgleich von Haltungs-, Organleistungs- und Koordinationsschwächen durch Schulung der motorischen Hauptbeanspruchungsformen. Um ausreichend Trainingsreize zu setzen, ist neben einem zweimaligen Training pro Woche die Einbeziehung von Hausaufgaben anzustreben. Durch die Erfüllung von Heimtrainingsprogrammen könnte die Effektivität des Sportförderunterrichts gesteigert werden. Da die betroffenen Schüler nur selten die erforderlichen Antriebskräfte für die Ausübung dieses Trainingsprogrammes aufweisen, bedarf es einer engen Zusammenarbeit des verantwortlichen Lehrers mit den Eltern. In Elternabenden und durch Rundschreiben müssen die Eltern über die Bedeutung des Sportförderunterrichts aufgeklärt und vom Heimtrainingsprogramm unterrichtet werden. Ein durch Zeichnungen und erklärende Texte dargestelltes Übungsprogramm (Arbeitskarten) muß erarbeitet und angeboten werden. Die Übungsformen müssen so gewählt werden, daß sie bei den Schülern Interesse erwecken und zum Üben motivieren. Die Schüler müssen im Sportförderunterricht in das zusätzliche Trainingsprogramm eingewiesen werden, damit die Ausführung zu Hause sichergestellt ist. Die Umwandlung der Wohnung in einen Übungsraum macht, bei Einverständnis der Eltern, keine besondere Schwierigkeit. Notfalls müssen Übungsvorschläge modifiziert werden. Stühle, Schnüre, Besenteile, Büchsen, Luftballons, Teppichreste und Softbälle, Handtücher und Kissen können zum Einsatz kommen.

Für das Hausaufgabenprogramm sollten vier bis sechs Arbeitskarten, auf denen die Dosierung genau angegeben ist, ausgegeben werden. Alle vier Wochen sollte die Übungszusammenstellung geändert werden.

Die Wirksamkeit von Hausaufgaben im Sportförderunterricht ist umstritten. Wegen mangelnder Mitarbeit der Eltern wird die Bedeutung zusätzlicher Maßnahmen zum Sportförderunterricht geringgeschätzt. Aufgrund zu großer Teilnehmerzahlen beim Sportförderunterricht, und aufgrund der Heterogenität der zu betreuenden Schwächen erscheint die Einbeziehung von Hausaufgaben zur Optimierung des Sportförderunterrichts jedoch unerläßlich.

Die in diesem Buch angebotenen Heimtrainingsprogramme sollen zur Verteilung von Hausaufgaben anregen. Eine Vielzahl von Übungen, die zusätzlich im Sportunterricht und auch zu Hause ausgeführt werden können, wird im Band 160 dieser Schriftenreihe mit dem Titel ,,Arbeitskarten für den Sportförderunterricht'' angeboten.

Wie mit alltäglichen Gegenständen zu Hause dem Bewegungsmangel entgegengewirkt werden kann, sollen nachfolgende Übungsbeispiele zeigen.

Vorschlag für ein Heimtrainingsprogramm zum Ausgleich der Haltungsschwäche Totalrundrücken (Abb. 95)

1. Dehnen in der Rutschhalte.
2. Rückenlage, wechselseitiges Klappmesser (acht-mal). Beine sind dabei ausgestellt.
3. Laufstellung, geführtes Beckenkreisen (1/2 Minute).
4. Rückenlage, Ellbogen in Seithalte aufgestützt, Schulterblätter kräftig zusammendrücken (acht- bis zehnmal).
5. Bauchlage, Arme in Hochhalte, abwechselnd rechten und linken Arm nach oben führen (acht- bis zehnmal).
6. Bauchlage, Hände neben der Brust aufgestützt, über den Knieliegestütz in den Fersensitz schieben (acht- bis zehnmal).
7. Strecksitz, einen Fuß auf den anderen gestellt, gegen den Widerstand des einen Beines, das andere Bein kräftig anziehen (drei Wiederholungen mit 6 bis 8 Sek. Übungsdauer, danach Beinwechsel).
8. Aus dem Hockstand in den Liegestütz und wieder in den Hockstand springen (acht- bis zehnmal).

Vorschlag für ein Heimtrainingsprogramm zum Ausgleich der Haltungsschwäche Hohlrücken (Abb. 96)

1. Grätschstand, Armachterkreisen (10- bis 20mal).
2. Aus dem Streckstand, Arme in Hochhalte, zusammenkauern in den Sohlenhockstand (acht- bis zehnmal).
3. Hocksitz, Knie links bzw. rechts am Boden ablegen (acht- bis zehnmal).
4. Rückenlage, Beine anhocken und Knie zum Kopf führen (acht- bis zehnmal).
5. Stand, abwechselnd rechten bzw. linken Oberschenkel zur Brust heben (acht- bis zehnmal).
6. Strecksitz, Hände hinter dem Gesäß abgestützt, aufrichten in den Liegestütz rücklings (acht- bis zehnmal).
7. Dehnen in der Rutschhalte.
8. Rückenschaukel (acht- bis zehnmal).

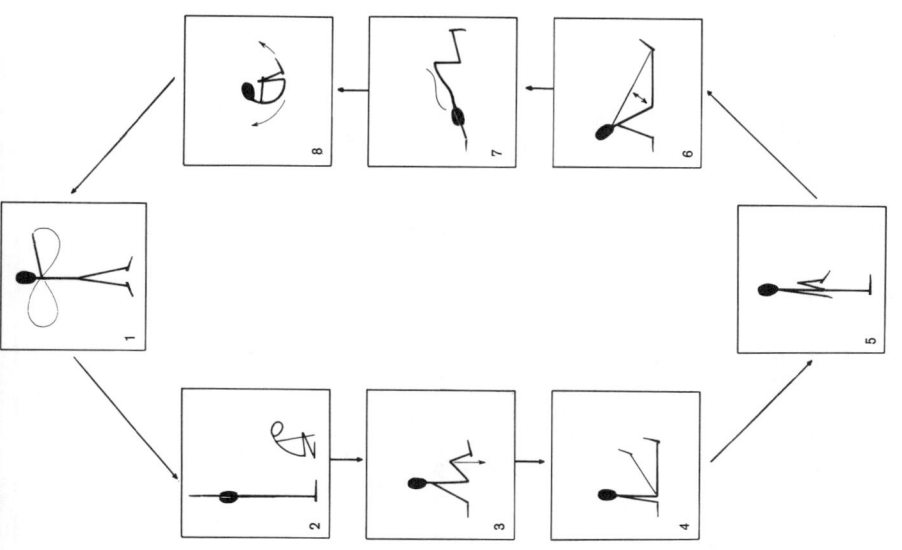

Abb. 96   Heimtrainingsprogramm Hohlrücken

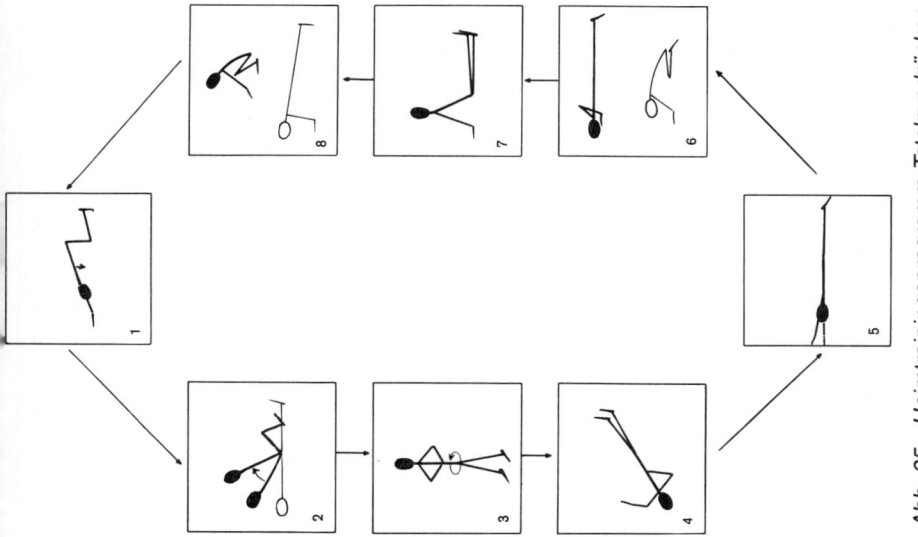

Abb. 95   Heimtrainingsprogramm Totalrundrücken

Vorschlag für ein Heimtrainingsprogramm zum Ausgleich der Haltungsschwächen Hohlrundrücken (Abb. 97)

1. Rumpfkreisen, 10- bis 15mal, nicht nach rückwärts ausweichen.
2. Dehnen in der Rutschhalte.
3. Schneidersitz, Arme im Nacken, aufrichten des Oberkörpers mit Rückführen der Ellbogen (10- bis 15mal).
4. Knieliegestütz, wechselweise linkes Bein und rechten Arm bzw. rechtes Bein und linken Arm zur Kniestandwaage ausstrecken (10- bis 15mal).
5. Rückenlage, Beine angehockt, abwechselnd die Oberschenkel rechts und links ablegen (10- bis 15mal).
6. Grätschsitz, Beine angehockt, Rumpfbeugen vorwärts nach links, mitte, rechts (10- bis 15mal).
7. Rücklage, Beine angehockt, Hüftkreisen (fünfmal nach links, fünfmal nach rechts).
8. Aus der Rückenlage aufrollen, die Hände ziehen zu den Knien (zehnmal).

Vorschlag für ein Heimtrainingsprogramm zum Ausgleich der Haltungsschwäche Flachrücken (Abb. 98)

1. Rumpfkreisen in verschiedenen Formen (acht bis zehn Wiederholungen). Nicht nach rückwärts ausweichen.
2. Rumpfdrehbeugen, Grätschstand, Knie gebeugt, Arme in Seithalte, rechte Hand zur linken Fußspitze, aufrichten linke Hand zur rechten Fußspitze (15mal). Langsame Ausführung.
3. Rückenlage, Beine anheben und hinter dem Körper mit den Fußspitzen am Boden auftippen (zehnmal). Knie gebeugt.
4. Grätschsitz, Arme in Seithalte, Rumpfdrehen (15mal).
5. Aus dem Liegestütz vorlings durch die aufgestützten Arme in den Liegestütz rücklings gehen (fünfmal).
6. Aus dem Hochzehenstand in den Hockstand beugen (zehnmal).
7. Knieliegestütz, Wechsel zwischen Pferderücken und Katzenbuckel (20mal).
8. Kniestand, abwechselnd links bzw. rechts neben dem Knie absetzen (zehnmal).

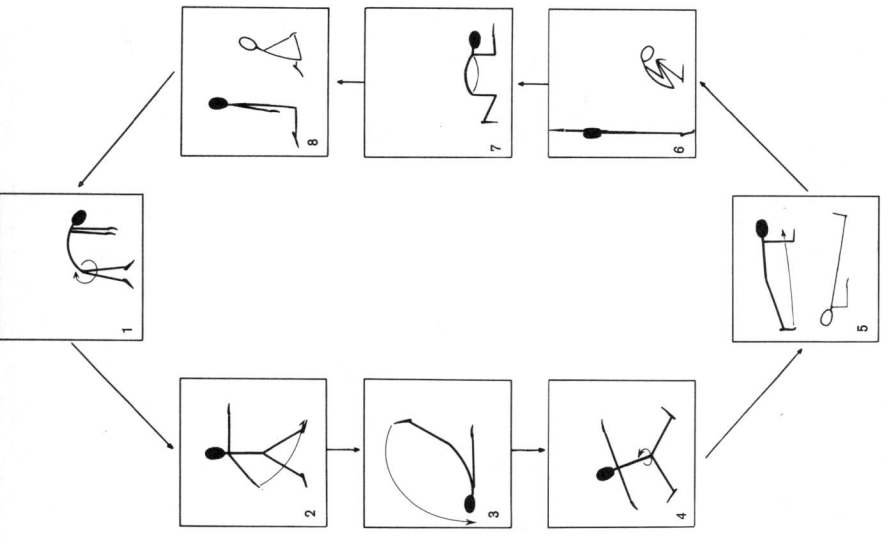

Abb. 98 Heimtrainingsprogramm Flachrücken

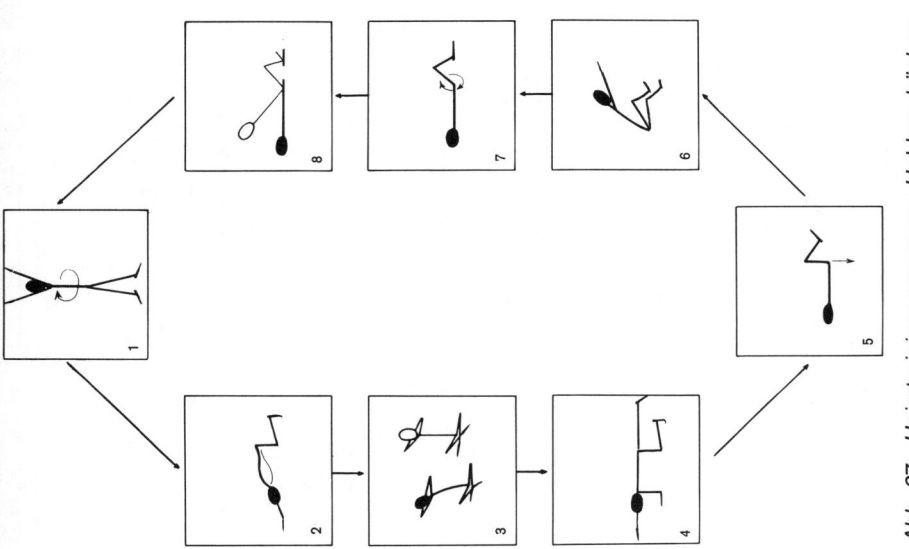

Abb. 97 Heimtrainingsprogramm Hohlrundrücken

227

Vorschlag für ein Heimtrainingsprogramm zum Ausgleich der Seitlichen Haltungsabweichung (Abb. 99)

1. Dehnen in der Rutschhalte.
2. Grätschstand, Arme in Nackenhalte, Rumpfseitbeugen, Dehnung, besonders betont auf die Seite, deren Schulter erhöht ist (zehnmal).
3. Kniestand, ein Bein wird seitwärts aufgestellt, Rumpfbeugen seitwärts zum gestreckten Bein (acht- bis zehnmal).
4. In der Bauchlage Oberkörper und Beine zur Seite beugen (zehnmal).
5. Strecksitz, Arme in Vorhalte, Beine nach links, Arme nach rechts heben (acht- bis zehnmal).
6. In Schrittstellung die Arme abwechselnd weit über Kopf führen (acht- bis zehnmal).
7. Im Hochzehenstand, abwechselnd den linken bzw. rechten Arm weit nach oben strecken (15- bis 20mal).
8. Seitlage, Beine quergegrätscht, rechter Arm am Boden aufgestützt, linker Arm zwischen den gegrätschten Beinen, aufbäumen der Hüfte bei gleichzeitigem Überkopfführen des linken Armes (Wechsel der Seitlage) (achtmal).

Vorschlag für ein Heimtrainingsprogramm zum Ausgleich von Fußschwächen (Abb. 100)

1. Im Stand abwechselnd mit den Zehen des linken und des rechten Fußes ein Handtuch vom Boden aufheben und wieder fallen lassen.
2. Im Hocksitz die Zehen stark abspreizen und dann wieder kräftig zusammenballen.
3. Abwechselnd den Sohlenhockstand und den Fersensitz einnehmen.
4. Stand hinter einem Stuhl, die Hände stützen sich an der Lehne ab. Heben in den Hochzehenstand und wieder senken in den Stand.
5. Strecksitz, Fußkreisen ein- und auswärts.
6. Stand, die Zehen ziehen den Fuß nach vorne.
7. Strecksitz, abwechselnd die Fußspitzen kräftig an die Unterschenkel heranziehen und wieder strecken.
8. Nur aus den Fußgelenken heraus leise am Ort springen (Schlußhüpfen).

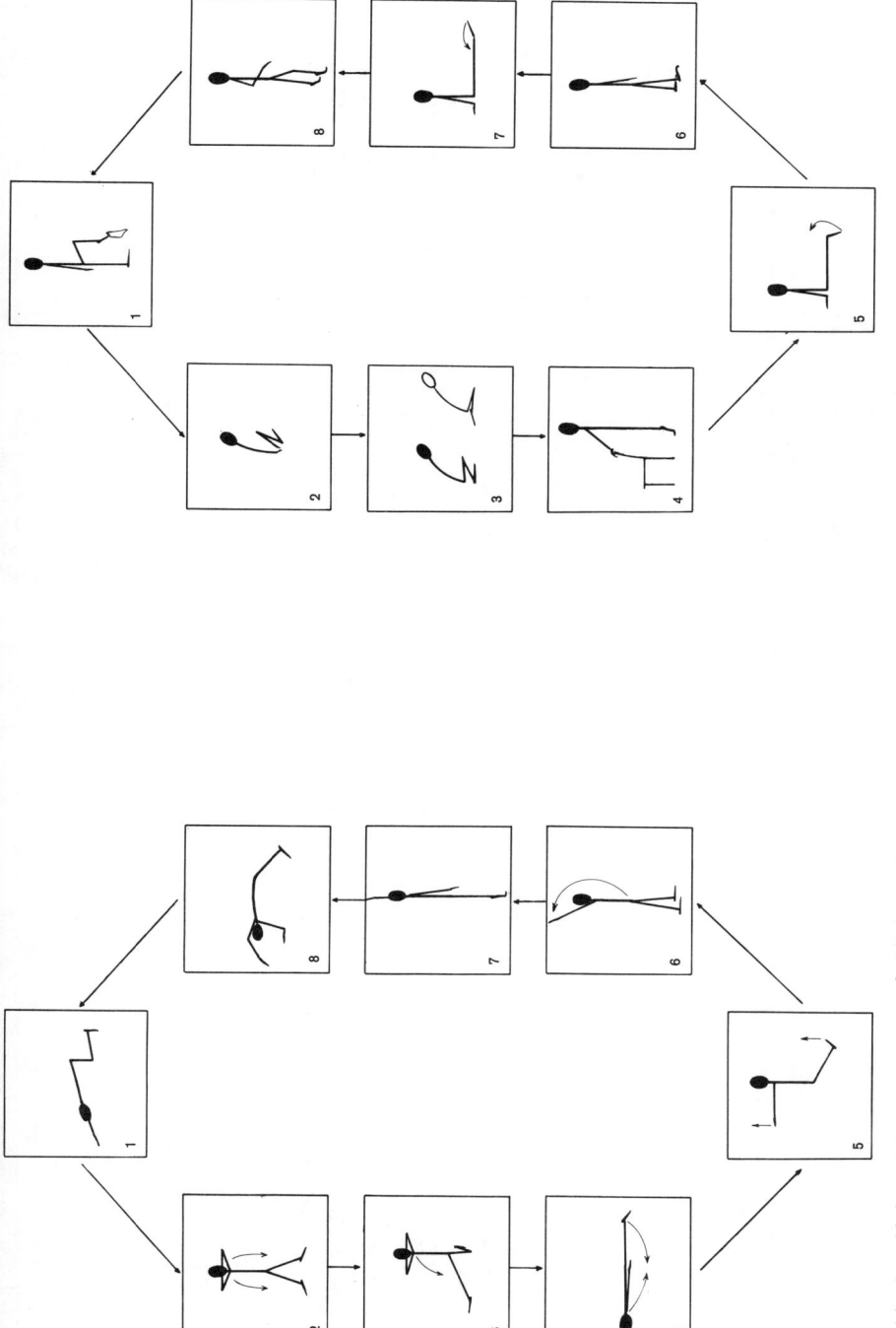

Abb. 100   Heimtrainingsprogramm Fußschwächen

Abb. 99   Heimtrainingsprogramm Seitliche Haltungsabweichung

229

Vorschlag für ein Heimtrainingsprogramm zum Ausgleich von Organleistungsschwächen (Abb. 101)

1. Laufen am Ort, mit oder ohne hohem Knieheben.
2. Aus dem Stand mit den Armen in Vorhalte, durch die tiefe Hocke in den Stand mit den Armen in Rückhalte schwingen.
3. Wedelsprünge über ein am Boden liegendes Handtuch.
4. Rückenlage, Aufrichten des Rumpfes, Hände berühren die Fußspitzen.
5. Wechselsprünge gegen einen Stuhl oder eine Bank.
6. Liegestütz, Beine anhocken und wieder in den Liegestütz zurückspringen.
7. Grätschstand, Arme in Hochhalte, Rumpfbeugen und Arme weit zwischen den Beinen durchschieben.
8. Liegestütz, über ein am Boden liegendes Handtuch vom linken Bein auf das rechte Bein springen.

Vorschlag für ein Heimtrainingsprogramm zum Ausgleich von Koordinationsschwächen (Abb. 102)

1. Luftballon mit verschiedenen Körperteilen in die Luft schlagen.
2. Aus dem Schneidersitz ohne Gebrauch der Hände aufstehen.
3. Einen Tennisball auf einem Holzbrett balancieren oder so oft wie möglich nach oben schlagen.
4. Einen Ball um den Körper prellen ohne die Beine vom Boden zu lösen.
5. Auf einem Bein stehend ein Taschentuch vom Boden aufheben.
6. Einen Luftballon durch die gegrätschten Beine werfen und nach einer Drehung wieder fangen.
7. Einen Luftballon hochstoßen, schnell am Boden absetzen, den Ballon erneut hochstoßen und im Stand den Ballon wieder fangen.
8. Stand, Arme in Nackenhalte, Ellbogen kräftig nach hinten drücken. Brustatmung, Bauchatmung, Aufrichten in den Hochzehenstand und ohne Atmung 10 Sekunden in dieser Stellung verharren.

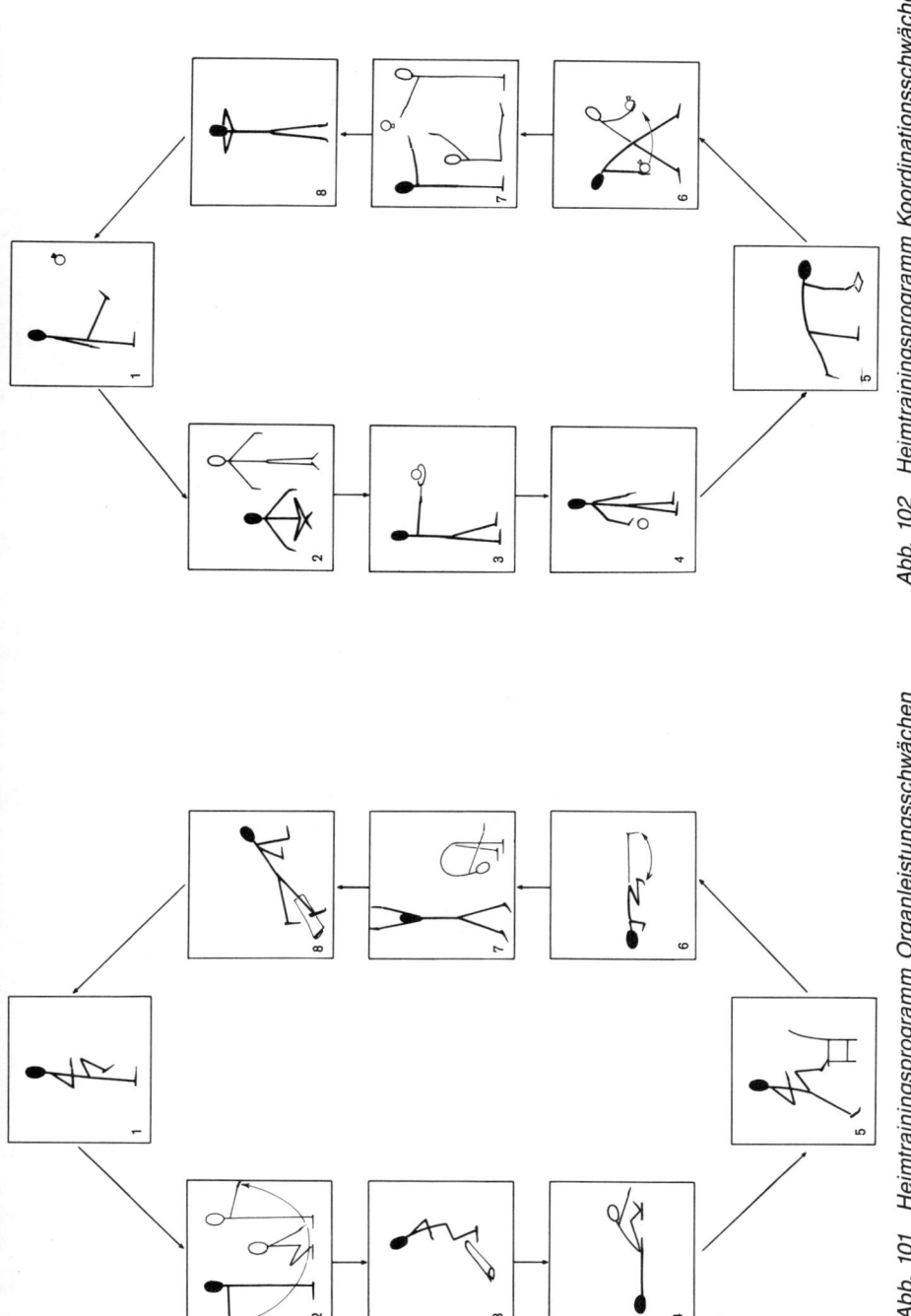

Abb. 102 Heimtrainingsprogramm Koordinationsschwächen

Abb. 101 Heimtrainingsprogramm Organleistungsschwächen

231

Hinweise zur Durchführung des Heimtrainingsprogrammes

1. Die Übungen sollen nicht nach den Mahlzeiten durchgeführt werden. Die Zeit vor dem Frühstück oder vor dem Abendessen eignet sich am besten zur Durchführung des Heimtrainingsprogrammes. Vor dem Schlafengehen sollten die Übungen nicht ausgeführt werden.

2. Beengende Kleidungsstücke und Schuhe sollten möglichst abgelegt werden.

3. Die Übungen sollten bei offenem Fenster durchgeführt werden.

4. Der Körper sollte vor dem Trainingsprogramm durch vorbereitende Übungen aufgewärmt werden. Beispiele hierfür sind: Laufen am Ort; Wedelsprünge; Rumpfbeugen; Rumpfkreisen; Hüftkreisen u. a.

5. Das Übungsprogramm kann je nach Leistungsstand ein- bis dreimal hintereinander und auch mehrmals am Tag durchgeführt werden.

6.2.6 Hinweise zum Arbeitsplatz in der Schule und zu Hause

Der Übergang von der Vorschule zur Grundschule bringt für die Kinder ganz erhebliche Bewegungseinschränkungen mit sich. Das Spielkind wird zum Sitzkind, die Sitzmisere beginnt und Gesundheitsschäden sind vorprogrammiert. Abgesehen von der Verpflichtung des Klassenlehrers im Benehmen mit dem Schulleiter für eine sachgemäße Anpassung und halbjährliche Überprüfung und Ergänzung des Schulgestühls zu sorgen, muß es für jeden Lehrer ein besonderes Anliegen sein, die Schüler, aber auch die Eltern über die gesundheitlichen Folgen falscher Sitzgewohnheiten zu informieren (s. auch S. 38 ff.).

Langes Sitzen bewirkt eine Ermüdung der Haltemuskulatur mit der Folge, daß der Rumpf mehr und mehr in sich zusammensinkt. Dadurch werden die Brust- und die Bauchhöhle zusammengedrückt, was wiederum zur Verringerung der Atemtiefe und zu einer Verminderung der Sauerstoffversorgung führt. Neben Auswirkungen dieser Vorgänge auf das Konzentrationsvermögen können falsche muskuläre Beanspruchungen und Zwangshaltungen beim Sitzen zu Haltungsschwächen und -schäden führen und das körperliche Wohlbefinden durch Nacken- und Kopfschmerzen empfindlich beeinflussen.

Da auch das Schulgestühl auf die Sitzhaltung der Kinder große Einflüsse hat, wurden aufgrund ärztlicher Empfehlungen DIN-Normen aufgestellt, die fordern, daß das Schulgestühl mit den Kindern mitwachsen soll (DIN-Norm 68970). Wie der Arbeitsplatz in der Schule aber auch für die Hausaufgaben zu Haus aussehen sollte, kann durch eine Sitzprobe ermittelt werden (nach BERQUET 1965, 23):

Die Abbildung zeigt die Mindestforderungen, wie Tisch und Stuhl angepaßt werden müssen. Die technische Ausführung ist dabei unberücksichtigt. Diese Forderungen müssen erfüllt werden, wenn keine Schädigung eintreten soll.

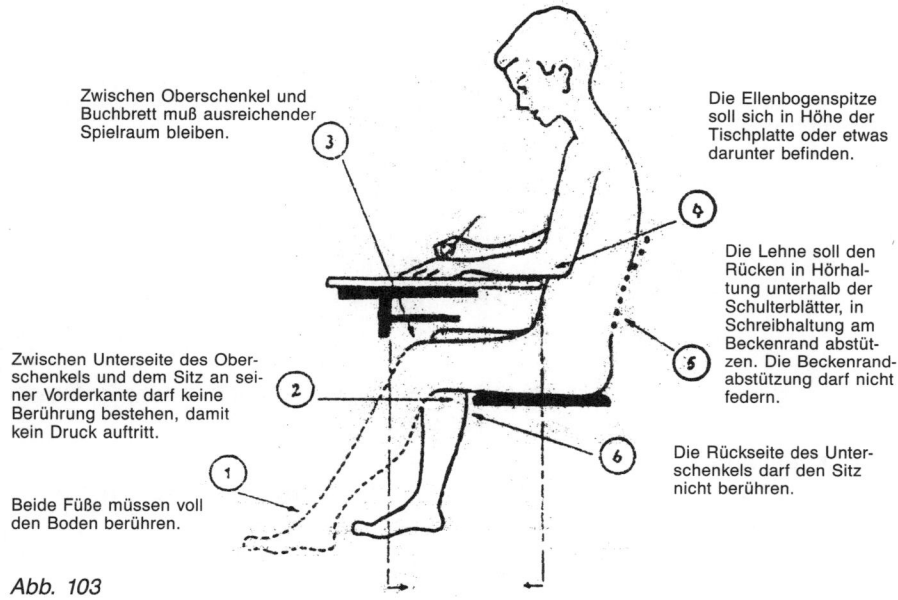

Zwischen Oberschenkel und Buchbrett muß ausreichender Spielraum bleiben. ③

Die Ellenbogenspitze soll sich in Höhe der Tischplatte oder etwas darunter befinden. ④

Die Lehne soll den Rücken in Hörhaltung unterhalb der Schulterblätter, in Schreibhaltung am Beckenrand abstützen. Die Beckenrandabstützung darf nicht federn. ⑤

Zwischen Unterseite des Oberschenkels und dem Sitz an seiner Vorderkante darf keine Berührung bestehen, damit kein Druck auftritt. ②

Beide Füße müssen voll den Boden berühren. ①

Die Rückseite des Unterschenkels darf den Sitz nicht berühren. ⑥

Abb. 103

1. Die Kinder werden einzeln auf die ihrer Körpergröße etwa entsprechenden Stühle gesetzt. Der Oberschenkel muß waagerecht liegen, der im Kniegelenk rechtwinklig gebeugte Unterschenkel und die Kniekehle dürfen die Sitzkante nicht berühren. Die kniegelenksnahen Anteile des Oberschenkels dürfen keinen Kontakt mit der Sitzfläche haben, damit nicht etwa Gefäße oder Nerven gedrückt werden. Der Fuß muß den Boden voll berühren.
2. Die Tischhöhe ermittelt man, indem der Schüler die Arme rechtwinklig im Ellbogengelenk beugt. Wenn der Oberarm dann fast senkrecht am Körper herabhängt, muß der Unterarm auf der Tischplatte aufliegen, die Ellbogenspitze soll sich dabei in Höhe oder etwas unterhalb der Tischkante befinden. Die Schultern dürfen in dieser Stellung nicht gehoben werden. Werden die Schultern nach oben gedrückt, so ist der Tisch zu groß. Man darf sich nicht scheuen, auch Tische einer Größe mit Stühlen einer anderen zu kombinieren. Nur so wird man den individuellen Anforderungen gerecht. Allerdings müssen dann Kinder mit gleichem Körpermaß nebeneinander sitzen oder in solchen von der Norm abweichenden Fällen einsitzige Tische verwendet werden. Schulische Gesichtspunkte sollten keine Rolle spielen.

Zahlreiche Untersuchungen von Schulbehörden und Medizinern befaßten sich mit der Entwicklung eines kindgerechten Schulgestühls. Federführend an der Entwicklung beteiligt war der Arbeitskreis „Schulmöbel" der Deutschen Gesellschaft für Orthopädie und Traumatologie (BERQUET 1989, 7). Nach DIN 68 970 können den jeweiligen Körpergrößen passende Gestühlgrößen zugeordnet werden.

Möbelgröße (cm)	120	135	150	165	180
Körpergröße (cm)	112—127	128—142	143—157	158—172	über 172
Sitzhöhe (cm)	30	34	38	42	46
Tischhöhe (cm)	52	58	64	70	76
Kennfarbe	lila	gelb	rot	grün	blau

Aus diesen Erkenntnissen erstellte der Arbeitskreis zur Förderung haltungsgefährdeter Kinder und Jugendlicher e. V. einen Katalog an Forderungen zur Anpassung der Schulmöbel (vgl. BERQUET 1988, 64 f.):

1. Lehrer und Eltern haben das Recht, bei der Auswahl der Schulmöbel mitzuwirken.
   Der Lehrer ist verantwortlich für eine sachgemäße Anpassung und eine halbjährliche Überprüfung und Ergänzung.

2. Der Lehrer muß wissen, wie das Kind richtig sitzt. Nur so kann er die Schüler bei richtig ausgewähltem Stuhl und Tisch zum richtigen Sitzen erziehen.
   An jeder Schule ist ein sachverständiger Lehrer auszuwählen, der sich mit diesen Fragen beschäftigt und die notwendigen Maßnahmen fördert und überwacht.

3. Die Körpergröße eines Kindes verändert sich innerhalb des Schuljahres. In allen Schulen müssen daher genügend Reservestühle und -tische vorhanden sein, um den tatsächlichen Bedarf in allen Größen jederzeit decken zu können.

4. In Zukunft müssen die Lehrer während ihrer Ausbildung mit diesem Problem wieder vertraut gemacht werden. Um den Lehrern das Wissen um die Beseitigung der bestehenden Mißstände an die Hand zu geben, müssen sie auf Arbeitstagungen durch besonders vorgebildete Ärzte unterrichtet werden.

5. Bei der Festlegung des Bedarfs an passenden Schulmöbeln ist von der Größe der Schüler auszugehen. Die individuelle Anpassung erfolgt durch Sitzproben.

6. Die Gesundheit unserer Kinder ist so wichtig, daß finanzielle Erwägungen nicht allein ausschlaggebend sein dürfen.
   Empfehlenswert ist das zweckmäßigste und nicht das billigste Schulgestühl.

Diese Forderungen sind orthopädisch *berechtigt,* ergonomisch *sinnvoll* und durchaus *realistisch* und *realisierbar*. Anforderungen, die in jedem Industriebetrieb Selbstverständlichkeit sind, dürfen am ,,Arbeitsplatz Schule" nicht ignoriert werden (HAAG, 1991).

6.2.7 Bewegungsförderung im Schulalltag

Neben den in Bayern in der Grundschule vorgeschriebenen Bewegungsübungen, die aber auch für jede andere Schulart dringend zu empfehlen wären, sollte jede Gelegenheit wahrgenommen werden, die Kinder zu Sport und Bewegung anzuhalten.

Spiel- und Trimmfeste, echte Wanderungen anstelle von stundenlangen Busfahrten und Unterrichtsgänge würden Abwechslung und Bewegung in den Schulalltag bringen.

Nachfolgend abgedruckte Spiele für die Pause und Übungen während des Unterrichts und für zu Hause sollen Übungsanregungen für Lehrer und Schüler anbieten.

6.2.7.1 Bewegungspausen

Pausen dienen der Entlastung und Erholung. Unter gesundheitserzieherischer Perspektive bietet die Bewegungspause die Erfahrung wohltuender Entlastung und Entspannung nach bewegungsarmen Phasen, nach Konzentration und langem Stillsitzen. Da aber nicht alle Schüler/innen Entspannung durch Bewegung finden, müssen Schüler/innen, die auf dem Pausenhof spielen und Sport treiben, lernen, das Bedürfnis anderer Kinder und Jugendlicher nach Ruhe und Muße zu respektieren. Da die Bewegungs- und Spielangebote in der Pause freigewählt und selbstbestimmt gestaltet werden, bietet sich die Gelegenheit, sich der Verantwortung für das eigene Handeln bewußt zu werden, Risiken einzuschätzen und Sicherheitsaspekte berücksichtigen zu lernen. Die unterschiedlichen Bedürfnisse der unterschiedlichen Altersstufen sollten durch verschiedene Bewegungszonen berücksichtigt werden. Den Schüler/innen sollte auch die Möglichkeit geboten werden, attraktive altersgemäße Spielgeräte mitzubringen. Wie Bewegungspausen gestaltet werden können, zeigt das Video ,,Bewegte Pause'' der Eidgenössischen Turnschule in Magglingen.

Folgende Geräte können in einer Bewegungspause eingesetzt werden: Speckbretter, Stelzen, Taue, Springseile, Gymnastikbänder, Frisbeescheiben, Softbälle, Hüpfgummis, Fallschirme, Pedalos, Hula-Hoop-Reifen, Tennisschläger, Großmikado, Pezzibälle, Hüpfbälle, Tennisbälle u. a.

Fallschirmspiele

Fallschirmspiele

Die Malecke

Stelzenlaufen

Versuche mit Bändern

Hüpfballstation

Gummihüpfen

Fangspiele

Fangspiele sind für jeden ein Begriff. Doch wie variationsreich man diese gestalten kann, ist vielen Kindern unbekannt. Man benötigt nur ein abgestecktes Feld, egal ob quadratisch, rund oder oval. Grundsätzlich gilt für alle Fangspiele, daß man einen oder mehrere Fänger benötigt.

Das einfache Fangspiel

Der Fänger schlägt ein Kind mit der Hand ab: der Abgeschlagene wird zum Fänger.

Variationsmöglichkeiten bieten sich in der Abschlagtechnik an. Der Fänger muß mit beiden Händen abschlagen, er darf nur auf den Rücken oder die Beine abschlagen etc.

Man kann auch den Flüchtigen Hilfen anbieten, indem man einen Ruheraum schafft, oder das Rasten in einer bestimmten Position gestattet; z. B. auf einem Bein oder sich zusammenkauern.

Natürlich sind hier dem Ideenreichtum der Schüler keine Grenzen gesetzt.

Schlangenfangen

Die Spieler bilden eine Schlange in der jeder seinen Vordermann an den Hüften faßt. Der Kopf der Schlange muß den letzten der Schlange fangen. Wird dieser gefangen oder bricht die Schlange auseinander, wird derjenige zum Fänger.

Eine Variationsmöglichkeit wäre, daß die Fänger nicht zur Schlange gehören und versuchen den Schwanz abzuschlagen.

Fangspiele in Kreisaufstellung

Katz und Maus

Die Katze versucht die Maus zu fangen. Das wird ihr dadurch erschwert, daß sich der Kreis fest an den Händen hält und der Maus überall Durchschlupf gewährt, während er die Katze hindert. Hat die Katze die Maus gefangen, wird die Maus zur Katze und sucht sich eine neue Maus.

Komm mit — lauf weg

Ein Spieler geht um den Kreis und berührt einen Spieler mit den Worten: Komm mit oder lauf weg. Der Berührte muß jetzt entweder den anderen fangen oder in die entgegengesetzte Richtung laufen und versuchen seinen alten Platz als Erster wieder einzunehmen.

Schau nicht um, der Fuchs geht um

Ein Fuchs geht um den Kreis mit einem Tuch in der Hand; er läßt dieses hinter irgendeinem fallen, während der Kreis singt: ,,Schau nicht um, der Fuchs geht um, es geht ein wildes Tier herum." Hinter dem das Tuch fallengelassen wurde, der muß den Fuchs fangen, bevor dieser auf dem freien Platz ist.

Hier back ich

Ein Kind steht im Kreis und will ausbrechen. Die anderen halten sich an den Händen fest. Der Ausbrecher wandert im Kreis, faßt das erste Händepaar an und sagt: Hier back ich. Dann faßt er das zweite Händepaar an und sagt: Hier brau ich; beim dritten: Hier brech ich durch. Gelingt es ihm, muß der in den Kreis, der rechts vom Ausbrecher stand.

Fangspiele mit unterschiedlichem organisatorischen Rahmen

Der Kaiser schickt seine Soldaten aus

Zwei gleich große Mannschaften stehen einander gegenüber. Jede Mannschaft steht in einer Reihe und hält sich an der Hand. Einer ist der Kaiser und sagt: Der Kaiser schickt seine Soldaten aus und schickt den z. B. Christian hinaus. Der Ausgesandte versucht, die Handfassung der anderen Mannschaft zu durchbrechen. Gelingt ihm dies, darf er eine Person mitnehmen. Gelingt es nicht, muß er dableiben.

Tag und Nacht

Zwei Mannschaften stehen sich einander gegenüber. Die eine ist Tag, die andere Nacht. Ein Schiedsrichter ruft z. B. Tag, dann muß der Tag die Nacht fangen. Wer gefangen wurde, kommt zur Tag- bzw. Nachtgruppe. Achtung: Vorher im Gehen üben.

Schwarzer Mann

Auf der einen Seite eines abgesteckten Spielfeldes stehen alle Spieler, auf der anderen Seite der schwarze Mann. Dieser ruft: Wer fürchtet sich vorm schwarzen Mann?
Antwort: Niemand. Gegenfrage: Wenn er aber kommt? Dann laufen wir davon.
Die Spieler versuchen, die andere Seite des Spielfeldes zu erreichen. Wer gefangen wird, unterstützt den schwarzen Mann.

Ochs am Berg

Ein Ochse steht mit dem Gesicht zur Wand, die anderen in ca. 20 m Entfernung nebeneinander. Der Ochse sagt: Ochs am Berg und dreht sich um. Die anderen bewegen sich auf den Ochsen zu, solange er nicht hinschaut. Sieht er jemanden, der sich bewegt, muß dieser zum Ausgangspunkt zurück. Wer den Ochs abschlägt, wird der neue Ochs.

Ballspiele

Abschießen

Zwei Kinder stehen einander gegenüber und jeder versucht den anderen „abzuschießen". Der andere muß ausweichen.

Sehr beliebte Fangspiele sind Jägerball, Brennball und Völkerball.

Mauerball

Ein Spiel zu dem man eine Mauer benötigt. Man kann es alleine oder zu mehreren spielen. Dem Spieler werden verschiedene Aufgaben gestellt. Den Ball mit einer Hand werfen, mit rechts werfen und links fangen, unter die Füße durchspielen und fangen. Bei Ballverlust muß von vorne begonnen werden. Auch hier unterliegt es der Phantasie der Spieler, die Variationen auszudenken.

Müde — Matt — Krank — Tot

Zwei Spieler werfen sich den Ball zu. Wird er nicht gefangen, ist der Spieler müde, beim nächsten Mal matt, dann krank und dann tot.

Klatschball

Der Ball wird geworfen und der Fänger muß vor jedem Fangen in die Hände klatschen. Fängt er nicht, bekommt er einen Strafpunkt.

Neckball

Zwei Spieler stehen einander gegenüber und werfen sich einen Ball zu. Ein weiterer Spieler steht in der Mitte und versucht den Ball abzufangen. Gelingt ihm dies, darf er die Mitte verlassen.

Seilspiele

Das Seil ist heute als Spielgerät weitgehend in Vergessenheit geraten. Dabei ist es ein sehr anspruchsvolles Gerät, das den Kindern sehr viel Geschicklichkeit abverlangt.

Seilspringen

Der Spieler beschäftigt sich alleine mit dem Gerät und kann auf verschiedene Weise über das Seil springen.

Seillaufen

Zwei Kinder fassen sich an der Hand. An den Außenhänden halten sie das Seil und springen darüber.

Seilspringen mit Schwungzeit

Zwei Kinder stehen einander gegenüber und schwingen ein langes Seil. Die anderen springen über das Seil oder laufen unten durch.

Sprungkreis

Ein Kind hält ein langes Seil in der Hand und dreht sich mit ihm im Kreis, die anderen springen darüber.

Gummitwist

Gummitwist ist ein besonders von Mädchen geliebtes Gerät. Man benötigt dazu ein ca. 4 m langes Gummiband, das an den Enden zusammengebunden ist.

Zwei Kinder stellen sich mit gegrätschten Beinen auf, wobei das Gummiband, je nach Schwierigkeitsgrad um Waden oder Oberschenkel gelegt wird. Ein Dritter springt vereinbarte Figuren ohne den Gummi zu berühren. Bei Fehler wird gewechselt. Natürlich kann man immer wieder neue Figuren kreieren.

Bodenspiele (Hüpfspiele)

Bodenspiele gehören zu den wenigen Spielen die auf Asphalt durchgeführt werden können. Man benötigt nur noch ein Stück Kreide, das sich in der Schule ohne weiteres auftreiben läßt. Diese Bodenspiele sind heute schon weitgehend in Vergessenheit geraten.

Die Woche (Abb. 104)
Man benötigt einen flachen Stein. Dieser wird von Wochentag zu Wochentag geworfen. Hat man den Wochentag getroffen, hüpft man auf jedes Kästchen mit einem Bein; das Kästchen, auf dem der Stein liegt, wird übersprungen. Am Sonntag darf ausgeruht werden und man steht mit beiden Füßen auf Donnerstag und Samstag. Auf dem Rückweg wird der Stein wieder aufgenommen und wenn der Durchgang fehlerfrei beendet wurde, muß der Stein auf dem nächsten Wochentag landen.

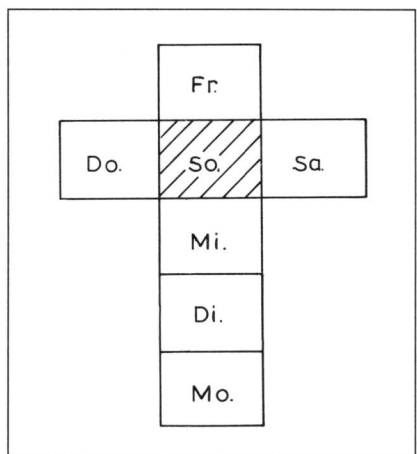

Abb. 104

Weitere Bodenspiele, die sich im Prinzip ähneln gehen, sind: Himmel und Hölle, Schnecke und Hinkekästchen (vgl. *Abb. 105*).

Weitere Spiele

Weitere Spiele, die keiner großen Erklärung bedürfen, sind Sackhüpfen, Bockspringen und Tauziehen. Obwohl diese sehr beliebten Spiele Wettkampfcharakter besitzen, sind sie in der Pause sehr gut durchführbar.

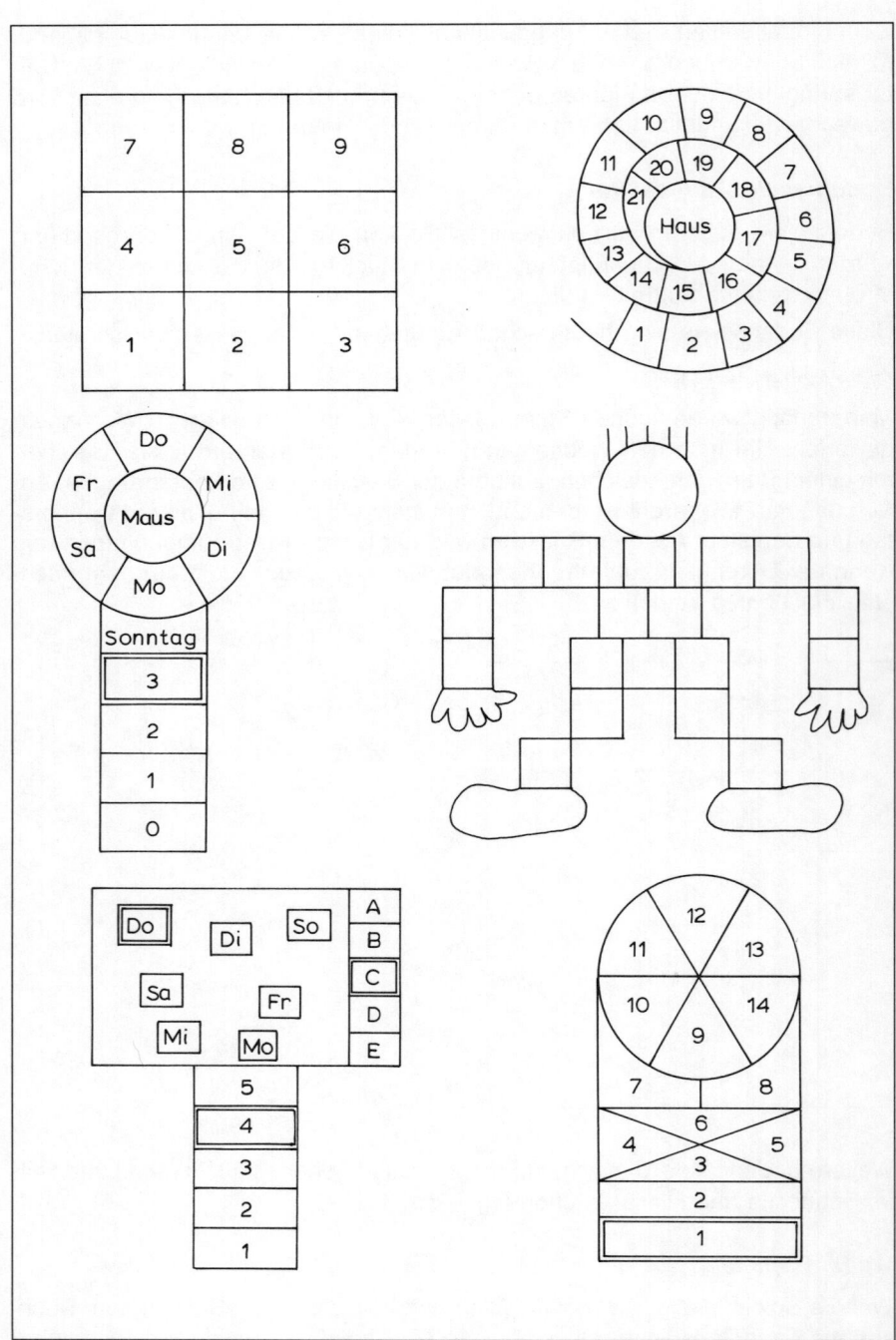

Abb. 105   Hüpfspiele

6.2.7.2 *Bewegungsübungen für Unterrichtspausen und für zu Hause*

Bewegungsübungen

Die nachfolgenden Bewegungsübungen sind gemäß dem Grundschullehrplan des Bay. Staatsministeriums für Unterricht und Kultus (KMBl I 1981, SO-Nr. 20) im täglichen Unterricht regelmäßig durchzuführen.

Auch in den weiterführenden Schulen sollten diese Bewegungsübungen zum Übungsprogramm für den Pflichtsportunterricht gehören.

Die Bewegungsübungen dienen der Verbesserung der Atmung, zur Kräftigung der Muskulatur, zum Erhalten und Verbessern der Beweglichkeit, der Gewandtheit, der Geschicklichkeit und des Reaktionsvermögens:

Vorschläge zum Verbessern der Atmung

— Tief einatmen, kräftig ausatmen. Beim Einatmen soll sich der Brustkorb dehnen *(Übung 1)*. Rumpf nicht überstrecken.

— Tief einatmen, dabei den ganzen Körper strecken. Kräftig ausatmen, dabei in die Hocke gehen *(Übung 2)*. Rumpf nicht überstrecken. Vorsicht bei Knieproblemen!

Übung 1   *Übung 2*

Bei der Auswahl und Durchführung der Übungen ist auf die unter Punkt 6.2.2.1 genannten Hinweise zu achten.

— Tief einatmen, dabei ein Buch so hoch wie möglich heben. Kräftig ausatmen, dabei das Buch vor sich auf den Boden legen.
— Einatmen, der Lehrer zählt bis 3, 4, 5 . . .; ebenso lang ausatmen.
— Kräftig durch die Nase einatmen, kurz den Atem anhalten, durch den Mund mehr und länger ausatmen; nach dem Ausatmen kurz die Luft anhalten. Mit zwei oder drei Atemzügen beginnen, später auf zehn Atemzüge erweitern.
— Hände im Sitzen auf den Bauch legen, gegen den Widerstand der Hände einatmen (Bauch raus!), in Verbindung mit Zählen ausatmen.
— Schultern soweit wie möglich nach hinten nehmen, so daß sich beide Schulterblätter nähern, dabei Einatmen. Schultern vorziehen und ausatmen etc.
— Hände auf dem Rücken falten, Arme auf dem Rücken verschränken. Dabei einatmen.
— Von oben oder von unten an die Schulterblätter greifen. Dabei einatmen.
— Arme in Hochhalte; gleich- und wechselseitig nach hinten federn. Dabei einatmen.
— Arme in Nackenhalte; Ellbogen nach hinten führen *(Übung 3)*. Dabei einatmen.

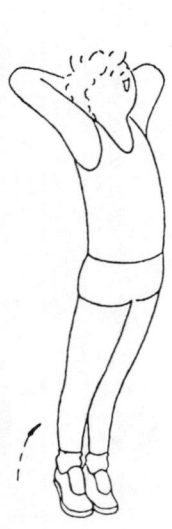

Übung 3   *Übung 4*

Vorschläge zur Kräftigung der Muskulatur

Hand-, Arm- und Schultermuskulatur:
— Arme nach vorne, zur Seite, nach oben, nach unten (Luftboxen) *(Übung 4)*.

— Arme in die Vorhalte bringen, Greifübungen mit den Fingern ausführen.
— Beide Hände mit gespreizten Fingern gegeneinanderdrücken und wieder lockern.
— Die lockeren Hände im Handgelenk kreisen.
— Fingerspitzen beider Hände einhaken, fest auseinanderziehen und wieder lockern.
— „Garnwickeln".
— Den Körper aus dem Sitz hochdrücken und wieder senken.
— Schultern gleich- und wechselseitig heben und senken.
— Schulterrollen vorwärts und rückwärts.
— Trichterkreisen der Arme vorwärts und rückwärts, in Schlaghalte und Seithalte.
— Achterkreisen mit einem Arm oder mit beiden Armen.
— Hände im Wechsel über dem Kopf und hinter dem Rücken zusammenklatschen.

Rumpfmuskulatur

im Sitzen:

— Beine anheben, anhocken, strecken und wieder senken *(Übung 5)*.
— Beine anheben, strecken, Scherbewegungen ausführen; Achterkreisen *(Übung 6)*. Knie anfangs gebeugt.
— Gegenstand (z. B. Federmäppchen) zwischen die Füße klemmen, Beine anhocken, strecken, senken.

Übung 5   *Übung 6*

— Handwerkliche Tätigkeiten nachahmen, z. B. Holzhacken *(Übung 7)*, Mähen, Kies schaufeln, Wand verputzen, Boden auskehren. Geführte Ausführung.
— Rumpfbeugen vorwärts, rückwärts und seitwärts *(Übung 8)*. Geführte Ausführung.

— Achterkreisen des Rumpfes. Langsame Übungsdurchführung.
— Rumpfdrehungen vorwärts und rückwärts. Langsame Übungsdurchführung.

Übung 7   *Übung 8*

Bein- und Fußmuskulatur:

— Zwischen Sohlenstand und hohem Zehenstand wechseln; ein- und beid-
  beinig.
— Füße von der Ferse zum Fußballen abrollen.
— Zehengang, Fersengang, federndes Gehen, Ballengang am Ort und in der
  Bewegung.
— Seil oder Schnur mit den Zehen erfassen, hin- und herbewegen, in Figuren
  legen.
— Kniebeugen im Zehenstand, im Sohlenstand; schnell und langsam.
— In der Hockstellung auf den Ballen, auf den Fußsohlen gehen.
— Hüpfen am Ort wie ein Känguruh, ein Hampelmann.
— Stab, Kugeln oder Stift mit dem Fuß hin- und herrollen, erfassen, heben, an
  andere Schüler weitergeben *(Übung 9).*

Vorschläge zum Erhalten und Verbessern der Beweglichkeit

Schultergürtel:

— Armkreisen vorwärts und rückwärts mit gestreckten und angewinkelten Ar-
  men *(Übung 10).*
— Mühlkreisen und Gegenkreisen mit den Armen.
— Ellbogenkreisen.

246

— Arme in Seithalte; heben und senken.
— Arme aus der Hochhalte fallen und auspendeln lassen.

Übung 9

Übung 10

Wirbelsäule:
— Achterkreisen des Rumpfes.
— Gehen mit Rumpfdrehen.
— Grätschstand, Armachterkreisen, Arme schwingen; dabei auf jeder Seite weit nach hinten.
— Rumpfdrehen im Stand; auch Grätschwinkelstand *(Übung 11)*.

Übung 11   Übung 12   Übung 13

Hüftgelenk:
— Hüftkreisen *(Übung 12).*
— Ausfallschritt und Gegenstand unter dem Bein durchreichen *(Übung 13)!*
— Beine vorwärts, rückwärts, seitwärts schwingen.
— Achterkreisen eines Beines.
— Beinbewegungen des Brust- und Kraulschwimmens versuchen.

Vorschläge zum Verbessern der Gewandtheit und Geschicklichkeit
— Auf einem Bein stehen, das andere vor- und zurückschwingen.
— Auf einem Bein stehen, das andere über die Stuhllehne führen, ohne sie zu berühren.
— Auf einem Bein stehend eine halbe Drehung, eine ganze Drehung versuchen.
— Einen Stab, ein Lineal auf der Hand, auf einem Finger balancieren.
— Auf einer gezeichneten Linie, einer Schnur, einem Seil zu balancieren versuchen.
— Auf den Boden setzen und wieder aufstehen ohne Gebrauch der Hände.
— Auf einem Bein rückwärts, vorwärts, seitwärts hüpfen.
— Sitzboogie (Ententanz).

Vorschläge zum Verbessern des Reaktionsvermögens
— Auf Zeichen des Lehrers wechselnde Aufgaben erfüllen, z. B. eine bestimmte Körperbewegung ausführen.
— Bestimmte Bewegungen auf bestimmte, ständig wechselnde Zeichen ausführen; Klatschen, Klopfen, Pfeifen, Scharren.
— Kleine Wettbewerbe („Wer hat zuerst . . .?").
Neben den Bewegungsübungen, die gemäß Lehrplan für die Grundschule (KMBl I 1981, So.-Nr. 20, S. 552 und S. 668) auch im Klassenzimmer regelmäßig durchzuführen sind, können auch spezielle Dehnungs- und isometrische Übungen absolviert werden (REINHARDT 1983).

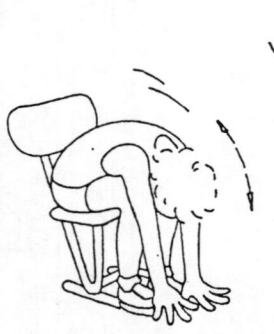

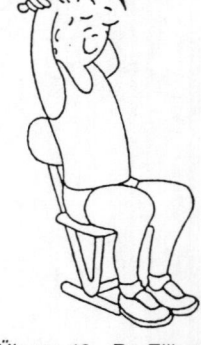

Übung 14   Rumpfbeuge vorwärts bis zum Hand/Fuß-Kontakt

Übung 15   Die Schultern soweit wie möglich nach hinten führen, so daß sich beide Schulterblätter nähern.

Übung 16   Re Ellbogen mit der li Hand hinter dem Kopf nach unten ziehen (Pfeilrichtung)! Gegengleich!

Übung 17 Hände über dem Gesäß verschränken und Arme vom Rumpf abstrecken und zum Gesäß bewegen.

Übung 18 Hände verschränken, Arme in Hochhalte: Armmuskulatur in Pfeilrichtung dehnen!

Übung 19 Hände verschränken, Arme in Hochhalte, Oberkörper und Arme seitwärts beugen!

Dehnungsübungen (Übung 14—21)

Die „Dehnungspause" ist dann erforderlich, wenn die Kinder von selbst nach Dehnungsübungen verlangen. Dieses Dehnungsbedürfnis wird in der zweiten Hälfte des Schulmorgens aufkommen. Dabei helfen gezielte und systematisch durchgeführte Übungen, um die verspannten Muskeln des Halteapparates zu lockern. Haltedauer: 6—10 Sekunden. Die Übung 22 dient zur Entspannung!

Übung 20 Re Ellbogen mit der li Hand nach li ziehen bei gleichzeitiger Gegenbewegung des Kopfes in Pfeilrichtung! Gegengleich!

Übung 21 Hände verschränken; Arme in Vorhebehalte nach re und li bewegen!

Übung 22 Droschkenkutscher-Haltung: Wir sagen uns sechsmal hintereinander „Ich bin völlig entspannt"; die Augen sind geschlossen

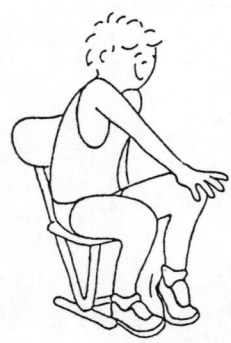  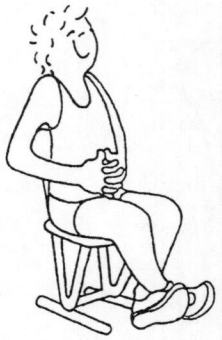

Übung 23 Re Hand auf das li Knie legen — li Ferse vom Boden heben — Hand und Knie fest gegeneinander spannen. Gegengleich!

Übung 24 Wir falten die Hände hinter dem Kopf und stemmen den Kopf dagegen

Übung 25 Wir legen beide Hände auf den Bauch — Einatmung gegen den Widerstand der Hände — Ausatmung in Verbindung mit Zählen 1-2-3-4-usw.

Isometrische Übungen (Übung 23—28)

Entsprechend der muskulären Situation der Schüler sollen Pausen für die isometrischen Übungen vorwiegend in den frühen Stunden des Schulalltages vorgenommen werden; denn zu diesem Zeitpunkt ist die Muskulatur am leistungsfähigsten. Haltedauer: 6—10 Sekunden. Am Beginn bzw. zwischen den Übungen sollte eine Entspannungsübung liegen.

  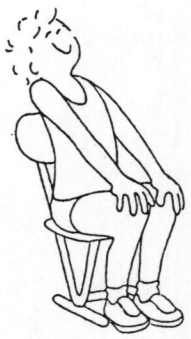

Übung 26 Füße gegen den Boden stemmen — Gesäß und Bauch spannen — Kopf Richtung Decke schieben, Blick nach vorne

Übung 27 Der Kopf drückt mit maximaler Kraft gegen die an der linken Schläfe angelegte und entgegenwirkende Hand

Übung 28 Anschließend umfassende Aktivierung der Muskeln; Arme fest strecken, tief durchatmen, Augen auf!

Bewegungspause

Vorschlag für eine Bewegungspause während des Unterrichts von Christine Höss, einer Vertreterin der WAGUS-Rückenschule

In der Bewegungspause imitieren wir einen kleinen Ausflug mit dem Radl.

Dauer: ca. 5 Minuten
Musik:
1—2: ,,Radetzky-Marsch"
3—6: PM SAMSON: ,,I love to love"
7—8: ,,Frühlingsstimmenwalzer"
9:     schneller Sirtaki
10:    CATS: ,,Mungo Jerry & Rumpelteazer"
11:    R. FENDRICH: ,,Es lebe der Sport"

1. *,,Wir gehen zum Radl vor der Tür."*
   — Gehen am Ort und Schwingen die Arme —
2. *,,Wir verabschieden uns kurz von den anderen Schülern . . ."*
   — abwechselnd re/li winken und mehrmals verneigen —
   ,,. . . und suchen unser Radl. Ist es links? Ist es rechts?"
   — Hand an die Stirn, Oberkörper nach li/re drehen —
   ,,Freudig entdecken wir unser Radl!"
   — Arme hoch und lachen —
3. *,,Wir steigen auf unser Radl und üben das gleich ein paarmal."*
   — Arme halten den Lenker, Knie heben und über den ,,Sattel" steigen —
4. *,,Und jetzt die Fahrzeugkontrolle: Ist das Hinterrad noch da?"*
   — der Oberkörper dreht nach li/re hinten, die Knie sind leicht gebeugt —
   ,,Sind die Bremsen noch da?"
   — der Oberkörper dreht nach li/re vorne —
   ,,Ist die Lampe noch da?"
   — mehrmals in den Ballenstand heben und über den ,,Lenker" schauen —
5. *,,Abfahrt in Richtung Olyberg!"*
   — Knie heben abwechselnd li/re —
6. *,,Unterwegs treffen wir ein paar nette Schüler und winken ihnen wie immer freundlich zu!"*
   — Ein Bein radelt, 1 Arm am ,,Lenker", 1 Arm winkt; wechseln —
7. *,,Jetzt geht es den Berg hoch, das Treten wird immer schwerer."*
   — Abwechselnd re/li langsames Kniebeugen —
8. *,,Hurra, wir haben es geschafft!"*
   — Arme und Beine ausschütteln;
   10 Hampelmänner;
   Hände falten: die Arme über dem Kopf strecken, die Arme hinter dem Kopf hin- und herziehen, die Arme hinter dem Rücken hochführen —

9. *„Jetzt kommt die Abfahrt!"*
— im Wechsel: Abfahrtshocke (10 Sekunden) und Stand —

10. *„Auf einmal knallt es:"* (Klatschen!)
„Mein Gott, Reifenpanne! Wir steigen vom Radl und versuchen, den Reifen wieder aufzupumpen."
— einbeiniger Kniestand, Pumpbewegung mit den Händen —
„Ist Hilfe in der Nähe?"
— aufstehen und gucken, Schulterzucken —
„Nein, also weiterpumpen! Sapperlot, der Reifen wird nicht voll."

11. *„Also, da gibt es nur eins, wir müssen zum Ausgangspunkt zurücklaufen."*
— schneller auf der Stelle laufen —

6.3 Evaluationsebene

Lernzielkontrollen und Auswahlverfahren

Die Überprüfung der Folgen des Sportförderunterrichts (dritte Ebene = Evaluationsebene des unterrichtstheoretischen Didaktikmodells) durch Lernzielkontrollen ist unerläßlich, um Aufschlüsse darüber zu erhalten, inwieweit dieser korrektive Unterricht das Verhalten der Schüler und deren individuelle Leistungsschwächen verändert hat. Auf dieser Ebene sind Unterrichtsverlauf und Unterrichtserfolg einer kritischen Analyse zu unterziehen, um die Gültigkeit der formulierten Lernziele, der gewählten Inhalte, Methoden, Organisations- und Aktionsformen beurteilen zu können.

In der Regel sollten Kinder, die in ihrem Bewegungsverhalten auffallen und von der Klassennorm abweichen, vom Schularzt festgestellt werden. Schulärztliche Untersuchungen finden gemäß der Bekanntmachung über die Schulgesundheitspflege (Amtsblatt des Bayer. Staatsministeriums für Unterricht und Kultus von 1983 S. 923) vor der Einschulung sowie in den Jahrgangsstufen 2, 5 und 9 nach einem Leitfaden für Schulärzte (1972) statt. Innerhalb von 6 bis 10 Minuten soll sich nach diesem Leitfaden der Arzt ein Bild vom Gesundheitszustand, von der Leistungsfähigkeit und der Belastbarkeit der Kinder machen können. Seit 1986 wird für jedes untersuchte Schulkind ein Statistikbogen angelegt. In dem Leitfaden wird auch darauf hingewiesen, daß das Untersuchungszimmer hell und warm sein soll, daß die Schüler einzeln, mit freiem Oberkörper und ohne Schuhe vor dem untersuchenden Arzt erscheinen sollen. Eine Hilfskraft soll die Eintragungen in den Gesundheitsbogen übernehmen. Vom Schularzt hängt es nun ab (neben der Erhebung anderer Befunde),

— ob er den Eltern die Teilnahme des Kindes an einem Sportförderunterricht vorschlägt,
— ob er bereits krankengymnastische oder sonstige rehabilitative Maßnahmen verschreibt oder

— ob er eine Förderung des Kindes durch die Teilnahme an den Übungsstunden eines Vereins empfiehlt.

Soviel zum Sollzustand schulärztlicher Untersuchungen. Der Istzustand stellt sich bisher leider noch ganz anders dar:

— Es muß angezweifelt werden, ob bei schulärztlichen Reihenuntersuchungen aus Zeit-, Kosten-, Ausstattungs- und Kompetenzgründen haltungs-, koordinations- und herzkreislaufschwache Kinder überhaupt festgestellt werden können. Zum Teil ist den Schulärzten weder der Begriff Sportförderunterricht noch der Inhalt dieses Unterrichts bekannt. Die unterschiedlichen Angaben über die Häufigkeit von Haltungsschwächen (die Statistiken schwanken zwischen 2,7 bis 90 Prozent) zeigen eindeutig, daß einheitliche Kriterien zur Haltungsbeurteilung fehlen bzw. nicht bekannt und die Beurteilung jeweils von der Erwartungshaltung des Untersuchenden abhängt. Die Tatsache, daß Angaben über die Zahl von Herz-Kreislauf- und Koordinations-Schwächen kaum und über psychische und soziale Fehlentwicklungen überhaupt nicht gemacht werden, zeigt ebenfalls das Fehlen praktikabler Feststellungsverfahren auf. So erscheint die bisher festgestellte Zahl körperlich leistungsschwacher Schüler nur die Spitze eines Eisbergs darzustellen.

Man könnte sich in Anbetracht dieser Tatsache leicht der Argumentation von SCHEDE (1952) anschließen, der in einem Gutachten für die Deutsche Orthopädische Gesellschaft die Einrichtung von Sonderturnkursen mit der Begründung ablehnte, daß nicht nur wenige, sondern alle Schüler betroffen seien und auch durch zwei Sonderturnstunden Entwicklungsstörungen nicht beeinflußt werden könnten.

SCHEDE forderte deshalb eine Reform des Schulalltags, eine Forderung, die auch heute noch aktuell ist (WUTZ 1986, 3).

Neben dem Fehlen praktikabler Untersuchungsverfahren mit

— kurzer Durchführungszeit, geringem Materialaufwand, einfacher Handhabung, leichter Auswertbarkeit,

ist zu beklagen, daß die Fachlehrkräfte für den Sportförderunterricht von den Schulärzten aufgrund der ärztlichen Schweigepflicht nicht über die Schwächen der ihnen zugewiesenen Schüler informiert werden, diese also gewissermaßen ziel- und planlos arbeiten müssen.

— Lernerfolgskontrollen werden, wenn überhaupt, nur vereinzelt durchgeführt, d. h. die betroffenen Schüler verlassen den Sportförderunterricht genauso unmotiviert wie sie ihn begonnen haben. Eine gewisse Unsicherheit macht sich deshalb natürlich auch bei den unterrichtenden Lehrkräften bemerkbar, wenn sich der Erfolg ihrer pädagogischen Bemühungen nicht verdeutlichen läßt.

Zusammenfassend kann festgestellt werden, daß der Schularzt bei der Durchführung der schulärztlichen Reihenuntersuchungen und bei der Auswahl von Schülern, die dem Sportförderunterricht zugeführt werden sollten, überfordert ist. Nur eine schon immer geforderte Zusammenarbeit von Pädagogen mit den

Schulärzten und den Schulpsychologen unter Einbeziehung der Eltern kann eine Lösung der oben geschilderten Probleme bringen.

Eine Erfassung der allgemeinen, gesundheitsorientierten Fitneß im Sportunterricht könnte die wichtige Arbeit des Schularztes unterstützen und unter Umständen zur Einführung eines Gesundheitspasses für Schüler führen, in dem der Gesamtfitneßzustand und dessen Veränderung durch Testwiederholung eingetragen werden kann. Aufgabe von Lernzielkontrollen ist es, festzustellen, ob das angestrebte Lernziel, z. B. die Verbesserung des Fitneßzustandes im weitesten Sinn oder die Kraft der Rückenmuskulatur im engeren Sinn, erreicht wurde. Sie können dazu beitragen, die Motivation der Schüler für den Sportförderunterricht bzw. für den Sportunterricht zu erhöhen, weil der Schüler selbst seinen Übungsfortschritt überprüfen und dadurch sein Selbstwertgefühl gesteigert werden kann.

Die nachfolgend beschriebenen allgemeinen Fitneßtests liefern keine exakten Angaben über Dysfunktionen, Schwächen oder Schäden. Sie zeigen jedoch an, ob ein Kind in seiner Leistungsfähigkeit dem Durchschnittsniveau seiner Altersstufe entspricht, oder ob es, nach einer Krankheitsausschlußuntersuchung, einem Sportförderunterricht zugeführt werden sollte.

6.3.1 Allgemeine Fitneßtests

RIEDER, ROMPE und KUCHENBECKER beschreiben die körperliche Fitneß ,,als ein sehr weites und komplexes Konstrukt'', in das eine Vielzahl unterschiedlicher Bedingungsfaktoren mit einfließen (RIEDER 1986). Im Handbuch sportmotorischer Tests faßt BÖS (1987) die derzeit bekannten Verfahren zur Überprüfung des allgemeinen Fitneßzustandes zusammen (u. a. Aahperd-Youth-Fitneß-Test; Haro-Fitneß-Test; Kraus-Weber-Test; Beurteilungsverfahren anch BÖS (AST); Beurteilungsverfahren nach Zimmer (MOT 4—6); Beurteilungsverfahren nach GROSSER und STARISCHKA sowie LUTTER und SCHRÖDER).

6.3.2 Auswahltests für den Sportförderunterricht

Für die Auswahl von Kindern, die einen Sportförderunterricht besuchen sollten, werden derzeit Testverfahren von DORDEL, H. J. (1985), DORDEL, S. (1987), FUHRMANN und SCHUSTER (1977), ZIMMER und CICURS (1987), BREITHECKER und LIEBISCH (1990), BUTTE und STÜNDL (1989), HAHMANN u. a. (1986) und RUSCH u. a. (1991) angeboten. Die Beurteilungsverfahren von DORDEL und RUSCH werden anschließend dargestellt.

6.3.2.1 Beurteilungsverfahren nach DORDEL

Ein Beispiel für ein Beurteilungsschema für den Primarbereich gibt Tab. 7. Die hier aufgeführten Testformen sollen, so weit als notwendig, in der Folge kurz dargestellt werden (vgl. DORDEL 1987, 205 f.) *(Tab. 7).*

Name: Geburtsdatum:	Größe: Gewicht:	Datum: Klasse:	

Koordination　　　　　　　　　　　　　　　　　　　　　　　　**Bemerkungen**

Koordination			
Hampelmann zehnmal	gut	auffällig	
Einbeinstand re 10 Sek.	sicher	unsicher	
li 10 Sek.	sicher	unsicher	
Freies Ballspiel oder			
Ballprellen am Ort	gut	auffällig	

Haltung

Haltung			
Armvorhaltetest	30 Sek. sicher	auffällig	
Beweglichkeit der Wirbel- säule (Rückenschaukel)	gut	auffällig	
Dehnfähigkeit d. Hüftbeu- ger („Bauchschaukel")	normal	eingeschränkt	
Dehnfähigkeit der Brust- muskulatur (Rutschhalte)	normal	eingeschränkt	
Dehnfähigkeit der vorde- ren Schienbein- und Zehenstreckmuskulatur (Fersensitz)	normal	eingeschränkt	
Haltekraft der Fuß- und Beinmuskulatur (Hoch- zehenstand, Fersen zus.	ausreichend	auffällig	
Sprungkraft (Standweit- sprung mind. 1,30 m)	ausreichend	auffällig	
Kraft der Bauchmuskula- tur (z. B. Felgabzug am Barren)	ausreichend	auffällig	
Kraft der Schultergürtel- muskulatur (z. B. aktives Hängen an den Ringen)	ausreichend	auffällig	
Verdacht auf Skoliose: Asymmetrie des Schulter- Beckengürtels	nicht vorhanden	vorhanden	
Torsion der Wirbelsäule	nicht vorhanden	vorhanden	
Verdacht auf Scheuer- mann: Fixierung der Wirbelsäule	nicht vorhanden	vorhanden	

Ausdauer

Ausdauer			
modif. COOPER-Test	mehr als 1200 m	weniger als 1200 m	

Besondere Anmerkungen
z. B. KTK durchgeführt, MQ . . .: TKT durchgeführt; auffällige Symptome . . ., psychomotorische Auffälligkeiten . . .; Verdacht auf MCD (Aussage der Eltern, des Arztes); Kind ist in therapeutischer Behandlung: Krankengymnastik, Psychomotorische Therapie, Spieltherapie, etc.; sportspezifische Defizite, auffälliges Verhalten im Unterricht; besondere Interessen, Vereinszugehörigkeit, etc.

Tab. 7 Beispiel eines Beurteilungsschemas für den Primarbereich. Zutreffendes (gut/auffällig) ist anzukreuzen, evtl. durch Bemerkungen zu ergänzen. Raum für „Besondere Anmerkungen" sollte frei bleiben; hier sind nur mögliche Anmerkungen genannt (aus DORDEL 1987, 204)

Tests zur Ermittlung der Koordinationsfähigkeit

Bei den Koordinationstests soll die Simultankoordination (Hampelmann), das statische Gleichgewicht (Einbeinstand) und die Anpassungsfähigkeit (Freies Ballspiel oder Ballprellen am Ort) beurteilt werden.

Hampelmann

Durchführung: Der Schüler steht mit geschlossenen Beinen, Hände an den Oberschenkeln. Auf Kommando versucht der Schüler so oft wie möglich in die Grätsche zu springen (Markierung) und die Hände über dem Kopf zusammenzuklatschen.

Bewertung: Die Beurteilung kann numerisch erfolgen (wie viele Berührungen der Hände über dem Kopf bzw. an den Oberschenkeln werden erreicht; Mindestanforderung für 15 Sekunden = 15 Berührungen). Sie kann aber auch nach qualitativen Gesichtspunkten durchgeführt werden. Nach DORDEL (1987, 203) sind beim „Hampelmann" im einzelnen folgende Kriterien als Anzeichen für eine Koordinationsschwäche zu werten:

— Der Sprung wird nicht exakt durchgeführt: die Arme werden nicht immer vollständig von unten nach oben über dem Kopf zusammengeführt; die Beine werden nicht sauber gegrätscht und geschlossen;

— Arme und Beine werden nicht gleichzeitig bewegt;

— Mehrere Sprünge hintereinander sind nicht flüssig möglich: das Kind springt ein- oder zweimal richtig und hört dann auf; wird es aufgefordert weiterzuspringen, zeigt sich der Gesamtablauf der Bewegung gestört;

— Es kommt nicht zu einer Gesamtkörperstreckung, sondern Knie- und Hüftgelenke werden gebeugt; die „Beine werden angezogen";

— Die Füße werden bei der Landung nicht abgerollt, sondern die Landung erfolgt unelastisch.

Einbeinstand

Durchführung: Der Schüler versucht jeweils 10 Sekunden auf dem rechten bzw. linken Bein zu stehen.

Bewertung:* Qualitative Beurteilung des Einbeinstandes. Als „nicht sicher" werden bewertet:

— Das Stehen auf einem Bein ist nicht ohne Abstützen oder nur extrem kurz (weniger als 10 Sek.) möglich;

— Es werden grobe Balancierbewegungen durchgeführt;

— Das Standbein kann nicht ruhig gehalten werden; Ausgleichsbewegungen des Standbeins (z. B. Hin- und Herrutschen) werden notwendig.

---

* DORDEL 1987, 203/204

Freies Spiel mit dem Ball bzw. Ballprellen am Ort

Bewertung:* Beim „freien Spiel" mit dem Ball zeigen sich Koordinationsschwächen insbesondere in:

— unangemessener Muskelwahl, unzweckmäßigen Mitbewegungen;
— mangelhafter Impulsdosierung;
— mangelnder Richtungspräzision und Zielgenauigkeit;
— verzögerter Reaktion und schlechter Raumorientierung.

Beim „Ballprellen am Ort" zeigen sich Schwächen vor allem, wenn
— die Hand den Ball nicht trifft, so daß der Ball verlorengeht oder der Ball nicht am Ort gehalten werden kann;
— mit zu hohem Krafteinsatz (der Ball gerät außer Kontrolle) oder zu niedrigem Krafteinsatz (der Ball wird immer flacher) geprellt wird.

Tests zur Ermittlung der Haltekraft und Dehnfähigkeit

— Armvorhaltetest (nach MATTHIAS)

Durchführung: Der Schüler wird aufgefordert, eine „aktive Haltung" einzunehmen, d. h. Gesäß-, Bauch- und Rückenmuskulatur voll anzuspannen und beide Arme in Vorhalte zu bringen.

Bewertung: Kinder, die eine aktive Aufrechterhaltung des Rumpfes nicht oder nicht über 30 Sekunden beibehalten können, werden als haltungsschwach bezeichnet; sofortige Haltungsänderung bei Erhebung der Arme wird als „Haltungsverfall" eingestuft.**

Abb. 106   Matthias-Test

---

* DORDEL, S. 1987, 203/204.
** RIEDER/KUCHENBECKER/ROMPE 1986, 206

Rückenschaukel

Bewertung: Feststellung einer runden und harmonischen Schaukelbewegung. Ist die Beweglichkeit der Wirbelsäule eingeschränkt, ist ein Schaukeln nicht möglich.

Bauchschaukel

Durchführung: In Bauchlage werden die Füße bzw. Knöchel erfaßt.

Bewertung: Bei ungenügender Dehnfähigkeit der Hüftbeuger ist eine harmonische Schaukelbewegung unmöglich.

Rutschhalte

Durchführung: Aus dem Kniestand Arme in die völlige Streckung nach vorne führen und den Rumpf möglichst in Bodennähe bringen.

Bewertung: Bei ungenügender Dehnfähigkeit der Brustmuskulatur bleibt eine Winkelstellung im Schultergelenk bestehen.

Abb. 107   Rutschhalte

Fersensitz

Durchführung: Absitzen auf dem Fußrist.

Bewertung: Bei normaler Dehnfähigkeit der Schienbein- und Zehenstreckmuskulatur liegen der gesamte Fußrist und der Unterschenkel dem Boden auf; bei mangelnder Dehnfähigkeit besteht ein Winkel zwischen Fußrist/Unterschenkel und Boden.

Hochzehenstand

Durchführung: Heben in den beidbeinigen Hochzehenstand über 10—15 Sekunden bei geschlossenen Fersen.

Bewertung: Kann der Schüler die geforderte Zeit mit vorgeschriebener Fersenhaltung im Hochzehenstand verbringen?

Felgabzug am Reck

Durchführung: Langsames Senken und leises Aufsetzen der Beine während des Felgabzuges.

Bewertung: Kennzeichen einer schwachen Bauchmuskulatur ist ein schnelles, unbeherrschtes und lautes Senken von Beinen und Rumpf.

Aktives Hängen an den Ringen

Durchführung: Langhang an den Ringen.

Bewertung: Bei ausreichend gekräftigter Schultergürtelmuskulatur ist ein freies Hängen und Schaukeln möglich. Kennzeichen einer Schwäche ist ein passives Hängen (Kopf und Hals werden zwischen den Armen ,,eingeklemmt"). Eine Schwäche liegt auch vor, wenn ein Kind sich nicht halten kann.

Tests zur Ermittlung der Erholungsfähigkeit bzw. der Ausdauerleistungsfähigkeit

Eine mangelnde Ausdauerleistungsfähigkeit beeinflußt nicht nur die Erholungsfähigkeit, sondern gibt auch Auskunft über die Belastbarkeit des Herz-Kreislauf-Systems.

Für die Überprüfung der Erholungsfähigkeit empfiehlt sich die Pulsmessung unmittelbar nach der Belastung sowie nach einer Erholungspause von 1 Minute. Nach dieser Pause sollte der Puls z. B. nach dem modifizierten Cooperlauf (ermittelter Wert unmittelbar nach der Belastung) um 40 bis 60 Schläge/Minute abgefallen sein.

— Für die Beurteilung der Ausdauerleistungsfähigkeit von Primarschulkindern eignet sich in besonderem Maße der modifizierte COOPER-Test nach DORDEL/BENOTEIT (1981, 345 f.).

Durchführung: 8-Minuten-Lauf mit Registrierung der gelaufenen Strecke.

Beurteilung: Zur Leistungsbeurteilung kann *Tabelle 8* herangezogen werden.

Leistungs-beurteilung	Laufleistung in Meter				Leistung (W/kg KG)	O₂-Aufnahme (ml/min/kg KG)
	Mädchen		Jungen			
	8 Jahre	9 Jahre	8 Jahre	9 Jahre		
sehr gut	>1750	>1800	>1800	>1850	3,0	>50,0
gut	1550—1740	1600—1790	1600—1790	1650—1840	3,0	45,0—49,9
befriedigend	1350—1540	1400—1590	1400—1590	1450—1640	2,5	40,0—44,9
schwach	1150—1340	1200—1390	1200—1390	1250—1440	2,0	35,0—39,9
extr. schwach	<1150	<1200	<1200	<1250	2,0	<35,0

Tab. 8 Richtwerte zur Beurteilung der Ausdauerleistungsfähigkeit anhand eines 8-Minuten-Laufes (nach DORDEL/BENOTEIT 1981)

Prinzipiell gilt: Kinder im Grundschulalter müssen in der Lage sein, so lange zu laufen, wie es ihrem Lebensalter in Minuten entspricht.

6.3.2.2 Beurteilungsverfahren nach RUSCH

Ein standardisierter Auswahltest für den Sportförderunterricht (ATS) wurde von
RUSCH (1991) entwickelt. Die Handreichung für den Auswahltest wird in diesem
Buch anschließend veröffentlicht.

Sehr geehrte Kollegin, sehr geehrter Kollege!

Um den Auswahltest für den Sportförderunterricht (ATS) weiterentwickeln
zu können, bitten wir Sie, uns nach der Durchführung des Tests die erho-
benen Daten über den Klassentesterfassungsbogen (S. 276) zukommen
zu lassen.

Datenschutz wird gewährleistet.

Für Ihre Mithilfe bedanken wir uns recht herzlich.

Anschrift der Verfasser

Institut für Sportwissenschaften
der Universität Salzburg
Akademiestraße 265
A-5020 Salzburg

Sportzentrum
der Technischen Universität München
Connollystraße 32
D-8000 München 40

Zeichnungen

Susi Bauermann
Donnersberger Str. 9b
D-8000 München 19

Handreichung für den Auswahltest Sportförderunterricht (ATS)
(Horst RUSCH / Jutta BRADFISCH / Werner IRRGANG)

1. Einleitung

Der Auswahltest Sportförderunterricht für Schüler und Schülerinnen im Alter von 11—14 Jahren besteht aus sechs Aufgaben (Ballprellen, Zielwerfen, Rumpfbeugen vorwärts, Standhochsprung, Halten im Hang, Stufensteigen) zur Messung von konditionellen und koordinativen Fähigkeiten.

Ziele der Testanwendung können sowohl die Grobdiagnose von Muskel-, Organleistungs- und Koordinationsschwächen als auch Veränderungsdiagnosen zur Beurteilung des Unterrichtserfolgs sein.

2. Testaufbau und Testdurchführung

Allgemeine Hinweise

Der Auswahltest kann im Sportunterricht zur Auswahl von sportleistungsschwachen Schülern und im Sportförderunterricht zur Lernzielkontrolle durchgeführt werden. Um genaue, zuverlässige und vergleichbare Testergebnisse zu erhalten, müssen die Hinweise zum Testaufbau, zu den Materialien sowie zur Testdurchführung und -auswertung genau eingehalten werden. Durch den Einsatz von motivierenden Testtafeln mit aufmunternden Anweisungen des Testleiters soll eine gute Testatmosphäre geschaffen werden.

Testorganisation

Der Testaufbau ist einfach und beansprucht nur 2—3 Minuten. Für die Durchführung des Tests sind Testhelfer an jeder Station günstig. Durch die Verdoppelung der Teststationen 1—5 kann die Testzeit verkürzt werden. Der Test 5 kann als Gruppentest durchgeführt werden.

Zeitbedarf

Für eine Schulklasse mit 20—25 Kindern benötigt ein Sportlehrer mit fünf Helfern (ältere Schüler) eine Unterrichtsstunde.

Testinstruktion

Vor Testbeginn sollte mit den Schülern ein Aufwärmprogramm durchgeführt werden. Die Testaufgaben werden verbal erklärt und vom Testleiter demonstriert.

Räumliche Voraussetzungen und Gerätebedarf

Der Test kann in jeder Turnhalle mit Normalausstattung durchgeführt werden. Benötigt werden (in Klammern die benötigte Anzahl der Geräte bei doppeltem Stationsaufbau):

3 (6) Langbänke
6 (12) Gymnastikbälle
3 (6) Sandsäckchen
1 (2) Turnleiter
1 (2) Sprossenwand
2 (4) Stoppuhren
1 (2) Stuhl
1 (2) schwarze Tafel (150—0,50 m)
1 (2) Meßskala, deren Nullpunkt sich in Bankhöhe befindet und nach oben (Minusbereich) und unten jeweils 15 cm (Plusbereich) umfassen soll.
Tesakrepp, Kreide/Magnesia

3. Aufgabenbeschreibungen

1. Ballprellen

Testaufbau

Eine Turnbank wird umgedreht und drei Gymnastikbälle bereitgelegt.

Aufgabenstellung

Die Versuchsperson soll auf der umgedrehten Bank stehend einen Gymnastik-ball innerhalb von 30 Sekunden möglichst oft auf den Boden prellen.

Durchführungshinweise

Die Versuchsperson steht auf der umgedrehten Langbank und prellt einen Gymnastikball auf den Boden. Verliert die Versuchsperson den Ball, wird ihr so-fort ein anderer gereicht.

Meßwertaufnahme / Bewertung / Fehlerquellen

Gezählt wird, wie oft die Versuchsperson in der vorgegebenen Zeit den Ball auf den Boden prellen kann. Der Bodenkontakt eines verlorenengegangenen Bal-les wird nicht gezählt. Die erreichte Gesamtzahl wird als Testwert eingetragen.

Testmaterialien

Langbank, 3 Gymnastikbälle, Stoppuhr

2. Zielwerfen

Testaufbau

Eine Turnleiter wird so ausgezogen, daß sie waagerecht am Boden liegt. Vor der ersten Sprossen wird in 3 Meter Entfernung eine Abwurflinie markiert. Steht keine Leiter zur Verfügung, wird mit einem Klebeband eine Leiter auf dem Boden markiert.

Maße: 2,60 m lange Seitenlinien im Abstand von 0,30 m
0,50 m lange Zwischenräume

Aufgabenstellung

Von der Abwurflinie aus versucht die Versuchsperson ein Sandsäckchen/Gymnastikball in die durch die Leiter vorgegebenen Zwischenräume zu werfen.

Durchführungshinweise

Die Versuchsperson steht hinter der Abwurflinie und soll mit einem Schockwurf das Sandsäckchen/den Gymnastikball in die Zwischenräume werfen. Es werden fünf Versuche durchgeführt. Die Abwurflinie darf nicht übertreten werden. Die Versuchsperson hat zwei Probeversuche.

Meßwertaufnahme / Bewertung / Fehlerquellen

Eingetragen wird die bei fünf Versuchen erreichte Gesamtpunktzahl. Durch die Leiter sind fünf Zwischenräume vorgegeben. Der mittlere Bereich wird mit drei Punkten, die beiden anschließenden Bereiche werden mit zwei Punkten und die äußersten Bereich mit je einem Punkt bewertet. Wird ein Punkt zwischen zwei Bereichen berührt, werden halbe Punkte verteilt.

Testmaterialien

Leiter, Sandsäckchen/Gymnastikbälle, Klebeband

3. Beweglichkeit der Wirbelsäule

Testaufbau

Vor einer Langbank wird eine Meßskala angebracht, die nach oben und unten jeweils 15 Zentimeter umfassen soll. Der Nullpunkt entspricht der Bankoberkante.

Aufgabenstellung

Die Versuchsperson steht mit geschlossenen Beinen auf der Bank. Die großen Zehen schließen mit der Vorderkante der Bank ab. Aus dieser Stellung ist eine Rumpfbeuge vorwärts mit gestreckten Knien auszuführen.

Durchführungshinweise

Die Versuchsperson soll auf der Bank stehend eine Rumpfbeuge vorwärts ausführen.

Meßwertaufnahme / Bewertung / Fehlerquellen

Als Testwert eingetragen wird der mit den Fingerspitzen erreichte tiefste Punkt an der Skala, der mindestens zwei Sekunden gehalten werden muß. Meßwerte über dem Bankniveau werden mit minus bewertet. Jede Versuchsperson hat einen Probeversuch.

Testmaterialien

Bank mit Skala

4. Standhochsprung

Testaufbau

Eine schwarze Tafel (1,50 Meter lang, 50 Zentimeter breit) wird so an der Wand befestigt, daß sie alle Schüler im Stand im unteren Drittel erreichen können. Eventuell kann man auch ohne Tafel auskommen.

Aufgabenstellung

Die Versuchsperson soll aus dem Stand möglichst hoch springen und dabei mit einer Hand den höchsten Punkt markieren.

Durchführungshinweise

Die Versuchsperson stellt sich vorlings an die Turnhallenwand und markiert mit den weißen Fingerkuppen (Kreide/Magnesia) die maximale Reichhöhe (Spitze der Mittelfinger). Die Fersen dürfen nicht vom Boden abgehoben werden.

Die Versuchsperson stellt sich danach seitlings in 20—30 Zentimeter Entfernung zur Wand auf, springt beidbeinig noch oben ab und markiert an der Tafel (Wand) die maximal erreichte Sprunghöhe. Die Auftaktbewegung der Arme ist freigestellt. Nicht gestattet sind Anlaufschritte bzw. Ansprünge. Jede Versuchsperson hat einen Probeversuch.

Meßwertaufnahme / Bewertung / Fehlerquellen

Als Testwert eingetragen wird der vertikale Abstand (cm) zwischen Reich- und Sprunghöhe. Zur Messung steigt der Versuchsleiter auf den Stuhl.

Testmaterialien

Bandmaß, Staubtuch, Stuhl

5. Halten im Hang

Testaufbau

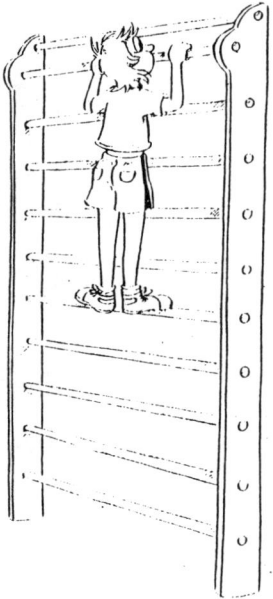 

Für diesen Test wird eine Sprossenwand benötigt.

Aufgabenstellung

Die Versuchsperson soll sich bei gebeugten Armen möglichst lange an die oberste Sprosse hängen.

Durchführungshinweise

Die Versuchsperson ergreift mit Ristgriff die oberste Sprosse der Sprossenwand und beugt die Arme so, daß sie ihre Nase etwa in die Höhe der obersten Sprosse bringt.

Meßwertaufnahme / Bewertung / Fehlerquellen

Auf Kommando ,,los'' nimmt die Versuchsperson die Füße von der Sprosse, auf der sie steht. Die Zeit wird dann gestoppt, wenn der Schüler sein Körpergewicht in der Ausgangsstellung nicht mehr halten kann bzw. seine Nase unter die oberste Sprosse sinkt. Die ermittelte Zeit wird als Testwert eingetragen.

Testmaterialien

Sprossenwand, Stoppuhr

6. Stufentest

Testaufbau

Für den Test wird eine Langbank benötigt.

Aufgabenstellung

Die Versuchsperson soll in einer Minute etwa 40mal die Langbank besteigen.

Durchführungshinweise

Die Aufstiege auf die Bank sind so durchzuführen, daß für einen kurzen Moment die Versuchsperson jeweils mit beiden Beinen mit durchgedrückten Knien auf der Bank steht. Die Lehrkraft gibt durch Zählen (evtl. über Tonband) den Rhythmus vor. Der Test kann auch als Gruppentest durchgeführt werden. Damit der Puls schnell gefunden werden kann, empfiehlt es sich, mit einem Filzstift die Meßstelle zu markieren. Die Pulsmessungen werden jeweils zehn Sekunden vorgenommen und dann mit dem Faktor sechs multipliziert.

Meßwertaufnahme / Bewertung / Fehlerquellen

Pulsmessungen werden vor der Belastung (Ruhepuls), unmittelbar nach der Belastung (Arbeitspuls) und zwei Minuten nach der Belastung (Erholungspuls) vorgenommen und die ermittelten Werte in die Testkarte eingetragen. Als Testwert wird die Differenz aus Erholungspuls und Ruhepuls eingetragen.

Testmaterialien

Langbank, Stoppuhr, Filzstift

4. Testauswertung

Die sechs Testaufgaben des ATS repräsentieren wesentliche Komponenten des konditionellen und koordinativen Fähigkeitsbereichs und spiegeln in ihrer Gesamtheit das Niveau der allgemeinen körperlichen Leistungsfähigkeit wider. Die für die Testerfassung und -auswertung erforderlichen Vorlagen sind unter Punkt 6 der Handreichung angefügt.

Auswertungsbeispiel

Die Testergebnisse von Schülern A (12 Jahre) werden in den Testerfassungsbogen eingetragen (s. Punkt 6 der Handreichung). Mit Hilfe der geschlechtsspezifischen Normierungstabellen für die Altersstufe 11—14 (s. Punkt 5 der Handreichung) werden anschließend die Testresultate (Rohwerte) von Schülern A in T-Werte transformiert. Anhand der gewonnenen T-Werte läßt sich mit Hilfe einer fünfstufigen Skala das personenbezogene Fähigkeitsniveau von Schülern A ermitteln (Tabelle 9).

Beurteilungsskala	mangelhaft	ausreichend	befriedigend	gut	sehr gut
T-Wert-Skala	— 35	36—45	46—55	56—65	66—

Tab. 9   Beurteilung der Testwerte

Als Grobdiagnose kann durch die Addition der T-Werte für die sechs Testaufgaben und anschließender Teilung durch sechs ein mittlerer Gesamtwert errechnet und mit Hilfe einer fünfstufigen Skala beurteilt werden. Die Ergebnisse von Schülern A sind in Tabelle 10 eingetragen.

Testaufgabe	Rohwerte	T-Werte	Beurteilung
1. Ballprellen	61	52	befriedigend
2. Zielwerfen	13,5	58	gut
3. Rumpfbeuge vorwärts	4	36	ausreichend
4. Standhochsprung	33	42	ausreichend
5. Haltekraft	7	36	ausreichend
6. Stufentest	2	58	gut
Summe der T-Werte =		282	Gesamtbeurteilung
mittlerer Gesamtwert (Summe : 6) =		47	befriedigend

Tab. 10   Grobdiagnose

Die Beurteilung der Testergebnisse von Schülern A zeigt deutliche Mängel im Kraft- und Beweglichkeitsbereich, zufriedenstellende Leistungen bei der Präzisionsaufgabe „Ballprellen" und gute Leistungen beim „Zielwerfen" sowie beim Stufentest.

Zur genaueren Beurteilung der Testergebnisse sollte immer eine Profildiagnose erstellt werden (Tab. 11).

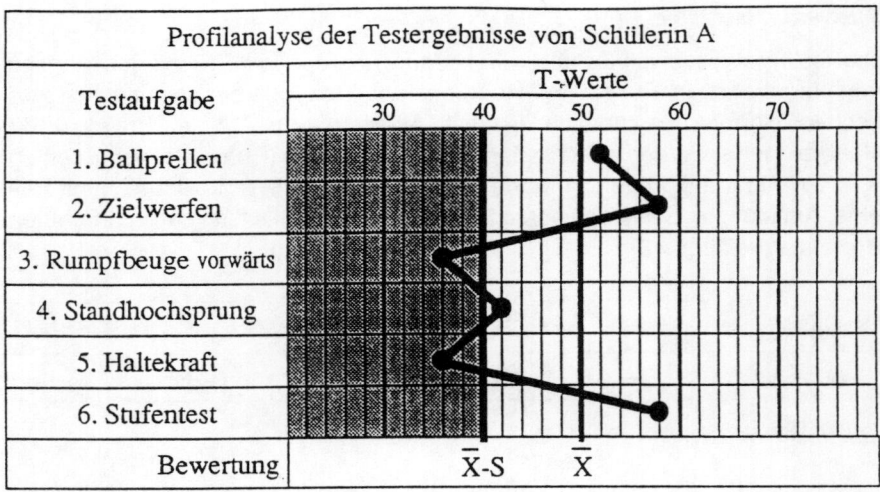

Tab. 11   Profildiagnose

Gesamtinterpretation

Die fähigkeitsbezogene Differentialdiagnose läßt im Gegensatz zur Betrachtung des mittleren Gesamtwertes eine genauere Beurteilung des Schülers zu.

Mit den Schülern A sollte ganz besonders eine Kraft- und Beweglichkeitsschulung durchgeführt werden. Aus der einschlägigen Fachliteratur kann der Lehrer praxisbezogene Vorschläge entnehmen und entsprechend den Voraussetzungen seiner Schüler und der Rahmenbedingungen seines Unterrichts verändern.

Mit Hilfe des ATS kann auch die Effektivität des eingeleiteten Übungsprogramms überprüft werden.

5. Normierungstabellen

a) Normierungstabelle männlich

Normierungstabelle männlich

T-Wert	Übung 1 Ballprellen	Übung 2 Zielwerfen	Übung 3 Rumpfbeuge	Übung 4 Standhochspr.	Übung 5 Haltekraft	Übung 6 Stufentest
20	38		— 16	20	0	60
22	39	9	— 15	23		54
24	40		— 14	26	1	48
26	41		— 13	27	2	42
28	42	9,5	— 12	28	3	39
30	43		— 10	29	4	36
32	46	10	— 9	30	5	33
34	49	10,5	— 8	32	7	30
36	51	11	— 7	34	9	27
38	54	11,5	— 6	35	11	24
40	58		— 4	36	14	21
42	61	12	— 2	38	18	18
44	63	12,5	0	39	22	15
46	64		2	41	25	12
48	66	13	4	42	29	8
50	70		5	44	32	5
52	72	13,5	6	46	37	3
54	74		8	47	40	2
56	76	14	9	48	44	0
58	78		10	50	49	— 1
60	79	14,5	12	52	54	— 2
62	81		13	54	59	— 3
64	84		14	57	64	— 4

Normierungstabelle männlich

T-Wert	Übung 1 Ballprellen	Übung 2 Zielwerfen	Übung 3 Rumpfbeuge	Übung 4 Standhochspr.	Übung 5 Haltekraft	Übung 6 Stufentest
66	86	15		59	69	− 6
68	88		15	61	74	− 12
70	89	15,5		62	79	− 18
72	91		16	63	90	− 24
74	93			64	100	− 30
76	95	16	17	65	110	− 36
78	97			66	115	− 42
80	99		18	68	120	− 48

b) *Normierungstabelle weiblich*

Normierungstabelle weiblich

T-Wert	Übung 1 Ballprellen	Übung 2 Zielwerfen	Übung 3 Rumpfbeuge	Übung 4 Standhochspr.	Übung 5 Haltekraft	Übung 6 Stufentest
20	20		− 20	23	0	72
22	25	9	− 18	24		66
24	30		− 15	25	1	60
26	34	8,5	− 10	26	2	57
28	38		− 5	27	3	54
30	39	9	− 1		4	51
32	40		0	28	5	48
34	41	9,5	1	29	6	45
36	43	10	4	30	7	42
38	46	10,5	6	31	8	37

Normierungstabelle weiblich

T-Wert	Übung 1 Ballprellen	Übung 2 Zielwerfen	Übung 3 Rumpfbeuge	Übung 4 Standhochspr.	Übung 5 Haltekraft	Übung 6 Stufentest
40	49	11	8	32	9	32
42	51		9	33	10	28
44	52	11,5	10	34	11	24
46	54	12	11	35	12	19
48	56		12	37	14	15
50	59	12,5	14	39	16	12
52	61			40	19	9
54	64	13		42	22	6
56	66			44	27	4
58	68	13,5	15	46	32	2
60	70	14		48	35	0
62	72			49	39	— 1
64	74	14,5		50	42	— 2
66	76		16	51	45	— 4
68	78			52	49	— 6
70	79	15		53	60	— 9
72	81			54	75	— 12
74	82		17		85	— 15
76	83	15,5			90	— 18
78	85			55	95	— 21
80	87				100	— 24

6. Vorlagen für die Testerfassung und Testauswertung

a) Testerfassungsbogen

Name, Vorname:

Klasse:

Geburtsdatum:

---

1. Ballprellen (Punkte)   Gesamtpunktzahl   . . . .

2. Zielwerfen (Punkte)   1. Versuch   . . . . . .
                                  2. Versuch   . . . . . .
                                  3. Versuch   . . . . . .
                                  4. Versuch   . . . . . .
                                  5. Versuch   . . . . . .

                                  Gesamtpunktzahl   . . . .

3. Beweglichkeit der Wirbelsäule Differenz (cm)   . . . .

4. Standhochsprung   Differenz (cm)   . . . .

5. Halten im Hang   Zeit (sec)   . . . .

6. Stufentest   Ruhepuls   . . . . . .
                                  Arbeitspuls   . . . . . .
                                  Erholungspuls . . . . . .

                        Differenz Erholungspuls — Ruhepuls   . . . .

b) Testauswertungsbogen

Name, Vorname:
Klasse:
Geburtsdatum:

Testaufgabe	Rohwerte	T-Werte	Beurteilung
1. Ballprellen			
2. Zielwerfen			
3. Rumpfbeuge vorwärts			
4. Standhochsprung			
5. Haltekraft			
6. Stufentest			
Summe der T-Werte =		Gesamtbeurteilung	
mittlerer Gesamtwert (Summe : 6) =			

Profilanalyse der Testergebnisse					
	T-Werte				
Testaufgabe	30	40	50	60	70
1. Ballprellen					
2. Zielwerfen					
3. Rumpfbeuge vorwärts					
4. Standhochsprung					
5. Haltekraft					
6. Stufentest					
Bewertung		$\overline{X}$-S	$\overline{X}$		

Klassentesterfassungsbogen

Zur Weiterentwicklung des ATS bitten wir um Rücksendung der Klassentesterfassungsbögen, in dem die von den Schülern bei den sechs Testübungen erfaßten T-Werte eingetragen werden

Schüler-nummer	Geschlecht (w/m)	Jahrgang	Übung 1	Übung 2	Übung 3	Übung 4	Übung 5	Übung 6
1								
2								
3								
4								
5								
6								
7								
8								
9								
10								
11								
12								
13								
14								
15								
16								
17								
18								
19								
20								
21								
22								

6.3.3 Beobachtungsmöglichkeiten der Eltern

Im Verantwortungsbereich der Eltern liegt es, die Entwicklung ihres Kindes sorgfältig zu beobachten, denn zuerst können Eltern feststellen, ob sich Koordinations-, Haltungs- oder Herz-Kreislauf-Schwächen oder Verhaltensauffälligkeiten bemerkbar machen (RUSCH 1988). Die nachfolgend aufgeführten Beobachtungshinweise können auch für Lehrer und Erzieher und auch für den Schularzt hilfreich sein. Voraussetzung ist natürlich eine Information über die Kriterien die beobachtet werden sollen.

Im Bereich des Rumpfes
— Verläuft die Schulter- bzw. Beckenachse bei aufrechter Haltung waagrecht?
— Weicht die Wirbelsäule bei aufrechter Haltung zur Seite aus?
— Können bei einer Rumpfbeuge vorwärts unterschiedliche Rückenkonturen festgestellt werden?
— Kann ein Kind 30 Sekunden bei aufrechter Haltung und nach vorne ausgestreckten Armen stehen, ohne mit dem Rumpf und den Armen auszuweichen?
— Klagt ein Kind über Schmerzen am Bewegungsapparat?

Im Bereich der Füße
— Knickt die Ferse nach innen ab?
— Bilden sich starke Schwielen im Mittelfußbereich?
— Schiebt sich die große Zehe unter oder über die anderen Zehen?
— Entspricht der Fußabdruck dem Normalbefund?
— Klagt ein Kind über Fußschmerzen?

Im Bereich des Herz-, Kreislauf- und Atemsystems
— Ist ein Kind häufig nervös und appetitlos?
— Wird ein Kind bei geringer Belastung leicht müde?
— Dauert die Erholungszeit nach geringer Belastung sehr lange?
— Ist der Ruhepuls eines Kindes normal (Richtwert 80—90 Schläge in der Minute)?

Im Bereich der Koordinationsfähigkeit
— Werden bei einem Kind ungeordnete, eckige, unharmonische Bewegungen zum Beispiel bei der Hampelmannübung festgestellt?
— Wie verhalten sich die Kinder bei der Übung Einbeinstand?
— Fallen Kinder durch ungeschicktes Bewegungsverhalten auf?

6.3.4 Spezielle Verfahren zur Bewegungsbeurteilung

Spezielle Verfahren zur Beurteilung des Bewegungsverhaltens wurden von KIPHARD/SCHILLING entwickelt. Man unterscheidet im Rahmen der Motodiagnostik motoskopische, motometrische und motographische Verfahren. Da

Beurteilungsbogen zum Trampolin-Körperkoordinationstest
(Zutreffende Merkmale sind vor der lfd. Nr. anzukreuzen)

Name   Alter   Datum

Test

GESAMTABLAUF
1. Stampfen
2. Abstoppen
3. Hinfallen
HALTUNG
4. Hüftbeugen
5. Zickzackhaltung
6. Kopfhalteschwäche
SPANNUNGSGRAD
7. Sprungverspannung
8. Sprungsteifheit
9. Sprungschlaffheit
KRAFTMASS
10. zu hohes Springen
11. zu niedriges Springen
TEMPO
12. Hastiges Springen
13. verlangsamtes Springen
14. Sprungverzögerung
GLEICHGEWICHT
15. Seitabweichungen

16. Gewichtsverlagerung re.
17. Gewichtsverlagerung li.
SEITENDIFFERENZ
18. re. Fuß eher abgehoben
19. li. Fuß eher abgehoben
20. re. Knie höher
21. li. Knie höher
22. Armpassivität re.
23. Armpassivität li.
HALTUNGSFIXATION
24. Armbeugehaltung re.
25. Armbeugehaltung li.
26. Handgelenkbeugehaltung re.
27. Handgelenkbeugehaltung li.
28. Spitzfußstellung re.
29. Spitzfußstellung li.
EXTRABEWEGUNGEN
30. ausfahrende Grobimpulse
31. ausfahrende Feinimpulse
32. Drehbewegungen
33. Körperzittern

Re-Test

GESAMTABLAUF
1. Stampfen
2. Abstoppen
3. Hinfallen
HALTUNG
4. Hüftbeugen
5. Zickzackhaltung
6. Kopfhalteschwäche
SPANNUNGSGRAD
7. Sprungverspannung
8. Sprungsteifheit
9. Sprungschlaffheit
KRAFTMASS
10. zu hohes Springen
11. zu niedriges Springen
TEMPO
12. Hastiges Springen
13. verlangsamtes Springen
14. Sprungverzögerung
GLEICHGEWICHT
15. Seitabweichungen
Bemerkungen:

16. Gewichtsverlagerung re.
17. Gewichtsverlagerung li.
SEITENDIFFERENZ
18. re. Fuß eher abgehoben
19. li. Fuß eher abgehoben
20. re. Knie höher
21. li. Knie höher
22. Armpassivität re.
23. Armpassivität li.
HALTUNGSFIXATION
24. Armbeugehaltung re.
25. Armbeugehaltung li.
26. Handgelenkbeugehaltung re.
27. Handgelenkbeugehaltung li.
28. Spitzfußstellung re.
29. Spitzfußstellung li.
EXTRABEWEGUNGEN
30. ausfahrende Grobimpulse
31. ausfahrende Feinimpulse
32. Drehbewegungen
33. Körperzittern
Unterschrift des Beobachters

Tab. 12   Protokollbogen des TKT (KIPHARD 1970)

motographische Verfahren (Aufzeichnung von Bewegungen durch Foto- und Filmaufnahmen) nur in Laborsituationen angewandt werden können, werden anschließend nur je zwei Beispiele für motoskopische und motometrische Verfahren vorgestellt. Da diese Tests recht zeitaufwendig sind, sollten diese nur bei schon durch einfachere Koordinationstests vorausgewählten Schülern angewandt werden — vorausgesetzt, daß das notwendige Testmaterial zur Verfügung steht (KTK) und die Durchführung auch erlaubt ist (TKT).

MOTOSKOPISCHE VERFAHREN

Trampolin-Körper-Koordinationstest (KIPHARD 1970)

Der Trampolin-Körper-Koordinationstest (TKT) ist in der Kurzform angewandt, ein ökonomisches Verfahren zur Auswahl von koordinationsschwachen oder -gestörten Schülern, vorausgesetzt, daß ein Großtrampolin zur Verfügung steht und auch eingesetzt werden darf. Die Schüler — ohne Vorerfahrung auf dem Trampolin — werden von zwei Testleitern beim Standspringen beobachtet. Motorisch-koordinative Auffälligkeiten werden auf einem Bewertungsbogen (s. *Tab. 12)* mit 33 vorgegebenen Merkmalen festgehalten.

Checkliste motorischer Verhaltensweisen (SCHILLING 1976)

Die Checkliste motorischer Verhaltensweisen (CMV) (s. *Tab. 13)* weist 78 Eigenschaftswörter auf, die das Bewegungsverhalten sechs- bis elfjähriger Kinder in acht Symptomgruppen einteilt. Nach einer Beobachtung der Kinder über einen längeren Zeitraum muß die Lehrkraft entscheiden, welche der aufgelisteten Bewegungseigenschaften auf ein Kind zutreffen oder nicht zutreffen.

MOTOMETRISCHE VERFAHREN

Körperkoordinationstest für Kinder (KTK)

Ein bewährtes Verfahren zur Beurteilung der Gesamtkörperkoordination stellt z. Zt. der Körperkoordinationstest (KTK) (SCHILLING/KIPHARD 1974) dar. Der KTK ist eine motorische Funktionsprüfung für Kinder im Alter von 5 bis 14 Jahren. Mit ihm lassen sich die Dimensionen Gesamtkörperkoordination und Körperbeherrschung erfassen. Eine Differenzierung nach Bewegungsdynamik, Kraft, Bewegungsgeschwindigkeit und Feinmotorik ist nicht möglich.

Der KTK enthält nur vier Items (s. Tab. 14):

1. Balancieren rückwärts (BR)
2. Monopedales Überhüpfen (MÜ)
3. Seitliches Hin- und Herspringen (SH)
4. Seitliches Umsetzen (SU)

	trifft zu	trifft nicht zu		trifft zu	trifft nicht zu		trifft zu	trifft nicht zu
gewandt			unkonzentriert			aktiv		
tolpatschig			anstrengungsfr.			umtriebig		
unausgewogen			arhythmisch			träge		
leichtfüßig			bedächtig			ruckartig		
reaktionsschnell			unsicher			fraulich		
bewegungsgeh.			bequem			furchtsam		
abrupt			übereifrig			stetig		
unbeherrscht			zappelig			heftig		
langweilig			plump			fahrig		
gleichmäßig			lebhaft			tapsig		
umständlich			unelastisch			sicher		
unkontrolliert			planlos			müde		
konzentriert			vorschnell			leicht		
bewegungsfreudig			linkisch			abgehackt		
überschießend			tänzerisch			hastig		
gesammelt			unruhig			konstant		
unharmonisch			besonnen			zügig		
geschmeidig			behende			eckig		
ausfahrend			übereilig			elegant		
unbeholfen			schleppend			ruhig		
anmutig			fein			zerfahren		
schwerfällig			kantig			holprig		
sprunghaft			ungeschickt			stereotyp		
staksig			langsam			kontrolliert		
zähflüssig			federnd			graziös		
ablenkbar			beherrscht			bewegungsbegabt		

S_1 ☐ S_2 ☐ S_3 ☐ S_4 ☐ S_5 ☐ S_6 ☐ S_7 ☐ S_8 ☐

Tab.   Protokollbogen der CMV (SCHILLING 1976)

Die Aufgaben sind übungsunabhängig, was für eine sichere Beurteilung motorischer Leistung notwendig ist. Eine Klassifikation der motorischen Leistung ist durch die Bestimmung eines motorischen Quotienten (MQ) gegeben. Aus einer Normentabelle werden die MQ-Werte sowohl für die Einzelitems als auch für die Gesamtpunktzahl abgelesen.

Das Manual (hier Auszüge der Seiten 31 bis 37) sowie das Testmaterial sind zu beziehen bei: Beltz-Test GmbH, Postfach 11 20, 6940 Weinheim.

Testanweisungen
Aufgabe 1
Balancieren rückwärts (BR)

Testvorbereitung
Drei Balken (6 cm; 4,5 cm; 3 cm breite Lauffläche) werden bereitgestellt. An das Ende des 6 cm breiten Balkens, auf dem zunächst balanciert werden soll, wird ein Brettchen der Aufgabe 4 angelegt.

Testdurchführung
Die Aufgabe besteht darin, in jeweils drei gültigen Versuchen rückwärts über die einzelnen Balken zu balancieren. Der VL *demonstriert* die Aufgabe, indem er über den *6 cm breiten* Balken *vorwärts* bis zu dem Brettchen balanciert, dort einen Augenblick mit geschlossenen Füßen verweilt und dann *rückwärts* über diesen Balken balanciert.

Bei der Vorübung sollte das Kind bis zum Ende des Balkens rückwärts balancieren (bei Herunterfallen an gleicher Stelle mit Balancieren fortfahren), damit es die Balkenlänge besser abzuschätzen lernt und intensiv mit dem Balanciervorgang vertraut wird.

Bei den drei Versuchsdurchgängen allerdings stellt sich das Kind, wenn es mit einem oder beiden Füßen den Boden berührt, sofort wieder auf das Brettchen und beginnt mit dem nächsten Versuch. *Pro Balken* wird als *Vorübung einmal vorwärts und einmal rückwärts,* anschließend zur *Leistungsmessung dreimal rückwärts* balanciert. Insgesamt werden damit neun gültige Versuche gewertet.

Testanweisung:
Wir wollen das Balancieren zunächst einmal üben. Du gehst vorwärts über diesen Balken bis zu diesem Brettchen. Dort bleibst du einen Augenblick — beide Füße nebeneinander — stehen. Dann gehst du rückwärts, indem du nicht neben den Balken trittst. Nachdem wir das geübt haben, stellst du dich wieder auf das Brettchen und gehst dann rückwärts. Ich zähle, wieviel Schritte du schaffst. Wenn du jetzt mit einem Fuß den Boden neben dem Balken berührst, gehst du sofort wieder zu dem Brettchen und beginnst von Neuem.

Testauswertung:
Gezählt wird die Anzahl des Fußaufsetzens beim Rückwärtsgehen über den Balken, und zwar in folgender Weise:

Das Kind steht ruhig auf dem Brettchen. Das erste Fußaufsetzen wird noch nicht als Punkt gewertet. *Erst wenn der zweite Fuß das Brettchen verläßt* und den Balken berührt (hier beginnt das eigentliche Balancieren), zählt der VL laut die Punkte (Schritte). Gewertet wird die Anzahl der Schritte, bis ein Fuß den Boden berührt oder 8 Punkte erreicht sind (bei 130 Kindern wurde in keinem Fall die Balkenstrecke von 3 m mit weniger als acht Schritten bewältigt). Sollte die Strecke mit weniger als acht Schritten bewältigt werden, so sind 8 Punkte anzurechnen.

Beim Balancieren rückwärts werden die Ergebnisse von drei gültigen Versuchen pro Balken notiert und summiert. Man erhält somit für jeden Balken einen Summenwert. Diese Werte werden schließlich zu einem Gesamtpunktwert addiert.

Pro Versuch und Balken können maximal 8 Punkte erzielt werden. Das ermöglicht einen Gesamtpunktwert von 3 x 3 x 8 = 72.

Aufgabe 2
Monopedales Überhüpfen (MÜ)

Testvorbereitung:
Die 12 Schaumstoffplatten werden bereitgelegt.

Testdurchführung:
Die Aufgabe besteht darin, eine oder mehrere aufeinander gelegte Schaumstoffplatten auf einem Bein zu überhüpfen.

Der VL demonstriert die Aufgabe, indem er *ein Schaumstoffteil,* das quer zur Hüpfrichtung liegt, mit einem Anteil von ca. 1,30 m auf einem Bein *überhüpft.*

Die Anfangshöhen der zu wertenden Versuche in dieser Aufgabe richten sich nach dem Ergebnis der Vorübungen sowie nach dem Alter der Kinder. Damit soll erreicht werden, daß die Kinder verschiedener Altersstufen etwa gleich viele Versuche durchführen müssen, um ihre Leistungsgrenze zu erreichen. Pro Bein sind zwei *Vorübungen* vorgeschrieben.

Bei *fünf- und sechsjährigen* werden als *Vorübung* zweimal fünf Hüpfer pro Bein *ohne* Schaumstoffteile (Höhe 0 cm) verlangt. Gelingt das Einbeinhüpfen, so beginnt der erste zu wertende Versuch mit Anfangshöhe 5 cm. Dies gilt jeweils für das *rechte* und *linke* Bein *getrennt.* Versagt das Kind beim Einhüpfen, so beginnt es auch im ersten zu bewertenden Versuch mit der Höhe 0 cm.

Bei Kindern *ab 6 Jahren* erfolgen die zwei *Vorübungen* über die Höhe von *5 cm* (ein Schaumstoffteil) für das rechte und linke Bein.

Versagt das Kind dabei, so beginnt es im 1. zu bewertenden Versuch mit der *Höhe 0 cm; gelingen* die Vorübungen, so beginnt das Kind mit der für sein Alter empfohlenen *Anfangshöhe.*

Wird im 1. zu bewertenden Versuch die empfohlene Anfangshöhe nicht geschafft, so ist dieser Versuch ungültig, das Kind beginnt den ersten gültigen Versuch dann mit der Höhe 5 cm.

Empfohlene Anfangshöhen:

  6— 7 Jahre 5 cm (1 Schaumstoffteil)
  7— 8 Jahre 15 cm (3 Schaumstoffteile)
  9—10 Jahre 25 cm (5 Schaumstoffteile)
11—14 Jahre 35 cm (7 Schaumstoffteile)

Beim Überhüpfen der Schaumstoffteile muß dem Kind eine angemessene Strecke (etwa 1,50 m) zum Anhüpfen zur Verfügung stehen. Der VL soll die Schaumstoffteile zu Beginn sichtbar eindrücken, damit dem Kind die Ungefährlichkeit der Aufgabe demonstriert wird. Nach dem Überhüpfen muß das Kind *mindestens noch zweimal auf dem gleichen Bein* hüpfen, damit gewährleistet ist, daß das Kind sicher aufgekommen ist und damit die Aufgabe als gelungen gewertet werden kann. Für jede Höhe sind pro Bein bis zu drei gültige Versuche vorgesehen.

Testanweisung:

,,Du beginnst hier auf einem Bein zu hüpfen, überhüpfst mit Schwung die Schaumstoffteile und machst dann mindestens noch zwei Hüpfer auf dem gleichen Bein. Während der ganzen Zeit darfst du das andere Bein nicht aufsetzen, sonst gilt das als Fehler."

Testauswertung:

Für jede Höhe werden die Versuchsdurchgänge folgendermaßen gewertet:

erfolgreicher 1. Versuch = 3 Punkte
              2. Versuch = 2 Punkte
              3. Versuch = 1 Punkt

Bei Anfangshöhen ab 5 cm werden bei gelungenem 1. Versuch für jede der darunterliegenden Höhen drei Punkte gegeben.

Als Minus gilt Bodenberührung mit dem anderen Bein, Umwerfen der Schaumstoffplatten oder weniger als zwei Hüpfer mit dem gleichen Bein nach Überhüpfen des Hindernisses.

Mißlingen bei einer bestimmten Höhe drei gültige Versuche, so werden nur dann die Versuche fortgeführt, wenn für die beiden darunterliegenden Höhen zusammen mindestens fünf Punkte erzielt wurden. Andernfalls wird die Aufgabe abgebrochen, wobei dies wiederum für das rechte und linke Bein getrennt gilt.

Bei 12 Schaumstoffteilen (60 cm Höhe) und der Höhe 0 (fünf Hüpfer) können maximal 39 Punkte pro Bein und dann insgesamt 78 Punkte erreicht werden.

Aufgabe 3

Seitliches Hin- und Herspringen (SH)

Testvorbereitung:

Der VL legt die Sperrholzplatte auf den Boden und hält eine *Stoppuhr* bereit.

Testdurchführung:

Die Aufgabe besteht darin, mit beiden Beinen gleichzeitig so schnell wie möglich *innerhalb 15 Sek.* seitlich über die Holzleiste hin- und herzuspringen. Der VL demonstriert die Aufgabe, indem er sich auf eine Seite der Platte neben die Holzleiste stellt und gleichzeitig mit beiden Beinen über die Holzleiste hin- und herspringt.

Als *Vorübung* sind fünf Sprünge vorgeschrieben.

Ein nicht simultanes Überspringen, bei dem die Füße nacheinander abdrücken bzw. aufsetzen, soll nach Möglichkeit vermieden werden. Es wird aber nicht als Fehler angerechnet, solange *beide* Beine jeweils über den Stab auf die andere Seite gebracht werden.

Berührt das Kind die Leiste, verläßt es die Platte oder wird das Springen kurzzeitig unterbrochen, soll der Versuch nicht abgebrochen werden, sondern der VL sollte das Kind sofort mit der Instruktion ,,Weiter, Weiter!'' auffordern, mit der Aufgabe fortzufahren. Verhält sich das Kind aber weiterhin nicht gemäß der vorgegebenen Instruktion, so wird der Versuch abgebrochen und nach erneuter Anweisung und Demonstration wiederholt. Wird der Versuch durch größere von außen kommende Störreize (z. B. plötzlich auftretende Geräusche) beeinträchtigt, so wird der Versuch ebenfalls gewertet und ohne Anrechnung wiederholt. Mehr als zwei ungültige Versuche sollten nicht gestattet werden.

Insgesamt werden zwei *gültige Versuche* durchgeführt.

Testanweisung:

,,Du stellst dich mit geschlossenen Füßen neben die Holzleiste und beginnst dann auf mein Zeichen hin, so schnell wie du kannst seitwärts über die Leiste fortlaufend hin- und herzuspringen, bis ich ,halt' sage. Wenn du dabei mal auf die Leiste trittst, so höre nicht auf, sondern springe weiter.''

Testauswertung:

Notiert wird die Anzahl der ausgeführten Sprünge von zwei gültigen Versuchen (hin zählt als 1, her als 2 usw.) von je 15 Sek. Dauer.

Die Anzahl der Sprünge aus zwei gültigen Versuchen wird summiert.

Aufgabe 4
Seitliches Umsetzen (SU)

Testvorbereitung:

Die Brettchen werden im Abstand etwa einer halben Brettchenbreite nebeneinander auf den Fußboden gestellt. In Richtung des Umsetzens wird ein freier Raum von 3 bis 4 m benötigt. Eine *Stoppuhr* ist bereitzuhalten.

Testdurchführung:

Die Aufgabe besteht darin, in zwei gültigen Versuchen die Brettchen innerhalb von jeweils 20 Sek. so oft wie möglich seitlich umzusetzen. Zunächst demonstriert der VL die Aufgabe in folgender Weise:

Er stellt sich auf das rechte der beiden vor ihm stehenden Brettchen, nimmt mit beiden Händen das linke Brettchen und stellt es rechts neben sich, steigt auf dieses um, greift wieder das linke Brettchen usw. (Das Umsetzen kann je nach Wunsch des Kindes seitlich nach rechts oder nach links durchgeführt werden. Diese gewählte Richtung ist dann in den zwei Durchgängen beizubehalten.) Dabei demonstriert er, daß es bei der Durchführung dieser Aufgabe in erster Linie auf die Schnelligkeit des Umsetzens ankommt. Er weist darauf hin, daß sich sowohl ein zu weites als auch ein zu enges Umsetzen der Brettchen ebenso wie ein übergenaues Ausrichten der Brettchen nachteilig auf die zu messende Leistung auswirken können.

Bei äußeren Störungen des Versuchsablaufs, die die Aufmerksamkeit des Kindes erheblich beeinträchtigen, ist der Versuch ohne Bewertung zu wiederholen. Bei Handaufstützen, Bodenberührung mit einen Fuß, Stolpern, Herunterfallen oder wenn das Brettchen nur mit einer Hand umgesetzt wird, sollte der VL das Kind dagegen mit der Instruktion „Weiter, Weiter!" und gegebenenfalls durch schnelle verbale Korrektur auffordern, mit der Aufgabe fortzufahren. Verhält sich das Kind aber weiterhin nicht entsprechend der vorgegebenen Instruktion, so wird der Versuch abgebrochen und nach erneuter Anweisung bzw. Demonstration wiederholt. Mehr als zwei ungültige Versuche sollten nicht gestattet werden.

Zwei Versuche von je 20 Sek. Dauer werden nacheinander durchgeführt, wobei zwischen den Durchführungen jeweils mindestens 10 Sek. Pause einzuhalten sind. Der VL zählt laut die Punkte mit. Dabei sollte der VL eine dem Kind zugewandte Position einnehmen (Abstand möglichst nicht größer als 2 m) und sich in der vom Kind gewählten Richtung des Umsetzens mitbewegen. Durch dieses Verhalten soll gewährleistet sein, daß die Brettchen seitlich und nicht vorwärts umgesetzt werden.

Nach der Demonstration durch den VL folgt ein *Übungsdurchgang*, in dem das Kind die Brettchen zwischen drei- und fünfmal umsetzen soll. Dabei wird folgende Instruktion gegeben:

Testanweisung:

„Du stellst dich auf dieses Brettchen, nimmst mit beiden Händen das andere Brettchen und setzt es auf der anderen Seite neben dir wieder auf. Dann steigst du auf dieses Brettchen über, nimmst wieder das frei gewordene Brettchen und setzt es wiederum. Wir üben das jetzt erst einmal. Ich zähle dabei laut die Punkte. Bemühe dich, die Brettchen möglichst oft umzusetzen, denn nur das zählt. Deine Füße sollen den Boden dabei nicht berühren. Auf mein Zeichen hin setzt du die Brettchen so schnell du kannst um, bis ich ‚halt' sage."

Testauswertung:

Gewertet wird die Anzahl sowohl der Brettchen- wie der Körperumsetzungen innerhalb von jeweils 20 Sek. Gezählt wird Punktwert 1, wenn das links aufgenommene Brettchen rechts vom Kind den Boden berührt und 2, wenn das Kind mit beiden Füßen auf das nächste Brettchen umgestiegen ist; 3 wenn wieder das links stehende Brettchen umgesetzt ist usw. . . . Die Werte von zwei gültigen Versuchen werden notiert und anschließend summiert.

Auswertungs- und Interpretationshilfen

Durch Addition der Punktwerte in den einzelnen Versuchsdurchgängen erhält man für jede Aufgabe des KTK einen summierten Rohwert, der jeweils rechts auf dem Protokollbogen in das Kästchen unter RW eingetragen wird.

Die Rohwerte lassen noch keine Aussage über die Leistungshöhe des Kindes zu, sie müssen erst mit den Durchschnittswerten entsprechender Altersgruppen verglichen werden. Für den KTK liegen Altersnormwerte für fünf- bis 14jährige vor. Als Normen werden in diesem Test MQ-Werte verwendet, die mit einer Streuung von 15 MQ-Werten um den Mittelwert von 100 verteilt sind (entspricht in der Verteilung den bekannten IQ-Werten). Für die Normierung wurden jeweils Jahrgangsgruppen gewählt (z. B. 5;0 J. bis 5;11 J.). In den unteren Altersstufen scheint jedoch eine Normierung nach Halbjahresschritten notwendig, da in diesen Altersbereichen das Entwicklungstempo verglichen mit den älteren Jahrgängen wesentlich stärker ist. Ein 5;0jähriges Kind wird z. B. mit dem gleichen Stand verglichen wie das 5;11jährige Kind. Bei der Interpretation sollte dieser Sachverhalt berücksichtigt werden. Kinder an der unteren Jahrgangsgrenze erhalten nach der vorliegenden Normierung einen etwas zu geringen MQ-Wert. Eine spätere Halbjahresnormierung für die Fünf- bis Siebenjährigen ist vorgesehen.

In der Normentabelle werden entsprechend dem Alter des Kindes die äquivalenten MQ-Werte für jede Aufgabe getrennt abgelesen und jeweils in das Kästchen unter MQ 1 . . . 4 eingetragen.

Die Interpretation dieser einzelnen MQ-Werte sollte lediglich eine Hilfe für eine gezielte Bewegungstherapie bedeuten, da die einzelnen Aufgaben für eine Individualdiagnostik zu geringe Zuverlässigkeit besitzen.

Die MQ-Werte der vier Aufgaben werden dann summiert. Die Verteilung dieser Summenwerte ergibt die Basis für den Gesamt-MQ-Wert des KTK, die erneut in der Normentabelle abgelesen wird. Dieser MQ-Wert sollte in allen Fällen die Grundlage für die Interpretation sein.

Kinder mit einem MQ-Wert kleiner/gleich 85 sind als auffällig in der Körperbeherrschung anzusehen, Kinder mit einem MQ-Wert kleiner gleich 70 müssen als gestört in der Körperbeherrschung eingestuft werden.

Testprotokoll
Körperkoordinationstest für Kinder (KTK)

Name: Geschlecht: geb.:

Vorname: Größe: Datum:

VL: Gewicht: Alter:

1. Rückwärts Balancieren (RB)

Vorübung: pro Balken
je 1 x vorwärts und
1 x rückwärts

Versuchsdurchgang

Balkenbreite	1	2	3	Summe
6,0 cm				
4,5 cm				
3,0 cm				
Gesamt:				

RW MQ_1

2. Monopedales Überhüpfen (MÜ)

Vorübung: je 2 x re u. li
bis 5–6 J. = 0 cm Höhe
ab 7 J. = 5 cm Höhe

Anfangshöhen nach gelungener
Vorübung: 5– 6 J = 5 cm
                7– 8 J = 15 cm
                9–10 J = 25 cm
              11–14 J = 35 cm

Höhe cm	0	5	10	15	20	25	30	35	40	45	50	55	60	Summe
re														
li														
Gesamt:														

RW MQ_2

3. Seitliches Hin- und Herspringen (SH)

Vorübung:
5 x seitlich hin- und
herspringen

Versuchsdurchgang	1	2	Summe
Sprünge/15 sec.			

RW MQ_3

4. Seitliches Umsetzen (SU)

Vorübung:
5 x umsetzen

Versuchsdurchgang	1	2	Summe
Umsetzer/20 sec.			

RW MQ_4

Gesamt-MQ

Summe MQ_1 bis MQ_4

Tab. 14

Auf-gabe	Kurzbeschreibung	Durch-gänge	Zeit-grenze (Sek.)	Kriterien	Bewer-tung
1	Nase berühren	1	—	Jeder Finger mindestens 2 von 3 mal die Nase berührt; Kopf nicht bewegt; Augen geschlossen	☐
2	Rhythmisches Klopfen mit Fingern und Füßen	1	20	Fuß und Finger synchron	☐
3	Rückwärts gehen	1	—	Fußspitzen und Fersen aneinander; kein Balancieren mit Armen; seitl. Abweichung weniger als 30 cm	☐
4	Seilspringen	1	—	Seil übersprungen, nicht berührt	☐
5	Auf einem Bein stehen mit geöffneten Augen	1	10	Gleichgewicht, gebeugtes Bein berührt nicht den Boden	☐
6	Seitliche Kreise mit Zeigefingern	1	10	Kreisbewegungen, Unterarm und Hände nicht mitbewegt	☐
7	Ballfangen	5	—	dreimal gefangen	☐
8	Streichhölzer sortieren	1	70 85	Streichhölzer werfen und mehr als ein Streichholz aufnehmen = 5 Sek. Zuschlag	☐
9	Hochspringen und Fersen berühren	1	—	beide Fersen berührt	
10	Fingerbewegung	2	2 x 10	1. Durchgang gelungen, Finger nicht verwechselt; Bewegung nicht unterbrochen	☐
11	Beidhändig Pfennige u. Streichhölzer einsammeln (je 20)	1	50	Werfen und nicht simultanes Einsammeln sprachlich korrigieren	☐
12	Labyrinth durchfahren	1	50	Linien schneiden (nicht berühren); 5 Sek. Zuschlag	☐
13	Balancieren auf Zehenspitzen mit geschlossenen Augen	1	15	Balance; Fersen berühren nicht den Boden; Füße nicht auf Boden Verschoben; Augen geschlossen	☐
14	Kreis ausschneiden	1	60	Linien schneiden (nicht berühren); 5 Sek. Zuschlag	☐
15	Öffnen und Schließen der Hände mit Drehen	1	10	Wechsel synchron; ungleiche Lage der Hände; mehr als drei Wechsel pro Sekunde	☐
16	Füße Klopfen und Finger Kreisen	1	15	Kreisbewegung; Hände und Unterarme nicht mitbewegt; Finger und Füße im Takt	☐
17	Auf einem Bein stehen mit geschlossenen Augen	1	10	Gleichgewicht; gebeugtes Bein berührt nicht den Boden; Augen geschlossen	☐
18	Hochsprung mit dreimaligem Händeklatschen	3	—	dreimal Händeklatschen in der Luft; Fersen berühren bei der Landung nicht den Boden	☐

Tab. 15   Protokollbogen der LOS-KF 18 (erhältlich beim Beltz-Verlag, Weinheim)

Lincoln-Oseretzky-Skala, Kurzform 18 (LOS KF18)

Der LOS-KF 18 (s. Tab. 15) ist ein Verfahren zur Messung des motorischen Entwicklungsstandes von Kindern im Alter von 5 bis 13 Jahren. Er besteht aus 18 Übungen (EGGERT 1971).

Bei der LOS-KF 18 wird jeder richtig durchgeführte Versuch mit einem Punkt bewertet. Die Addition der Punkte ergibt den Rohwert des Tests. In der Normentabelle kann dann unter dem betreffenden Alter ein T-Wert aufgesucht werden. Die T-Werte sind alle um einen Mittelwert von 50 verteilt. Dieser entspricht der Leistung eines motorischen normal entwickelten Kindes.

Das Manual und die Protokollbögen dieses Testverfahrens ist ebenfalls beim Beltz-Verlag, Weinheim, erhältlich.

7 Übungsgeräte für den Sportförderunterricht

Im Sportförderunterricht können grundsätzlich alle Sport- und Spielgeräte verwendet werden, die zur Normalausstattung einer Turnhalle gehören. Zur Belebung einer kindgemäßen Bewegungsumwelt können und sollten vor allem motivierende Geräte eingesetzt werden. Diese sollten möglichst attraktiv in Farbe und Form sein. Sie sollten ein geringes Eigengewicht haben und vielseitig kombinierbar sein.

Therapiekreisel
Roll-Wipp
Balancierbalken
Gleitrollbrett
Einerpedalo
Doppelpedalo
Pezzi-Physioball
Push-Raufball
Riesenball
Schaumstoffbälle
Moosgummibälle
Zeitlupenbälle
Wasserbälle
Luftballons
Sandsäckchen
Fußstäbchen
Schwimmsprossen

Zaubersack
Schaumstoff-Bausteine
Tennisringe
Indiacabälle
Wurfscheiben aus Schaumstoff
Schwungtuch (Fallschirm)
Hockeyfüße (kombinierbar mit
Gymnastikstäben)
Teppichfliesen, Zeitungen
Reifen, Reifenhalter
Steck- und Stapelklötze
Verbindungsstecker zur Befestigung
von Reifen und Stäben
Schaumstoffteile und -rollen
Sand- oder Bohnensäckchen
Bierdeckel

8 Fragenkatalog

1. Welche gesundheitlichen Risiken kann Bewegungsmangel mit sich bringen?
2. Für welche Kinder ist der Sportförderunterricht bestimmt?
3. Warum sollen Kinder im Sportförderunterricht gefördert werden?
4. Welche Lerninhalte schreibt der Lehrplan für den Sportförderunterricht vor?
5. Welche Bedingungen sind bei der Planung des Sportförderunterrichts zu berücksichtigen?
6. Welche Aufgaben hat der einleitende Teil, der Hauptteil, der abschließende Teil einer Sportförderunterrichtsstunde?
7. Nennen Sie Empfehlungen zur Unterrichtsgestaltung.
8. Welche Vorteile bietet der Stationsbetrieb im Sportförderunterricht?
9. Nennen Sie einige Grundsätze für den Stationsbetrieb im Sportförderunterricht.
10. Nennen Sie Unterrichtsziele eines offenen Sportförderunterrichts am Beispiel „Ausgleich von Koordinationsschwächen"!
11. Unterrichtsverfahren im Sportförderunterricht. Begründung!
12. Nennen Sie fünf Beispiele für Bewegungsförderung im Schulalltag.
13. Wie kann sich eine psychomotorische Labilität im Sportunterricht äußern? Beschreiben Sie Erscheinungsformen.
14. Nennen Sie die Vorgehensweise für die soziale Integration verhaltensauffälliger Schüler!
15. Nennen Sie methodische Maßnahmen, die im Sportförderunterricht eingesetzt werden sollten!
16. Nennen Sie Unterrichtsformen im Sportunterricht; welche eignen sich für den Sportförderunterricht besonders?
17. Welche Unterrichtsstile kennen Sie, welcher sollte speziell im Sportförderunterricht angewandt werden?
18. Nennen Sie Lernziele des Sportförderunterrichts!
19. Erklären Sie anhand des unterrichtstheoretischen Didaktikmodells den Sportförderunterricht!
20. Welche Voraussetzungen sind beim Aufbau einer Sportfördergruppe zu beachten?
21. Nennen Sie die sportförderrelevanten Elemente der Entscheidungsebene des unterrichtstheoretischen Didaktikmodells.
22. Wie können Sie den Erfolg eines einjährigen Sportförderunterrichts kontrollieren?

23. In welchen Bereichen kann auf die motorische Entwicklung der Kinder Einfluß genommen werden?

24. Beschreiben Sie den Inaktivitätszyklus nach WEINECK!

25. Beschreiben Sie die Faktoren der sportlichen Leistungsfähigkeit!

26. Nennen Sie die Ursachen für den Bewegungsmangel in den Industrienationen!

27. Vergleich Motopädagogik—Sportförderunterricht!

28. Geschichtliche Entwicklung des Sportförderunterrichts!

29. Welche Auswirkungen haben die verschiedenen Phasen der körperlichen Entwicklung auf den Sportunterricht?

30. Beschreiben Sie die Bedeutung eines Hausaufgabenprogramms im Sportförderunterricht!

31. Was versteht man unter Normalhaltung, Haltungsschwäche, Haltungsschaden?

32. Wie können Sie Haltungsschwächen feststellen?

33. Nennen Sie Gründe für die verminderte Stabilität der WS beim Kind und Jugendlichen!

34. Welche Muskeln sind für die Aufrechterhaltung der WS verantwortlich?

35. Welche Muskulatur ist für die Beckenaufrichtung von besonderer Bedeutung?

36. Welche Muskulatur ist für die Beckenkippung von besonderer Bedeutung?

37. Welche Muskulatur ist für die Stabilisierung des Fußgewölbes verantwortlich?

38. Nennen Sie Gründe für das stetige Anwachsen von Fußschwächen!

39. Beschreiben Sie Ursachen, Befund und Kennzeichen der Haltungsschwächen Rundrücken und geben/demonstrieren Sie die Gegenmaßnahmen!

40. w. o. Totalrücken

41. w. o. Hohlrücken

42. w. o. Hohlrundrücken

43. w. o. Flachrücken

44. w. o. Seitliche Haltungsabweichung

45. w. o. Fußschwächen

46. Geben Sie Kriterien für die Gestaltung eines Übungsprogrammes zum Ausgleich von Fußschwächen an!

47. Nennen Sie die Auswirkungen einer schlechten Sitzhaltung auf Muskulatur und Statik der WS!

48. Welche Krafttrainingsmethoden kommen beim Sportförderunterricht zum Einsatz? (Beschreibung und praktische Beispiele)

49. Welche Methoden des Beweglichkeitstrainings kennen Sie? (Beschreibung und praktische Beispiele)

50. Wie kann die Energiegewinnung im Muskel erfolgen?

51. Welche Auswirkungen hat das Krafttraining auf die Muskulatur?

52. Welche Auswirkungen kann das Schwimmen auf Muskulatur und Bewegungsapparat haben?

53. Welche Faktoren können zu einer Bandscheibendegeneration führen?

54. Nennen Sie Übungen zur Entlastung der Bandscheiben!

55. Wie kann man Verschleißerscheinungen der Wirbelsäule und der Bandscheiben vorbeugen?

56. Nennen Sie Übungen im Wasser zur Beweglichmachung, Dehnung und Kräftigung der Muskulatur!

57. Was versteht man unter Organleistungsschwächen?

58. An welchen Symptomen kann man eine Organleistungsschwäche erkennen? Nennen Sie Testverfahren!

59. Welche Ursachen können Organleistungsschwächen haben?

60. Welche Trainingsmethoden können beim Ausgleich von Organleistungsschwächen eingesetzt werden?

61. Welche funktionellen Veränderungen kann Ausdauer bewirken bezüglich des Herzens, der Blutgefäße, Blut, der Atmung?

62. Erläutern Sie die anaerobe und aerobe Energiebereitstellung!

63. Welche Anpassungserscheinungen kann Ausdauertraining bezüglich des kardio-pulmonalen Systems und der Muskulatur auslösen?

64. Welche Auswirkungen kann das Schwimmen auf die Atmungsorgane und das Herz-Kreislauf-System haben?

65. Nennen Sie Übungen im Wasser zur Verbesserung des Herz-Kreislauf- und Atmungssystems!

66. Beschreiben Sie Kennzeichen und Ursachen von Koordinationsschwächen!

67. Wie können Sie Koordinationsschwächen feststellen (Beispiele)?

68. Nennen Sie die Übungsschwerpunkte bei einem Koordinationstraining und geben Sie Übungsbeispiele mit verschiedenen Geräten an!

69. Was versteht man unter Ganzheits- bzw. Zergliederungsmethode — unter massiertem und verteiltem Lernen?

70. Nennen Sie Variationsmöglichkeiten bei der Gleichgewichtsschulung!

71. Erklären Sie ein sensomotorisches Regelkreissystem (kyb. Modell)!

72. Beschreiben Sie schematisch den Ablauf einer Bewegungshandlung!

73. Welche Auswirkungen kann das Schwimmen auf das Nervensystem haben?

74. Benennen Sie Übungen im Wasser zur Verbesserung der Koordinationsfähigkeit!

75. Beschreiben Sie ein Stundenmodell zur Verbesserung der Feinkoordination mit dem Übungsgerät „Sportkreisel"!

76. Beschreiben Sie ein Stundenmodell zur Verbesserung der optischen Wahrnehmungsfähigkeit (Übungsgerät Teppichfliese oder Luftballon)!

77. Nennen Sie spezielle Verfahren zur Bewegungsbeurteilung und beschreiben Sie je ein Beispiel!

78. Wie können sich Verhaltensauffälligkeiten im Sportförderunterricht äußern?

79. Wodurch kann es zu solchen Verhaltensauffälligkeiten kommen?

80. Wie können verhaltensauffällige Kinder integriert werden?

81. Nennen Sie eine mögliche Vorgehensweise und entsprechende Übungsbeispiele.

9 Anhang

1. Grundsätze für die Durchführung eines Förderunterrichts im Schulsport
2. Lehrplanentwurf für den Sportförderunterricht (Bayern)

Grundsätze

für die Durchführung eines Förderunterrichts im Schulsport (Schulsonderturnen) sowie für die Ausbildung und Prüfung zum Erwerb der Befähigung für das Erteilen von Förderunterricht

(Empfehlung der Kultusministerkonferenz vom 26. 2. 1982)

Herausgeber: Sekretariat der Ständigen Konferenz der Kultusminister der Länder in der Bundesrepublik Deutschland, Nassestraße 8, 5300 Bonn 1, Tel. 02 28/5 01-1

Präambel

Der Sport gehört zu jenen schulischen Lern- und Erfahrungsbereichen, die gerade im zurückliegenden Jahrzehnt eine besondere Entwicklung erfahren haben.

Vielfältige Maßnahmen in den einzelnen Ländern — von der Lehrerausbildung über neue Curricula bis zu Stundentafeln mit Sportstundenzuwachs, vom Sportstättenbau bis zur kindgerechten (Um-)Gestaltung der Schulhöfe — haben hierzu beigetragen. Die Kultusministerkonferenz hat sich bei dieser Entwicklung als Ort der Koordinierung bewährt.

Da die veränderten Lebensbedingungen für viele Schüler einen zusätzlichen Förderunterricht im Schulsport (Schulsonderturnen) besonders dringlich erscheinen lassen, werden die Kultusbehörden der Länder ihre Bemühungen in diesem Bereich intensiv fortsetzen und um neue Initiativen erweitern. Sie beschließen als gemeinsame Grundlage für diese Entwicklung die folgenden Grundsätze:

I. Förderunterricht im Schulsport (Schulsonderturnen)

1. Begründung

Der Förderunterricht im Schulsport wird neben dem regulären Sportunterricht an Schulen durchgeführt. Er ist vorwiegend für Kinder und Jugendliche bestimmt, deren motorische Leistungsfähigkeit durch psycho-physische Schwächen eingeschränkt ist. Mit dieser Maßnahme wird der Tatsache Rechnung getragen, daß die motorische Entwicklung und die Förderung der körperlichen Leistungsfähigkeit in einem Wechselverhältnis mit der psychischen, geistigen und sozialen Entwicklung stehen.

297

Die Folgen einer verlangsamten motorischen Entwicklung und einer verminderten körperlichen Leistungsfähigkeit können unter anderem Haltungsschwächen in Verbindung mit einer verminderten Bewegungsfähigkeit sein; mit Dauerschäden, die zu einer verringerten Leistungsfähigkeit in Beruf und Freizeit führen, ist zu rechnen. Ebenso ernst zu nehmen sind auffällige (Bewegungs-)Verhaltensweisen im Sport gegenüber dem Partner oder der Gruppe. Vielfältige Bewegungsaufgaben und Spielsituationen geben die erforderlichen Anregungen zum Ausgleich der Bewegungsschwächen und des Fehlverhaltens. Erfolgserlebnisse tragen dazu bei, Bewegungshemmungen abzubauen.

2. Aufgaben

Schwere motorische Störungen sollten im Förderunterricht erkannt und einer gezielten Therapie zugeführt werden. Die Förderung behinderter Kinder und Jugendlicher ist vorzusehen, soweit dies organisatorisch möglich ist.

Die Auswahl der Kinder für den Förderunterricht im Sport (Schulsonderturnen) ist vorrangig unter sportpädagogischen Gesichtspunkten durchzuführen. Die Zusammenarbeit zwischen dem Sportlehrer und dem Schularzt sowie die Durchführung zusätzlicher ärztlicher Untersuchungen wird von den Ländern geregelt. Wünsche der Eltern sollten berücksichtigt werden.

3. Didaktisches Konzept

Vorrangige Absicht des Förderunterrichts ist es, das Bewegungskönnen der Kinder zu erweitern, um damit zu einer ausgeglichenen geistig-seelischen und sozialen Entwicklung beizutragen und um Koordinations-, Haltungs- und Organleistungsschwächen vorzubeugen bzw. diese auszugleichen. Dabei werden motorische Fähigkeiten geschult, Fertigkeiten gelernt, geübt und trainiert, Hemmungen abgebaut und in Verbindung damit in zunehmendem Maße Bewegungshandlungen ermöglicht. Über eine vermehrt auf das Individuum abgestellte Betreuung wird das Selbstvertrauen in das eigene Leistungsvermögen gestärkt. Durch das Üben mit dem Partner und kooperatives Handeln in der Gruppe soll gelernt werden, Leistung und Fortschritt auf die einzelne Person bezogen zu erkennen und zu bewerten. Konkurrenzsituationen und Mißerfolge müssen besonders beachtet werden; die dabei auftretenden Verhaltensweisen werden den Kindern bewußt gemacht. Das Selbstwertgefühl der Kinder wird in diesem Förderunterricht — ggf. über die Erarbeitung spezieller Leistungsvorsprünge — erhöht; Verhaltensweisen der Selbstüberschätzung werden gebremst. Überaktive Kinder wie auch antriebsarme stellen im Unterrichtsablauf besondere Anforderungen an die Gruppe wie an den Lehrer. Übergeordnetes Ziel der Maßnahme ist der Abbau sozialer Sonder- oder Randposition. Trotz stärkerer Individualisierung bleibt dem Förderunterricht der Charakter des Gruppensports erhalten. Die günstigeren organisatorischen Bedingungen (Gruppenfrequenz etwa 15 Kinder) geben neben dem lehrerzentrierten Unterricht früh Gelegenheit zu stärker von den Schülern ausgehenden Aktivitäten über Gruppenaufgaben.

4. Inhalte

Der Förderunterricht bezieht alle Formen des Schulsports mit ein, soweit dies organisatorisch möglich und sportmedizinisch sinnvoll ist. Eine einseitige Ausrichtung auf die Gymnastik oder das Spiel ist zu vermeiden. Anregungen aus dem Bewegungs- und Spielleben der Kinder in der Freizeit sind aufzunehmen. Ebenso sollten sportliche Neigungen entwickelt werden, die in die Freizeit hineinwirken.

5. Organisation

Der Förderunterricht darf inhaltlich und organisatorisch nicht isoliert vom regulären Sportunterricht ablaufen. Die Kooperation des Sportlehrers mit den übrigen Lehrkräften ist erforderlich. Die Integration der Eltern in das Förderungsvorhaben ist, stärker als bei anderem Unterricht üblich, anzustreben. Über die Information der Eltern und die Entwicklung ihres Problembewußtseins bezüglich der Bedeutung der Motorik für die Gesamtentwicklung ihres Kindes sollte versucht werden, die Umweltbedingungen der im Förderunterricht betreuten Kinder zu verändern.

6. Anforderungen an den Lehrer

An die Qualifikation des Lehrers für den Förderunterricht werden besondere Forderungen gestellt. Er benötigt eine Zusatzausbildung.

II. Ausbildung

1. Ziel der Ausbildung

Ziel der Ausbildung ist die Vermittlung von Kenntnissen und Fähigkeiten für das Erteilen des Förderunterrichts für motorisch leistungsschwache, bewegungsgehemmte, haltungs- und gesundheitsgefährdete Schüler (Schulsonderturnen) in allen Schularten.

2. Ausbildungswege

Die Ausbildung zum Erwerb der Befähigung für das Erteilen des Förderunterrichts kann durchgeführt werden

a) für Studenten, die im Rahmen eines Studienganges für ein Lehramt eine Sportausbildung erhalten,

b) für Lehrer im Schuldienst in besonderen Lehrgängen, die im Rahmen der Lehrerfort- und -weiterbildung angeboten werden.

3. Zulassung zur Ausbildung

Die Voraussetzung für die Zulassung zur Ausbildung nach 2a) wird durch die entsprechenden Studienordnungen geregelt. Zulassungsvoraussetzungen für die besonderen Lehrgänge nach Ziffer 2b) werden durch Bestimmungen der Länder geregelt.

4. Umfang und Gliederung der Ausbildung

Die Ausbildung umfaßt mindestens 72 Stunden und berücksichtigt folgende Schwerpunkte:

a) Didaktik und Methodik des Förderunterrichts im Schulsport
b) Biologisch-medizinische Grundlagen des Förderunterrichts
c) Didaktisch-methodische Übungen
d) Unterrichtspraktische Ausbildung.

Dabei überwiegt der Anteil der didaktisch-methodischen und der unterrichtspraktischen Ausbildung gegenüber der Ausbildung in biologisch-medizinischen Grundlagen (Verhältnis etwa 4:1).

5. Ausbildungsinhalte

Die Inhalte der Ausbildung sollten sein:

a) Didaktik und Methodik des Förderunterrichts
— Inhaltliche Gestaltung und Organisation des Förderunterrichts
— Lernziele, Lerninhalte, Lernkontrolle
— Lehrverfahren und Lehrerverhalten
— Test- und Auswahlverfahren
— Integration in den allgemeinen Schulbetrieb; Koordination mit dem regulären Sportunterricht und anderem Fachunterricht
— Einflußmöglichkeiten auf das Freizeitverhalten (Elternberatung, ,,Hausaufgaben" im Sport)
— Ursachen, Wirkungen und Ausgleichsmöglichkeiten motorischer Schwächen im Kindes- und Jugendalter
— Gesetzmäßigkeiten und Störungen der kindlichen Entwicklung
— Belastungsfähigkeit und Trainingswirkungen im Kindes- und Jugendalter
— Motorische Leistungsschwäche und psychische Störungen (z. B. verhaltensauffällige Kinder im Schulsport)
— Ursachen für motorische Leistungsschwäche — Konsequenzen für den Förderunterricht im Sport.

b) Biologisch-medizinische Grundlagen des Förderunterrichts
— Die gesundheitliche Bedeutung von Schwächen im Bereich des Nervensystems, des Herz-Kreislauf-Atemsystems, der Muskulatur und des Stoffwechsels im Kindes- und Jugendalter; Abgrenzungen der Haltungs- und Leistungsschwäche gegenüber der Normvariante und dem Schaden.
— Bau und Funktion des kindlichen und jugendlichen Organismus

— Informationen über Möglichkeiten der Berücksichtigung therapeutischer Maßnahmen der Pädiatrie und Krankengymnastik im Schulsport
— Biologische Entwicklungsprozesse im Kindesalter und ihre Beeinflußbarkeit durch Übung und Training.

c) *Didaktisch-methodische Übung im Förderunterricht*
(Übung mit Experimentalcharakter)

— Erarbeitung von Beispielen kindgemäßen Übens und Trainierens zum Ausgleich von Koordinations-, Herz-Kreislauf-, Muskel- und Stoffwechselschwächen aus den Bereichen der Schulsportarten
— Exemplarische Erarbeitung von Situationen mit differenziertem Übungs- und Trainingsablauf (Gruppenunterricht)
— Erarbeitung von Übungsprogrammen für die Behebung individueller motorischer Leistungsschwächen
— Entwicklung von Übungsbeispielen und Techniken des Lehrerverhaltens für den Umgang mit und die Integration von verhaltensauffälligen Kindern im Unterricht
— Analyse von Demonstrationsstunden, ggf. unter Verwendung audiovisueller Medien.

III. Prüfung

1. Zweck der Prüfung
Durch die Prüfung soll der Bewerber nachweisen, daß er befähigt ist, Förderunterricht im Sport für motorisch leistungsschwache, haltungs- und gesundheitsgefährdete Schüler (Schulsonderturnen) in allen Schularten zu erteilen. Mit Bestehen der Prüfung ist der Bewerber berechtigt, Förderunterricht im Schulsport zu erteilen.

2. Prüfungsausschuß
Die Prüfung wird vor einem staatlichen Prüfungsausschuß abgelegt, den die für Lehramtsprüfungen zuständige Behörde bildet.

3. Voraussetzung für die Zulassung zur Prüfung
Vor der Zulassung zur Prüfung ist die vorgeschriebene Ausbildung nach Abschnitt II nachzuweisen.

4. Gliederung der Prüfung
Die Prüfung beinhaltet einen schriftlichen Teil, eine Lehrprobe und einen mündlichen Teil. Die schriftliche Prüfung besteht aus einer Klausur.

5. Bewertung der Prüfungsleistungen und Prüfergebnis
Bestimmungen über die Bewertung der Prüfungsleistungen sowie über die Feststellung des Prüfungsergebnisses treffen die Länder.

6. Wiederholung der Prüfung

Wiederholungen der Prüfung sind bei Nichtbestehen zulässig.

Vorschlag für einen Lehrplan für den Sportförderunterricht

Aufgrund der Änderung der Lehrpläne für den Sportunterricht in Bayern, in dem die Lernbereiche Gesundheit, Leisten—Spielen—Gestalten, Fairneß/Kooperation und Umwelt schwerpunktmäßig im Vordergrund stehen, muß auch ein Lehrplan für den Sportförderunterricht erstellt werden. Folgender Vorschlag soll an dieser Stelle zur Kenntnis gebracht werden (RUSCH 1992):

Lehrplan für den Sportförderunterricht

Der Sportförderunterricht versteht sich als stützende Maßnahme für den Lernbereich Gesundheit des neuen Lehrplans für den Sportunterricht.

Er ist besonders für Schülerinnen und Schüler gedacht, die im Vergleich zu ihren Mitschülerinnen und -schülern Entwicklungs- und Lerndefizite im motorischen Bereich mit Auswirkungen auf ihr psychosoziales und emotionales Verhalten aufweisen. Obwohl die Förderung dieser Schülerinnen und Schüler die Aufgabe eines gesundheitsfördernden Basissportunterrichts und des differenzierten Sportunterrichts sein sollte, müssen bei dieser Zielgruppe erst die Voraussetzungen für eine dauerhafte Motivation zu Bewegung, Spiel und Sport gefördert werden.

Mit Hilfe des Sportförderunterrichts, der primär eine gesundheitsfördernde Maßnahme des Sportunterrichts darstellt, in der keine Noten vergeben werden, sollen die Kompetenzen dieser Schüler(innen) in den eng miteinander korrespondierenden Lernbereichen Gesundheit—Leisten, Gestalten, Spielen—Fairneß und Kooperation—Umwelt und Freizeit so gefördert werden, daß sie die notwendigen physischen, psychischen und sozialen Voraussetzungen erwerben, um am Bewegungsleben ihrer Mitschüler(innen) in einem sportartgeleiteten Unterricht gleichberechtigt teilhaben zu können.

Lernbereich Gesundheit

Im Rahmen des Sportförderunterrichts sollen Übungen zum Ausgleich von Koordinationsschwächen, Atmungs- und Herz-Kreislauf-Schwächen sowie von Muskelschwächen, die zu Haltungsschwächen (Rundrücken, Totalrundrücken, Hohlrücken, Hohlrundrücken, Seitliche Haltungsabweichung, Fußschwächen) führen können, angeboten werden. Die Schüler sollen auch für eine funktionell richtige Haltung im Stehen und Sitzen sowie beim Tragen von Lasten in der Schule und in der Freizeit sensibilisiert werden. Durch die Vermittlung von altersgemäßen Kenntnissen über Bau und Funktion des Bewegungsapparates sowie des Herz-Kreislauf- und Nervensystems kann bei den Schülern beispielhaft die Einsicht in die Zusammenhänge eines gesundheitsbelastenden bzw. gesundheitsfördernden Verhaltens und einer gesundheitsdienlichen Lebensführung geweckt werden.

Sportförderunterricht darf aber im Sinne eines ganzheitlichen Verständnisses von Gesundheit keinesfalls nur als Kompensationsmaßnahme im Rahmen des Schulsports verstanden werden. Im Sportförderunterricht soll bei den Schülern auch die Wahrnehmungsfähigkeit für Signale des eigenen Körpers und den damit verknüpften Empfindungen (Körperwahrnehmung, Körpererfahrung, Körperbewußtsein) entwickelt werden.

Die Einübung von Körpererfahrungstechniken (Beruhigungsatmung, Progressive Muskelentspannung, Partnermassage, Eutonie, Yoga u. a.) nach intensiveren Belastungen soll dazu führen, daß die Schüler(innen) situationsangepaßt die Entspannungsübungen selbst anwenden lernen (Bewegung und Entspannung anstatt Pillen!).

Lernbereich Leisten, Gestalten, Spielen

Im Sportförderunterricht sollen die Schüler(innen) durch eine Vielzahl kleiner und neuer Spiele in einem erlebnisorientierten Sportunterricht für Bewegung und Sport motiviert werden. Dabei hat die Entwicklung der Wahrnehmungsfähigkeit Vorrang vor Leistungssteigerung und Kommunikation vor Leistungsvergleich. Durch die Einbringung von freizeitbezogenen Sportarten (Federball, Jonglieren, Frisbee u. a.), bei denen gleiche Voraussetzungen vorliegen, durch Änderung von Spielregeln und Strukturen (Völkerball verkehrt, Spieljahrmarkt) sollen die Schüler(innen) im Sportförderunterricht weitgehende Chancengleichheit erleben.

Die Darstellungs- und Ausdrucksfähigkeit der Schüler(innen) soll durch einfache pantomimische Aufgaben, durch darstellende Spiele, Bewegungstheater und zeitgemäße heimische und fernöstliche Tanzformen gefördert werden.

Durch die Beteiligung an der Unterrichtsplanung und -gestaltung sollen die Schüler(innen) Handlungskompetenzen (experimentieren, organisieren) erwerben.

Der Teilbereich Leisten spielt im Sportförderunterricht eine untergeordnete Rolle. Der intrapersonelle Vergleich erscheint wichtiger als der interpersonelle. Das natürliche, entwicklungsgebundene Wettkampfstreben der Schüler(innen) sollte jedoch auch im Sportförderunterricht angemessen Berücksichtigung finden.

Durch geeignete Kontrollverfahren (Beobachtungs- und Testverfahren) sollte die Entwicklung der Schüler(innen) im motorischen, psychischen und sozialen Bereich verfolgt werden.

Lernbereich Fairneß und Kooperation

Im Sportförderunterricht sollen die Schüler(innen) soziale Zusammenhänge des Bewegens erkennen und sensibel auf Faktoren und Verhaltensweisen reagieren lernen, die verhindern, daß wirklich alle mitspielen können und mögen. Deshalb ist der Sportförderunterricht so zu konzipieren, daß möglichst niemand in seiner psychosozialen Belastbarkeit überfordert und in seinem sozialen Wohlbefinden beeinträchtigt wird. Die Schüler(innen) sollen gerade im Sportförderunterricht für den Leistungsschwächeren sensibilisiert und durch Aufschub persönlicher Bedürfnisse zu erweiterter Kommunikation befähigt werden (Rücksichtnahme). Sie sollen lernen, daß die jeweils eigene Freude an sportlicher Betätigung nicht zu einer dauerhaften Beeinträchtigung der Freude von Mitschülern führen soll. Deshalb sollte das Miteinander und Füreinander in allen Lernbereichen des Sportförderunterrichts im Vordergrund stehen, damit durch verantwortliches Handeln das Selbstbewußtsein und Selbstwertgefühl der Schüler(innen) entwickelt werden kann. Die Schüler(innen) sollen dazu befähigt werden, ihre eigenen Wünsche einzubringen und Meinungen durchzusetzen (Mannschaftswahl).

Lernbereich Umwelt

Der Sportförderunterricht sollte nicht auf die Sporthallen beschränkt sein. Vielmehr sollte jede Möglichkeit gesucht werden, sich an frischer Luft auf Rasen, Sand, eventuell Schnee und Eis zu bewegen. Eine positive und verantwortungsvolle Einstellung zur Umwelt und zum Sich-Bewegen in der Umwelt sollte deshalb auch im Sportförderunterricht den Schüler(innen) vermittelt werden.

10 Literatur

AAPHERD: ,,Health Related Physical Fitness: Test Manual". Reston (USA) 1980.
AHLHEIM, K. H. (Hrsg.): Wie funktioniert das? Schlank, fit, gesund. Mannheim 1980.
Amtsblatt des Bayerischen Staatsministeriums für Unterricht und Kultus 1983, S. 923.
ANDREAS, P.: Schwimmen. Frankfurt 1963.
AOK: Informationsreihe Heft 16 ,,Bewegung und Sport". Frankfurt/M. 1985.
AOK: Rücksicht auf den Rücken. Tips und Übungen. Red.: Jonas, B./Merfert, W. Frankfurt/Main o. A. d. J.
AOK: Stark im Kreuz — Rückentraining. Red.: Jonas, B., Frankfurt/Main 1991.
BALLREICH, R.: Historische Entwicklung. Begriff, Gegenstand und Aufgabenbereiche sportmotorischer Tests. In: Die Leibeserziehung (1972), 2.
BÄUMLER, G./RIEDER, H./SEITZ, W.: Sportpsychologie. Schorndorf 1972.
BAUMANN, H./REIM, H.: Bewegungslehre. Frankfurt 1984.
BAUSEWEIN, J.: Probleme des Schulsonderturnens. In: Gesundheit, Haltung, Leistung (1969), 3.
Bayerisches Staatsministerium für Arbeit und Soziales: Bewegung bedeutet Gesundheit. München 1988.
BERQUET, K. H.: Sitz- und Haltungsschäden. Stuttgart 1988.
BERQUET, K. H.: Neue Erkenntnisse über Schulmöbel. Uelzen 1989.
BLENCKE, A.: Kongreßbericht des Kongresses der Deutschen Gesellschaft für orthopädische Chirurgie über das orthopädische Schulturnen. Köln 1926.
BLENCKE, A.: Die Verhandlungen der Tagung zur Klärung der Fragen des sogenannten orthopädischen Schulturnens in Magdeburg. Stuttgart 1928.
BÖGLE, R.: Yoga — Ein Weg für Dich. Zürich 1921.
BÖS, K.: Handbuch sportmotorischer Tests. Göttingen 1987.
BREITHECKER, D./LIEBISCH, R.: Auswahlverfahren zum Sportförderunterricht. In: Haltung und Bewegung 1990, 1, 8—33.
BREITHECKER, D.: Die Notwendigkeit von Hausaufgaben im Sportförderunterricht aus trainingswissenschaftlicher Sicht. In: Haltung und Bewegung, (1982), 4, 26—34.
BRENKE, H./DIETRICH, L./BERTHOLD, F.: Trainingsmethodische Hinweise zur Vermeidung von Schäden am Stütz- und Bewegungsapparat. Med. u. Sport 25 (1985), 2, 57—62.
BRINKMANN, H.: Das Sonderschwimmen, Untersuchung und Methode. In: Leibeserziehung (1961), 12.
CICURS, H./HAHMANN, H.: Lehr- und Arbeitswoche Schulsonderturnen. Bonn 1982.
CLAUSS, A.: Förderung entwicklungsgefährdeter und behinderter Heranwachsender. Erlangen 1981.
COTTA, H.: Der Mensch ist so jung wie seine Gelenke. München 1979.
CRATTY, B.: Aktive Spiele und soziales Lernen. Ravensburg 1977.
CRATTY, B.: Motorisches Verhalten und Bewegungsverhalten. Frankfurt 1975.
DASSEL, H./HAAG, H.: Circuittraining in der Schule. Schorndorf 1978[5].
DAUBLEBSKY, B.: Spielen in der Schule. Stuttgart 1978[6].
DECKER, R.: Praxis und Theorie der psychomotorischen Erziehung bei behinderten und normalen Kindern in Frankreich. In: EGGERT, D./KIPHARD, E. J.: Die Bedeutung der Motorik für die Entwicklung normaler und behinderter Kinder. Schorndorf 1986[4].
DEUTSCHLÄNDER, C.: Orthopädisches Schulturnen. Leipzig 1929.

DIECKERT, J.: Sport und Leibesübungen im Umbruch — das sportliche und das rekreative Prinzip. In: Probleme des Sports und der Leibeserziehung. Frankfurt 1970.

DIEM, L.: Spielend helfen. Fußgymnastik des Kindes. Frankfurt 1966.

DIEM, L./SCHOLTZMETHNER, R.: Ausgleichsgymnastik und Schulsonderturnen. Frankfurt 1974.

DIEM, L./SCHOLTZMETHNER, R.: Schulsonderturnen. Frankfurt 1974.

DIEM, L./LEHR, U./OLBRICH, E./UNDEUTSCH, U. et al.: Längsschnittuntersuchung über die Wirkung frühzeitiger motorischer Stimulierung auf die Gesamtentwicklung des Kindes im 4.—6. Lebensjahr. Schorndorf 1980.

DIEM, L./SCHOLTZMETHNER, R.: Schulsonderturnen. Bad Homburg 1979.

DE MARÉES, H.: Sportphysiologie. Köln-Mülheim 1979.

DE MARÉES, H./WEICKER, H.: Sport und Gesundheit. In: DSB: Menschen im Sport 2000. Schorndorf 1986.

DEMETER, A.: Sport im Wachstums- und Entwicklungsalter. Leipzig 1981.

DÖBLER, E./DÖBLER, H.: Kleine Spiele. Berlin 1975.

DORDEL, H.-J.: Die Muskeldehnung als Maßnahme der motorischen Leistungsverbesserung. In: Leibeserziehung (1975), 2, 40—45.

DORDEL, H.-J.: Auswahlverfahren für den Förderunterricht im Sport. Melle 1985.

DORDEL, S.: Organschwäche. Muskelschwäche, Koordinationsschwäche. In: Sportunterricht (1976), 4.

DORDEL, S.: Minimale cerebrale Dysfunktion — Bedeutung und Möglichkeiten ihrer Berücksichtigung im Sportunterricht. In: DORDEL, H.-J.: Die Förderung behinderter Kinder im Sportunterricht, Dortmund 1981, 18—33.

DORDEL, S.: Bewegungsförderung in der Schule. Dortmund 1987.

DORDEL, S./BENOTEIT, M.: Ausdauer bei acht- bis neunjährigen. Ein Beitrag zur Auswahluntersuchung für das Schulsonderturnen. In: Sportunterricht 30 (1981), 345—350.

DORDEL, S.: Dokumentation und Bericht zum Stand der Forschung im Schulsonderturnen. In: JOCHHEIM, A. und P. VAN DER SCHOOT: Behindertensport und Rehabilitation, Teil II. Schorndorf 1981.

DUBOIS, M.: Prinzipielle Fragen aus der Pathologie und Therapie der sagittalen und frontalen Verkrümmungen der Wirbelsäule. In. Schw. med. Ws., 19, 345—350.

ECHTERNACH, H.: Handbuch des Orthopädischen Schulturnens. Berlin 1912.

EGGERT, D.: LOS-KF 18. Kurzform zur Meinung des motorischen Entwicklungsstandes. Weinheim 1971.

EGGERT, D./KIPHARD, E.: Die Bedeutung der Motorik für die Entwicklung normaler und behinderter Kinder. Schorndorf 1980[4].

FETZ, F.: Allgemeine Methodik der Leibesübungen. Frankfurt 1973.

FETZ, F./KORNEXL, E.: Anleitungen zu sportmotorischen Tests. Frankfurt 1973.

FETZ, F.: Gesundheitliche Leistungsgrenzen bei motorischen Eigenschaften. In: REDL, S. (Red.): Gesundheitserziehung in den Leibesübungen. Wien 1988, 129—140.

FORSTREUTHER, G.: Gymnastik — Körperschule ohne Gerät. Frankfurt 1974.

FRANKE, M.: Die gesundheitliche Situation der Jugend. München 1965.

FRANZEN, G.: Arbeitsplatz Schule. In: Schulpädagogik (1984), 6.

FRIESE, V.: Vergleichende Analyse der Schulsonderturnausbildung an den Universitäten und Hochschulen der BRD. Zulassungsarbeit. Kiel 1973.

FRITZ, H. J.: Schulsonderturnen — eine Aufgabe für alle. In: Sportunterricht (1979), 90—93.

FROSTIG, G.: Bewegungserziehung. 1973.

FUCHS, E./KRUBER, E./CICURS, H.: Übungskarten für das Schulsonderturnen. Bonn 1978.

FUCHS, E./KRUBER, E./CICURS, H.: Übungskarten Sonderturnen. Bonn 1980.

FUHRMANN, R./SCHUSTER, A.: Zum Problem der Beurteilung der Gestalt, Haltung und Bewegung. In: VOLCK, G./REIBER, H.: Schulsonderturnen in der Diskussion. Schorndorf 1977.

GLASER/WAAS: Haltungsschulung. Stuttgart 1937.

GOELDEL, P.: Die Leibeserziehung in den pädagogischen Bestrebungen von der Aufklärung bis zur Reformpädagogik des 20. Jahrhunderts. In: GRUPE, O. (Hrsg.): Einführung in die Theorie der Leibeserziehung. Schorndorf 1970.

GRASSER, M./STARISCHKA, S.: Konditionstests. München 1981.

GRÖSSING, S.: Einführung in die Sportdidaktik. Frankfurt 1975.

GRÖSSING, S.: Gesundheitserziehung im Schulsport. In: DVS (Hrsg.): 4. Sportwissenschaftlicher Hochschultag. Clausthal-Zellerfeld 1982, 32—43.

GROTEFENT, R.: Das Problem der Leistungsschwachen im Sportunterricht. In: Leibeserziehung (1969), 3.

HAAG, H./DASSEL, H.: Fitneß-Tests. Schriftenreihe zur Praxis der Leibeserziehung und des Sports. Schorndorf 1975.

HAAG, S.: Zur Schulmöbelmisere. München 1991. Zulassungsarbeit.

HAAS, W./ALLESCHER, H. D./BERNETT, P.: Zur Ausdauerschwäche im Kindes- und Jugendalter. In: JESCHKE, D. (Hrsg.): Stellenwert der Sportmedizin in Medizin und Wissenschaft. Berlin 1984, 237—243.

HAHMANN, H.: Effizienzuntersuchung zum Sportförderunterricht. Speyer 1986.

HACKENBROCH, M. H. et al. (Hrsg.): Biomechanik der Wirbelsäule. Stuttgart 1983.

HACKENBROCH, M. H./REFIOR, H. J./JÄGER, M./PLITZ, W.: Funktionelle Anatomie und Pathomechanik des Sprunggelenks. Stuttgart/New York 1984.

HAHMANN, H.: Grundschüler lernen sportliches Handeln. Schorndorf 1986, 7 ff.

HAHMANN, H./SCHNEIDER, F.: Wasservertrautheit, Wassersicherheit im Sportförderunterricht durch vielseitige Spiel- und Übungsformen. In: Haltung und Bewegung (1982), 2, 19—29.

HAHMANN, H./GERLING, U.: Der Fuß ein unbekanntes und zugleich vernachlässigtes Organ. In: Haltung und Bewegung (1985), 1, 20—29.

HAHMANN, H./ZIMMER, R.: Bewegungserziehung im Kindergarten. Vorschule, Elternhaus und Verein. Bonn 1980.

HARRE, D.: Trainingslehre. Berlin 1975.

HARTMANN, H./ODEY, R.: Schwache Schüler im Sportunterricht. In: Sportpädagogik 1, 1977, 4, 406—424.

HELLBRÜGGE, TH./RUTHENFRANZ, O.: Gesundheit und Leistungsfähigkeit im Kindes- und Jugendalter. Stuttgart 1960.

HETTINGER, TH.: Isometrisches Muskeltraining. Stuttgart 1968.

HETTINGER, TH.: Fit sein, fit bleiben. Stuttgart 1969.

HETTINGER, T.: Isometrisches Muskeltraining. Stuttgart 1966.

HEUSSER, J./MARX, E.: Spiele für alle in Hof und Halle. Wuppertal 1960.

HEYDEN, S.: Diabetes mellitus. Hypercholesterinämie, Hyperurikämie, Übergewicht. In: Risikofaktoren für das Herz, Bd. 2. Mannheim 1975.

HICKEL, J.: Sanfter Schrecken. Wiesbaden 1985[4].

HOHMANN, G.: Fuß und Bein, ihre Erkrankungen und deren Behandlung. München 1934.

HAUPT, U./RAUSCHEDER, K.: Hilfen für einen lernzielorientierten Sportunterricht in der Hauptschule. In: ALTMANN, W. u. a.: Seminar und Schule. München 1979.

HOLLMANN, W.: Sport und körperliches Training als Mittel der Präventivmedizin. In: HOLLMANN, W. (Hrsg.).: Zentrale Themen der Sportmedizin. Berlin/Heidelberg/New York 1972.

HOLLMANN, W./HETTINGER, TH.: Sportmedizin, Arbeits- und Trainingsgrundlagen. Stuttgart 1977.

HOTZ, A./WEINECK, J.: Optimales Bewegungslernen. Erlangen 1983, 1988[2].

HÜLLEMANN, K. D.: Leistungsmedizin — Sportmedizin. Stuttgart 1976.

HULLINGER, M.: Wie das Gehirn Bewegungen steuert. In: Neue Zürcher Zeitung (17. 4. 85), 65.

HUPPERTZ, H.: Das Schulsonderturnen in den Bundesländern. In: Praxis der Leibesübungen (1975), 9.

ISRAEL, S.: Körperliche Leistungsfähigkeit und Gesundheit. In: Medizin und Sport (1979), 9, 267—269.

JUNGHANS, H./SCHMORL, G.: Die gesunde und die kranke Wirbelsäule in Röntgenbild und Klinik. Stuttgart 1968.

KAHLE, W./LEONHARDT, H./PLATZER, W.: dtv-Atlas der Anatomie. Bd. 1. Stuttgart 1975.

KEMPF, H. D.: Die Rückenschule. Das ganzheitliche Programm für einen gesunden Rücken. Reinbek 1990.

KEMPF, H. D.: Die Karlsruher Rückenschule. In Rheuma 1989, 9, 136—147.

KIPHARD, E. J.: Motopädagogik. Dortmund 1979.

KIPHARD, E. J.: Mototherapie, Teil I und II. Dortmund 1983.

KIPHARD, E. J.: Bewegungs- und Koordinationsschwächen im Grundschulalter. Gütersloh 1978.

KIPHARD, E. J.: Bewegungs- und Koordinationsschwächen im Grundschulalter. Schorndorf 1970.

KIPHARD, E. J.: Unser Kind ist ungeschickt. München 1966.

KIPHARD, E. J./HUPPERTZ, H.: Erziehung durch Bewegung. Bad Godesberg 1968.

KIPHARD, E. J.: Überschwerpunkte eines gezielten Koordinationstrainings. In: Haltung, Gesundheit, Leistung (1969), 2.

KIPHARD, E. J./SCHILLING, F.: Körperkoordinationstest für Kinder. Weinheim 1974.

KIPHARD, E. J./SCHILLING, F.: Der Hamm-Marburger-Körperkoordinationstest für Kinder. Monatszeitschrift für Kinderheilkunde (1970), 118.

KLIMT, F.: Das Verhalten der Herzschlagfrequenz unter ergometrischer Intervallbelastung im Kindesalter. In: Pädiatrie und Grenzgebiet (1965), 3 und 4.

KLUTTIG, G.: Schulsonderturnen — Entwicklung und Wandel. In: Sportunterricht (1976), 7.

KMBl: 1983, 923.

KNEBEL, K. P.: Funktionsgymnastik. Training, Technik und Taktik. Reinbek 1987.

KOCH, K./MIELKE, W.: Die Gestaltung des Unterrichts in der Leibeserziehung, Teil I. Schorndorf 1972.

KOCHNER, G.: Haltungsschäden — Ihre Bekämpfung und Vorbeugung. München 1976.

KÖTTGEN/HARTUNG/MAUSFELD: Leitfaden für den Schularzt. Schriftenreihe aus dem Gebiet des öffentlichen Gesundheitswesens. Stuttgart 1972.

KOSS, B.: Gymnastik — 1200 Übungen. Berlin 1968.

Kultusministerium Baden-Württemberg: Schulsonderturnen — Warum und Wie. Düren 1966.

Kultusministerium Nordrhein-Westfalen: Richtlinien und Lehrpläne für den Sport in den Schulen im Lande Nordrhein-Westfalen. Köln 1980.

Kultusministerkonferenz: 2. Aktionsprogramm für den Schulsport, 17. 4. 1985.

Kultusministerkonferenz: Grundsätze für die Durchführung eines Förderunterrichts im Schulsport. Bonn 1982.

LEIBOLD, G.: Fußmassage, Reflexzonentherapie am Fuß. Niederhausen/Ts. 1984.

LEWIN, G.: Schwimmsport. Berlin 1974.

LEWIN, G.: Schwimmen mit kleinen Leuten. Berlin 1972.

LORENZEN, H.: Baden und Schwimmen mit Kindern. Wuppertal 1961.

LÜBS, E. D.: Krank durch Bewegungsmangel. In: MELLEROWICZ/FRANZ (Hrsg.): Training als Mittel präventiver Medizin. Erlangen 1979.

LUTTER, H.: Der leistungsschwache Schüler im Sportunterricht. In: RAUSCHE, E. (Hrsg.): Orthopädie und Sport. Bruchsal 1977.

LUTTER, H./SCHRÖDER, H.: Ein Testverfahren zur Beurteilung der körperlichen Leistungsfähigkeit. In: Die Leibeserziehung (1972), 2.

LUTTER, H./RIEDER, H.: Medizinball — Übungen, Staffeln, Spiele. Donauwörth o. J.

MAIER, E.: Zur Problematik der Haltungsschwächen und ihre Bekämpfung. In: Das öffentliche Gesundheitswesen. Stuttgart 1967.

MAIER, E.: Die Gesunderhaltung des Kinderfußes. Sonderdruck aus: Der Fuß (1969), 1.

MATTHIASS, H.: Probleme der Haltungsbeurteilung. Düren 1966.

MATTHIASS, H.: Gesundheitserziehung, Haltungspflege, Sonderturnen: Sonderdruck der Bundesarbeitsgemeinschaft, Haltungs- und Gesundheitserziehung o. J.

MATZDORFF, F.: Herzinfarkt, Prävention und Rehabilitation. München/Berlin/Wien 1975.

MEHL, M.: Haltung. Heidelberg 1956.

MEINEL, K.: Bewegungslehre. Berlin 1977².

MELLEROWICZ, H.: Herz- und Blutkreislauf beim Sport. In: ARNOLD, A. (Hrsg.): Lehrbuch der Sportmedizin. Leipzig 1960.

MELLEROWICZ, H.: Das körperliche Leistungsvermögen der heutigen Jugend. München 1966.

MELLEROWICZ, H.: Bewegungsmangel und seine Folgen. München 1966.

MELLEROWICZ, H./FRANZ, I. W.: Training als Mittel der präventiven Medizin. Erlangen 1981.

MELLEROWICZ, H./MELLER, W.: Training. Berlin/Heidelberg/New York 1972.

MEUSEL, H.: Lauf-, Rauf- und Ballspiele. Frankfurt 1972.

MICHLER, P./GRASS, M.: Gymnastik — aber richtig. Bregenz 1991.

MIEDZINSKI, K./PRENNER, K.: Bewegungspädagogische Möglichkeiten zur Integration leistungsschwacher Schüler im Turnunterricht. In: LUTTER, H./RÖTHIG, P.: Der leistungsschwache Schüler im Schulsport. Schorndorf 1983.

ORLICK, T.: Kooperative Spiele. Weinheim 1982.

OTTENDORF, H./BRIESE, G. (Hrsg.): Prüfungsordnung für Lehrer und Lehrerinnen der vorbeugenden und ausgleichenden Leibesübungen (Orthopädisches Schulturnen). Berlin 1926.

PETER, H./PAHLKE, U./WURSTER, H.: Theoretische Positionen und Erkenntnisse zur Ausbildung der Langzeitausdauer im Sportunterricht. Theorie und Praxis der Körperkultur (1981), 9, 681—688.

PRENNER, K.: Die Sozialpsychologie des leistungsschwachen Schülers im Sportunterricht. In: Sportunterricht (1976), 9.

REINDELL, H.: Das Intervalltraining. München 1962.

REINHARDT, B.: Die stündliche Bewegungspause. Stuttgart 1983.

REINHARDT, B.: Gesunder Rücken — besser leben; Rückenschule. Bad Aibling 1989.

RIEDER, H./KUCHENBECKER, R./ROMPE, G.: Motorische Entwicklung, Haltungsschwächen und Sozialisationsbedingungen. Schorndorf 1986.

RIEDER, H./FISCHER, G.: Methodik und Didaktik im Sport. München 1986.

RIJSDORP, K.: Anthropologisch-pädagogische Perspektiven zum leistungsschwachen Kind in der Schule. In: LUTTER, H./RÖTHIG, P.: Das leistungsschwache Kind im Schulsport. Schorndorf 1983.

RÖSCH, H.: Staffelspiele und Wettspiele. Frankfurt 1966.

RÖTHIG, P. (Red.): Sportwissenschaftliches Lexikon. Schorndorf 1983⁵.

RUSCH, H.: Curricularer Lehrplan für den Sportförderunterricht und Kommentar zum Sportförderunterricht. In: WUTZ, E./SCHWERD, H.: Sportunterricht in Bayern. München, Kronach 1977.

RUSCH, H. u. a.: Handreichung für den Auswahltest für den Sportförderunterricht. Salzburg 1991. Diss.

RUSCH, H.: Schulsonderturnen. In: RAUSCH, E. (Hrsg.): Orthopädie und Sport. Bruchsal 1977.

RUSCH, H.: 17.30 ,,Kinder macht mit". Übungsbuch zur 13teiligen Fernsehserie des Bayer. Rundfunks. München 1981.

RUSCH, H.: 17.30 ,,Kinder macht mit". Bericht über eine 13teilige Fernsehserie. In: Haltung und Bewegung (1983), 3.

RUSCH, H.: Lernzielkontrollen im Schulsonderturnunterricht. In: VOLCK, G./REIBER, H. (Hrsg.): Schulsonderturnen in der Diskussion. Schorndorf 1977.
RUSCH, H.: Schulsonderturnen. In: Praxis der Leibesübungen.
Teil 1 und 2 Rundrücken (1976), 5 und 6;
Teil 3 Hohlrücken (1976), 7;
Teil 4 Die seitliche Haltungsabweichung (1976), 8;
Teil 5 Flachrücken (1976), 9;
Teil 6 Fußschwächen (1976), 11.
RUSCH, H.: Sportförderunterricht — gestern, heute, morgen. In: JESCHKE, D./RUSCH, H.: Sportförderunterricht in Schule und Sportverein. Symposiumsbericht. München 1992.
RUSCH, H.: Funktionen des Sportförderunterrichts. In: DSB (Hrsg.): 2. Deutsch-Ungarisches Sportsymposium. Lebenslang für den Sport gewinnen und motivieren durch Schule und Verein. Frankfurt 1991.
RUSCH, H.: Sportförderunterricht — Schulsonderturnen. Schorndorf 1983[2].
RUSCH, H.: Arbeitskarten für den Sportförderunterricht. Schorndorf 1982.
RUSCH, H.: Sportförderunterricht. In: SCHORB, A. O. (Hrsg.): Sport in der Hauptschule, Band III. München 1981/82.
RUSCH, H.: On the situation of remedial gymnastics in the Federal Rep. of Germany. In: Posture and physical Activity. Wingate/Israel 1982.
RUSCH, H.: Bewegungsmangel vermeiden. Herausgeber Bayerisches Staatsministerium für Arbeit und Sozialordnung. München 1988.
RUSCH, H.: Zur Situation sportschwacher Schüler in Bayern. ADL (Hrsg.): Sport in Tradition und Zukunft. 11. Kongreß des Ausschusses Deutscher Leibeserzieher. Schorndorf 1992.
RUSCH, H.: Auswahlverfahren für den Sportförderunterricht. Salzburg 1991. Diss.
RÖSSNER, A.: Grobtest der physischen Grundeigenschaften. Schwabach 1986.
SCHARLL, M.: So lernt das Kind sich gut halten. Stuttgart 1963.
SCHARLL, M.: Fußgymnastik mit Kindern. Stuttgart 1965.
SCHEDE, F.: Über das orthopädische Schulturnen. In: Grundlagen der körperlichen Erziehung. Stuttgart 1961.
SCHEDE, F.: Grundlagen der körperlichen Erziehung. Stuttgart 1951.
SCHEDE, F.: Hygiene des Fußes. Leipzig 1933.
SCHILLING, F.: Checkliste motorischer Verhaltensweisen. Braunschweig 1976.
SCHMIDT, D.: Schulsonderturnen in Theorie und Praxis. In: sportunterricht (1976), 4 u. 5.
SCHMIDT, G./REDL, S.: Situationsgerechte Möglichkeiten zur Integration schwacher Schüler im Turnunterricht. In: LUTTER, H./RÖTHIG, P.: Das leistungsschwache Kind im Schulsport. Schorndorf 1983.
SCHMIDT, K.: Sonder- und Heilschwimmen. Dresden 1975.
SCHNACK, G.: Intensivstretching und Ausgleichsgymnastik. Köln 1992.
SCHNEIDER, F. J.: Der neue gesundheitsorientierte Fitneßtest der USA und die Ergebnisse einer Untersuchung deutscher Kinder. In: Sportunterricht (1986), 5.
SCHOLTZMETHNER, R.: Die körperliche Leistungsschwäche im Kindesalter und ihr Ausgleich durch kompensatorischen Sport. — Eine Dokumentation des Schulsonderturnens. Köln 1976.
SCHOLTZMETHNER, R.: Das Ziel des Schulsonderturnens. In: Gesundheit, Haltung, Leistung (1975), 4.
SCHREBER, D. G. M.: Die schädlichen Körperhaltungen und Gewohnheiten der Kinder nebst Angabe der Mittel dagegen. Leipzig 1853.
SCHWOPE, F.: Kompensatorischer Sport. Celle 1981.
SEYBOLD, A.: Schulgymnastik II. Frankfurt/M. 1975.
STIEHLER, G.: Methodik des Sportunterrichts. Berlin 1973.
STRAUZENBERG, S. E.: Gesundheitstraining. Berlin 1982.

STRAUZENBERG, S. E./SCHWIDTMANN, H.: Sportliche Belastung und Herzfunktion. In: Theorie und Praxis der Körperkultur (1976), 7, 492—502.
STÜBING, A.: Bewegung, Spiel und Sport als Aufgabe in der Erziehung drei- bis sechsjähriger Kinder. In: CLAUSS, A. (Hrsg.): Förderung entwicklungsgefährdeter und bewegungsbehinderter Heranwachsender. Erlangen 1981.
TISSOT, C. J.: Gymnastique medicinale et chirurgicale, ou Essai sur l'utilité du mouvement, ou des différents exercises du corps, et du repos dans la cure des maladies. Paris 1780.
TITTEL, K.: Beschreibende und funktionelle Anatomie des Menschen. Jena 1970.
TITTEL, K.: Die Belastbarkeit der Wirbelsäule aus funktionell-anatomischer und biomechanischer Sicht. Med. und Sport (1981), 3—10.
THOMSEN, W.: Kampf den Fußschwächen. München 1942.
THOMSON, W.: Pflege Deine Füße. Gesunde Füße — gesunder Mensch. Stuttgart 1972.
UNGERER, D.: Leistungs- und Belastungsfähigkeit im Kindes- und Jugendalter. Schorndorf 1977[4].
VERSCHUUR, R./KEMPER, H.: The Pattern of Daily Physical Activity. In: Med. and Sci. In: Sports and Exercise. 20 (1985), 169—186.
VOLCK, G.: Sozialisationsbarrieren im Sport. Probleme und Perspektiven im Schulsonderturnen. In: Kongreßbericht Sozialisation im Sport. Schorndorf 1974.
VOLCK, G.: Schulsonderturnen aus pädagogischer Sicht. In: CLAUSS, A. (Hrsg.): Förderung entwicklungsgefährdeter und behinderter Heranwachsender. Erlangen 1981.
VOLCK, G.: Schwimmen in der Schule.
VOLCK, G./REIBER, H.: Schulsonderturnen in der Diskussion. Schorndorf 1977.
WASMUND-BODENSTEDT, U./BRAUN, W.: Haltungsschwächen bei Kindern im Grundschulalter — Untersuchungen über den Einfluß zusätzlicher Bewegungsaktivitäten. Motorik 6 (1983), 9, 11—22.
WEINECK, J.: Sportanatomie. Erlangen 1986[4], 1988[5].
WEINECK, J.: Optimales Training. Erlangen 1986[5], 1988[6].
WEINECK, J.: Sportbiologie. Erlangen 1986, 1988[2].
WEISS, U./SCHÖNHOLZER, G.: Beurteilung und Wertung der Haltung bei Kindern und Jugendlichen. Bern 1969.
WIDMER, K.: Der Begriff „Haltung" in der pädagogischen Fragestellung. In: Beurteilung und Wertung der Haltung bei Kindern und Jugendlichen. Bern 1967.
WIEMANN, K.: Spiel mit. Frankfurt 1962.
WILLIAMS, P. E./GOLDSPINK, G.: Longitudinal Growth of striated Muscle Fibers. In: Cell, J. Sci. (1971), 9, 751—767.
WUTZ, E.: Lebenshilfe die Spaß macht. In: Zeitschr. Schulsport (1986), 6, 3.
WUTZ, E./SCHWERD, H./RUSCH, H.: Sportunterricht in Bayern: Curricularer Lehrplan Sport für die 5.—9. Jahrgangsstufe der Hauptschule, 7.—10. Jahrgangsstufe der Realschule und 5.—11. Jahrgangsstufe des Gymnasiums. Kommentar zum Sportförderunterricht. Kronach 1977.
ZIMMER, R.: Methoden zur Erfassung des sportmotorischen Entwicklungsstandes. In: CLAUSS, A. (Hrsg.): Förderung entwicklungsgefährdeter und behinderter Erwachsener. Erlangen 1981.
ZIMMER, R./CICURS, H.: Psychomotorik. Schorndorf 1987.

Anschriften der Verfasser:

Dr. Horst Rusch,
Görlitzer Straße 21,
8000 München 50

Dr. Jürgen Weineck,
Hintere Pfaffenleite 21,
8551 Kunreuth

Schriftenreihe zur Praxis der Leibeserziehung und des Sports